山本博文・堀新・曽根勇二 編

徳川家康の古文書

柏書房

はじめに

本書『徳川家康の古文書』は、『豊臣秀吉の古文書』に続き、徳川家康の発給文書の中から百七十点を精選し、写真を掲載すると共に、文書の釈文、解説を付した史料集である。

家康の発給文書については、中村孝也氏の『徳川家康文書の研究』上巻・中巻・下巻之一・下巻之二（日本学術振興会、一九八〇～一九八二年）に集成されたものが約三千五百点ある。その後、中村氏の残した原稿をもとに拾遺集が刊行され、さらに、徳川義宣氏が補訂作業を行って『新修徳川家康文書の研究』（徳川黎明会、一九八三年）、『新修 徳川家康文書の研究』第二輯（徳川黎明会、二〇〇六年）が刊行された。これによって、さらに千通近くの家康文書が加えられた。

秀吉の発給文書は数千点に及び、内容のあるものが多く、長文のものも少なくない。これに対して家康の発給文書は、長文のものは少なく、かつ関ヶ原の戦い前後を除いて内容のあるものも少なく、家臣への知行宛行状や寺社に与えた寄進状・禁制が半数以上を占める。また、『譜牒余録』や家譜類などの編纂物から採用された文書が多く、原本は意外に少ないという印象があった。しかし、全体で四千数百点に及ぶ文書群だけに、貴重な内容を持つ書状が少ないとは到底言えないわけで、また、各地の文書館や博物館の展示図録を参照すると、新しく原本が発見されたものも多い。

本書では、特に内容のある文書を中心に、原則として原本のあるものを選んだ。しかし、研究史上重要な文書で原本が残っていないものについては、写や東京大学史料編纂所所蔵の影写本を採用した。これは、本書を読むことで、家康の天下統一の歩みや政策をおおむね理解することができるようにするためである。これについては、全体解説を参照していただきたい。

また、写真版だけではなく、巻末には文書ごとに釈文を付し、解説を入れた。最先端の研究成果を反映した解説にすることを心掛けたので、研究者にとっても有益だと考えている。

文書の写真を収録するにあたっては、『豊臣秀吉の古文書』や、別に刊行した『戦国大名の古文書』東日本編・西日本編と同じく、全国各地の史料所蔵者のご承諾を得た上で、諸機関・自治体から写真やフィルム、デジタルデータをお借りして利用させていただいた。過去に展覧会図録や自治体史などの諸史料集に収録されている文書でも、原本の所在がわからなかったり、所蔵者が不明になっていたりして、残念ながら割愛せざるを得なかった文書もある。

最後に、本書の刊行にあたって史料の掲載をご承諾くださった所蔵者の方々をはじめ、写真やフィルム、デジタルデータなどをご提供くださった諸機関・自治体関係者の方々に対して、心から感謝申し上げます。

二〇一五年十一月　　　　編者一同

凡例

● 本書には、徳川家康の生涯がわかる、家康が発給した百七十点の文書を年次順に収録した。

● できる限り文書原本の収録を心掛けたが、原本の伝存や所在が確認できなかったものは、後世の写や影写本を用いた。

● 本書においては、全体の編集方針により独自の文書名を用いた。

● 史料の所蔵者、写真提供者、史料を伝存した文書群名などについては、巻末に一括して掲載した。

● 釈文について

○ 原則として常用漢字を用い、常用漢字にないものは正字または原文のままとした。また、人名や地名などの固有名詞については旧字を使用した場合もある。

○ 異体字・略字・変体仮名などは、現行の文字または正字に改めた。ただし、次のような文字は例外とした。

　躰　糺　峯　嶌　ゟ（より）　〆（しめ）

○ 釈文では、原本の改行を再現した。一行に収まらない場合は、」で原本の改行を示した。

○ 適宜、読点や並列点（中黒点）を補った。

○ 包紙・封紙・端書・裏書・貼紙などがある場合は、（　）内に示した。

○ 誤字や判読できない文字がある場合は、正しい文字や推測される文字を小さな（　）で傍示した。

○ 印判・花押などが押捺または署記されている場合は、（花押）（朱印）（家康黒印）などの形で示した。

○ 敬意を示す闕字・平出・台頭は、一字あけとした。

○ 破損・虫損または判読不能の文字は、□、□□などで示した。

● 解説について

○ 家康の表記については、永禄十年以前を松平元信、松平元康、松平家康、それ以降を徳川家康とした。

○ そのほかの人名の表記について、例えば細川藤孝、黒田孝高などは時期によって名乗りが異なるが、便宜上、細川藤孝、黒田孝高などで統一して記した。

○ 地名や城名については、できる限り読み仮名を振ると共に、その位置についての情報を括弧書きで付した。

本書掲載の写真は、ポジ・ネガフィルム、マイクロフィルム、デジタルデータなど、様々な形態でご提供いただいた貴重な画像である。史料所蔵者・管理者、写真提供者の方々には、本書の趣旨にご賛同いただき、多大なるご協力ご高配をいただいた。

写真編

001

弘治三年五月三日付け松平元信禁制

高隆寺所蔵

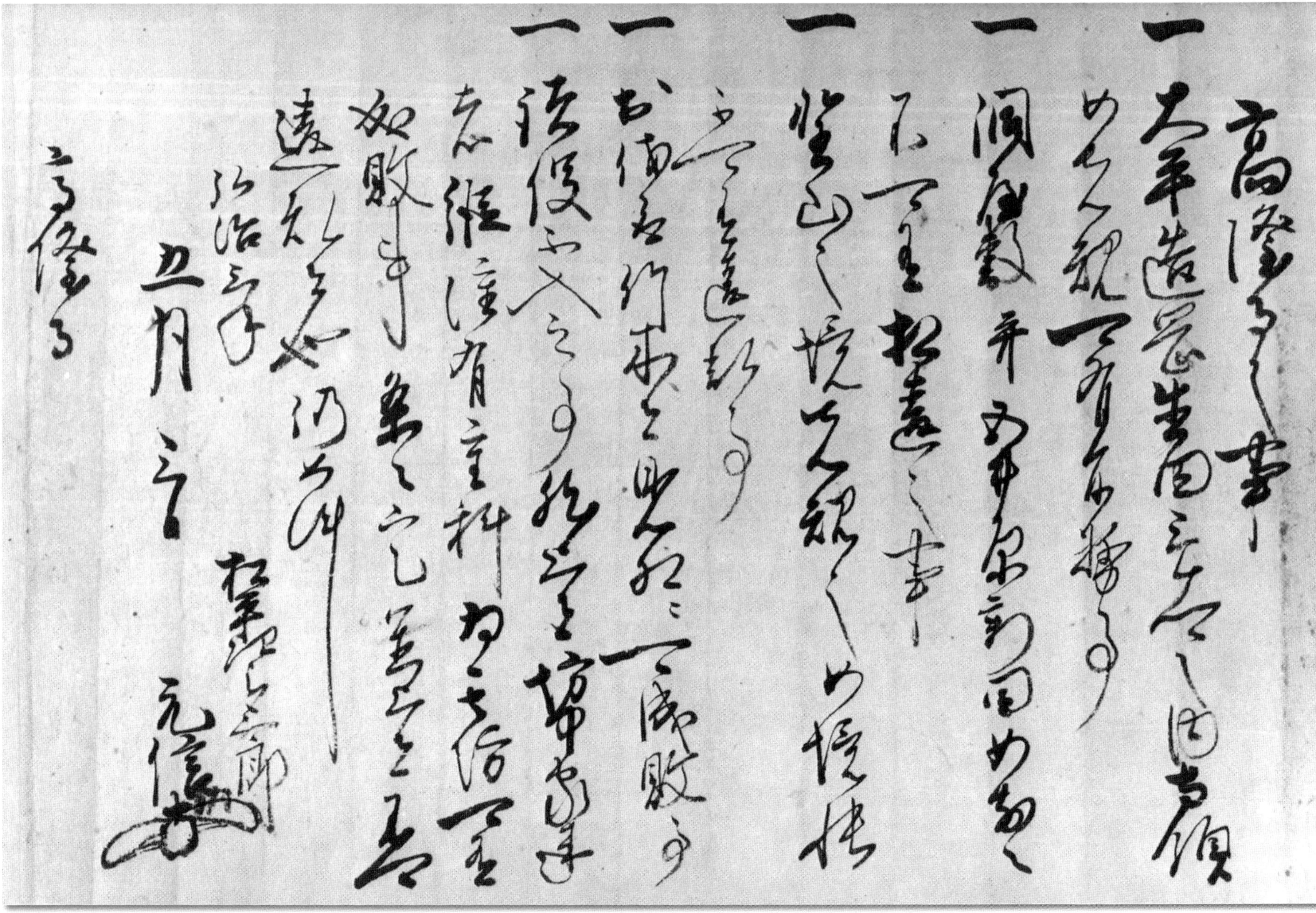

002

永禄三年七月九日付け松平元康制札

法蔵寺所蔵

003 永禄七年五月十三日付け松平家康起請文

名古屋市博物館所蔵

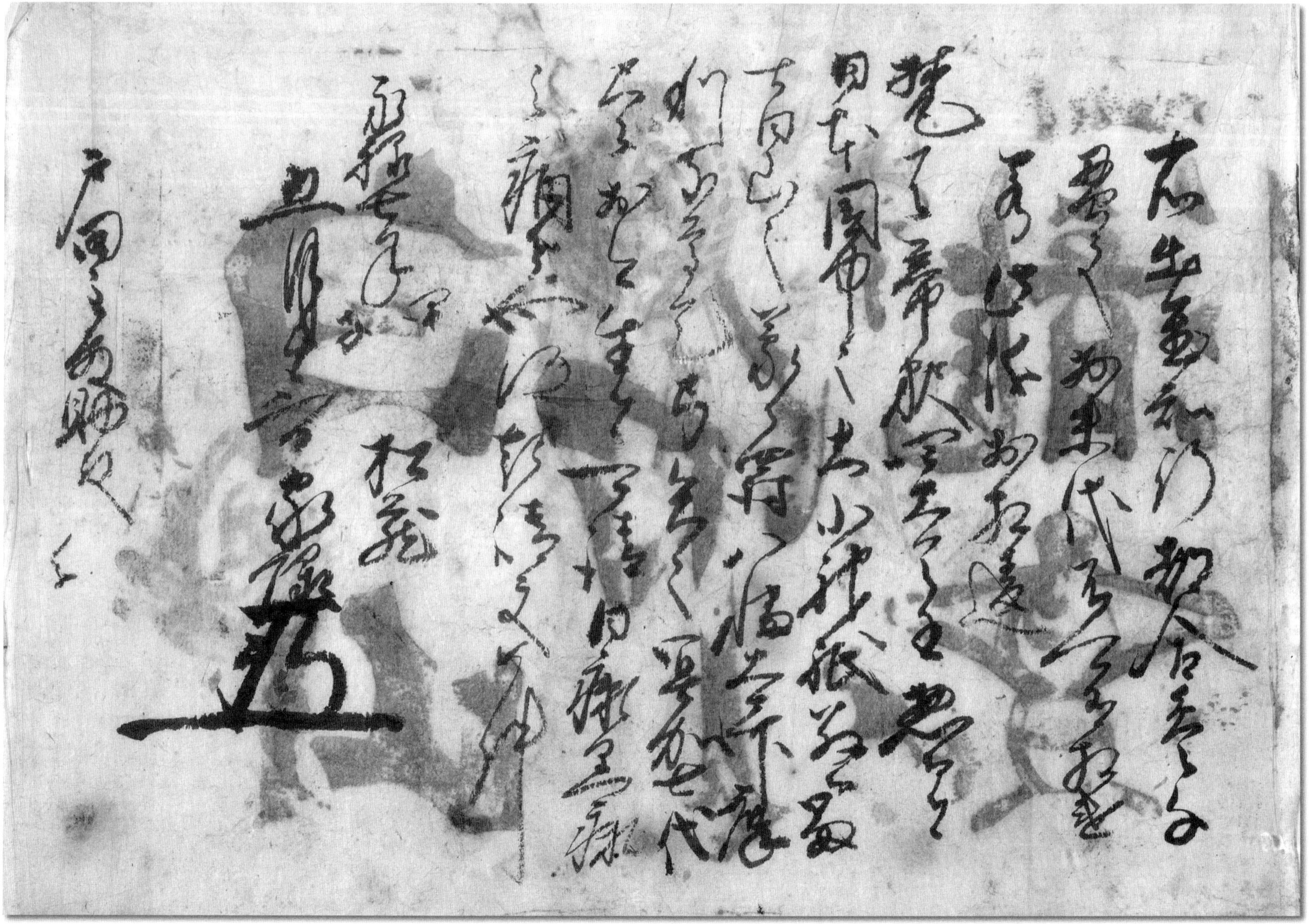

004 永禄七年六月二十二日付け松平家康判物

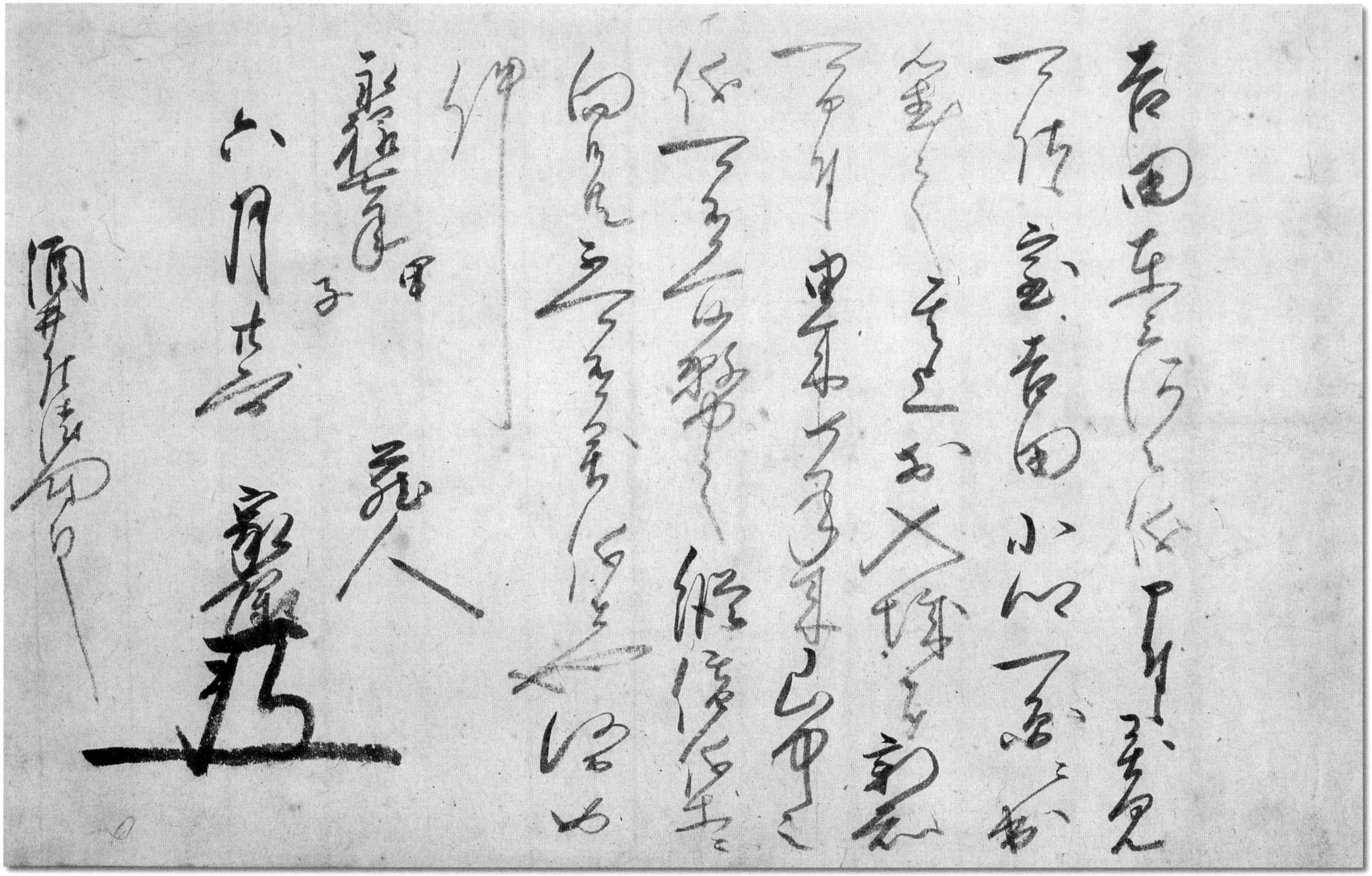

致道博物館所蔵

005 永禄七年十一月十六日付け松平家康起請文

名古屋市博物館所蔵

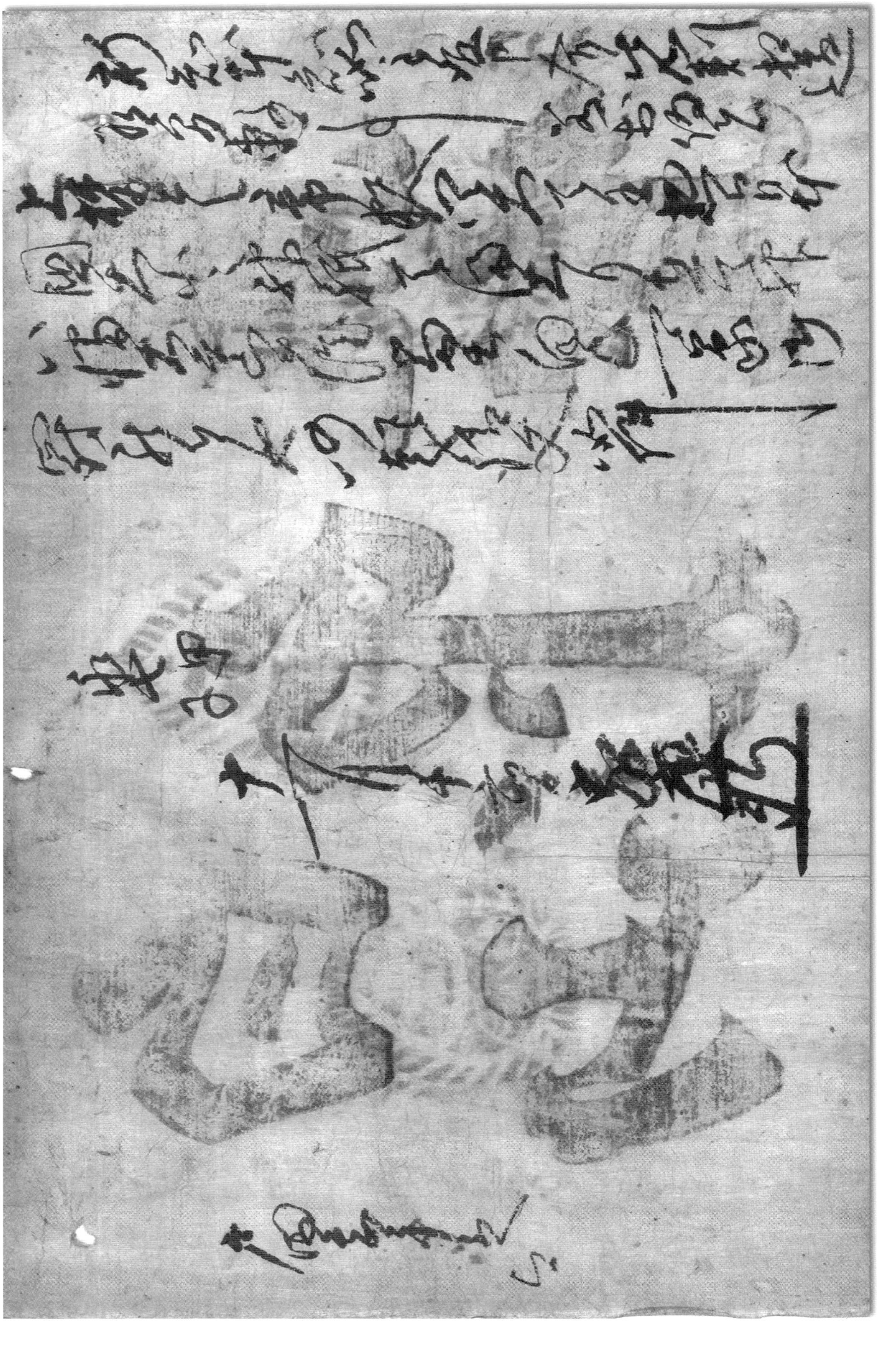

006 (永禄八年)十一月二十日付け松平家康書状

京都市歴史資料館所蔵

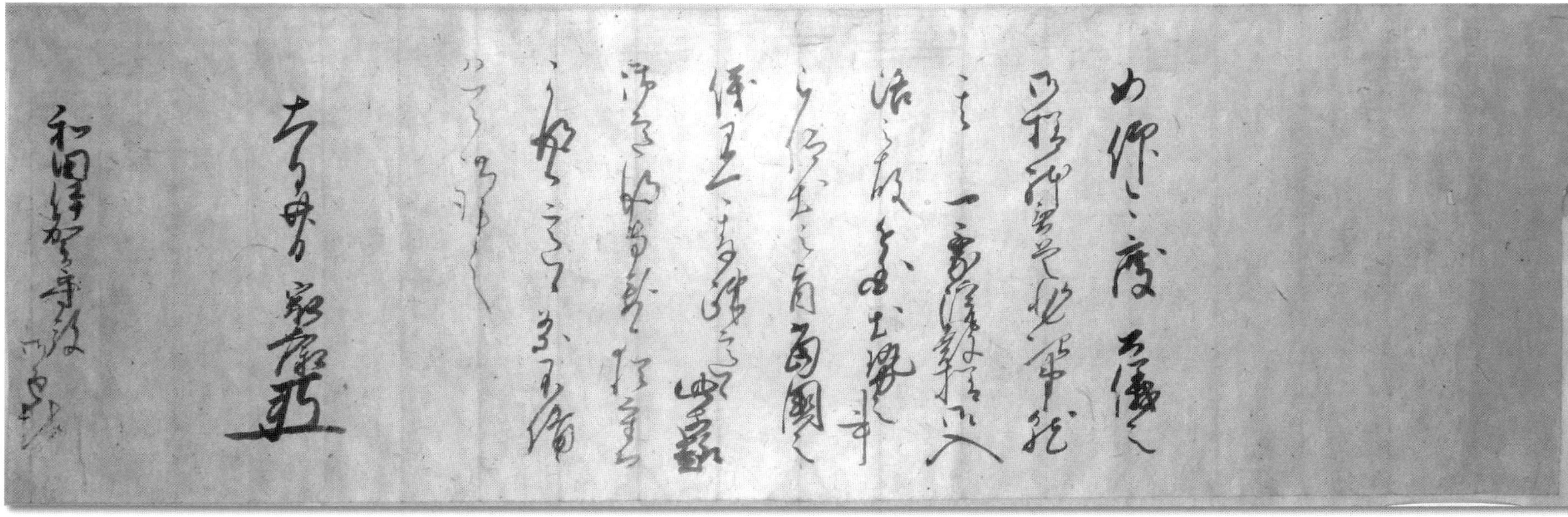

007 永禄十年六月日付け徳川家康判物

名古屋市博物館所蔵

008 永禄十一年三月日付け徳川家康判物

名古屋市博物館所蔵

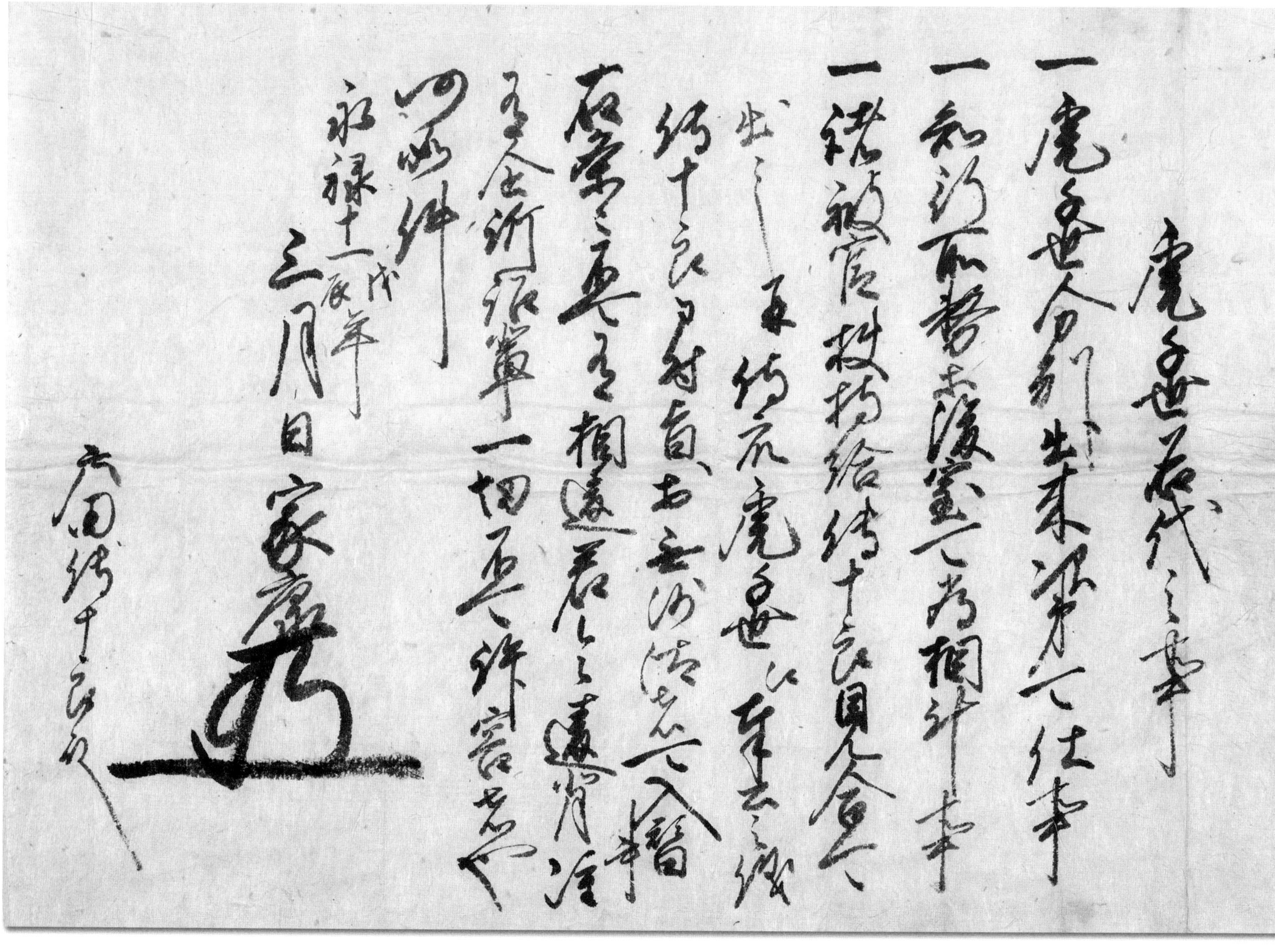

009 永禄十二年正月十一日付け徳川家康判物

早稲田大学図書館所蔵

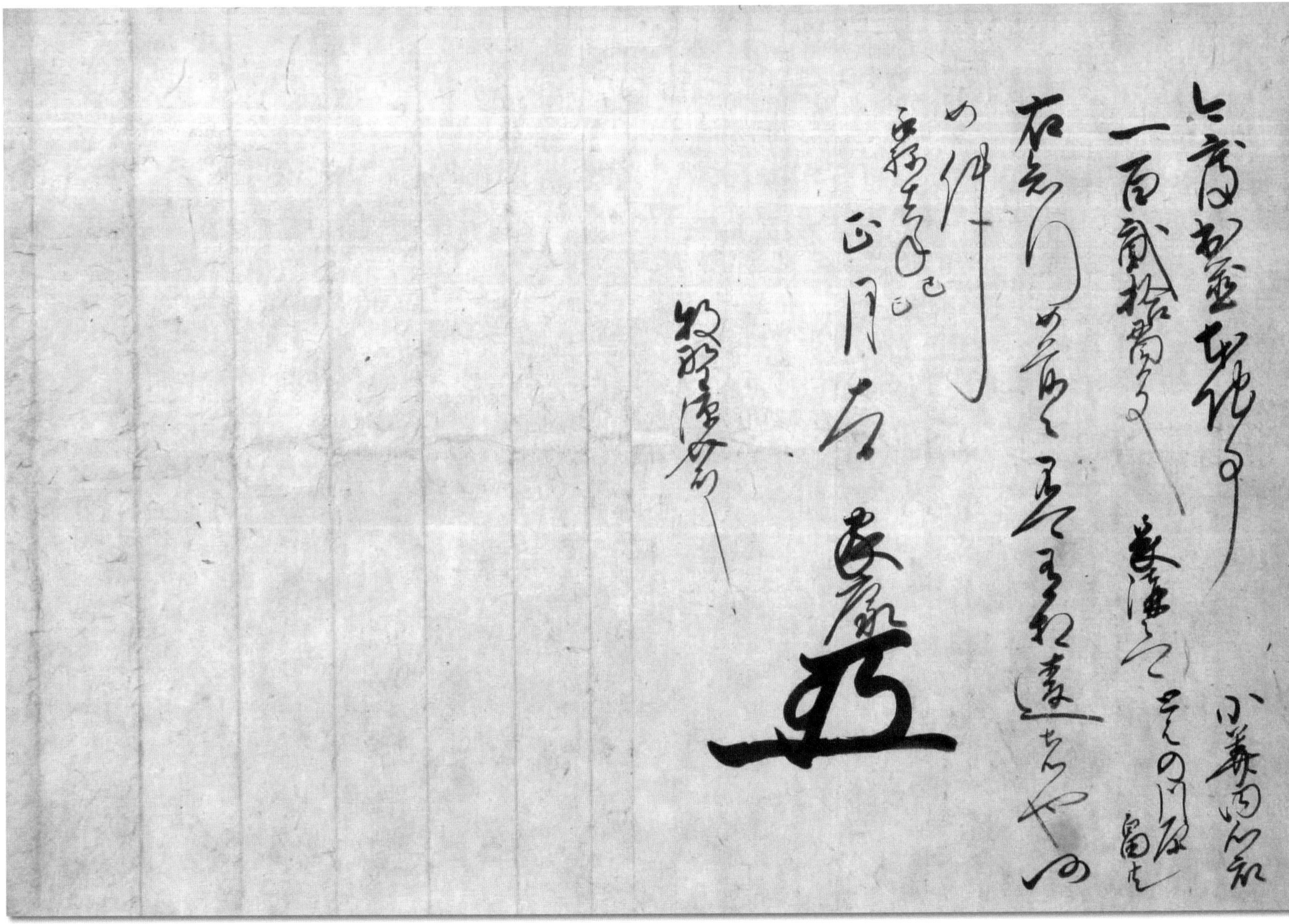

010 (永禄十二年)二月十八日付け徳川家康書状

米沢市 上杉博物館所蔵

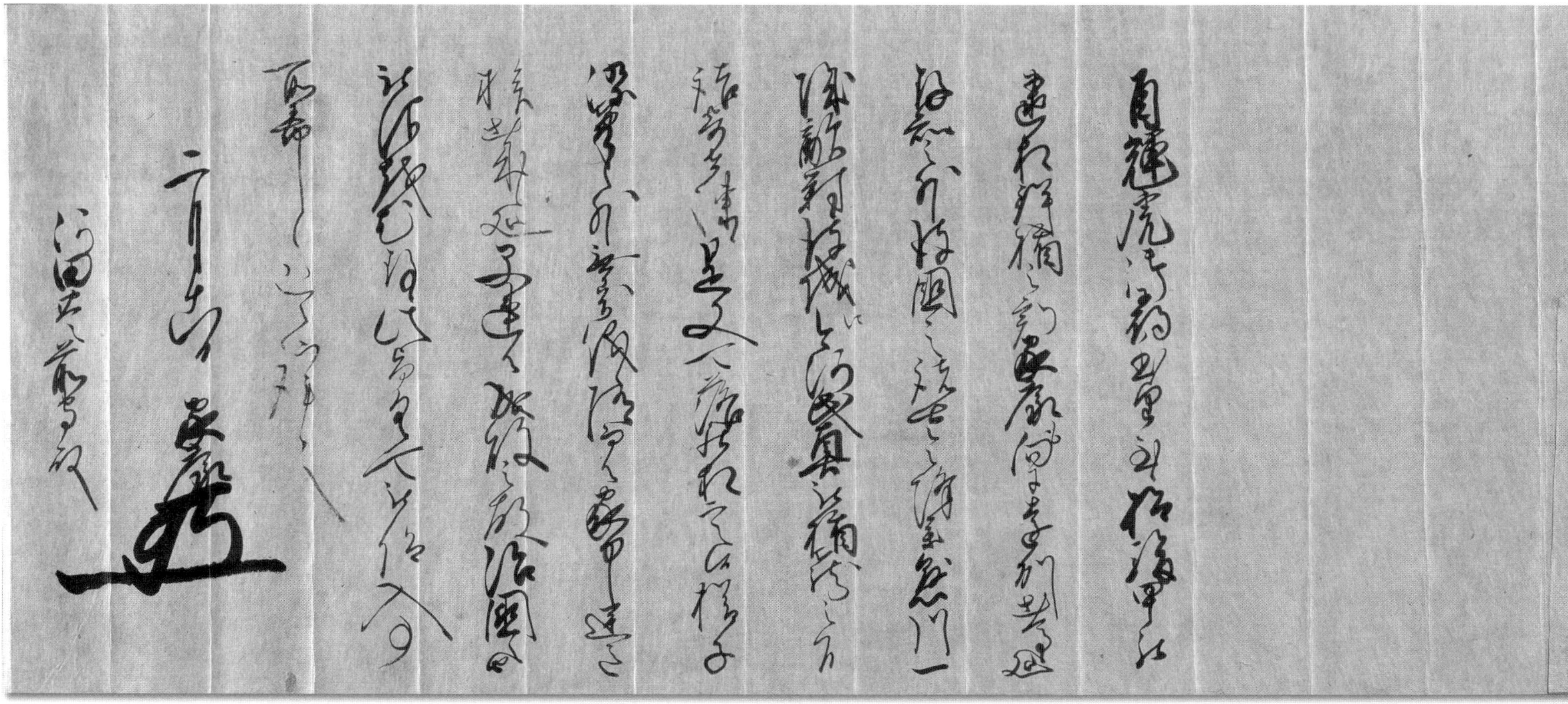

011 （元亀元年）十月八日付け徳川家康書状

米沢市上杉博物館所蔵

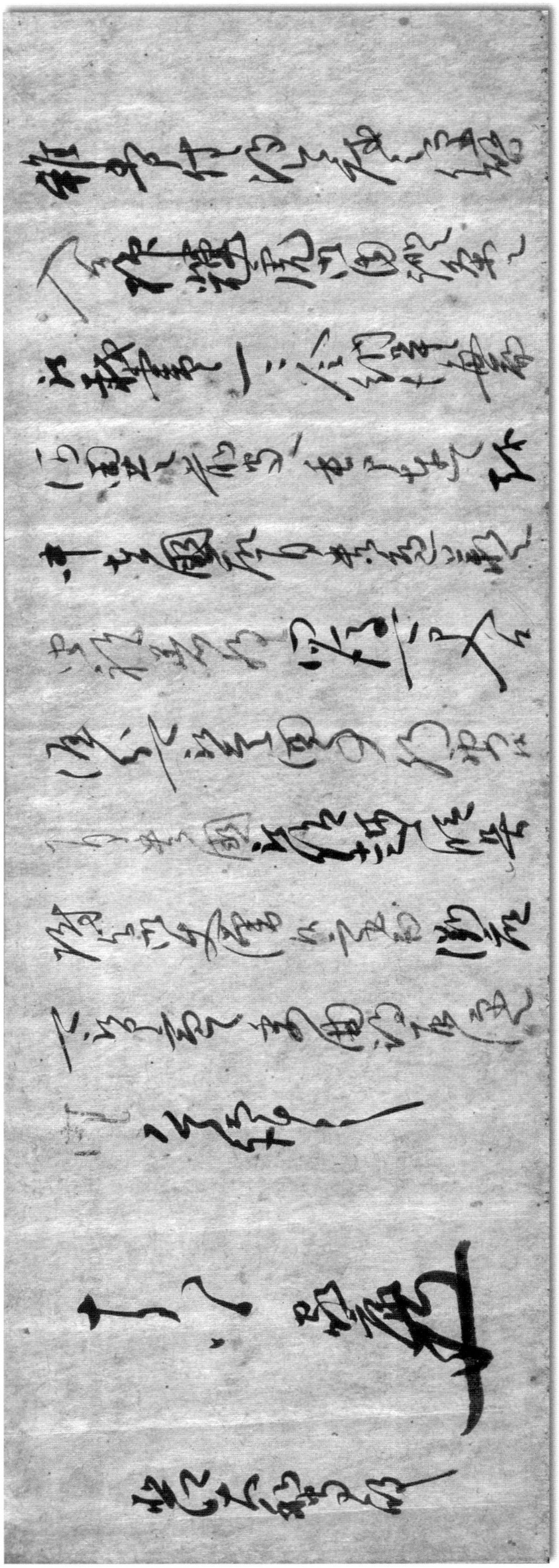

012 (元亀二年)三月五日付け徳川家康書状

米沢市上杉博物館所蔵

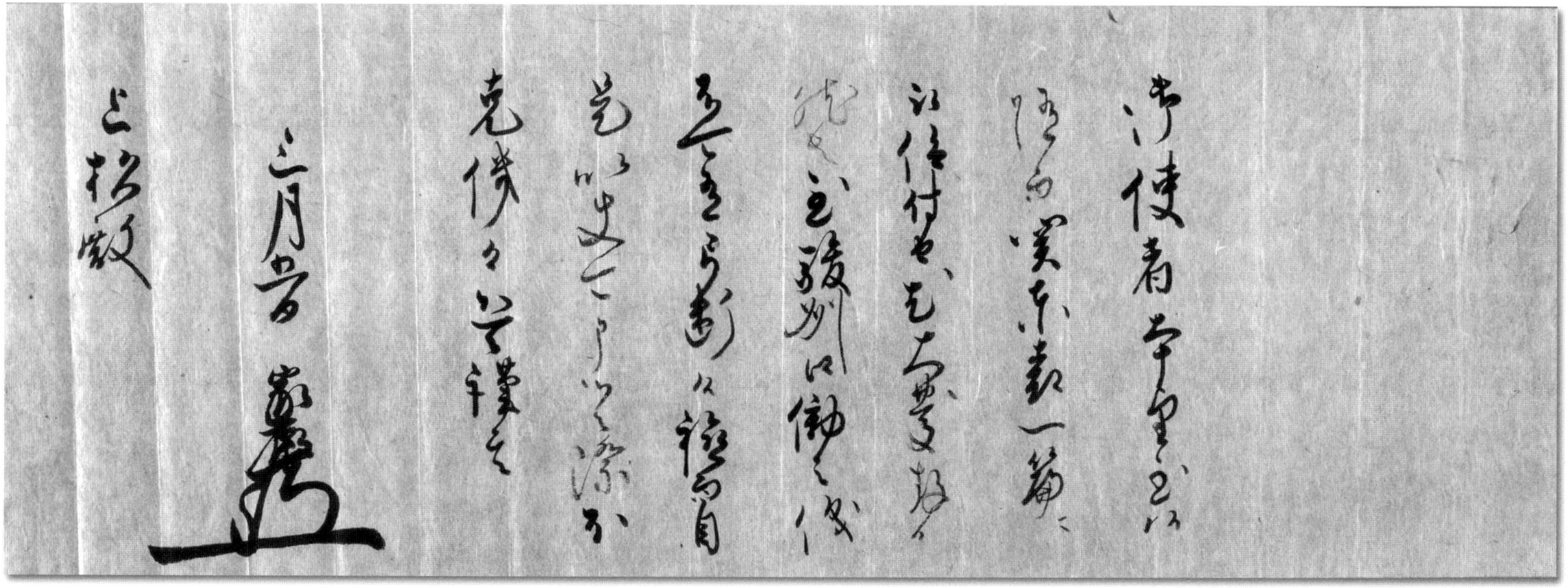

013 元亀二年十一月六日付け徳川家康朱印状

沼津市歴史民俗資料館所蔵

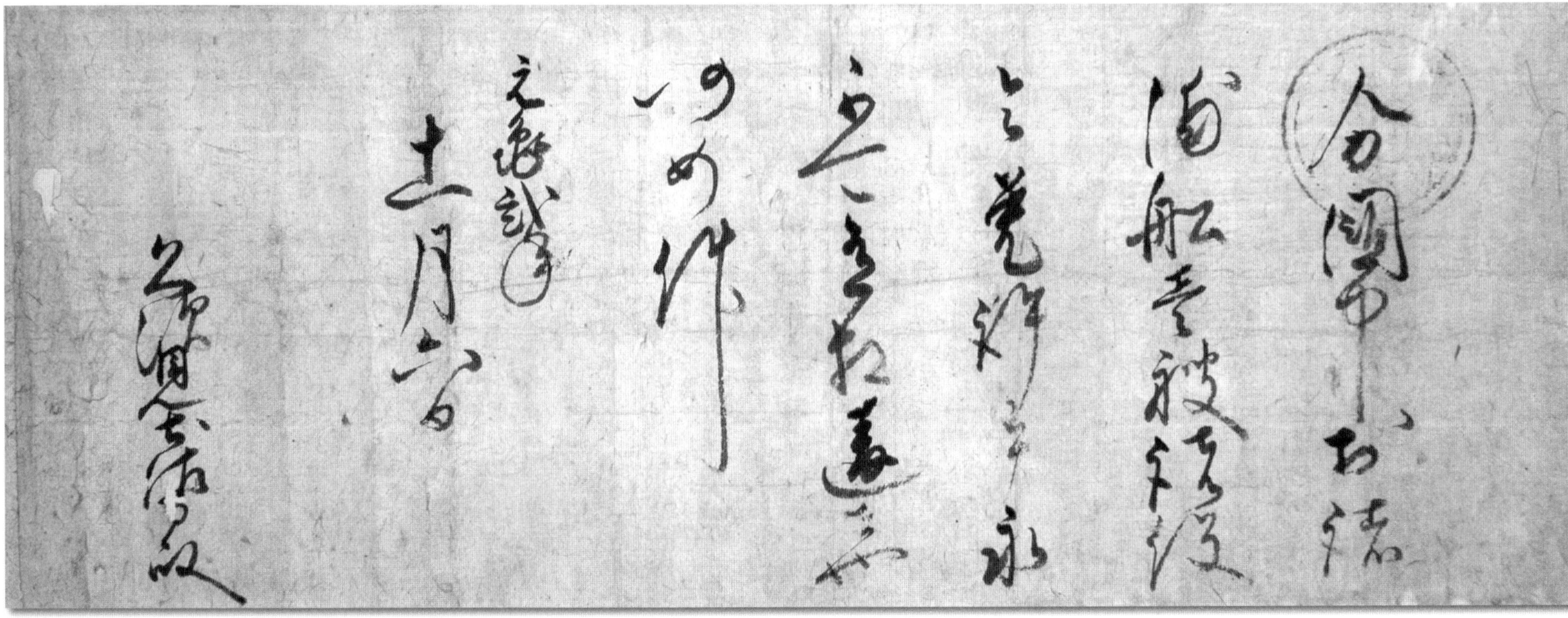

014 (元亀二年カ)十一月二十六日付け徳川家康書状

徳川美術館所蔵

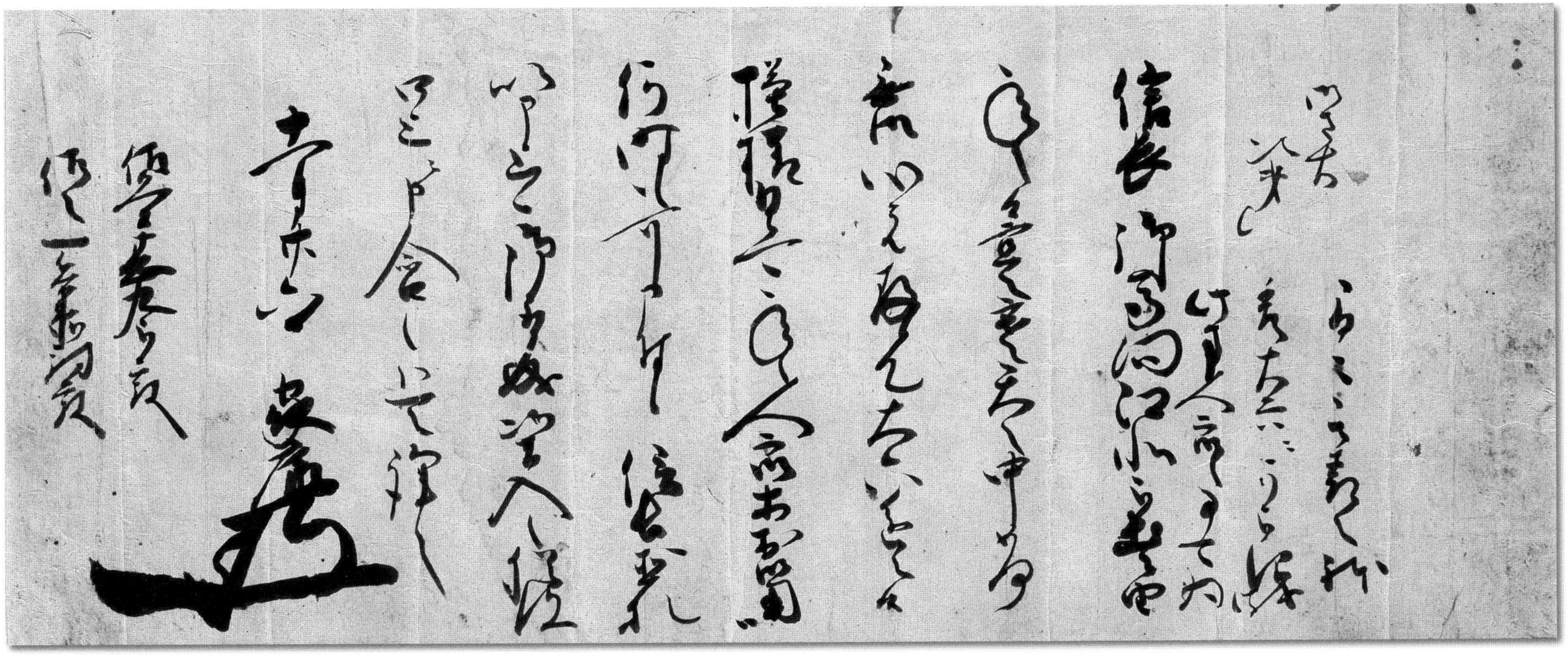

015 (元亀四年ヵ)二月六日付け徳川家康書状

米沢市上杉博物館所蔵

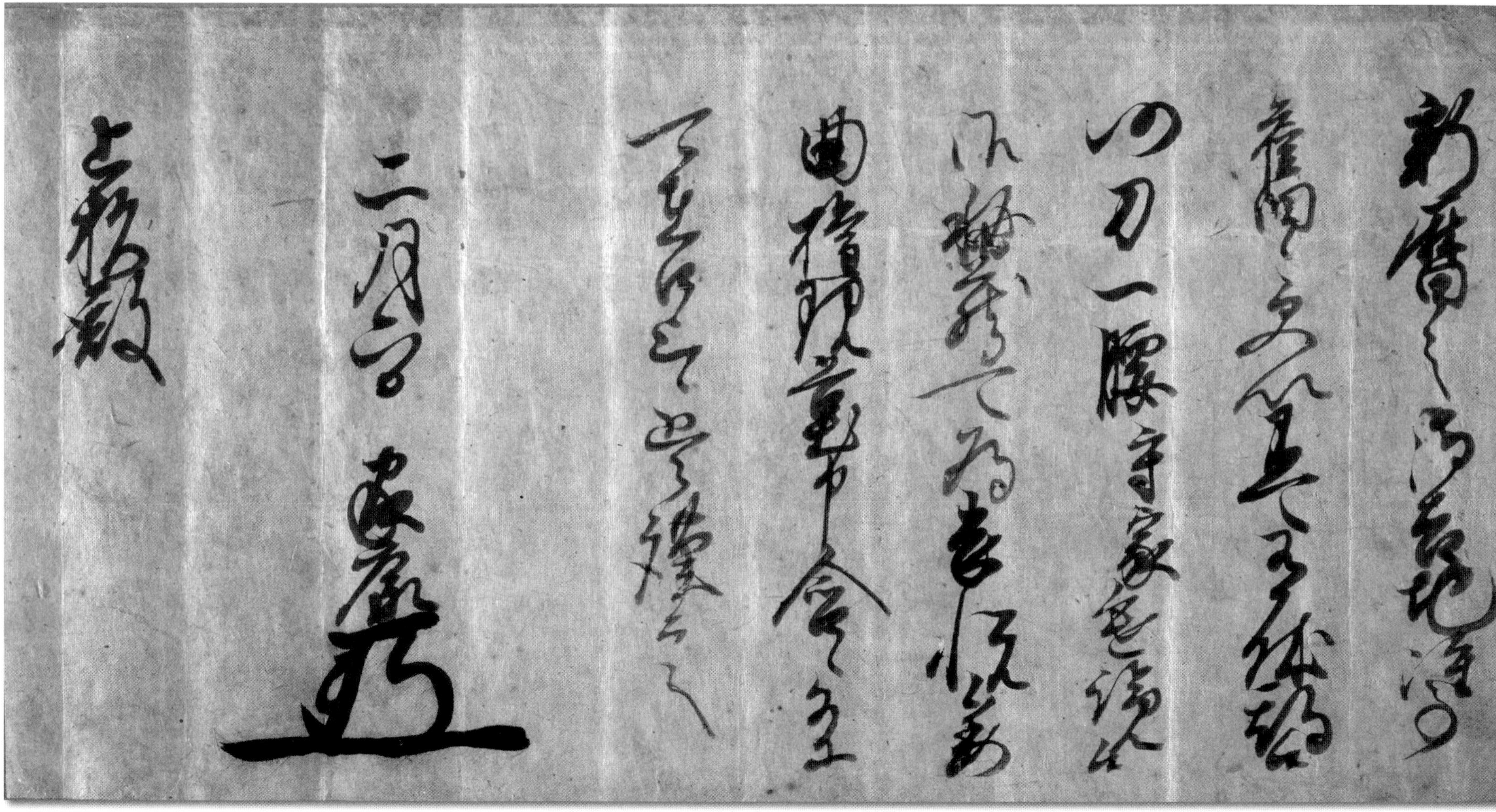

016 (天正二年)三月十三日付け徳川家康書状写

米沢市上杉博物館所蔵

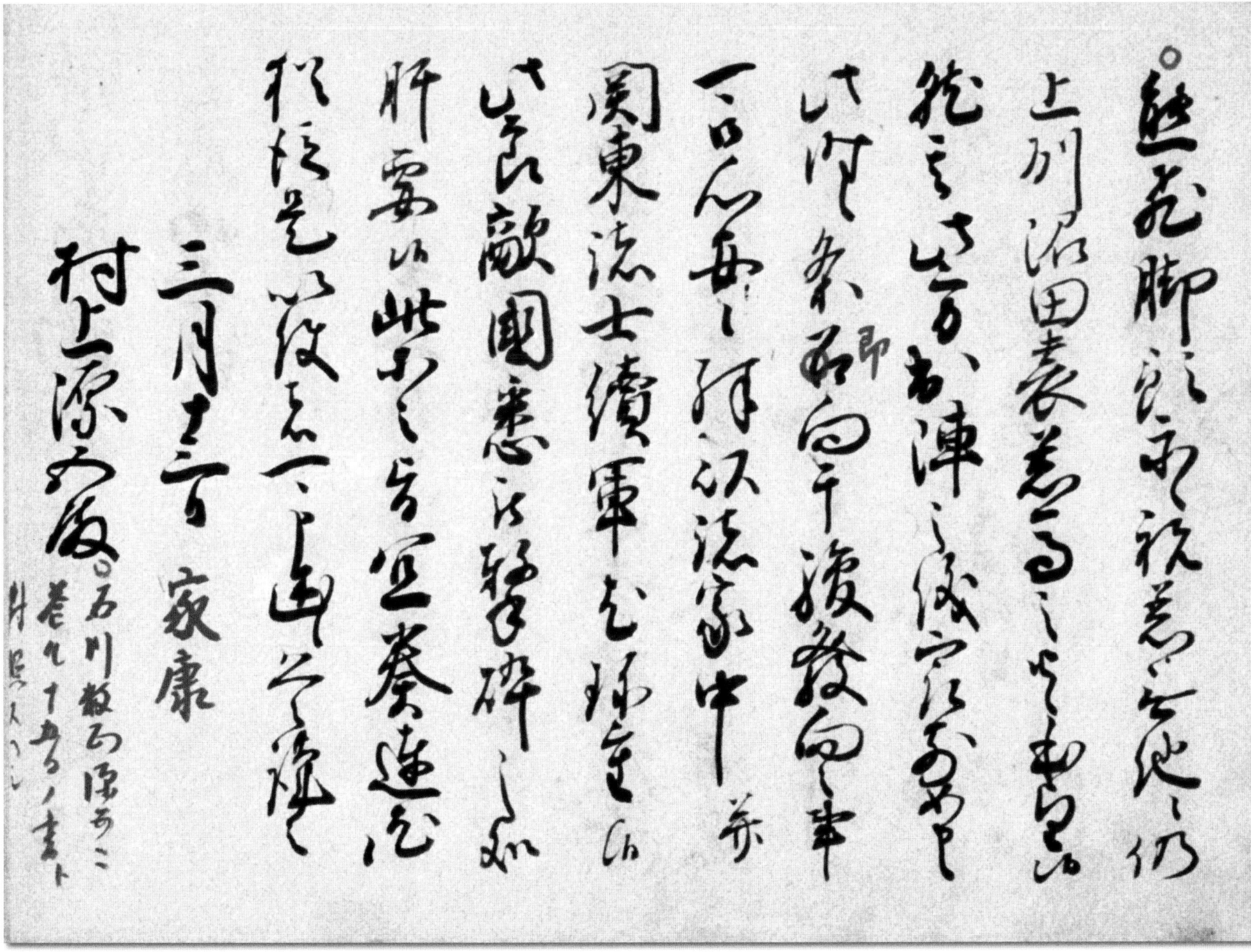

017 （天正二年ヵ）七月九日付け徳川家康書状写

東京大学史料編纂所所蔵影写本

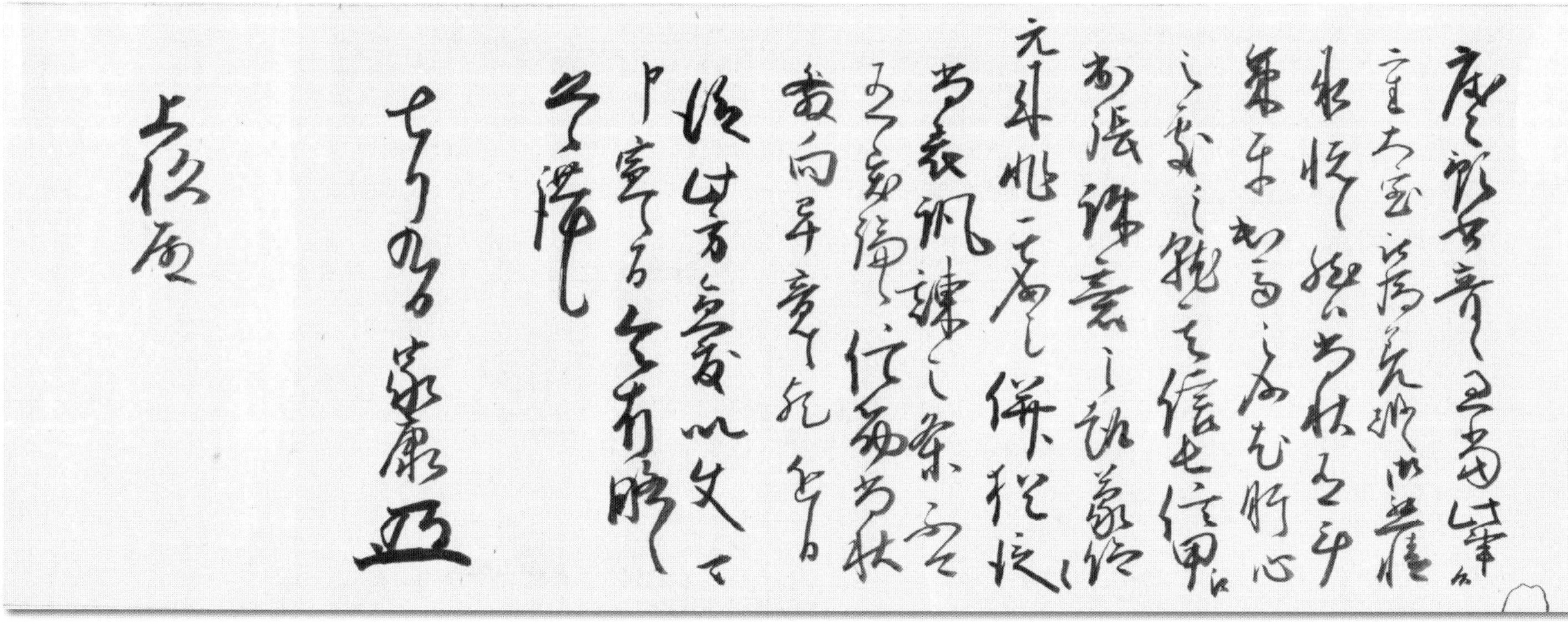

018 (天正二年)閏十一月九日付け徳川家康書状

徳川ミュージアム所蔵

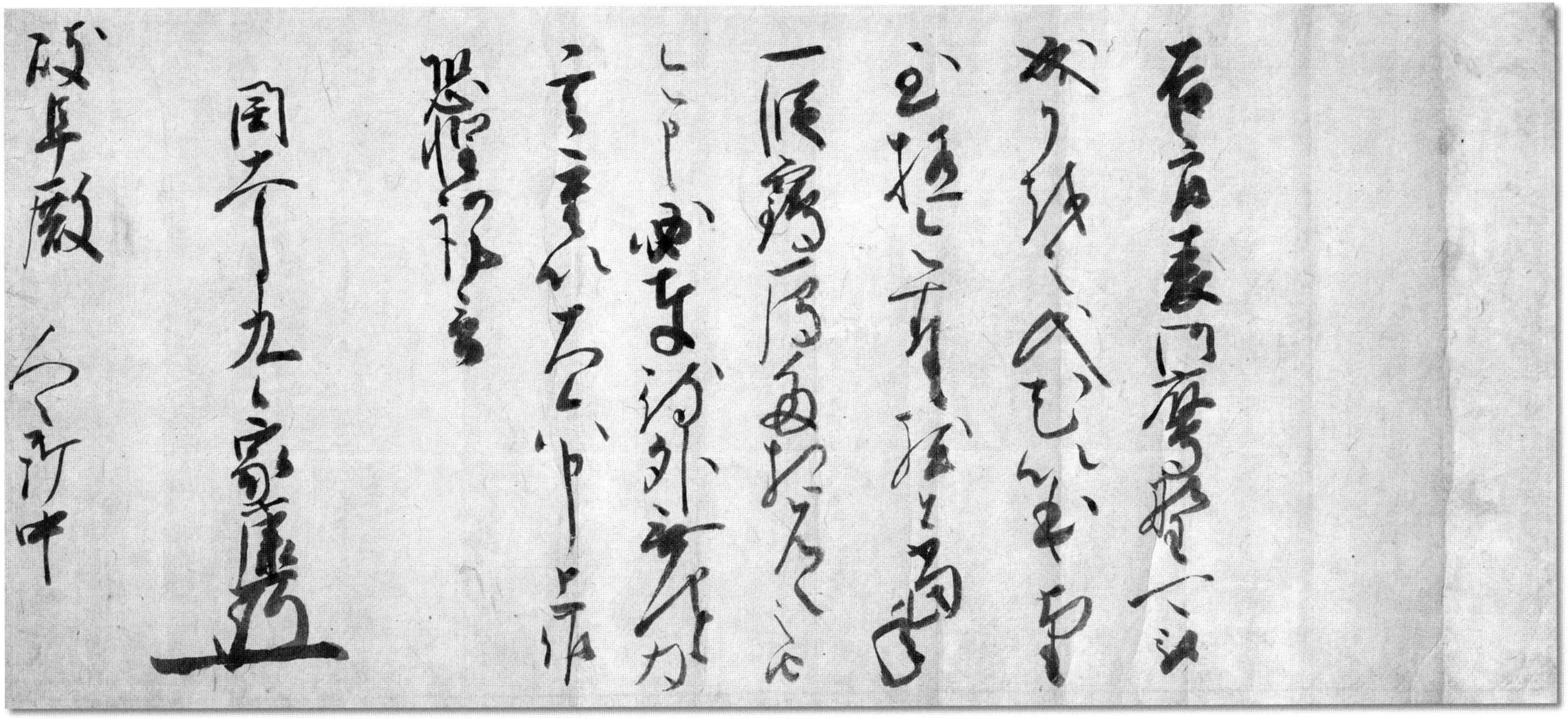

019 天正二年十二月二十八日付け徳川家康判物写

新居関所史料館所蔵

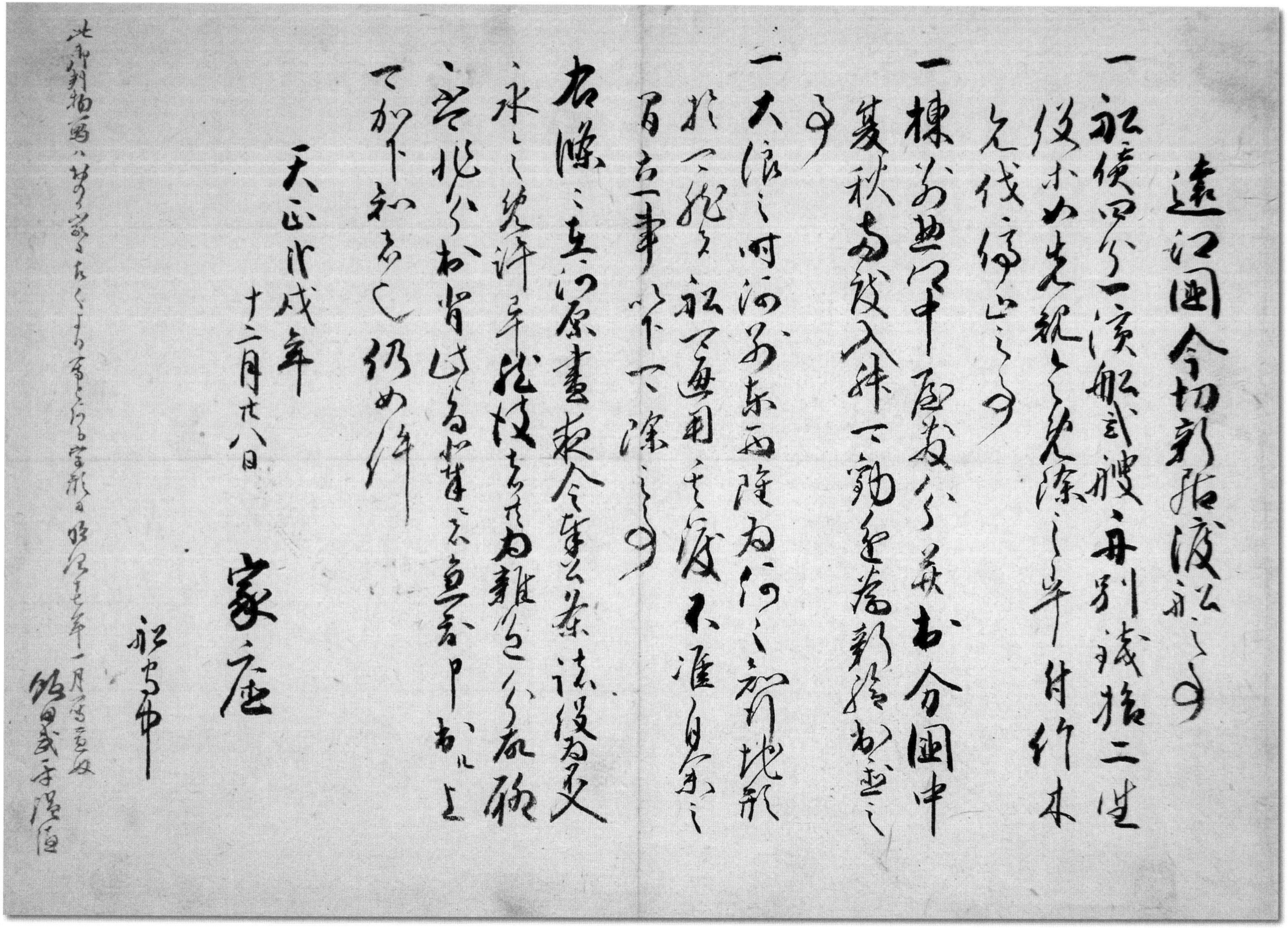

020 （天正三年）三月十三日付け徳川家康書状

大阪城天守閣所蔵

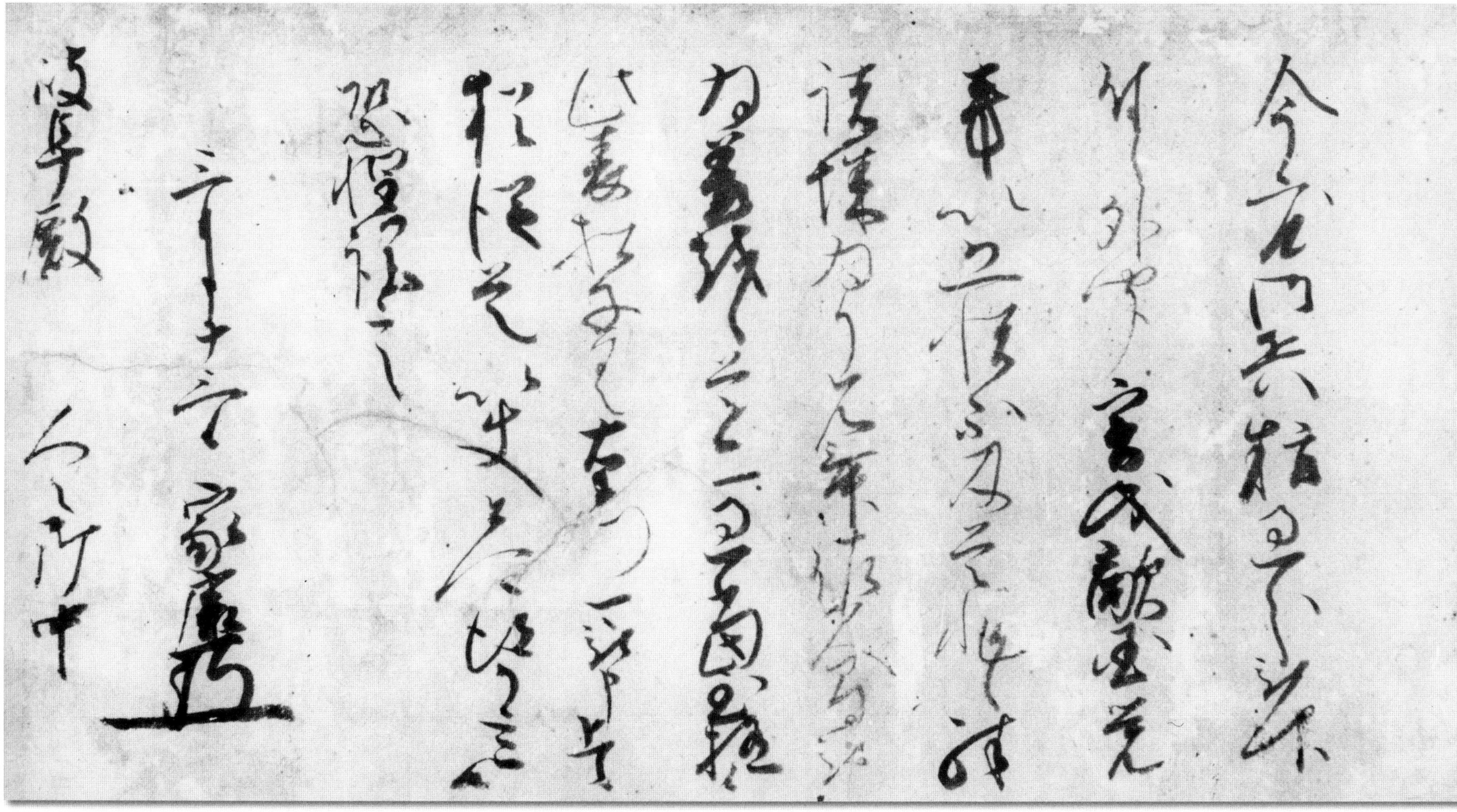

021 (天正五年)三月七日付け徳川家康書状

大阪城天守閣所蔵

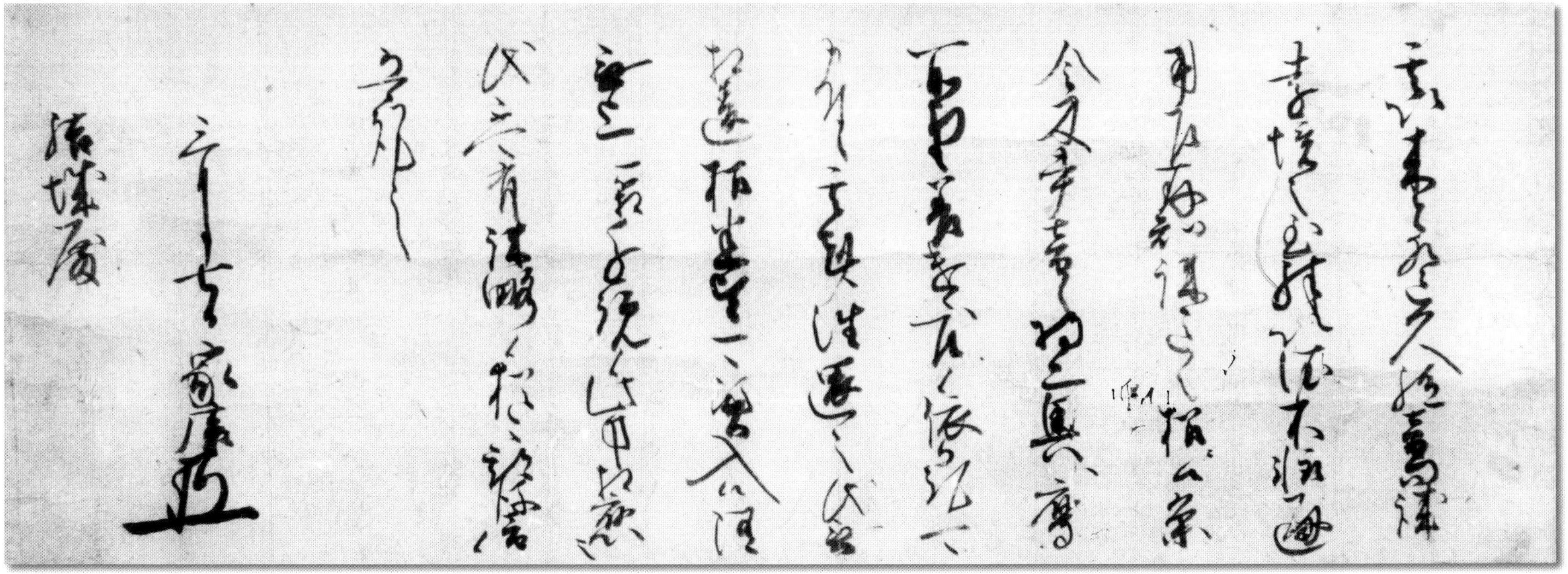

022 (天正七年)七月一日付け徳川家康書状

仙台市博物館所蔵

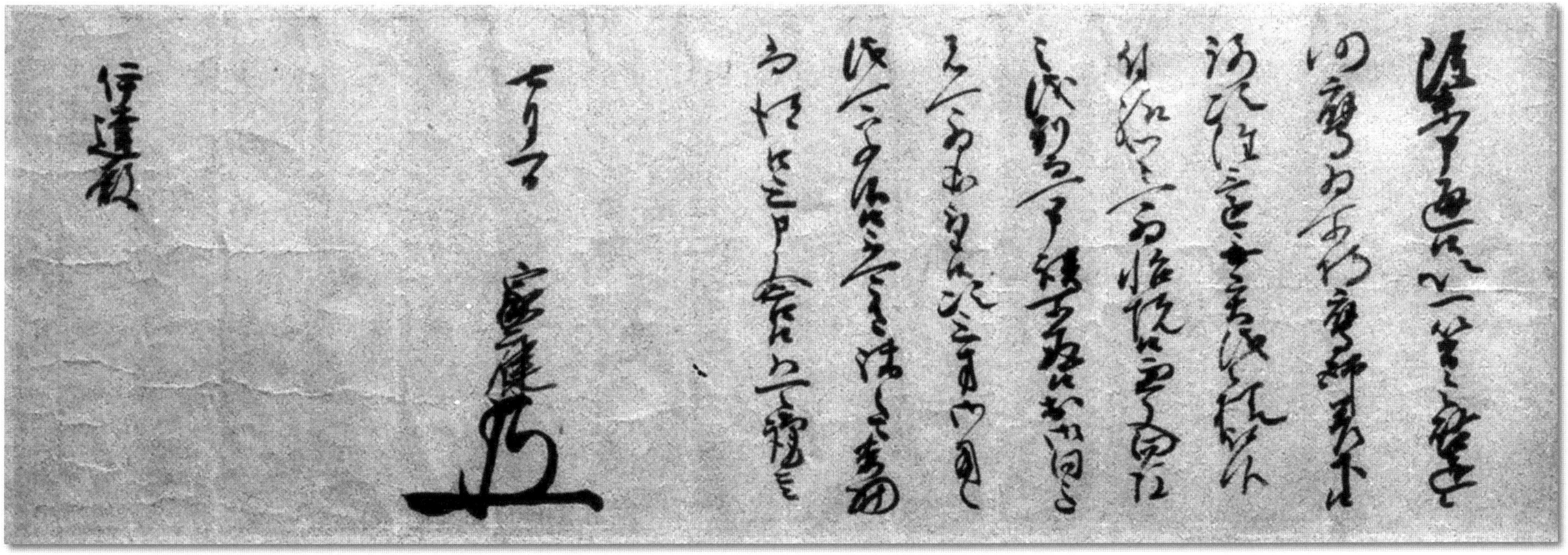

023 (天正十年)六月十四日付け徳川家康書状

大阪城天守閣所蔵

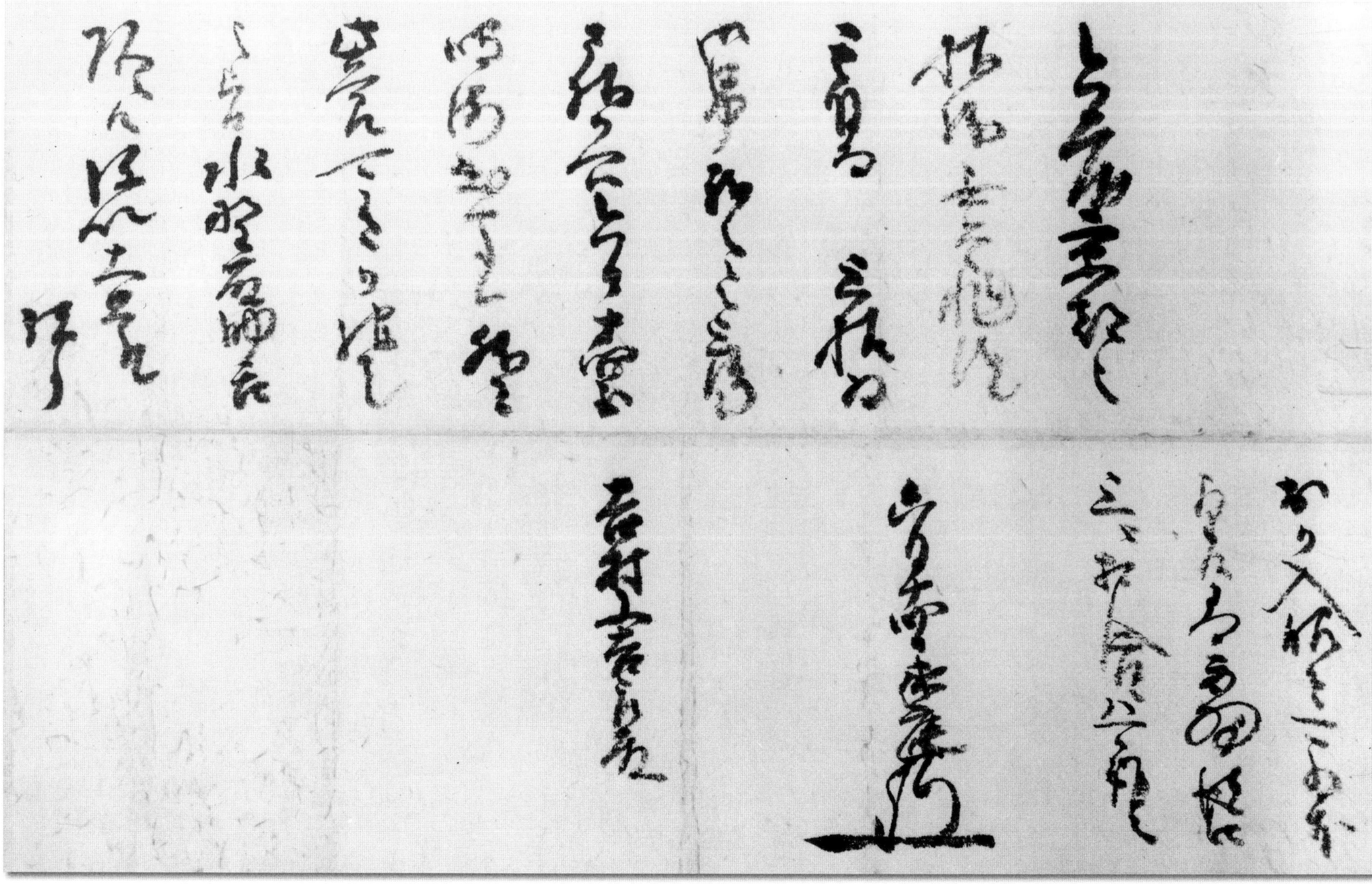

024 天正十年七月十四日付け徳川家康判物

致道博物館所蔵

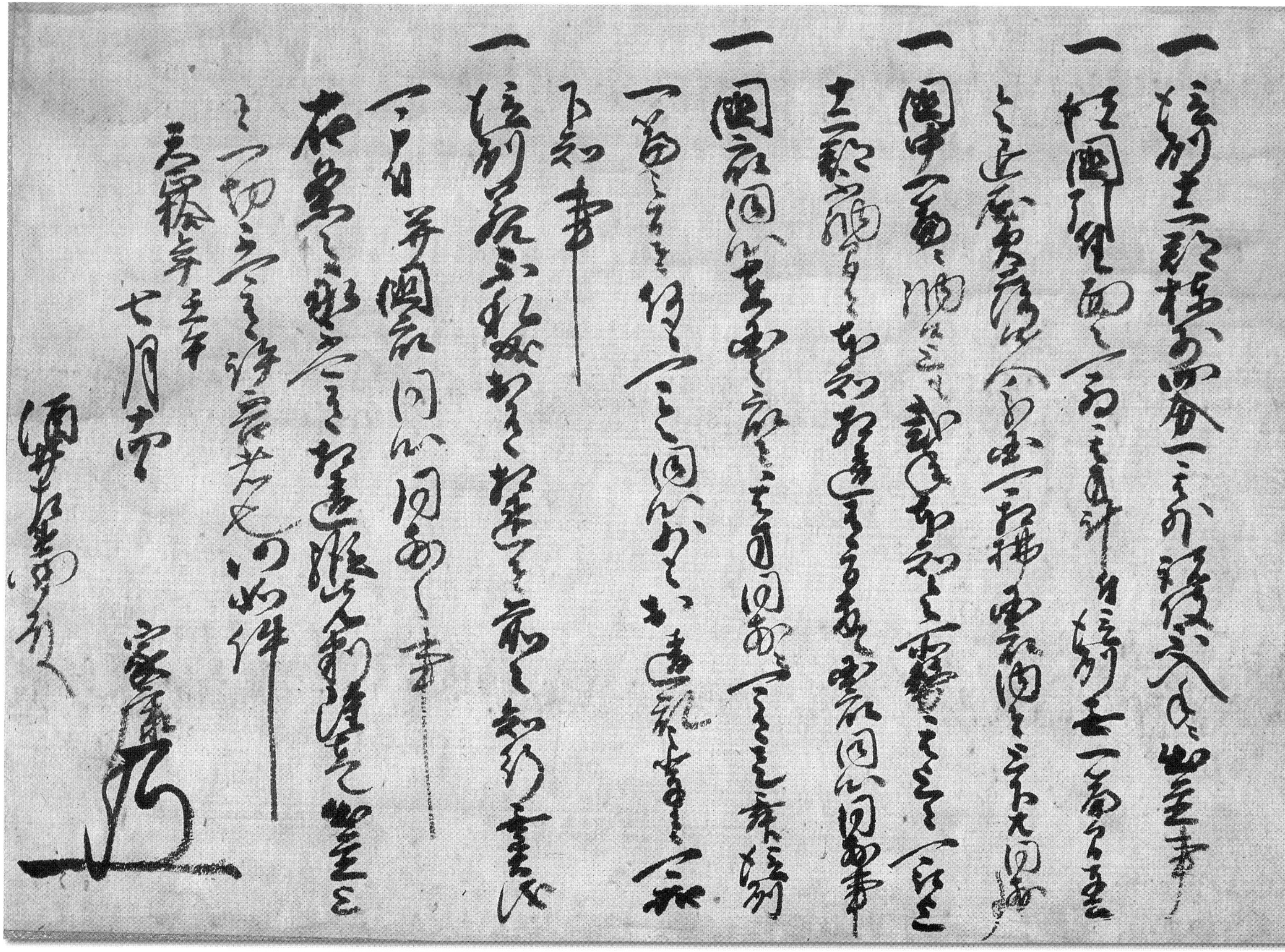

025 天正十年八月二十一日付け徳川家康朱印状

大阪城天守閣所蔵

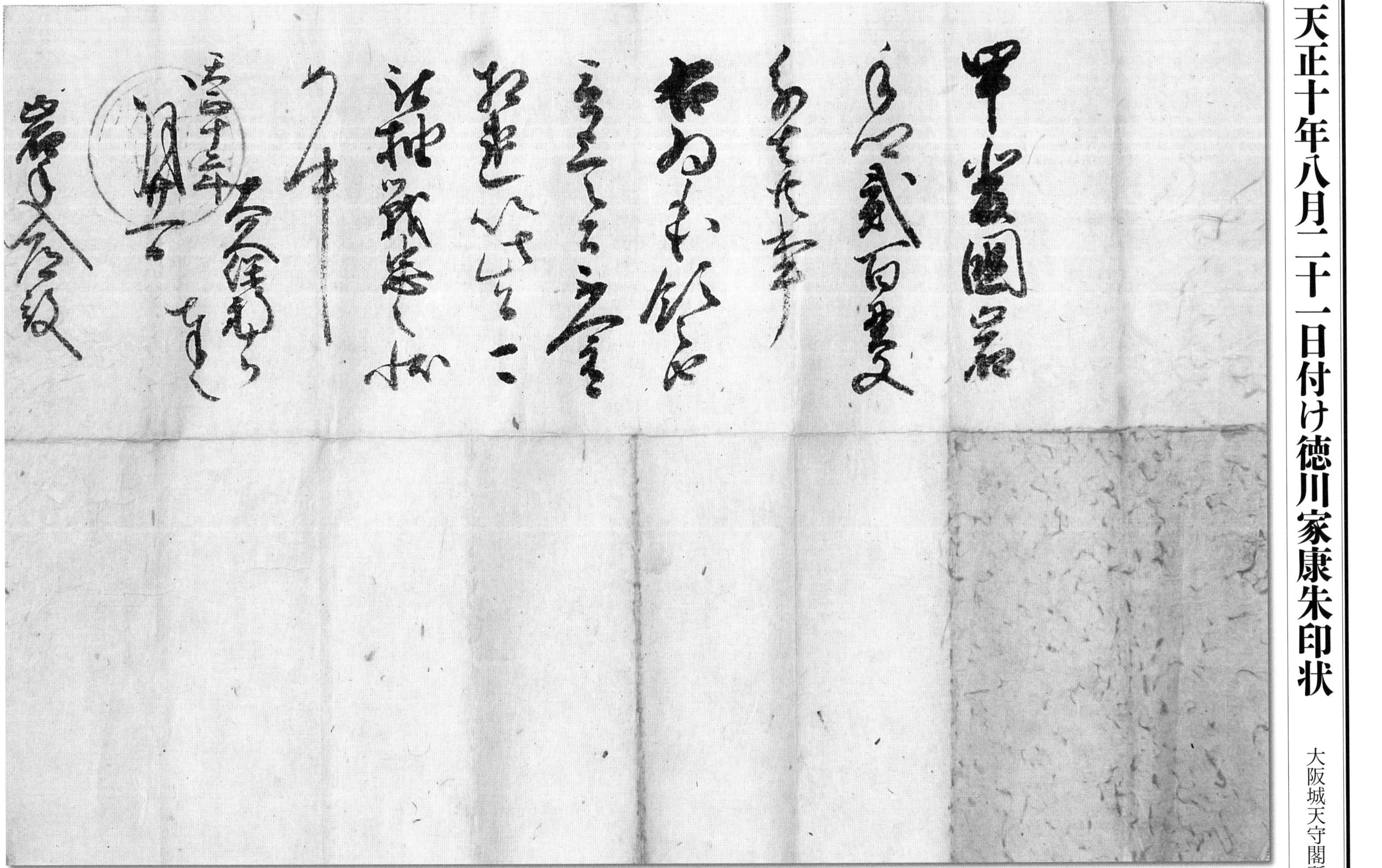

026 (天正十年)九月十七日付け徳川家康書状

徳川美術館所蔵

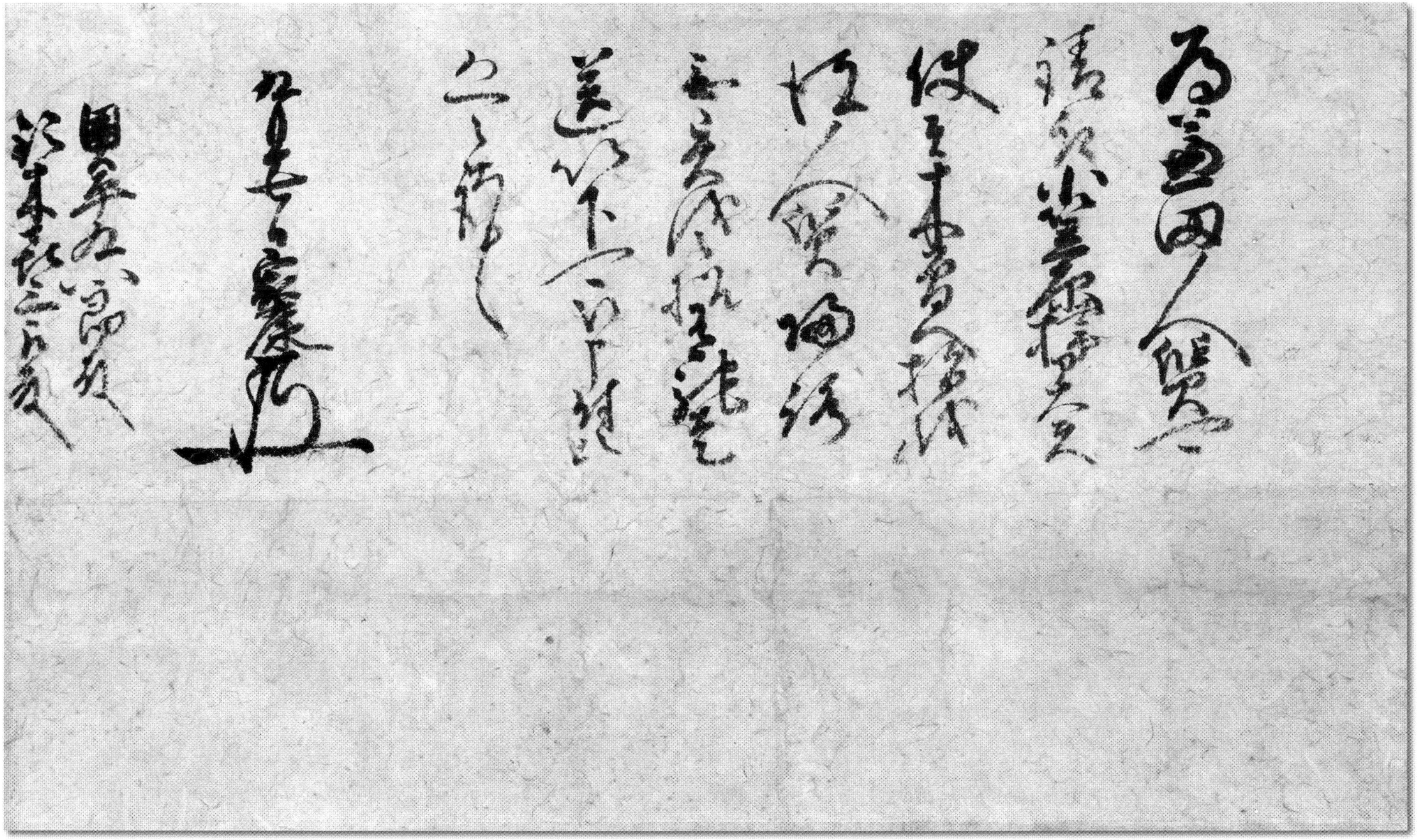

027 天正十年九月二十八日付け徳川家康判物

真田宝物館所蔵

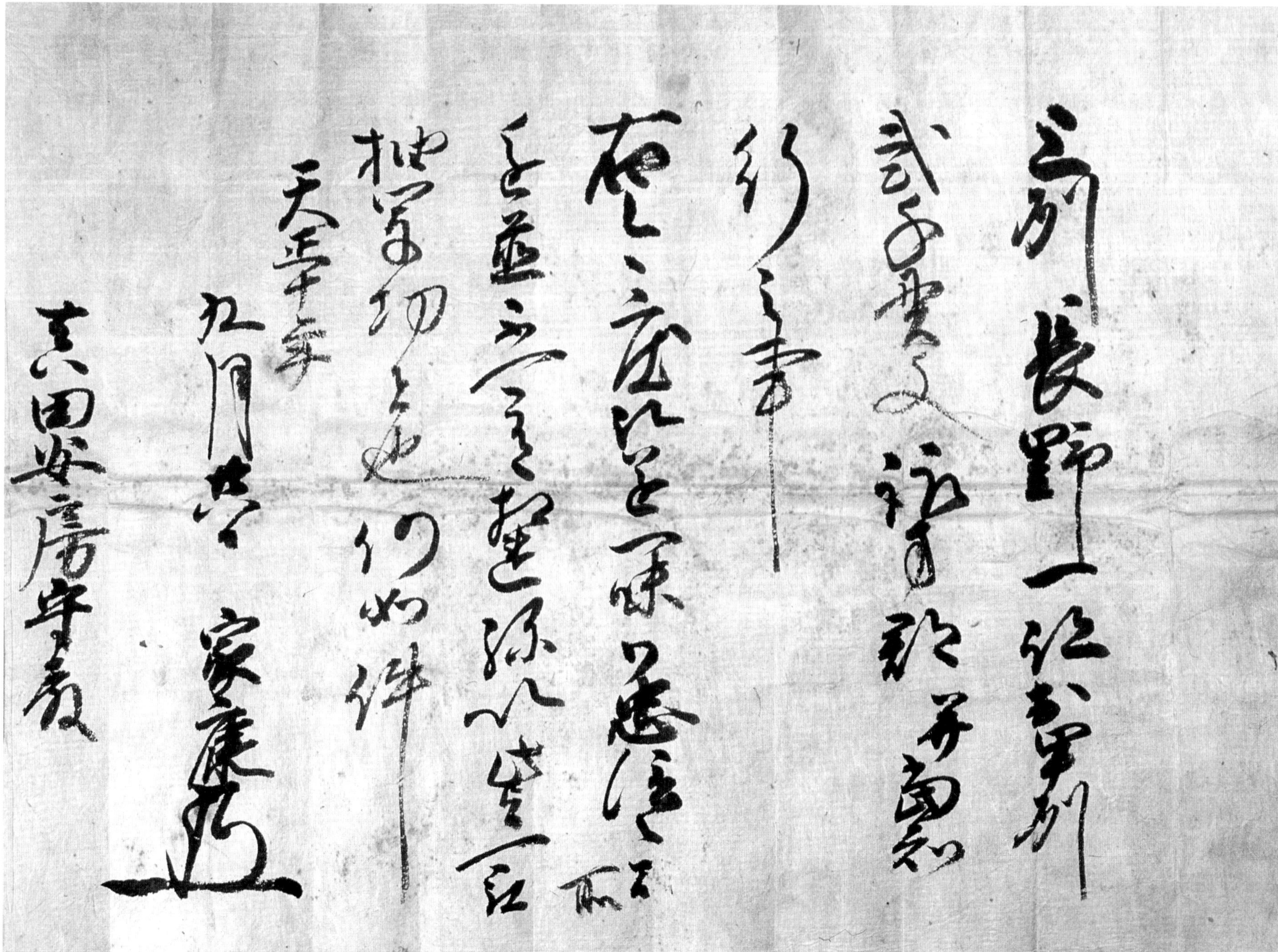

028 (天正十年)十月二十四日付け徳川家康自筆起請文

神奈川県立歴史博物館所蔵

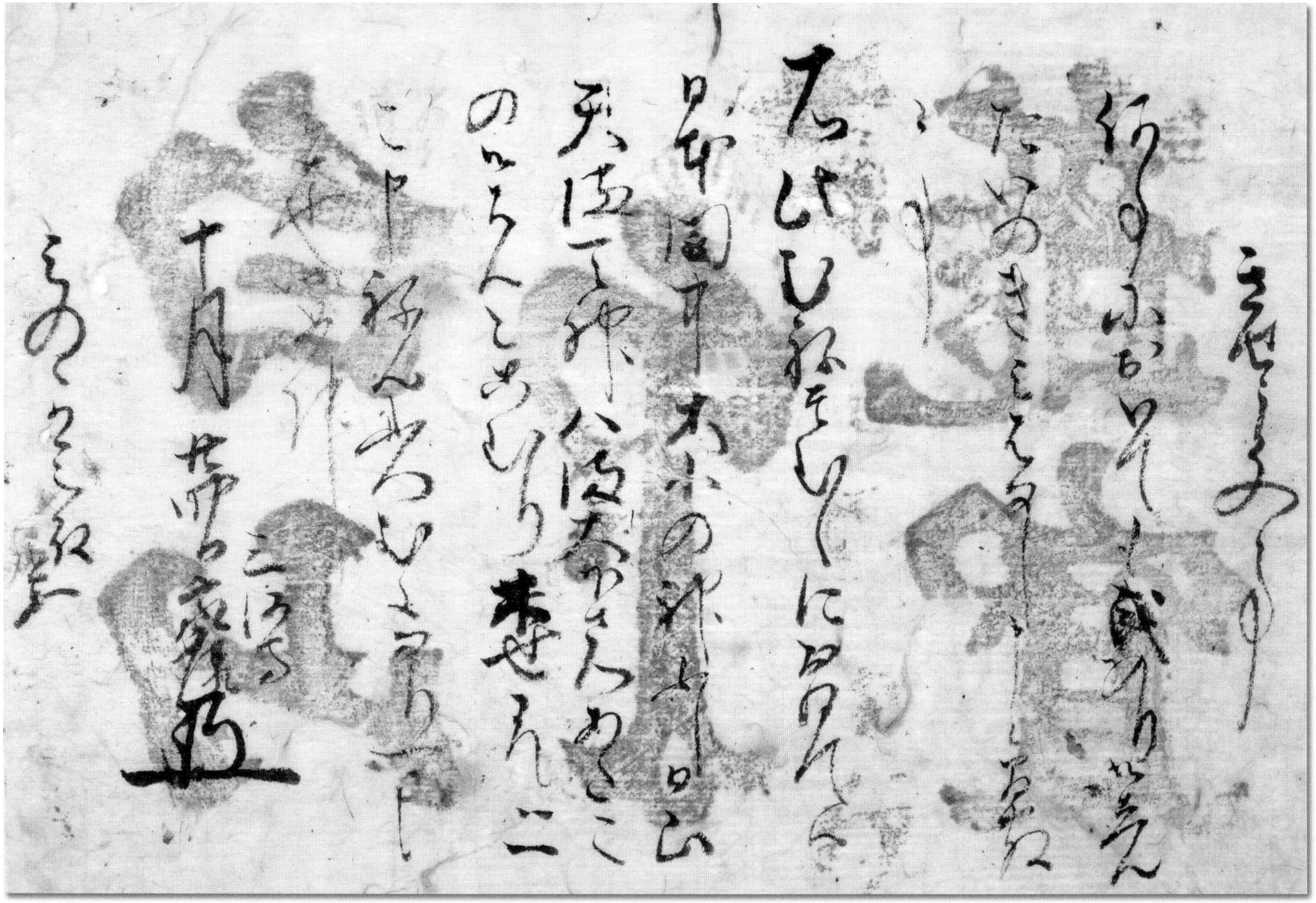

029

天正十年十二月二十七日付け徳川家康朱印状

彦根城博物館所蔵

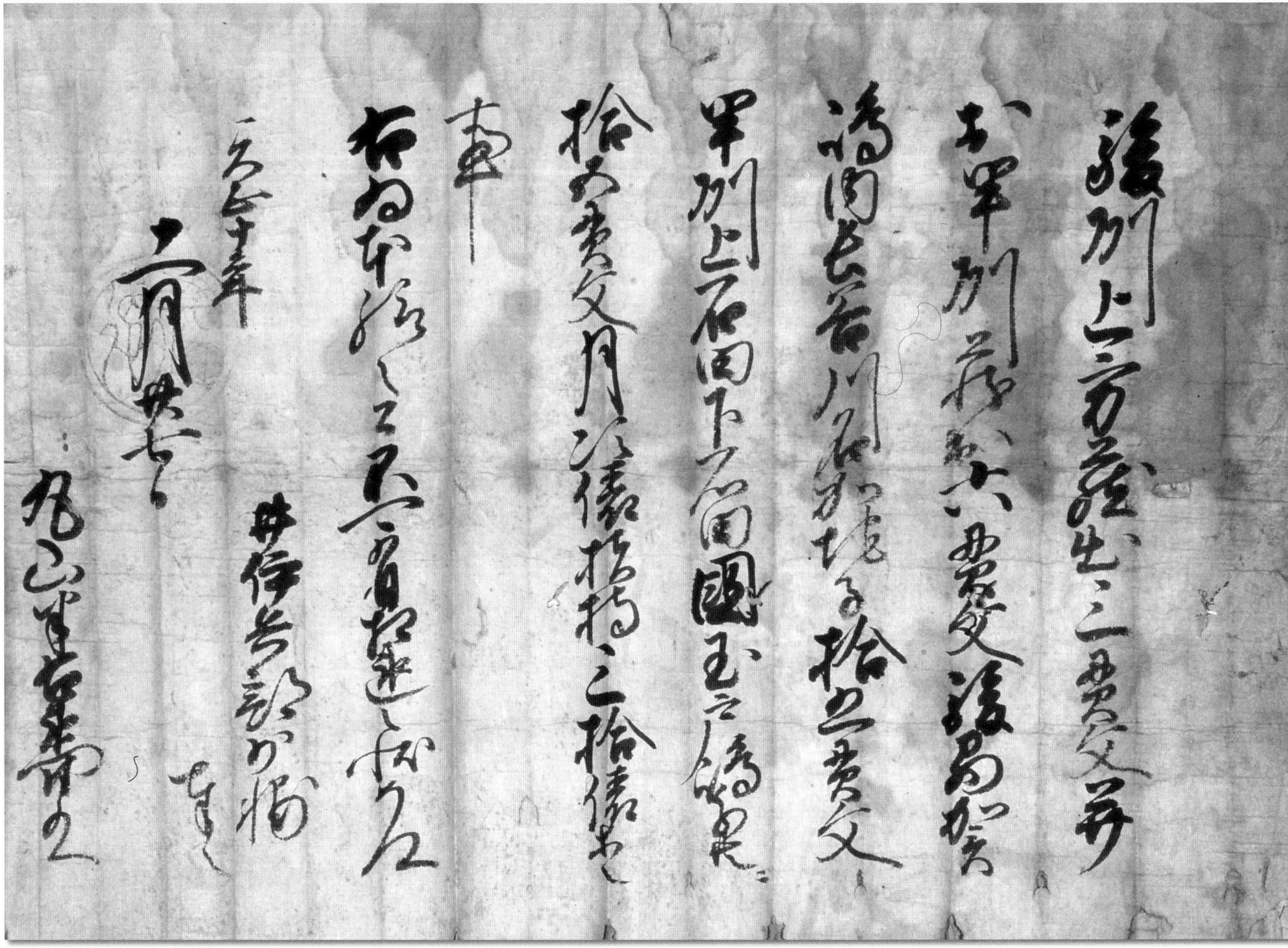

030 天正十年十二月九日付け徳川家康朱印状

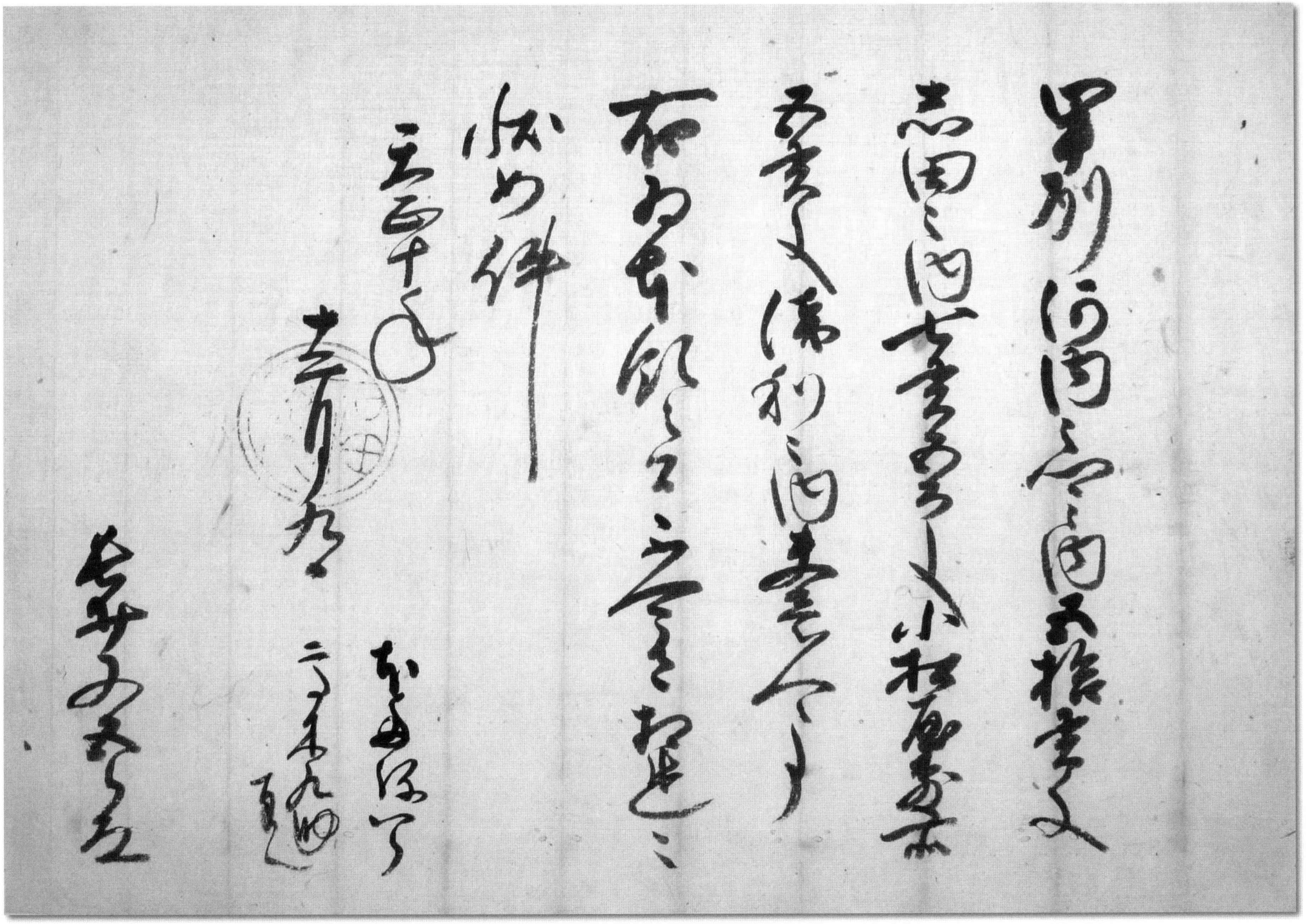

早稲田大学図書館所蔵

031 (天正十一年)正月十二日付け徳川家康自筆書状

彦根城博物館所蔵

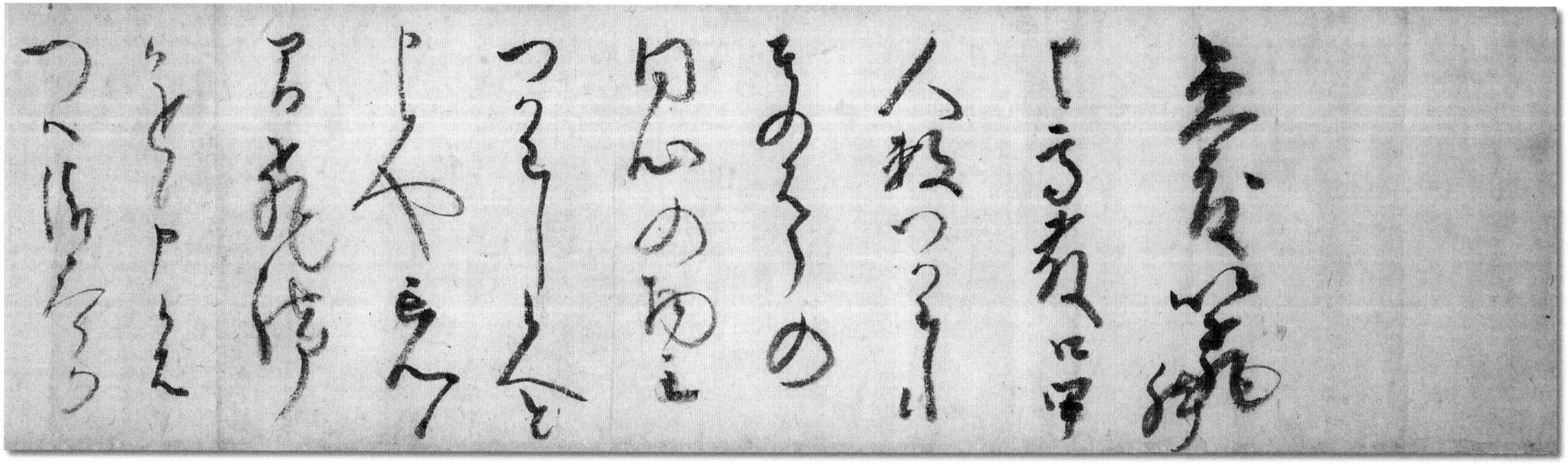

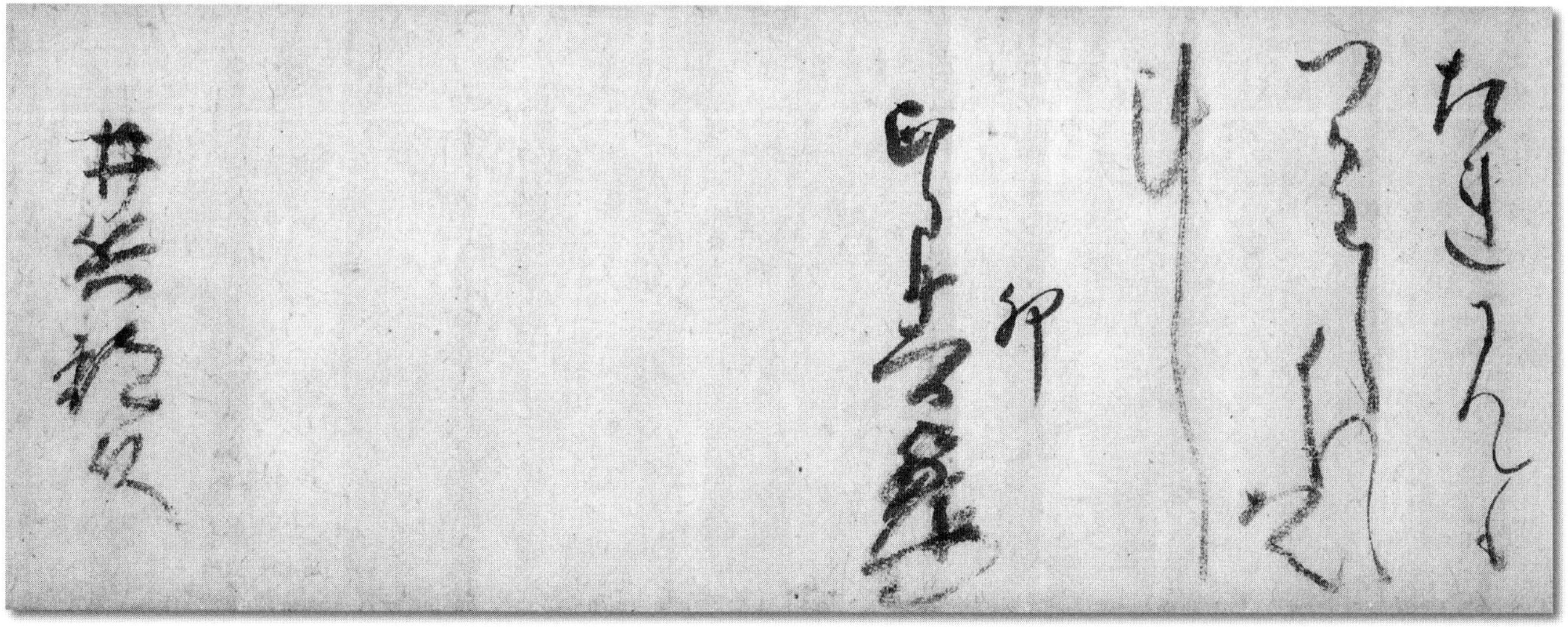

032

(天正十一年)正月二十七日付け徳川家康書状

名古屋市博物館所蔵

033 (天正十一年)二月十四日付け徳川家康書状

毛利博物館所蔵

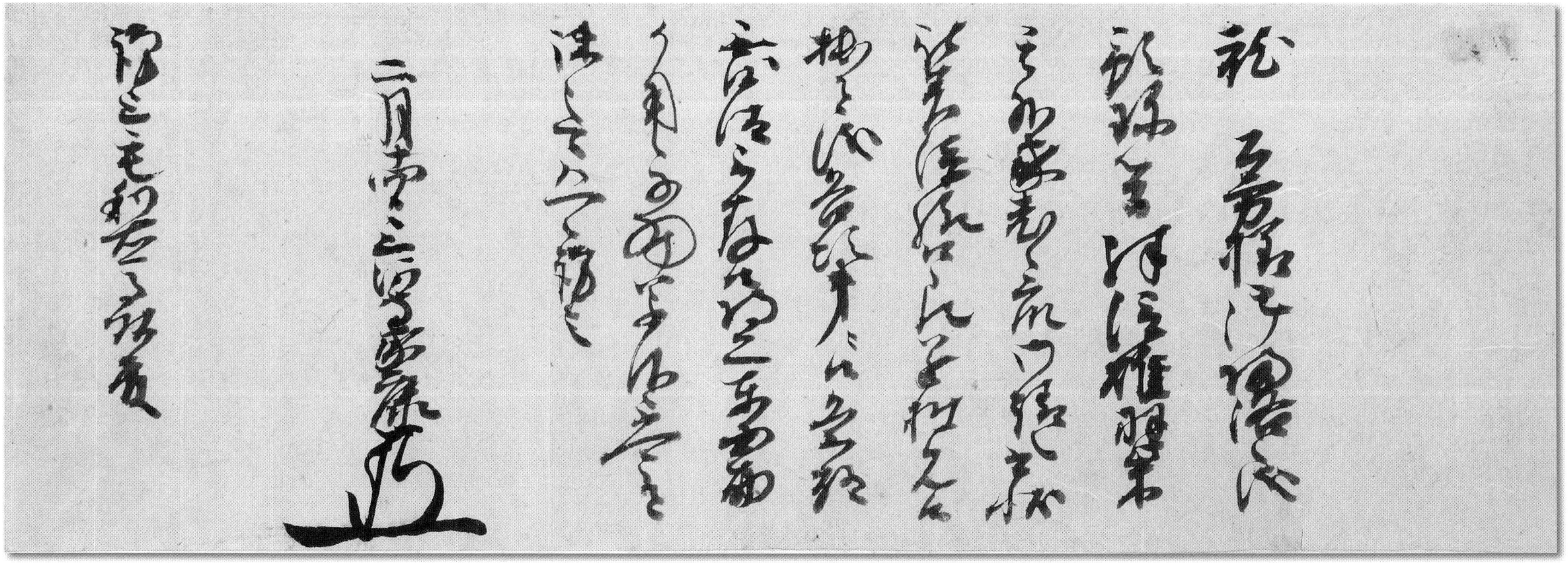

034 (天正十一年)五月三日付け徳川家康書状

個人所蔵

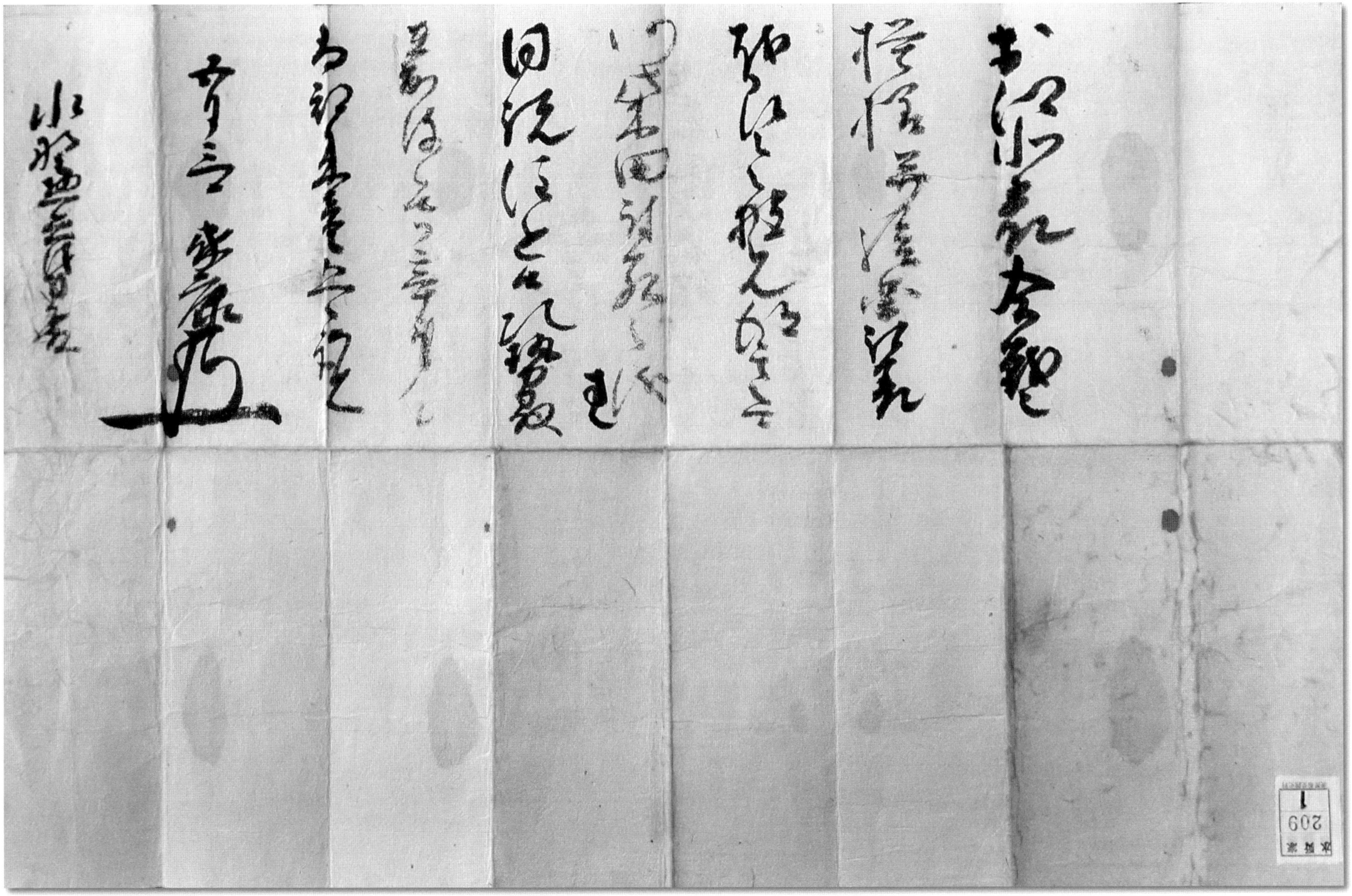

035 (天正十一年)十一月十五日付け徳川家康書状写

個人所蔵

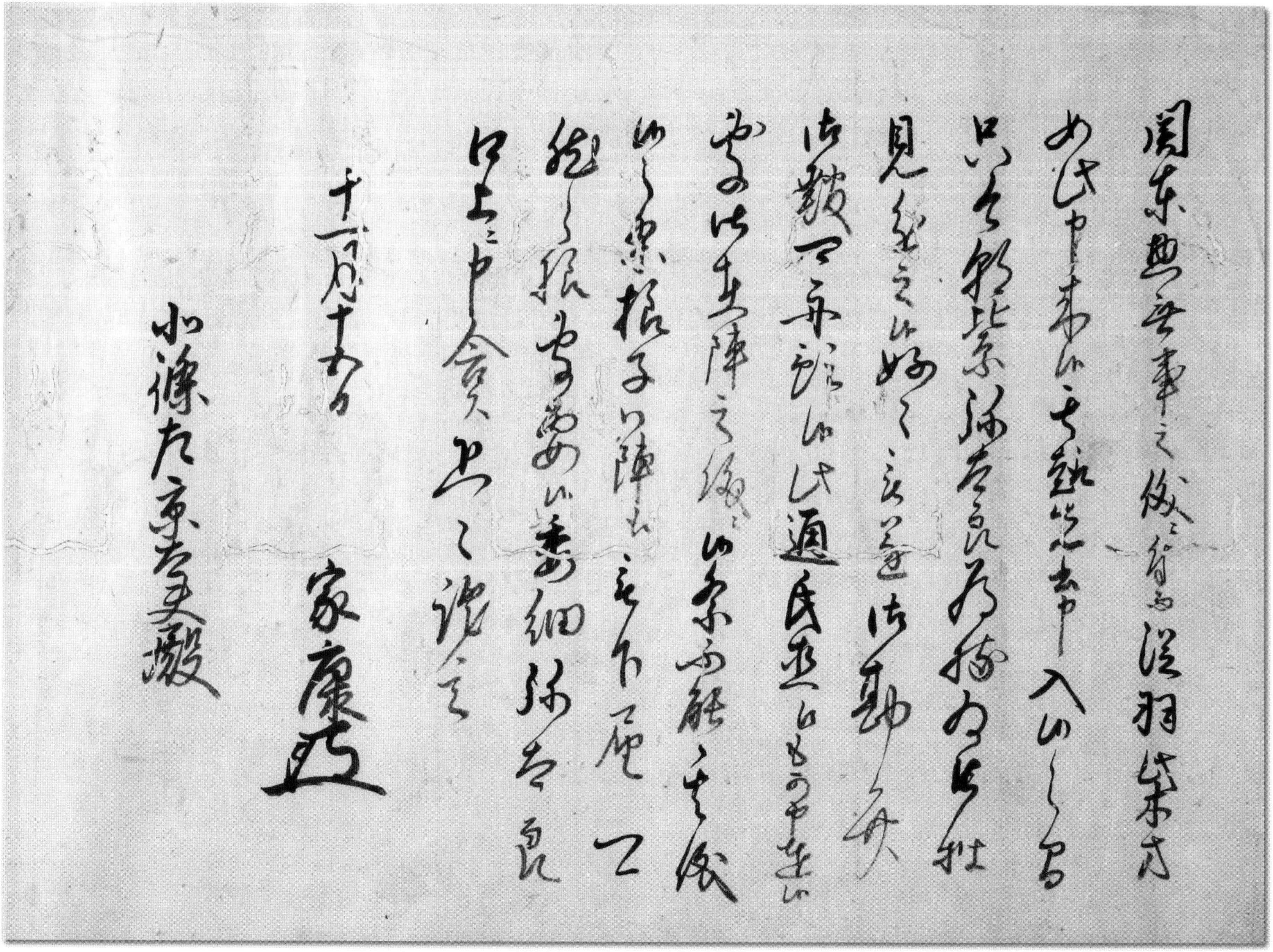

036

（天正十二年）三月九日付け徳川家康書状

徳川ミュージアム所蔵

037 (天正十二年)三月十九日付け徳川家康書状

大阪城天守閣所蔵

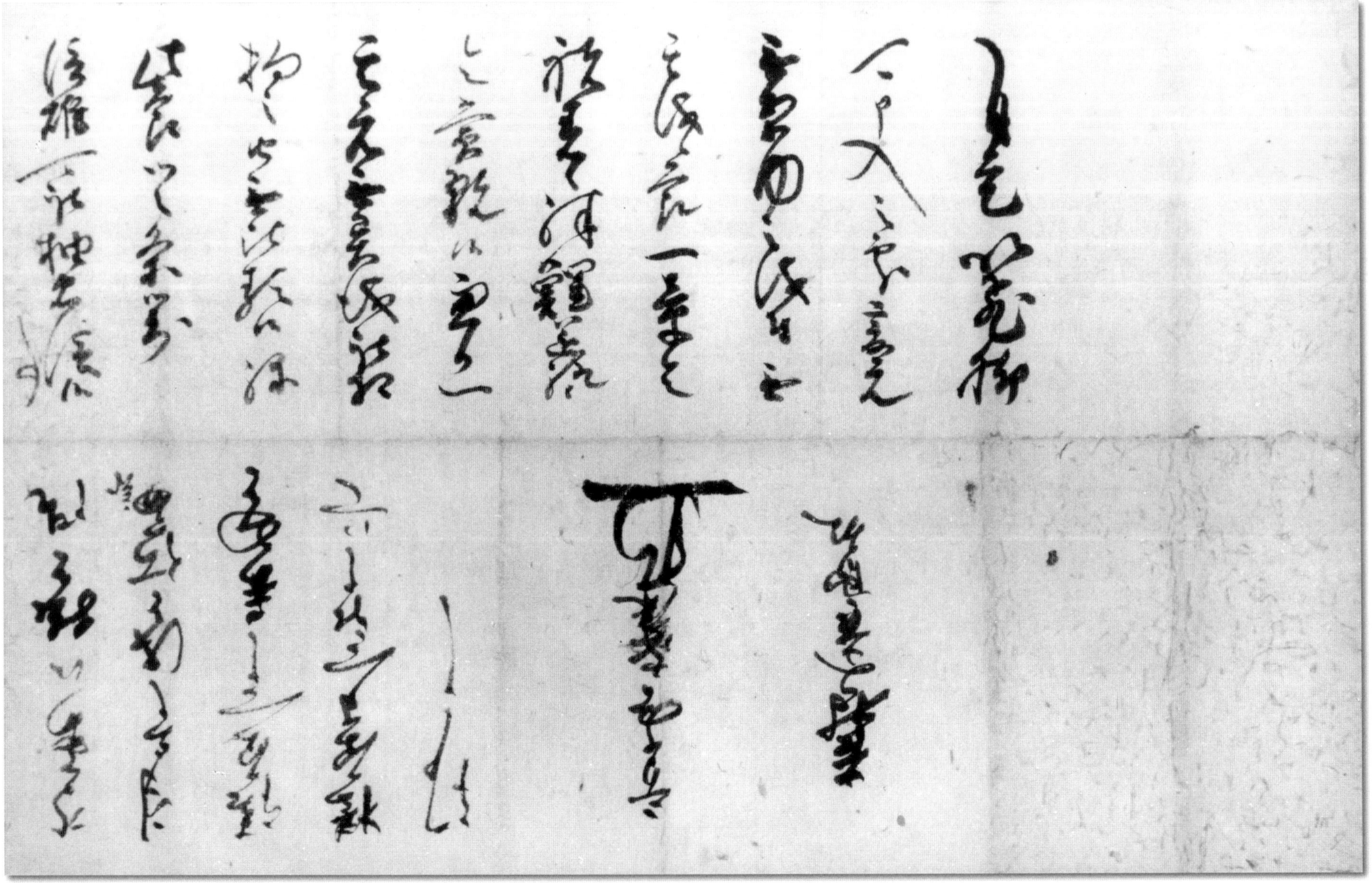

038 (天正十二年)卯月十日付け徳川家康書状

大阪城天守閣所蔵

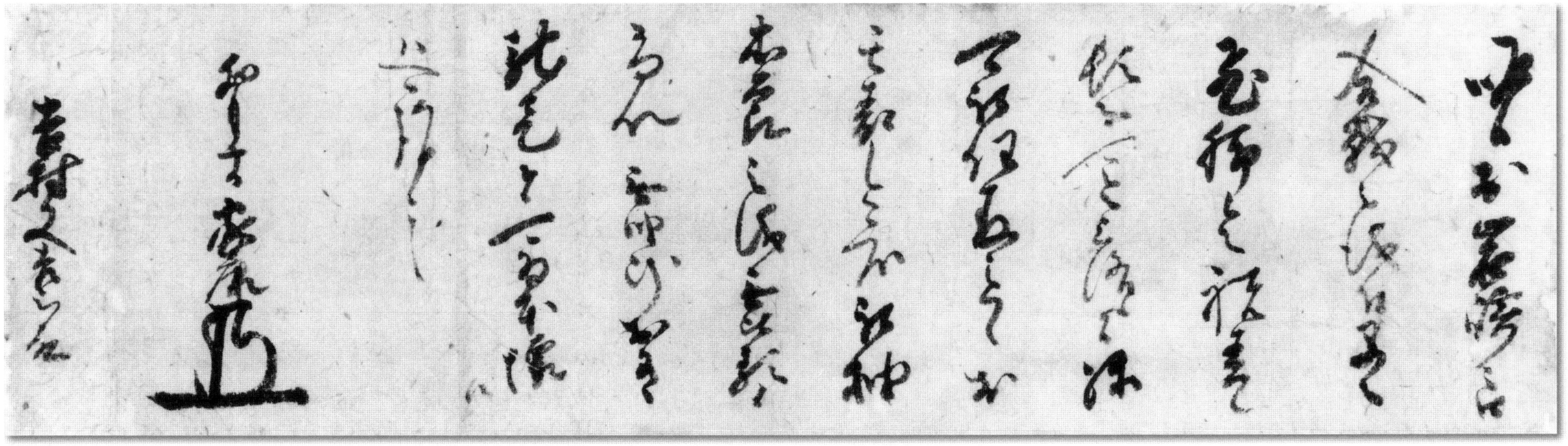

039 (天正十二年)卯月二十一日付け徳川家康書状

大阪城天守閣所蔵

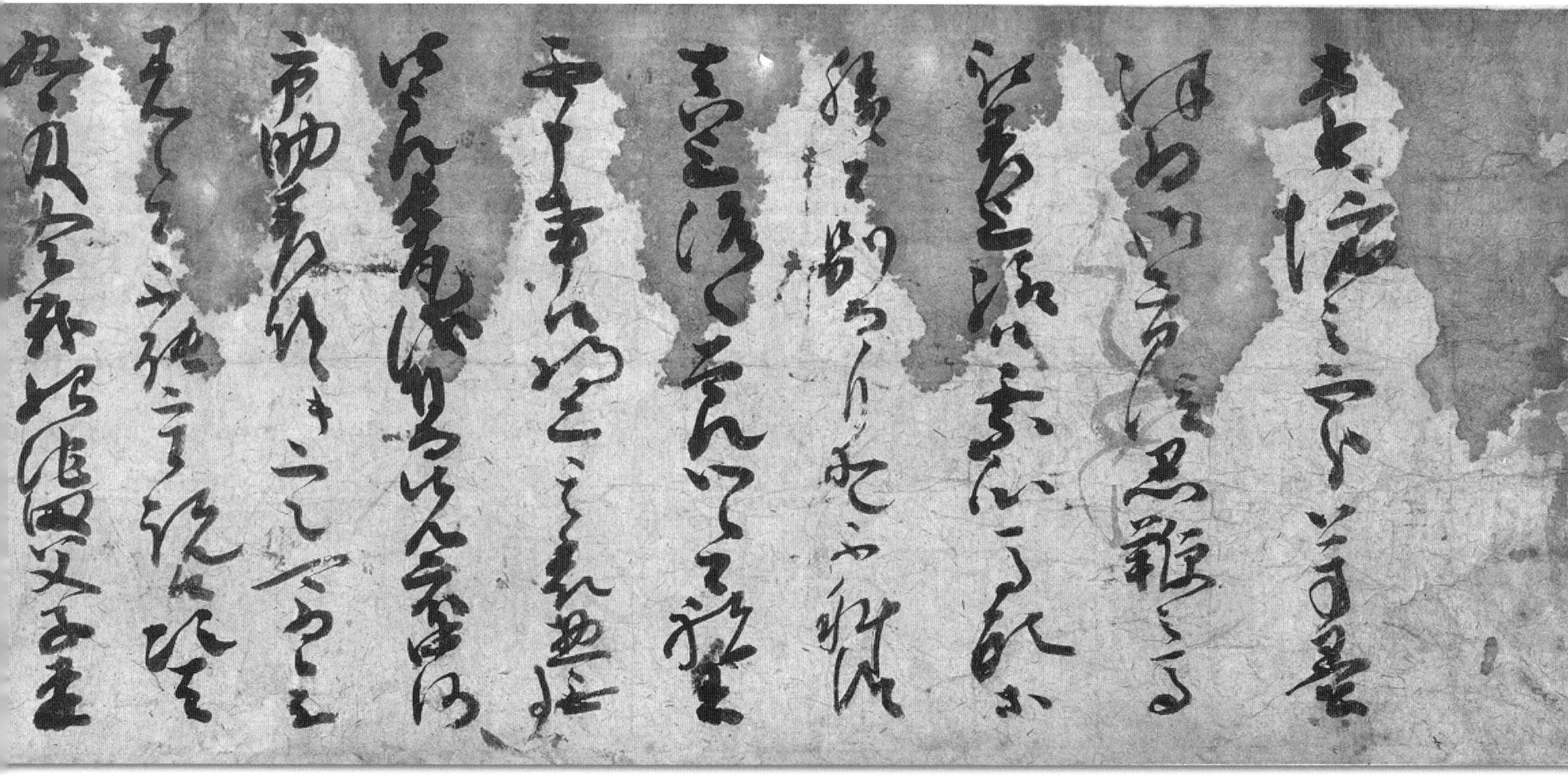

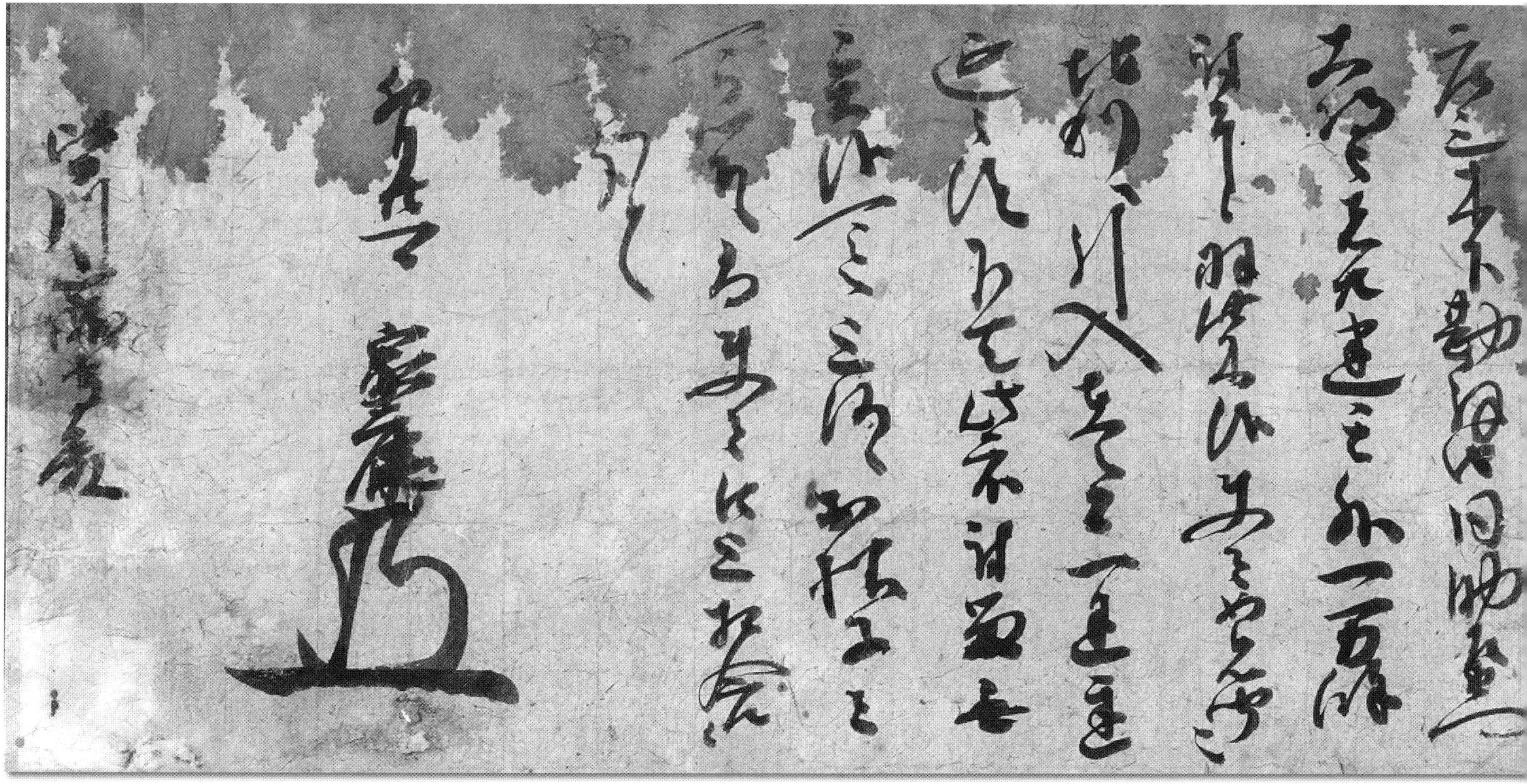

徳川家康書状（2/2）

040 (天正十二年)五月五日付け徳川家康書状

三重県総合博物館所蔵

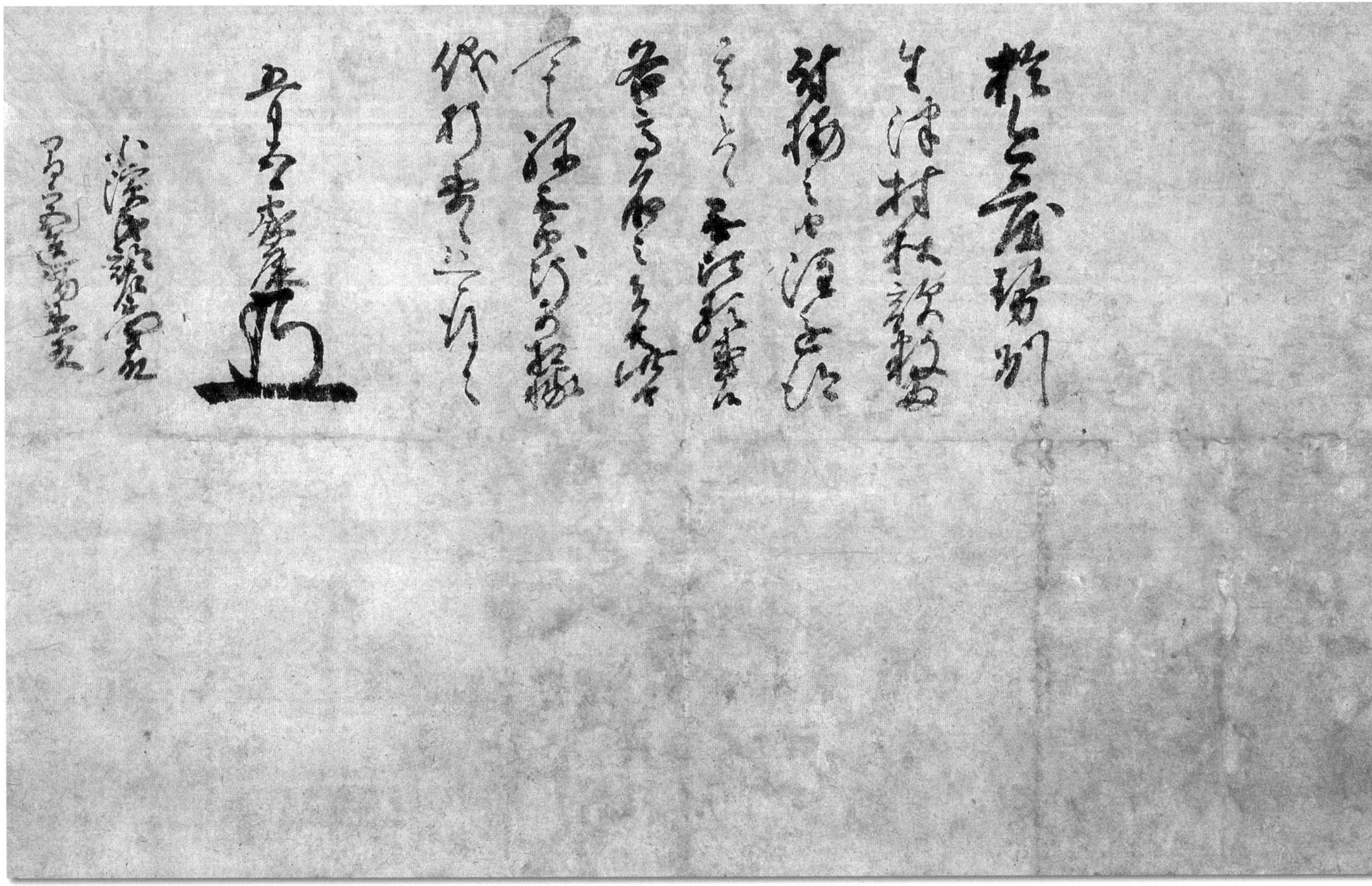

041 (天正十二年)六月十三日付け徳川家康書状

大阪城天守閣所蔵

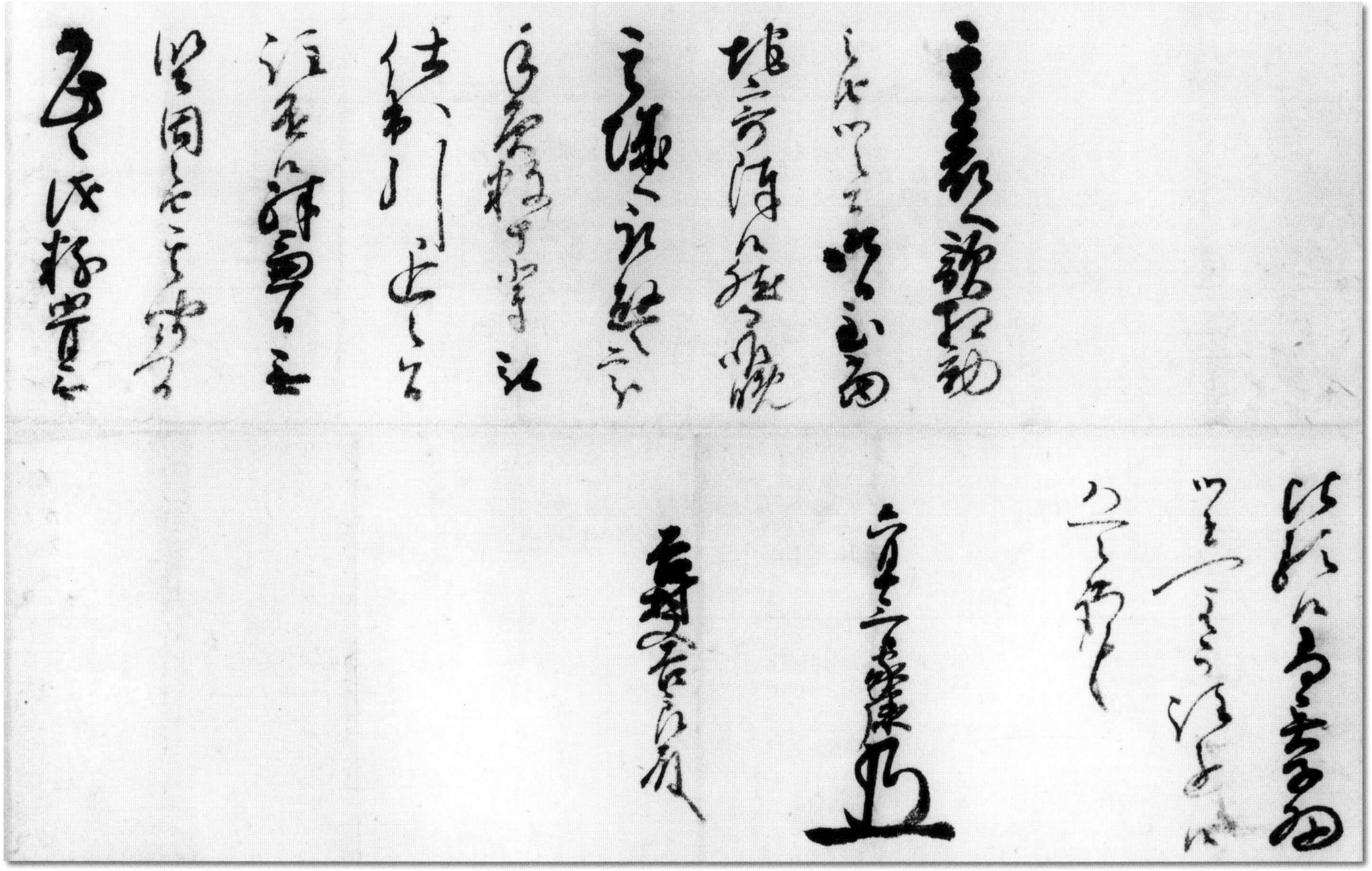

042 (天正十二年)六月十八日付け徳川家康書状

大阪城天守閣所蔵

043

(天正十二年)七月十日付け徳川家康書状

大阪城天守閣所蔵

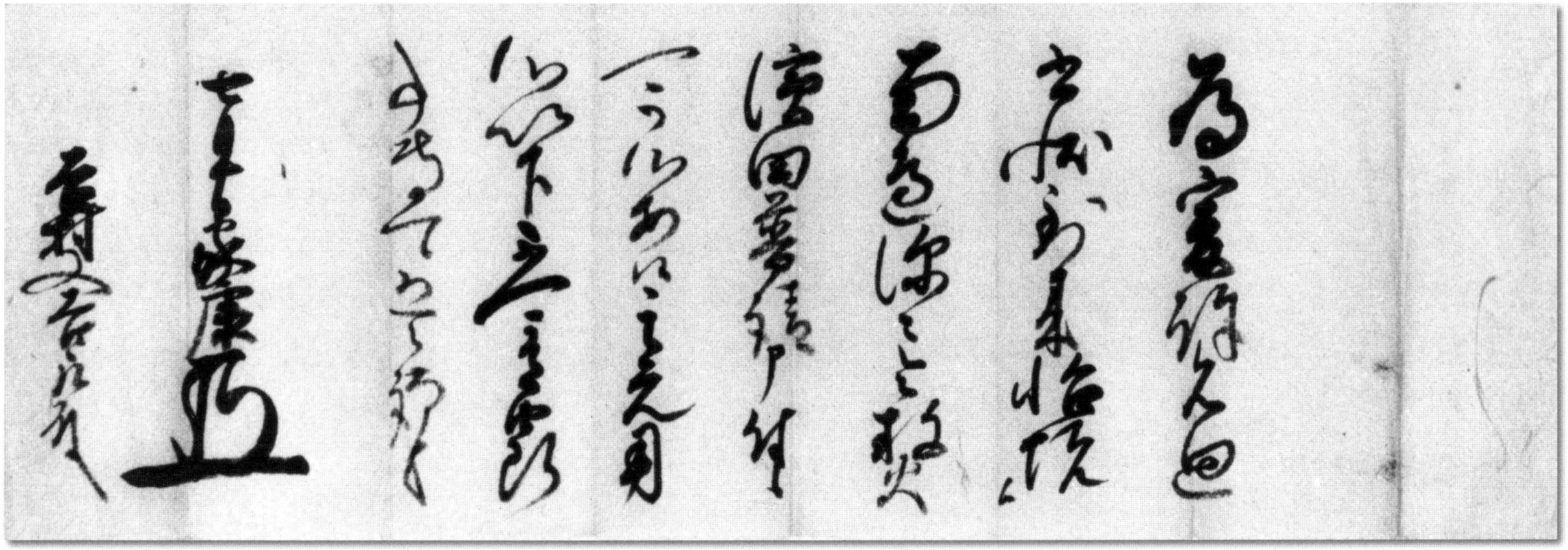

044 （天正十三年ヵ）七月十九日付け徳川家康書状

表千家不審菴所蔵

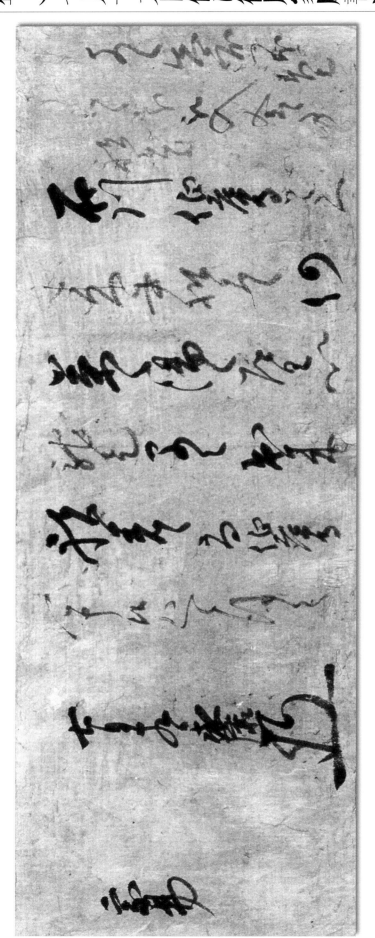

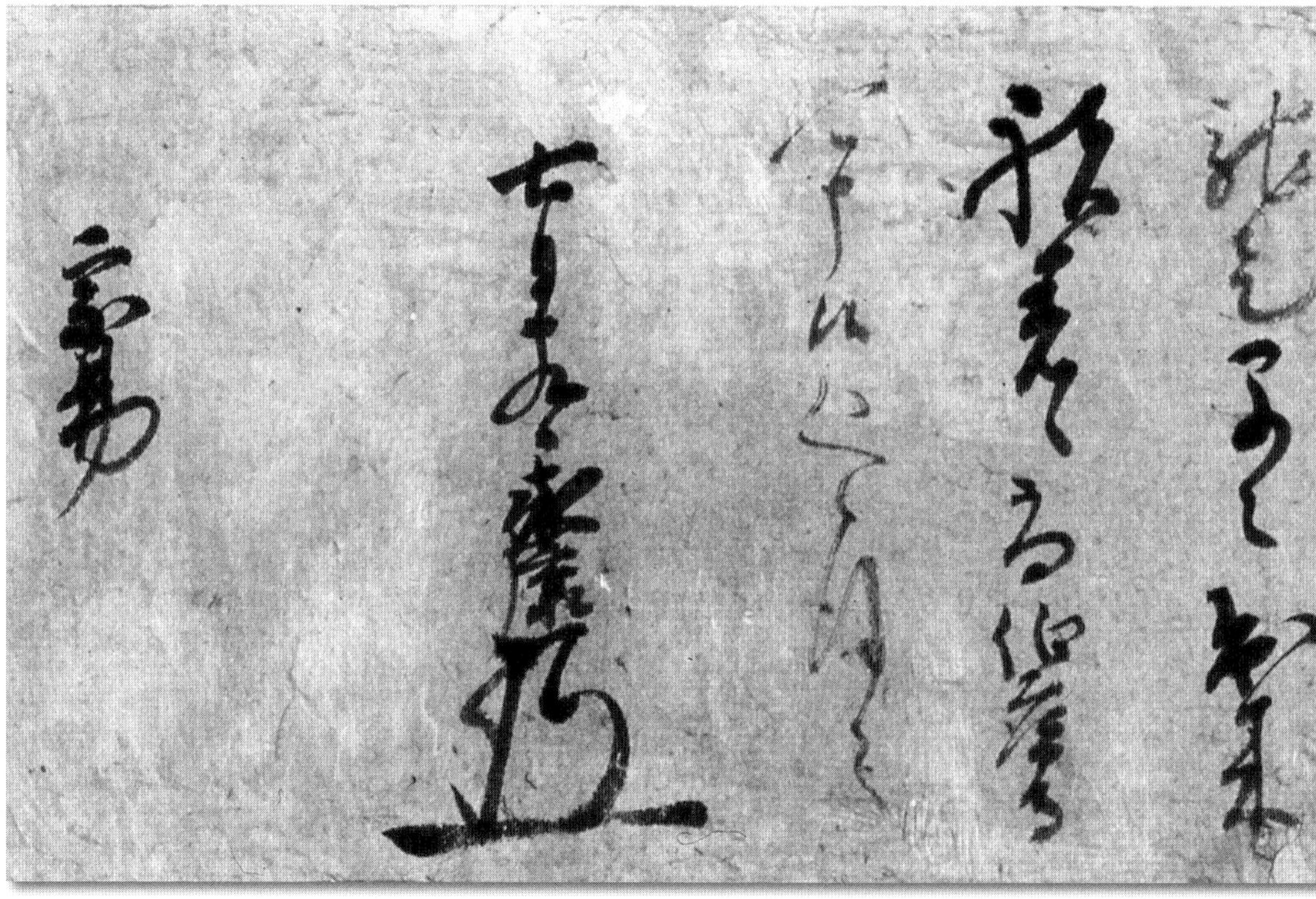

045 (天正十三年)十一月二十八日付け徳川家康書状

高岡市立博物館所蔵

046 (天正十五年)七月晦日付け徳川家康書状

徳川ミュージアム所蔵

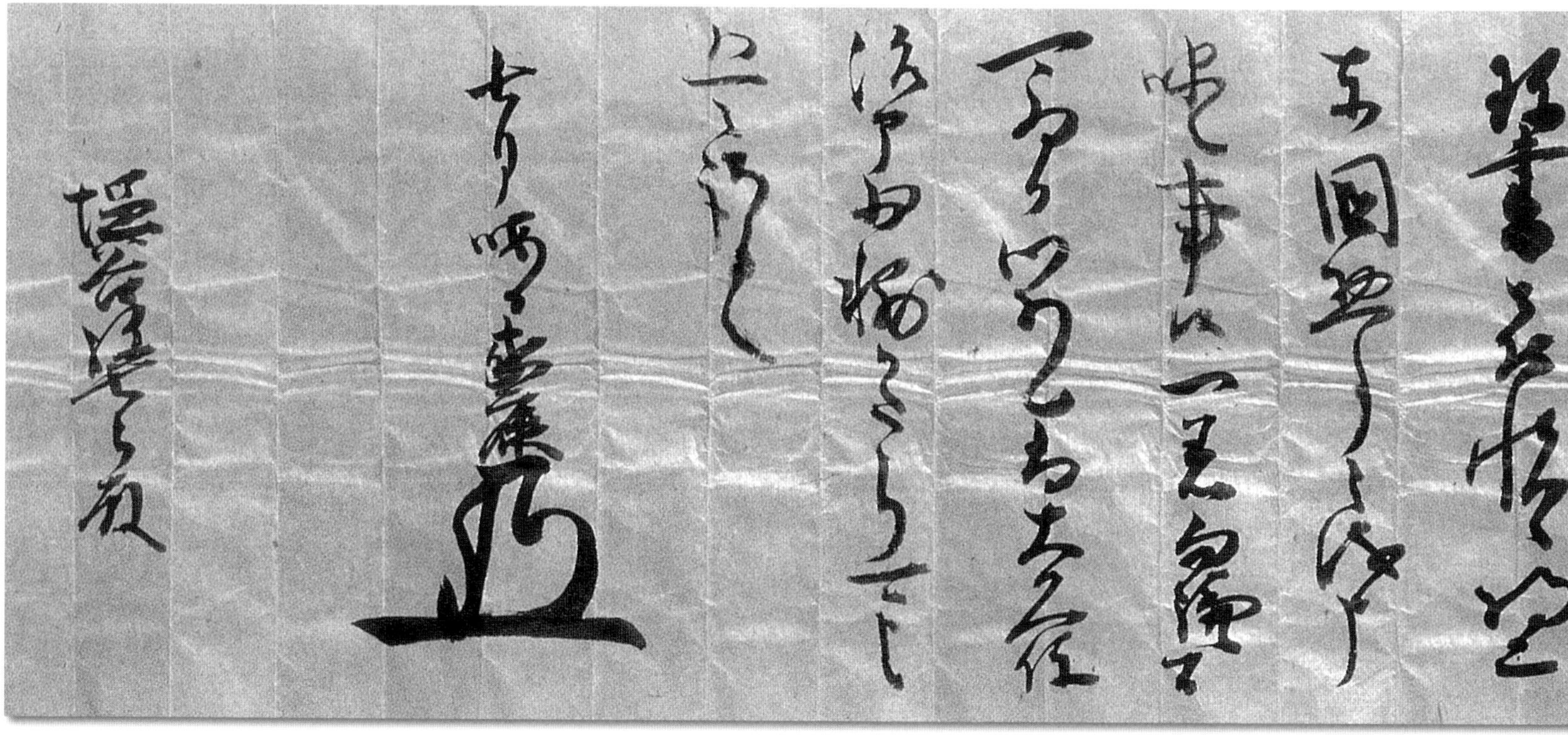

047 天正十六年九月十日付け徳川家康自筆朱印状

浜松市博物館所蔵

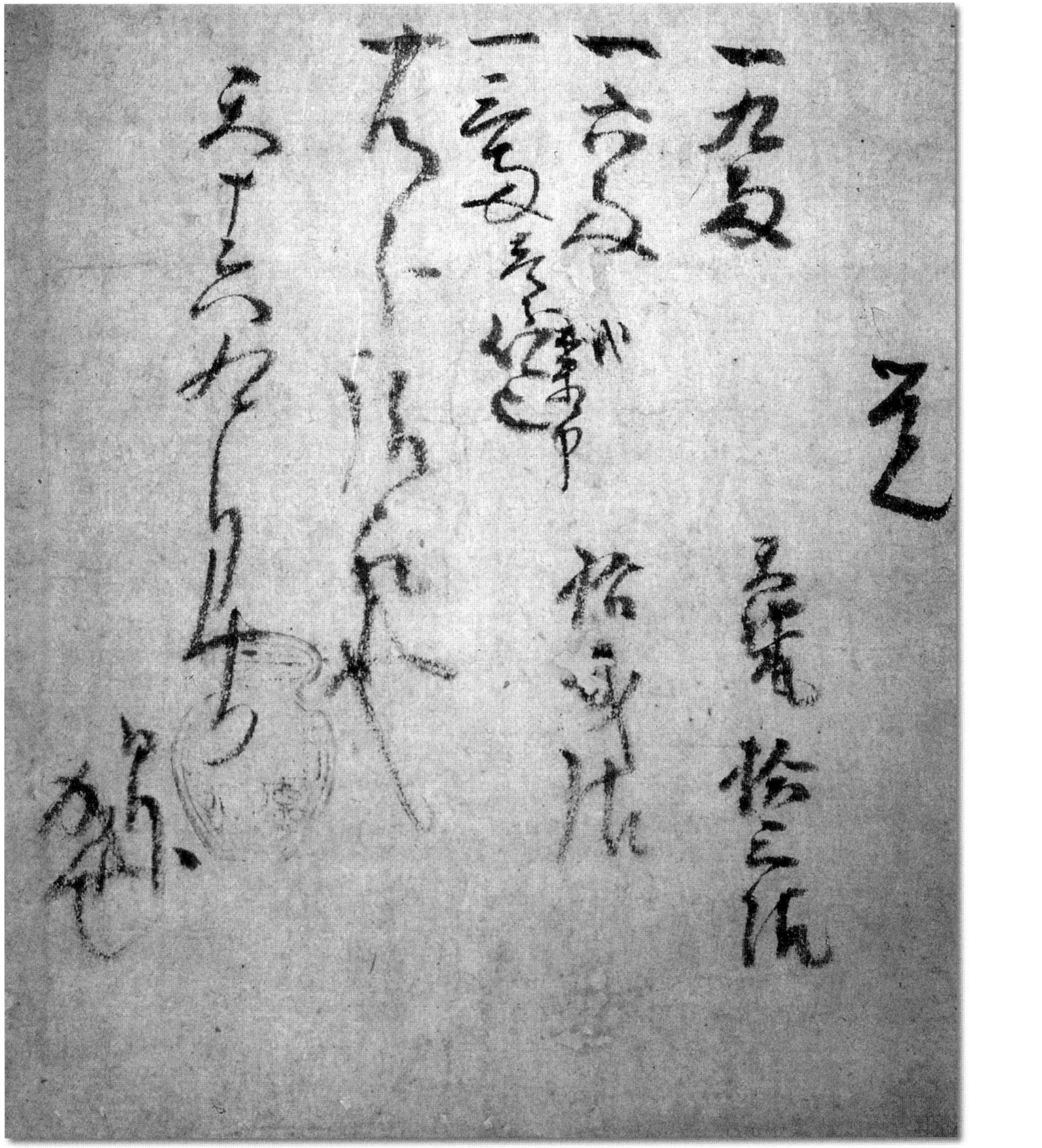

048 (天正十六年)十月二十六日付け徳川家康書状

仙台市博物館所蔵

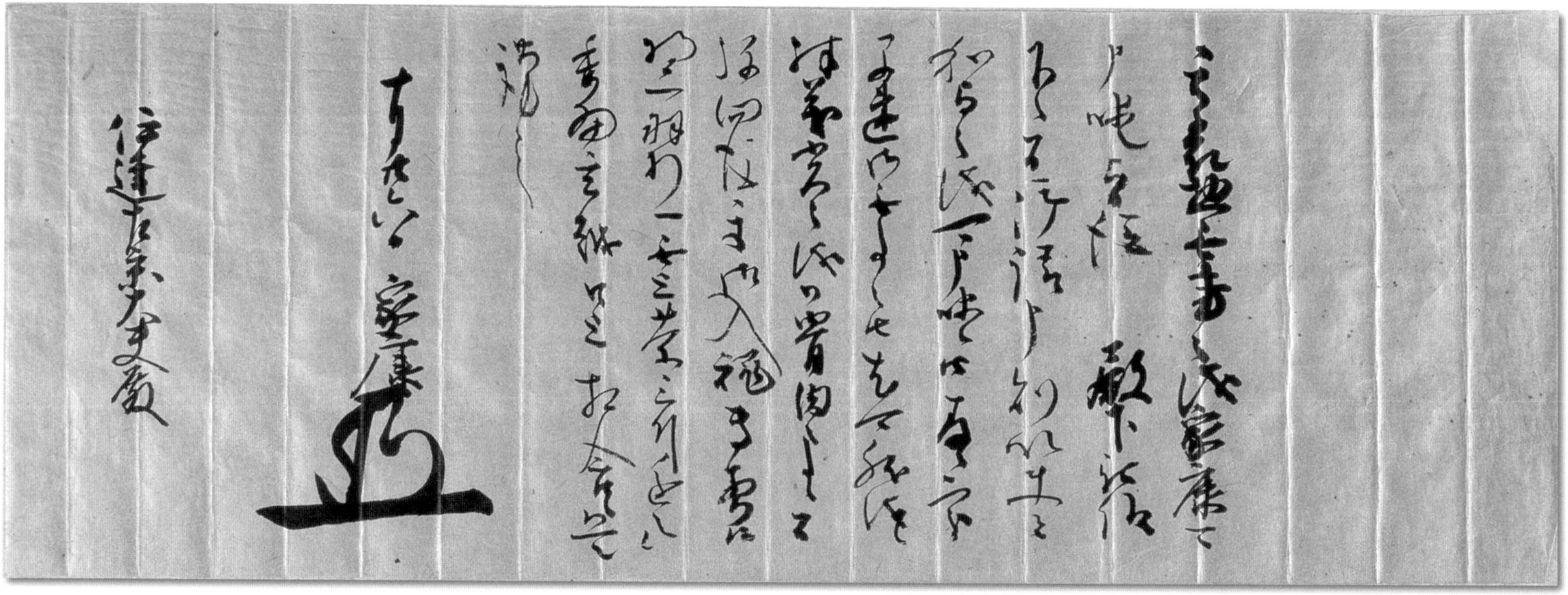

049 (天正十七年)五月三日付け徳川家康書状

仙台市博物館所蔵

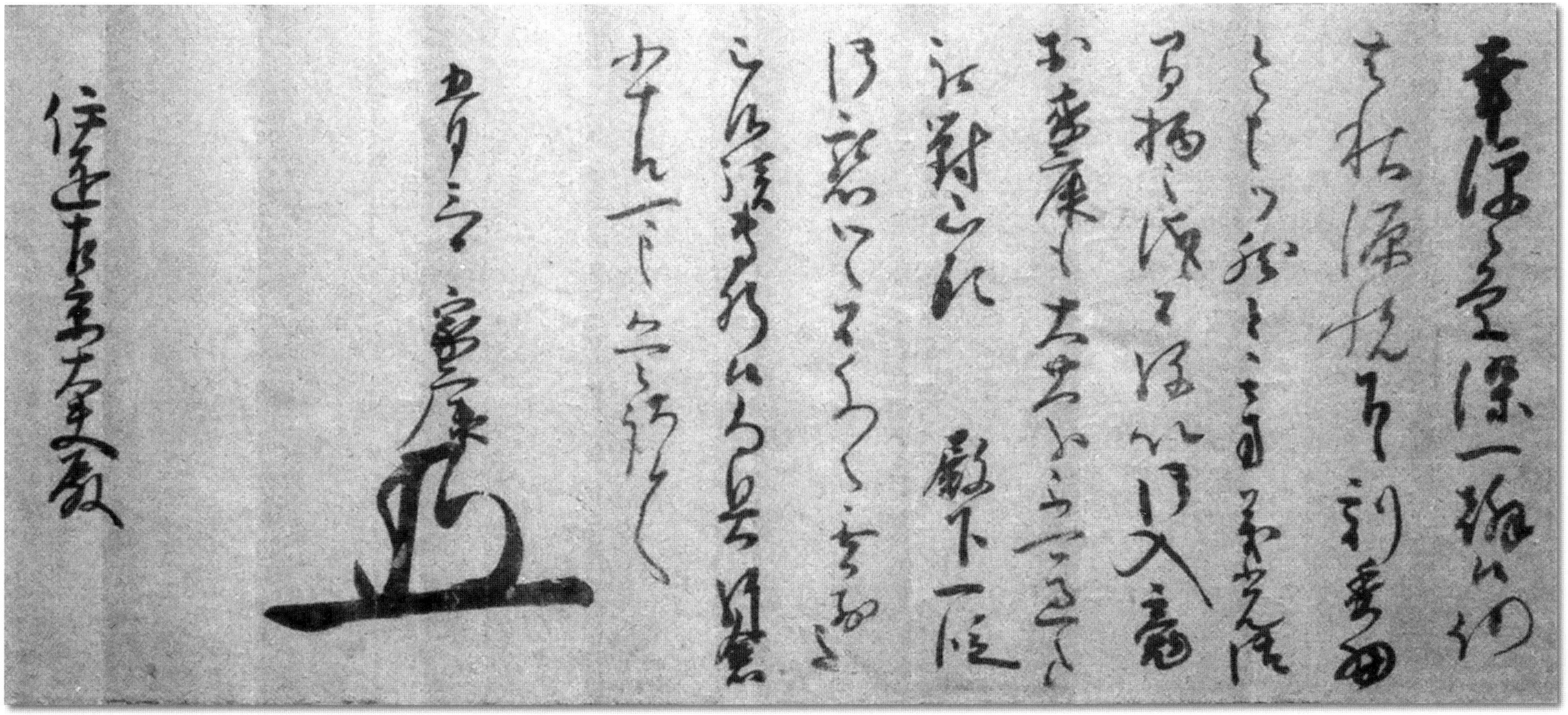

050 (天正十七年)九月十七日付け徳川家康書状

個人所蔵

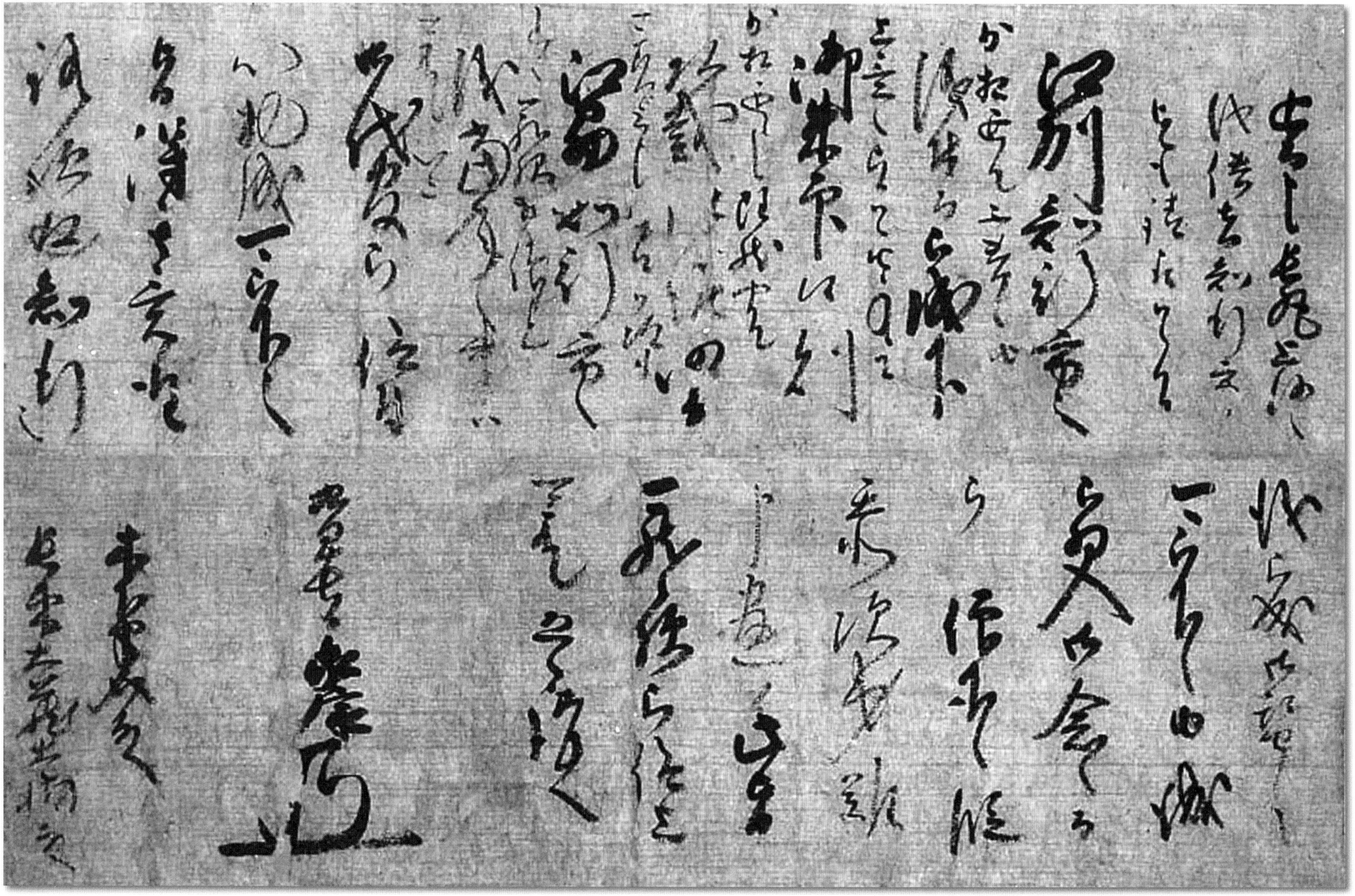

051 (天正十七年)十一月十日付け徳川家康書状

真田宝物館所蔵

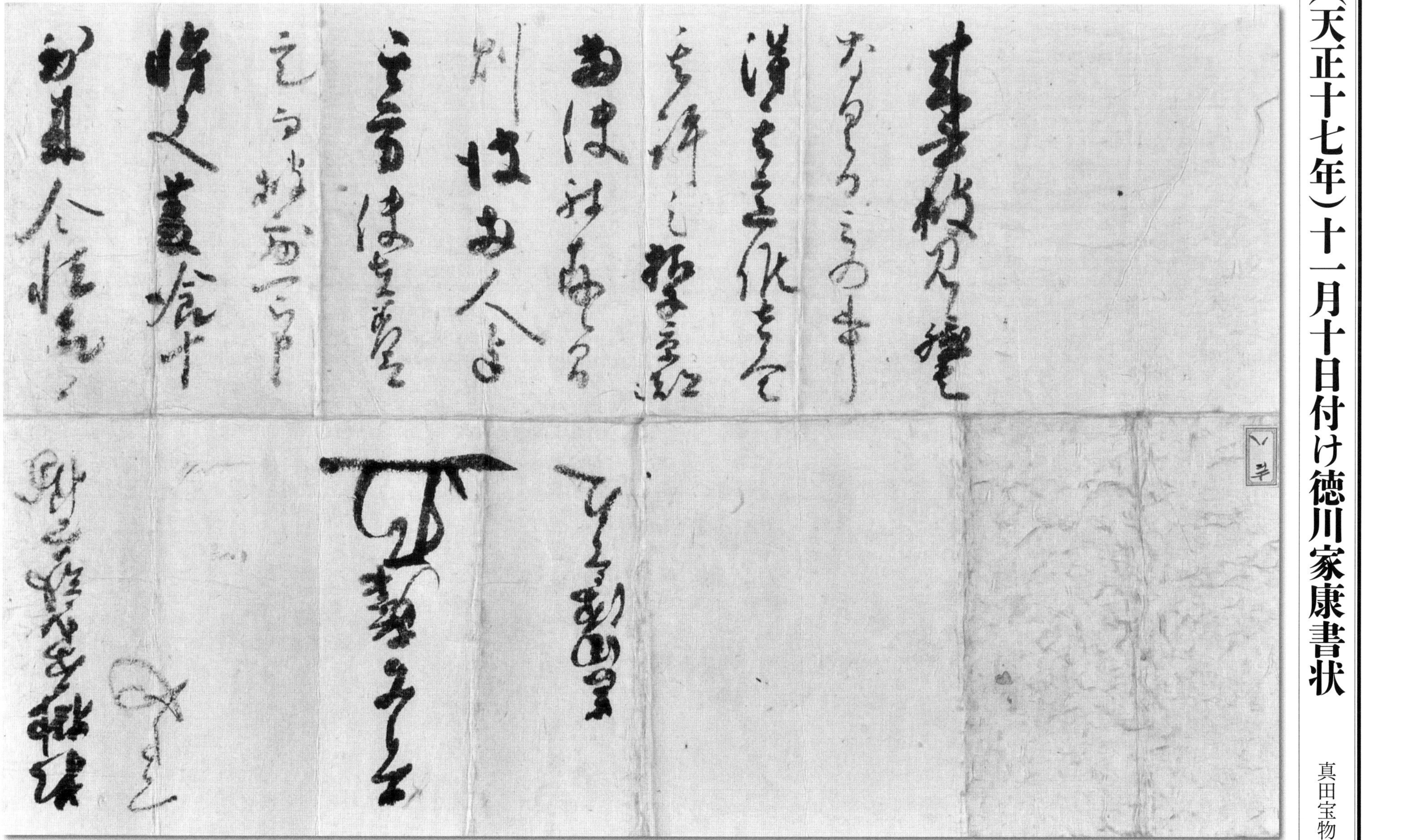

052 (天正十七年)十二月二十六日付け徳川家康書状写

東京大学史料編纂所所蔵謄写本

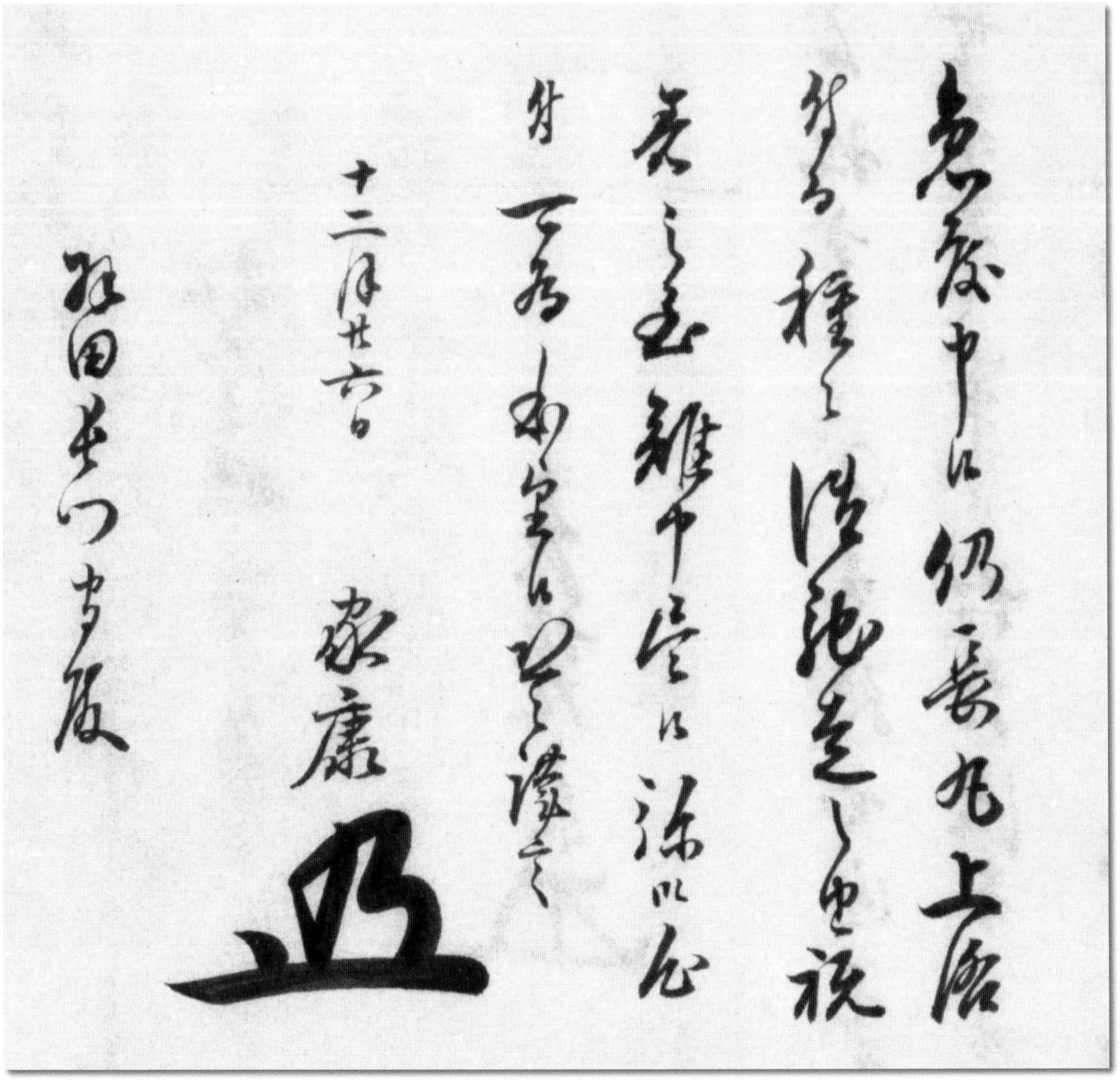
十二月廿六日
家康

053 (天正十八年)二月十五日付け徳川家康判物

彦根城博物館所蔵

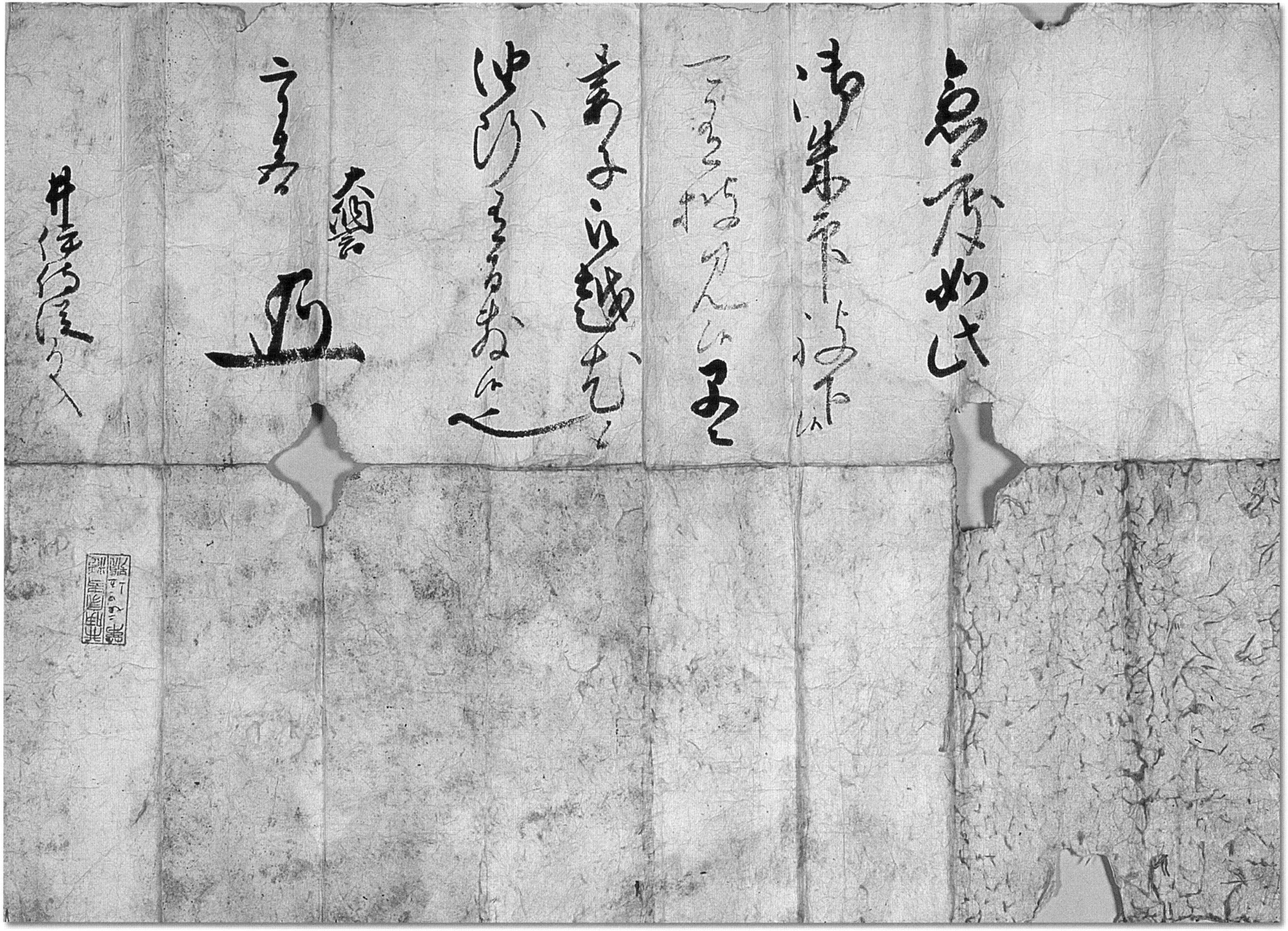

054 (天正十八年)三月十日付け徳川家康書状

宇杉昌史氏所蔵

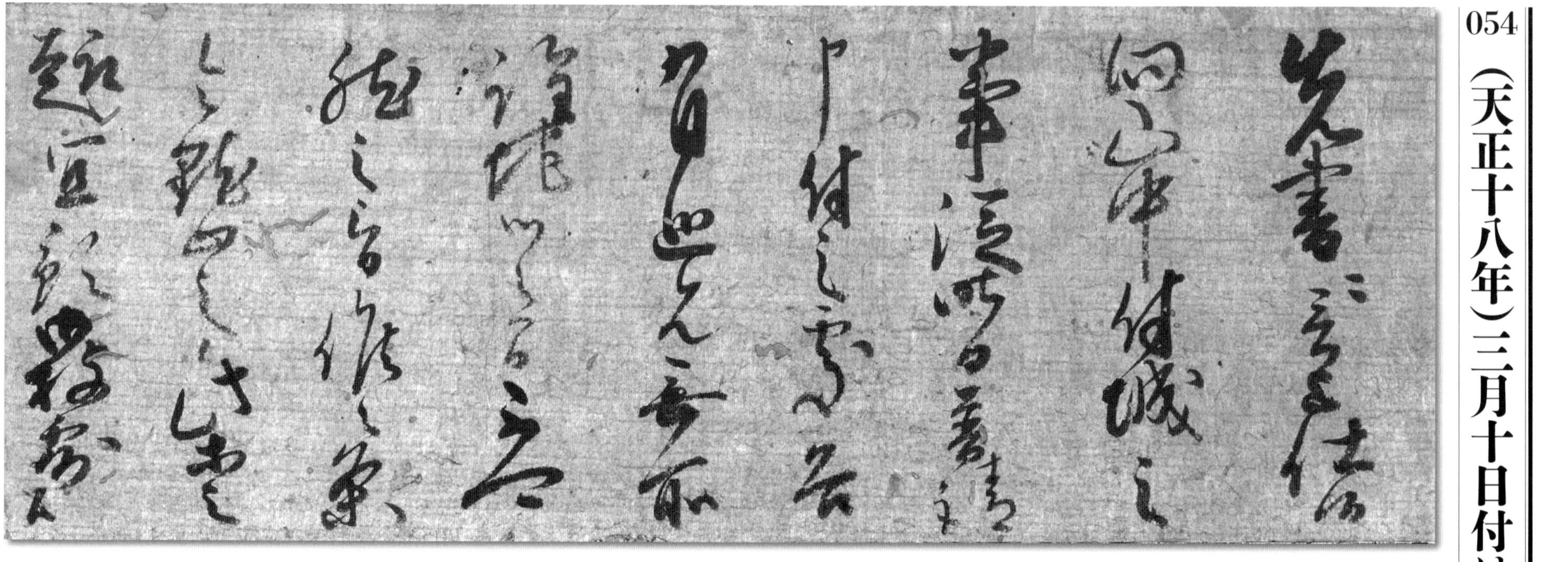

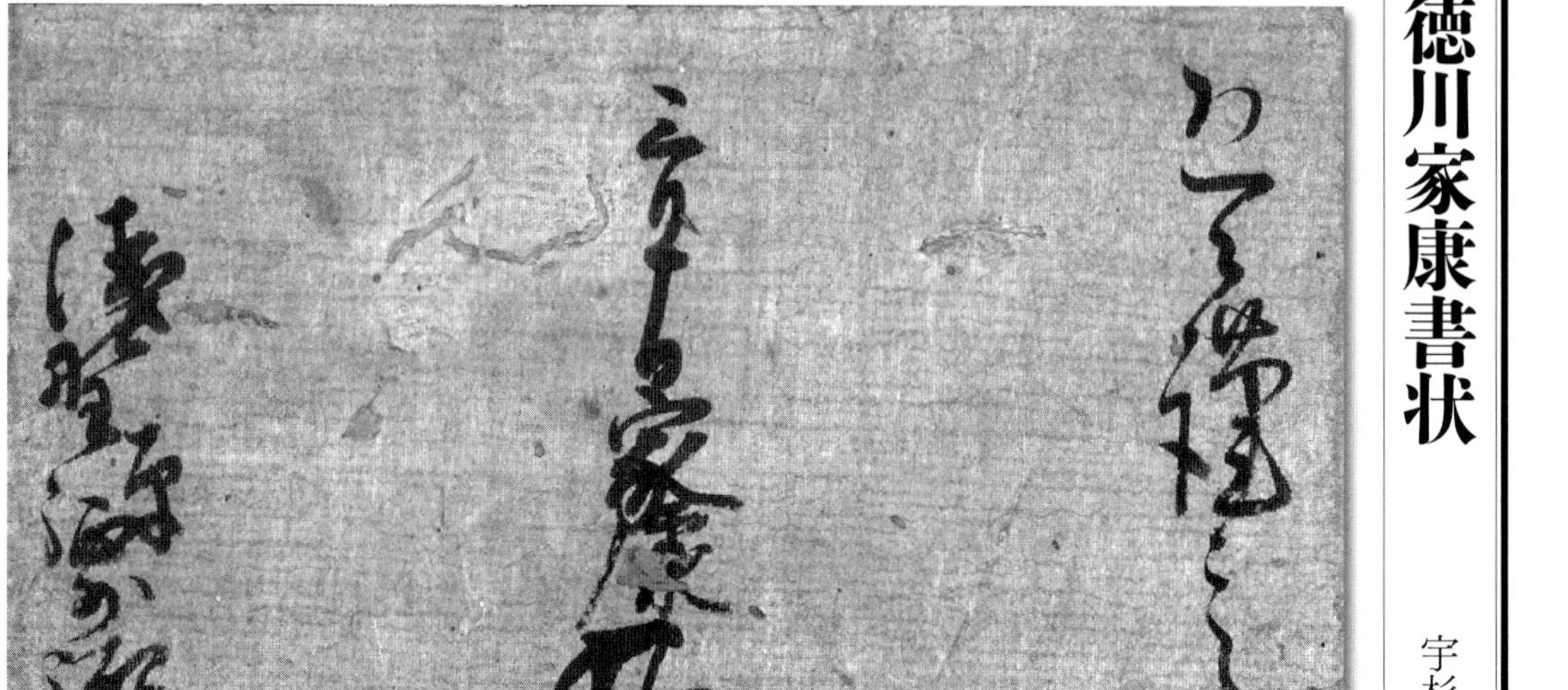

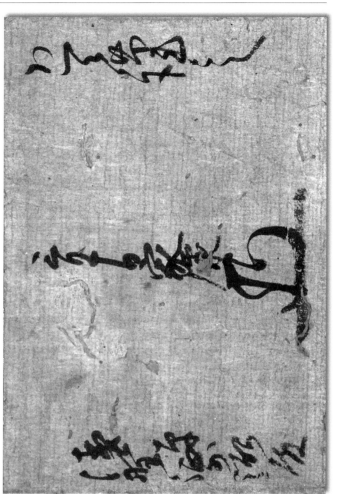

055 (天正十八年カ)卯月二日付け徳川家康書状

米沢市上杉博物館所蔵

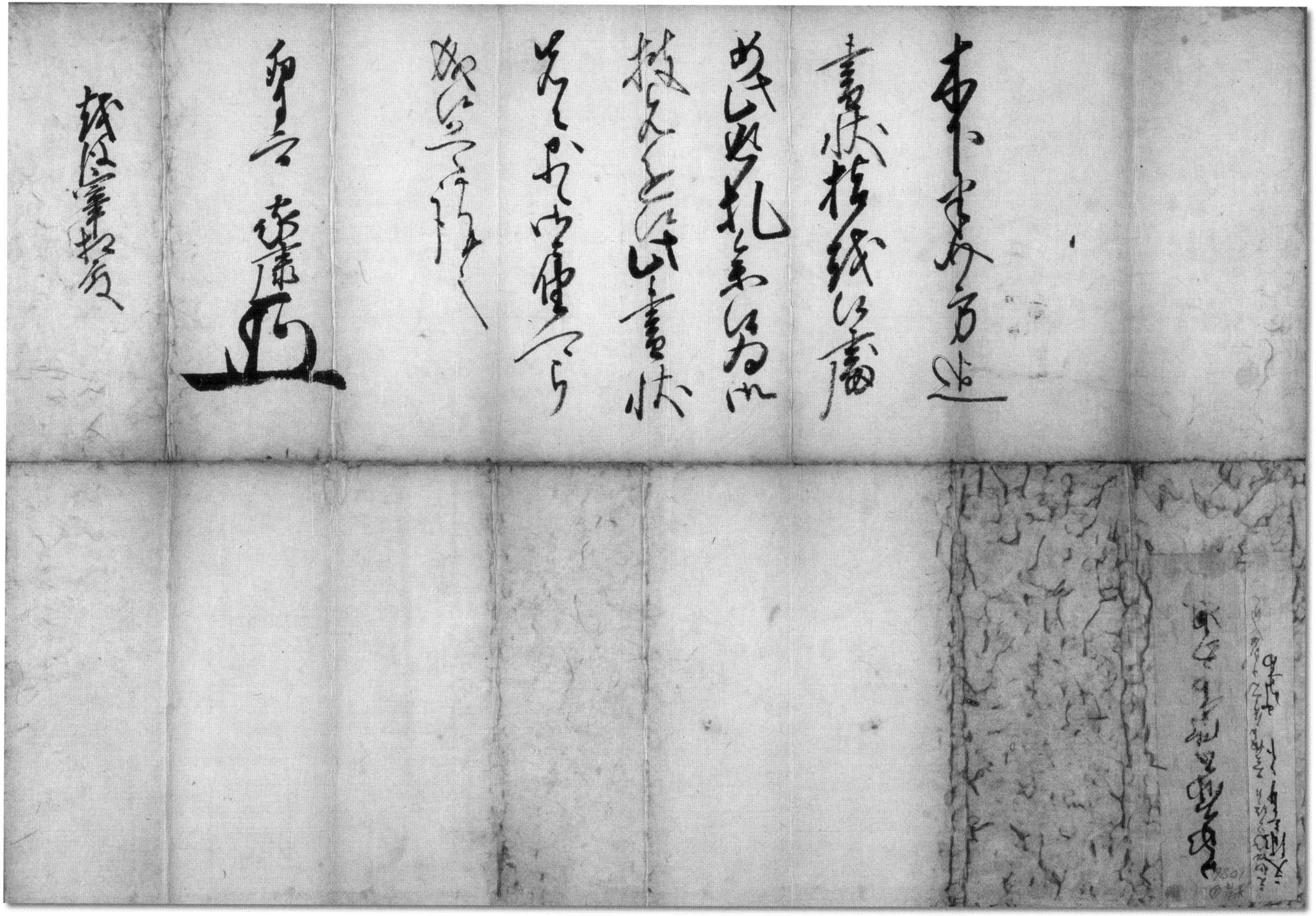

056 (天正十八年)六月七日付け徳川家康書状

神奈川県立歴史博物館所蔵

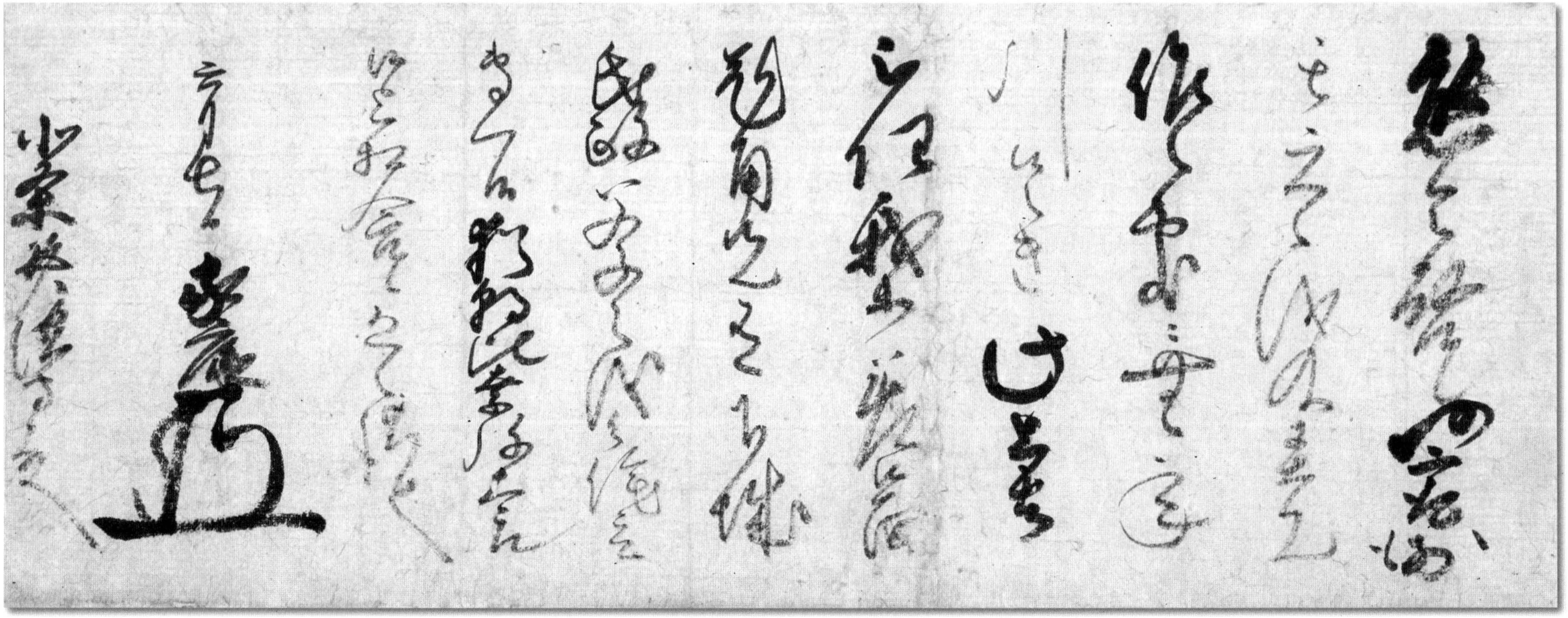

057 (天正十八年)十一月十八日付け徳川家康書状

千秋文庫所蔵

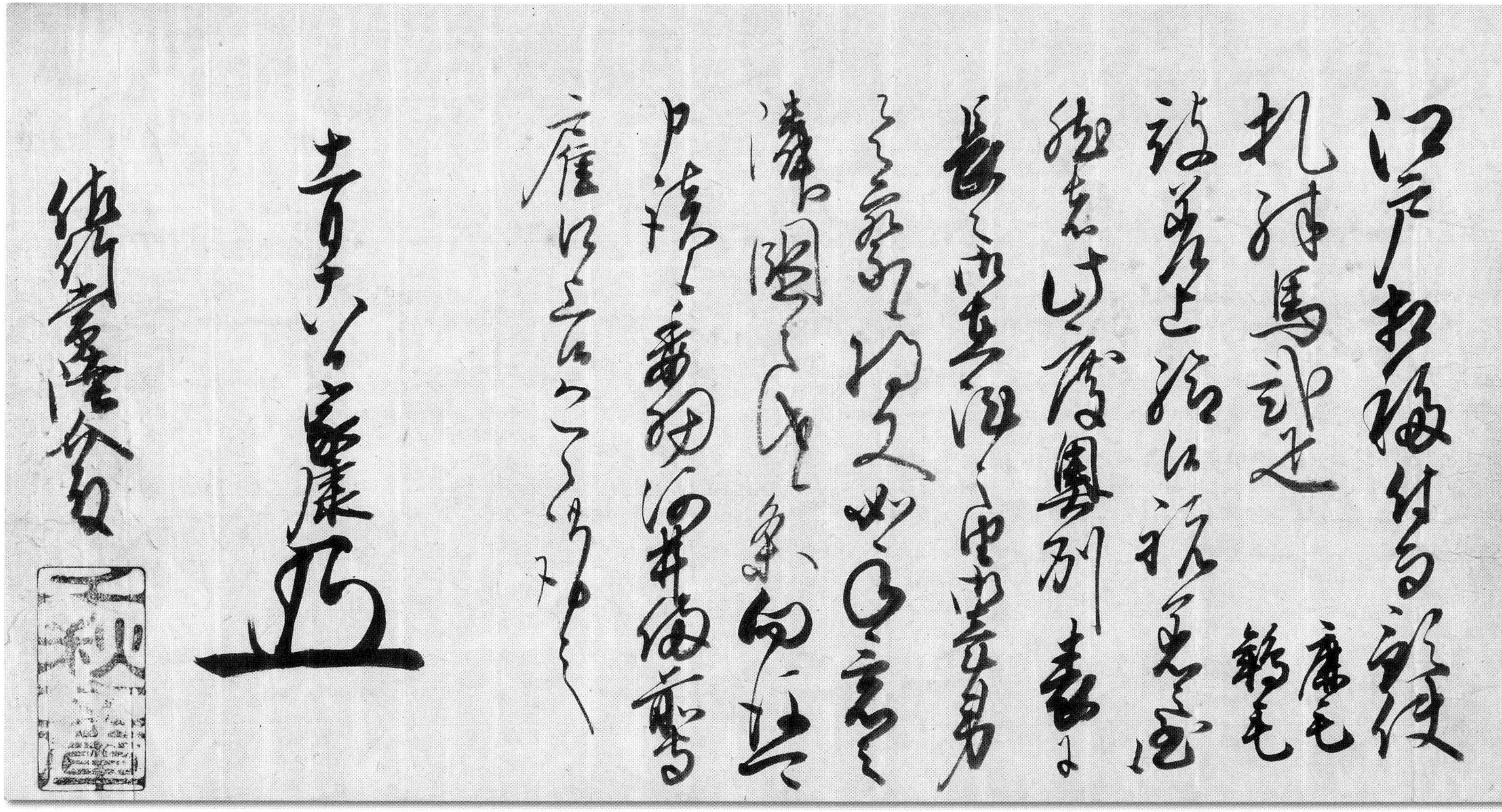

058 (天正十八年)十二月八日付け徳川家康書状写

東京大学史料編纂所所蔵影写本

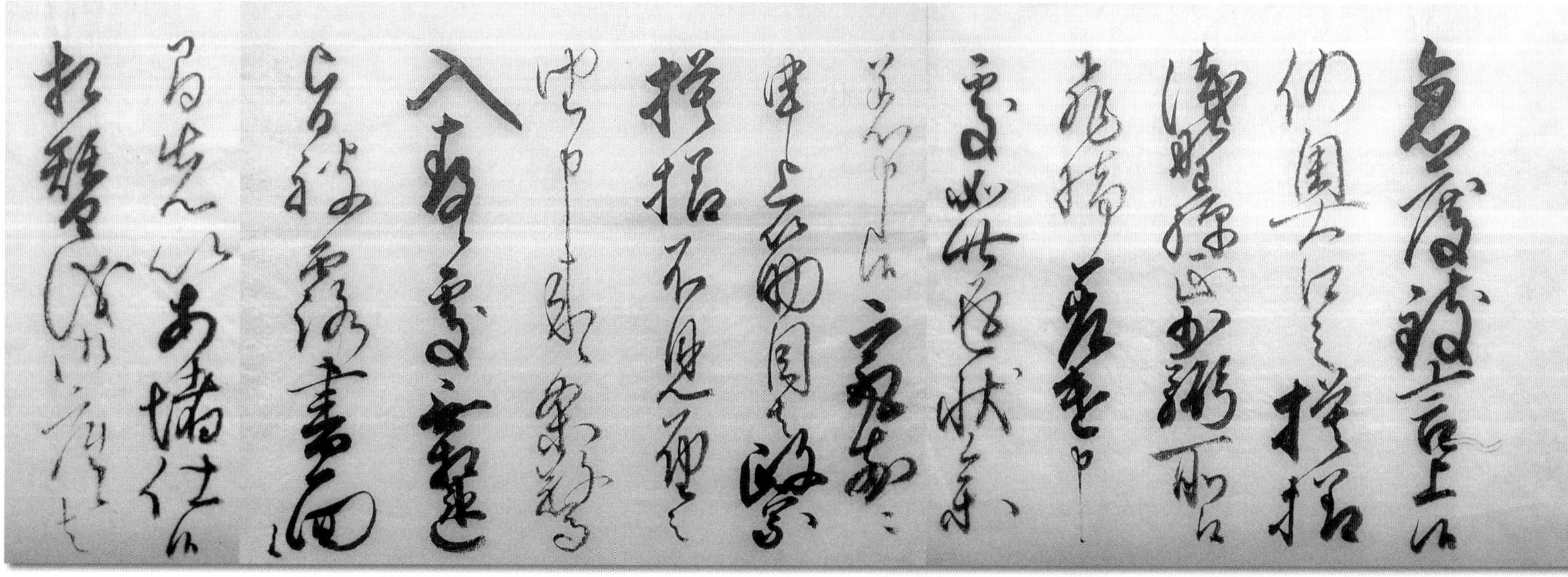

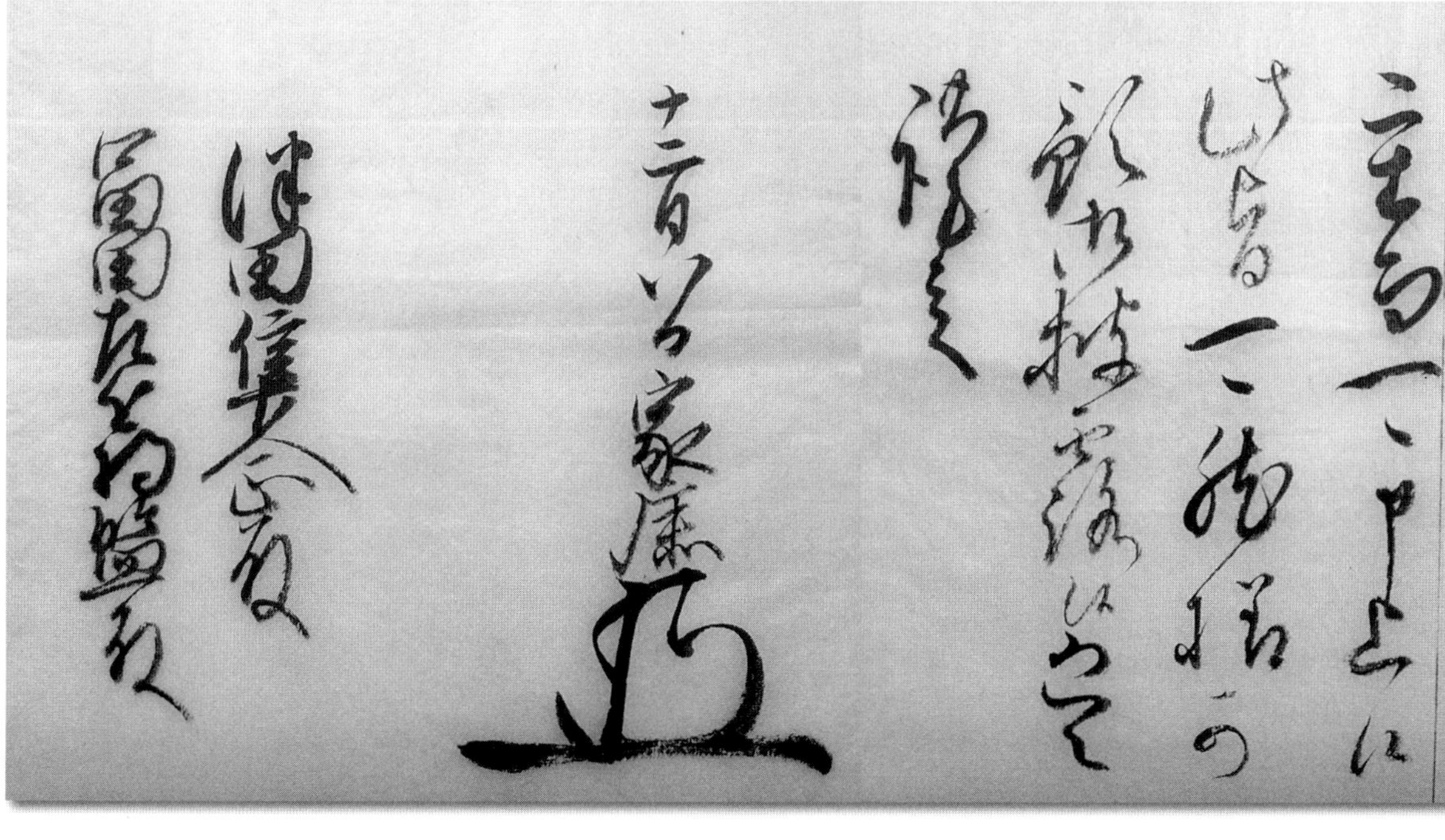

059 （天正十八年）十二月二十四日付け徳川家康書状

仙台市博物館所蔵

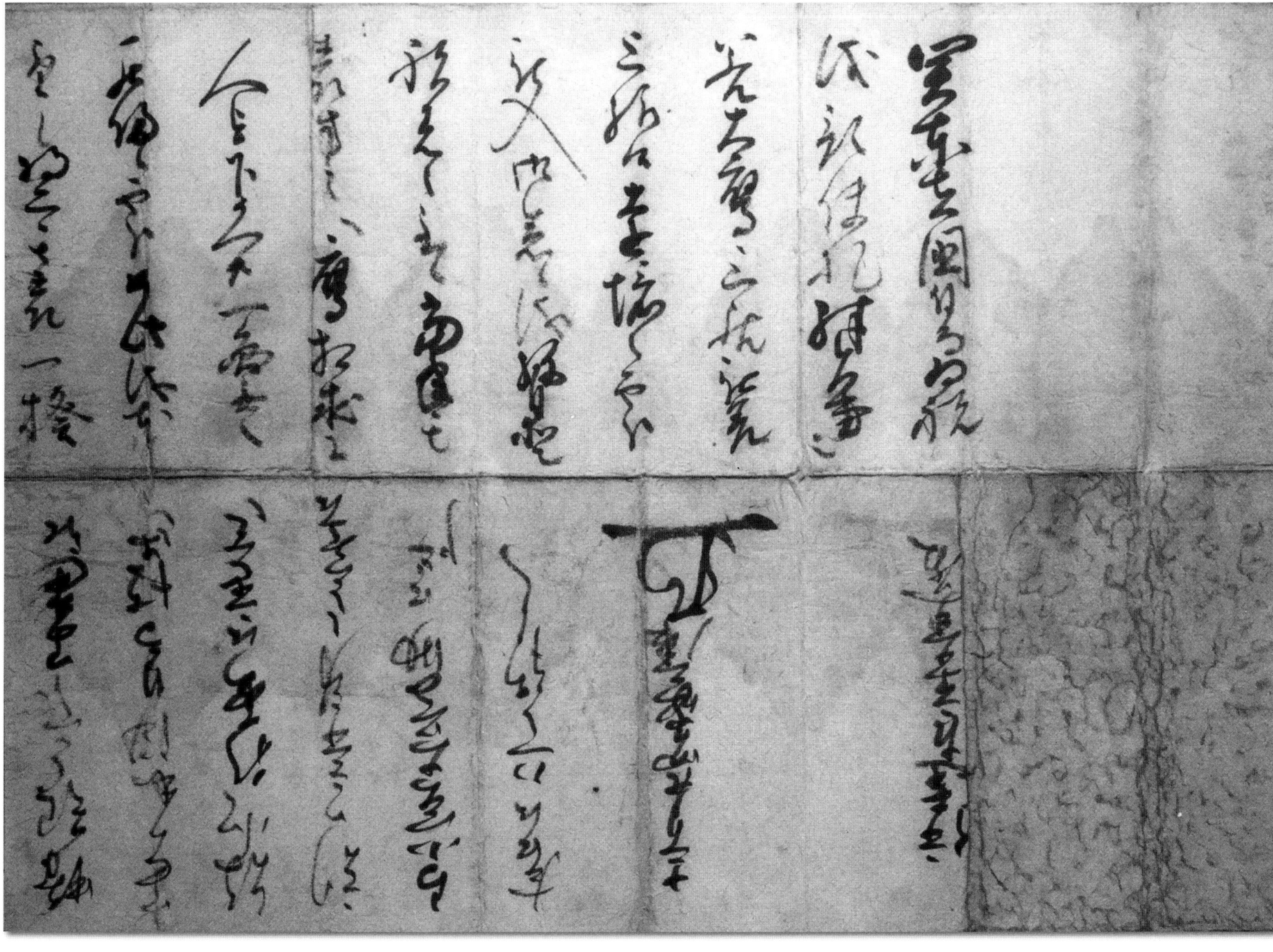

060 (天正十八年)十二月二十九日付け徳川家康書状写

東京大学史料編纂所所蔵影写本

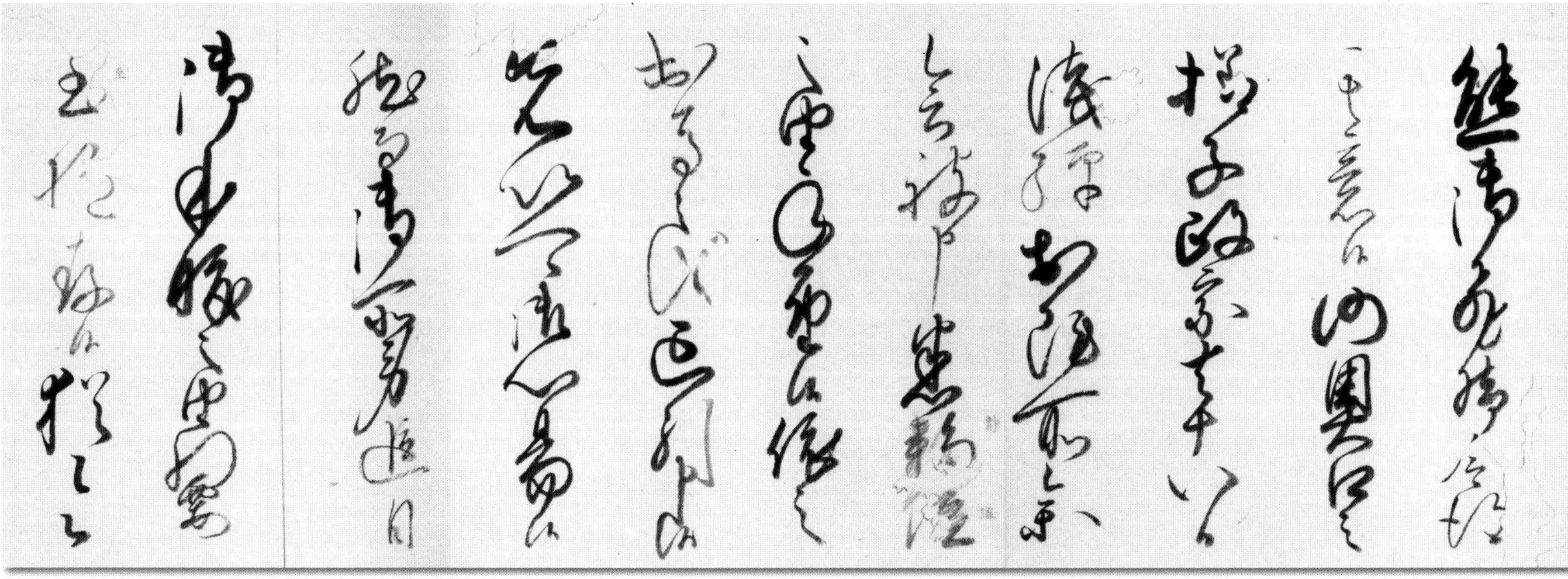

061 (天正十九年)正月十二日付け徳川家康書状

仙台市博物館所蔵

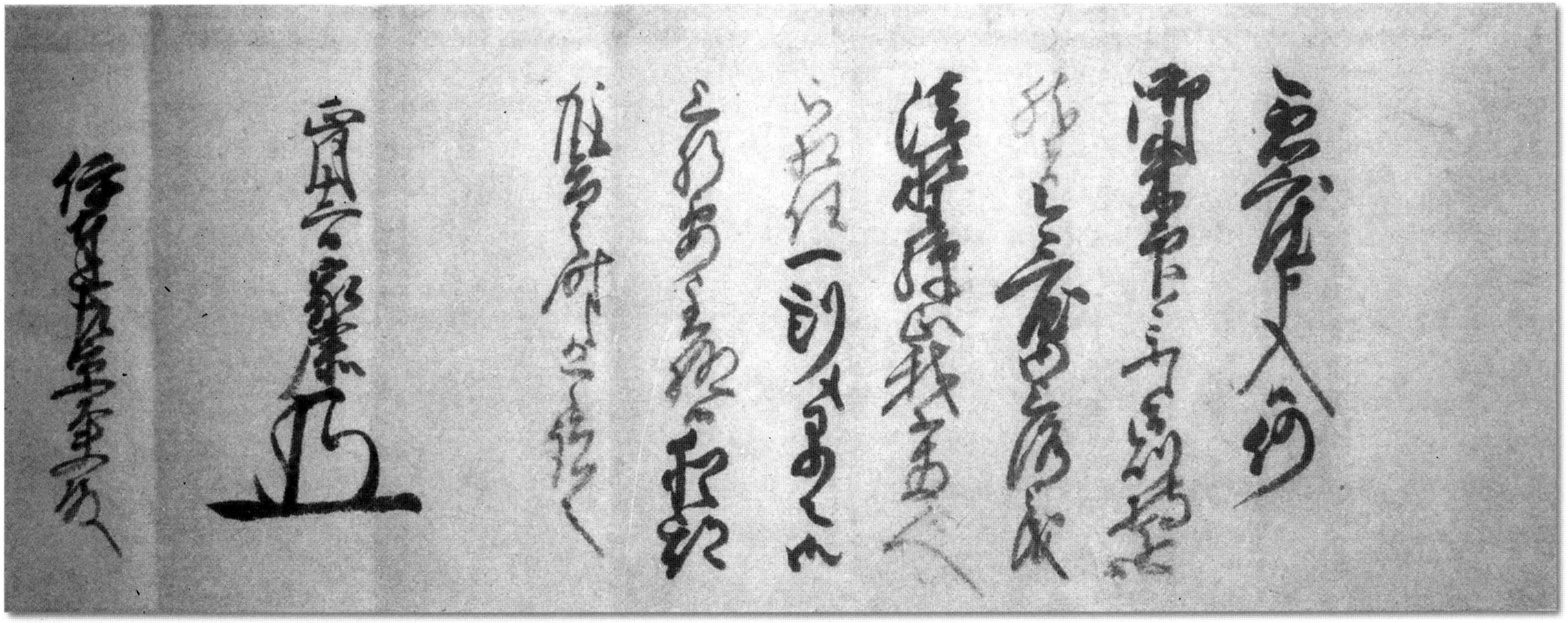

062 (天正十九年)閏正月二十六日付け徳川家康書状

仙台市博物館所蔵

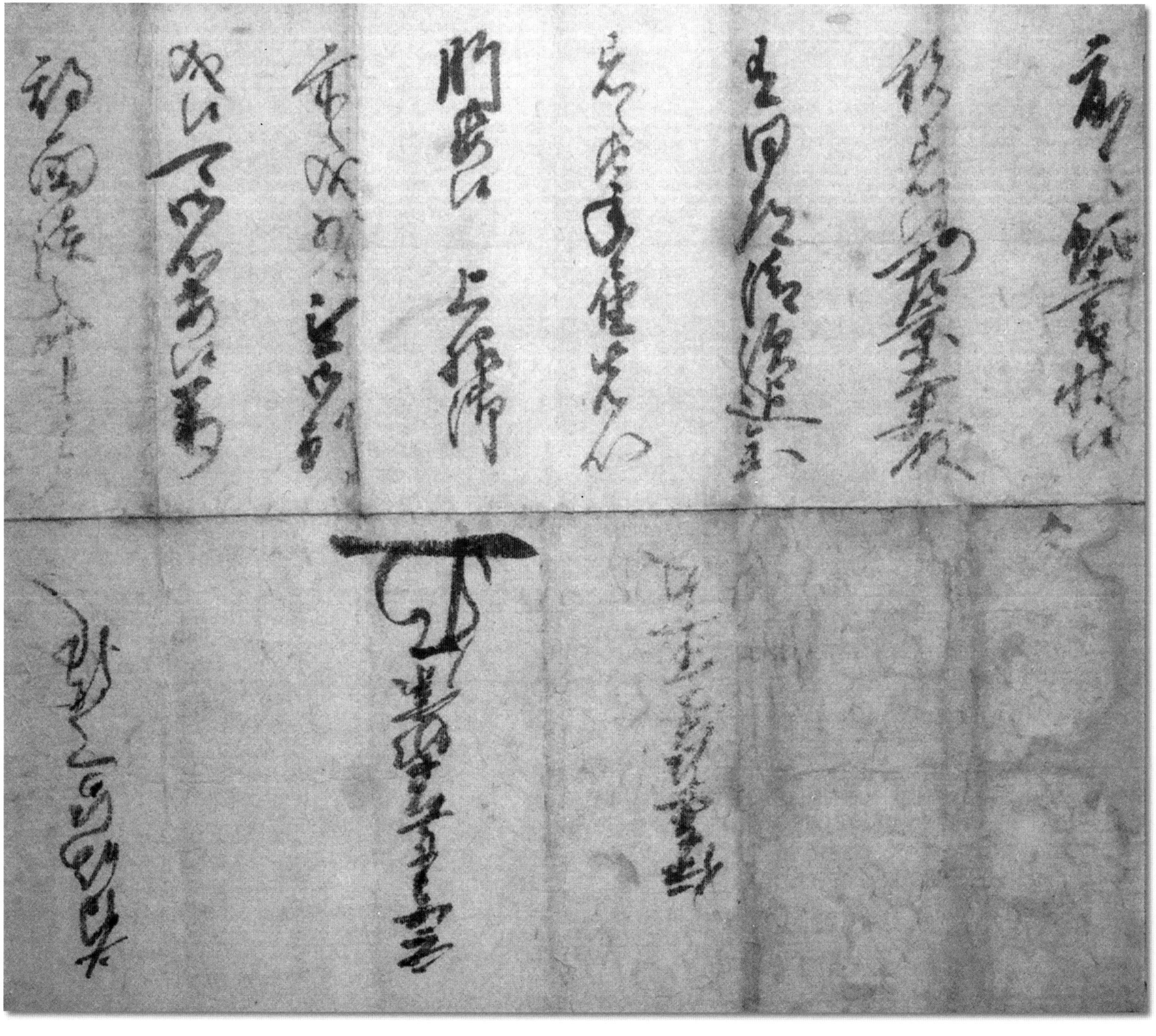

徳川家康書状

063 (天正十九年)卯月三日付け徳川家康書状

仙台市博物館所蔵

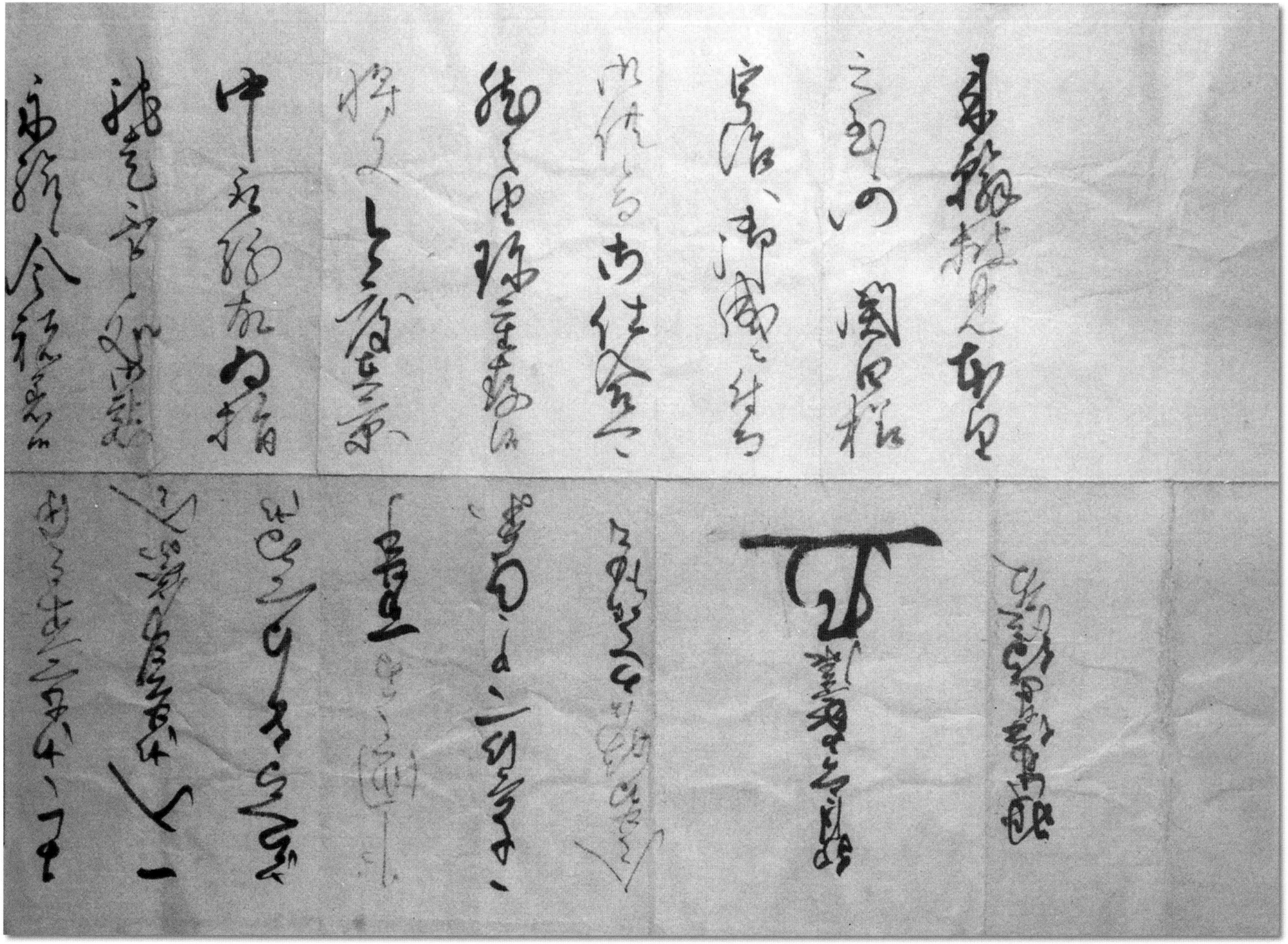

064 （年未詳）六月二十六日付け徳川家康書状

もりおか歴史文化館所蔵

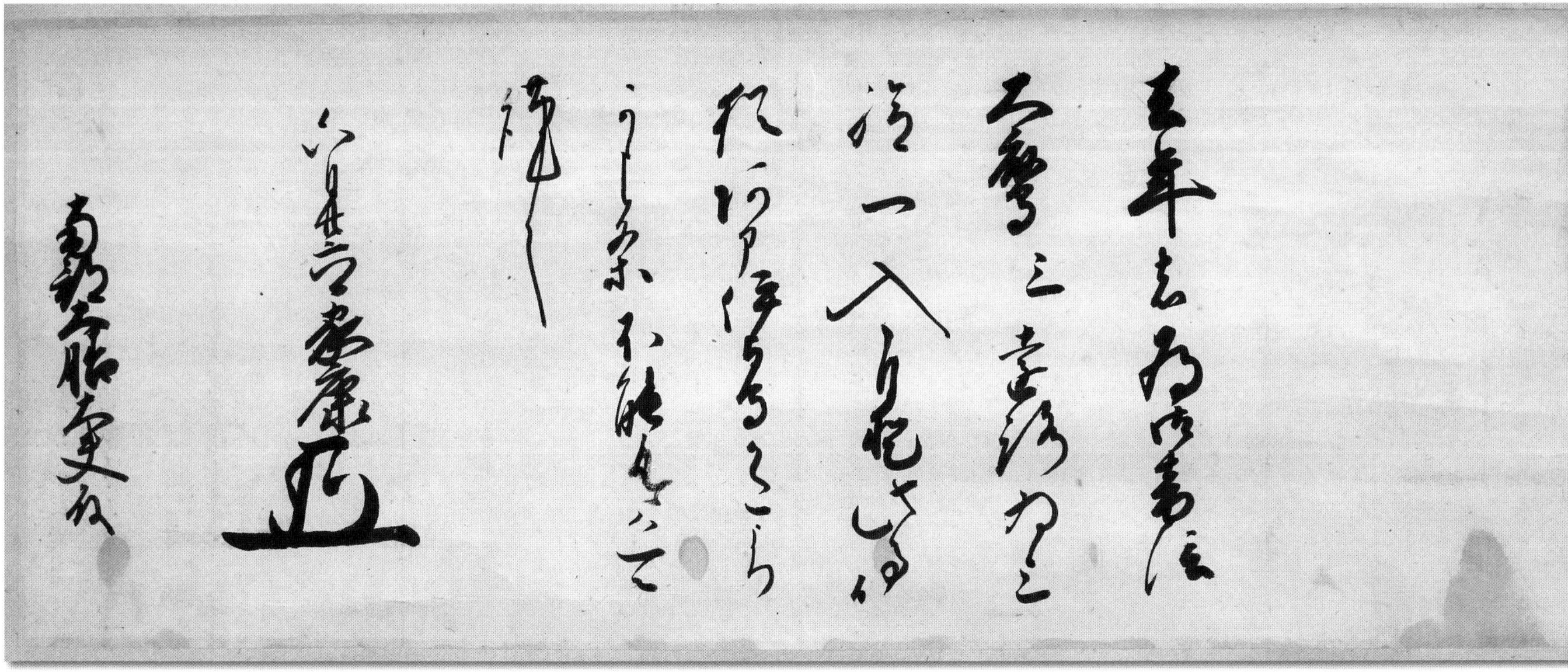

065 (天正十九年)七月十三日付け徳川家康書状

駿府博物館所蔵

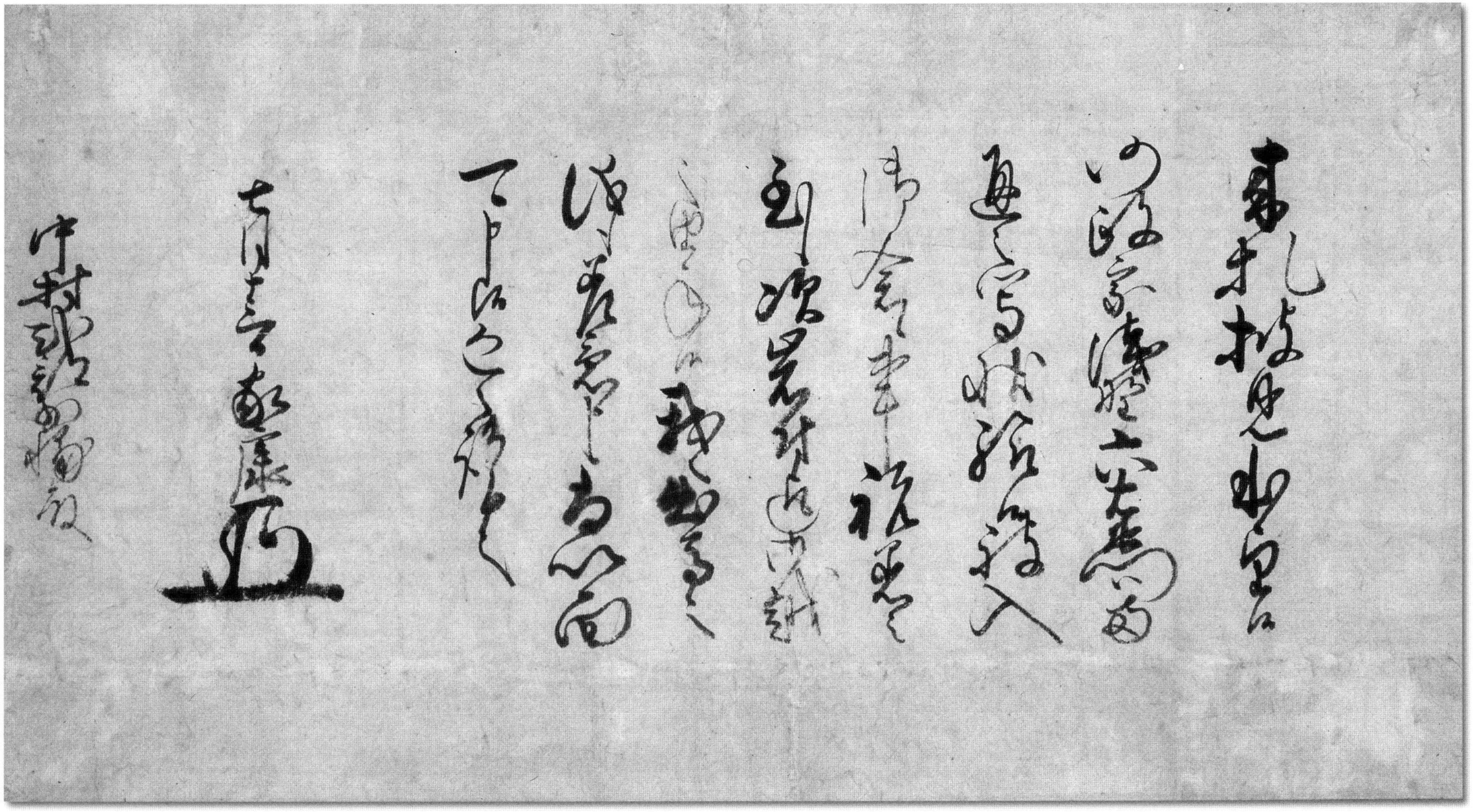

066 (天正十九年)七月十四日付け徳川家康書状

仙台市博物館所蔵

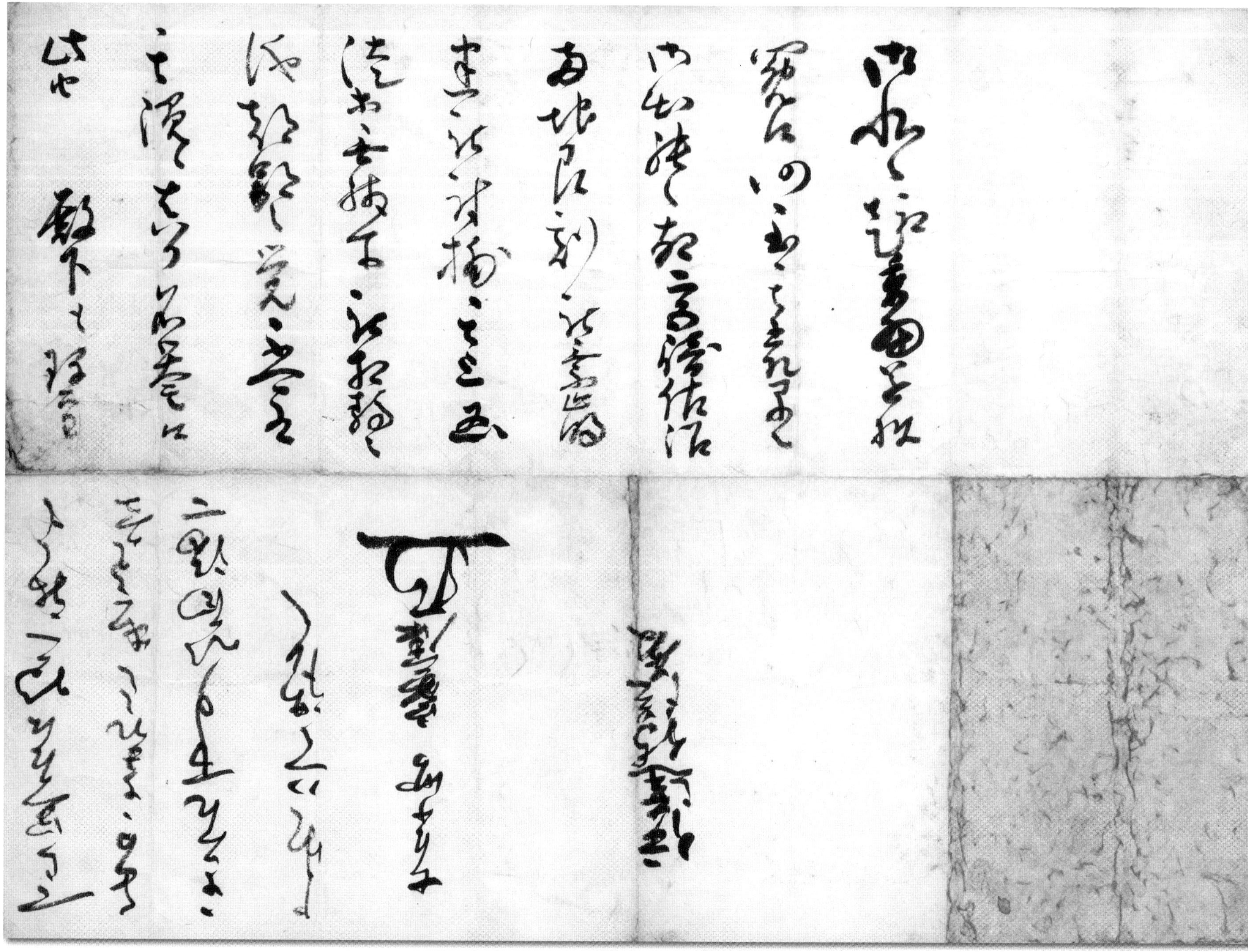

徳川家康書状

067 (天正十九年)九月七日付け徳川家康書状

増上寺所蔵

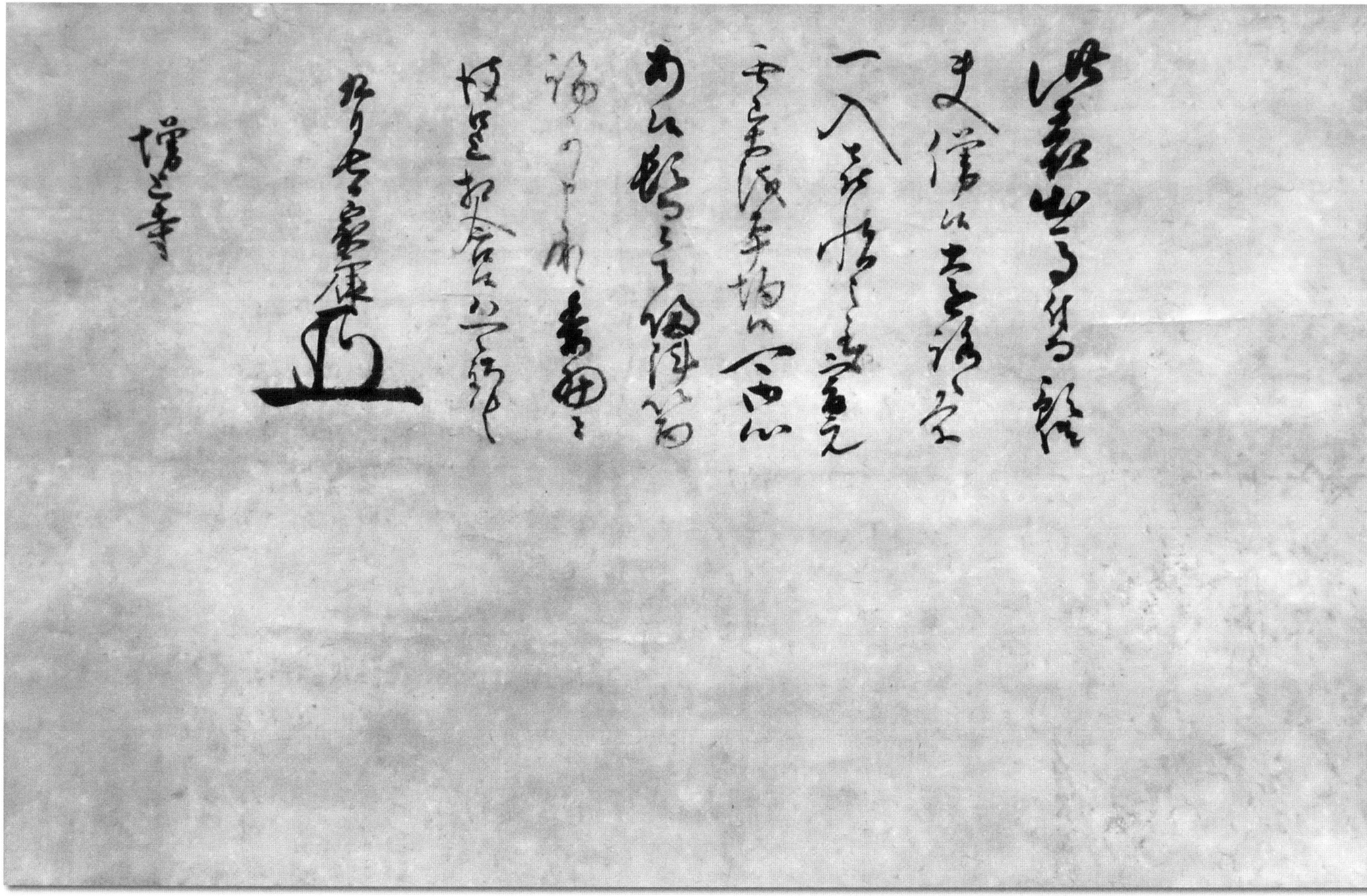

068 (天正十九年)九月十日付け徳川家康書状

仙台市博物館所蔵

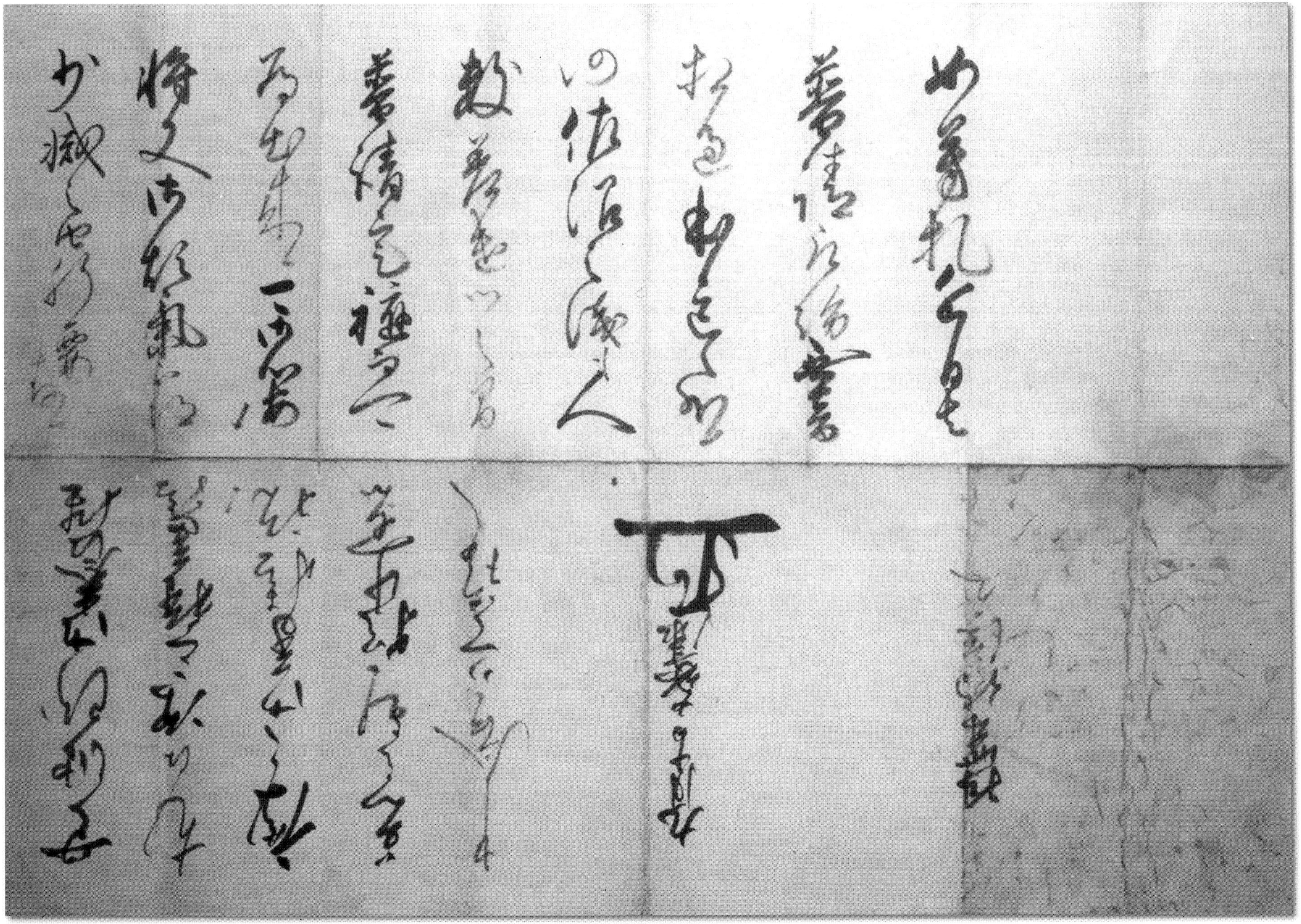

069 （天正十九年）十月十六日付け徳川家康書状

駿府博物館所蔵

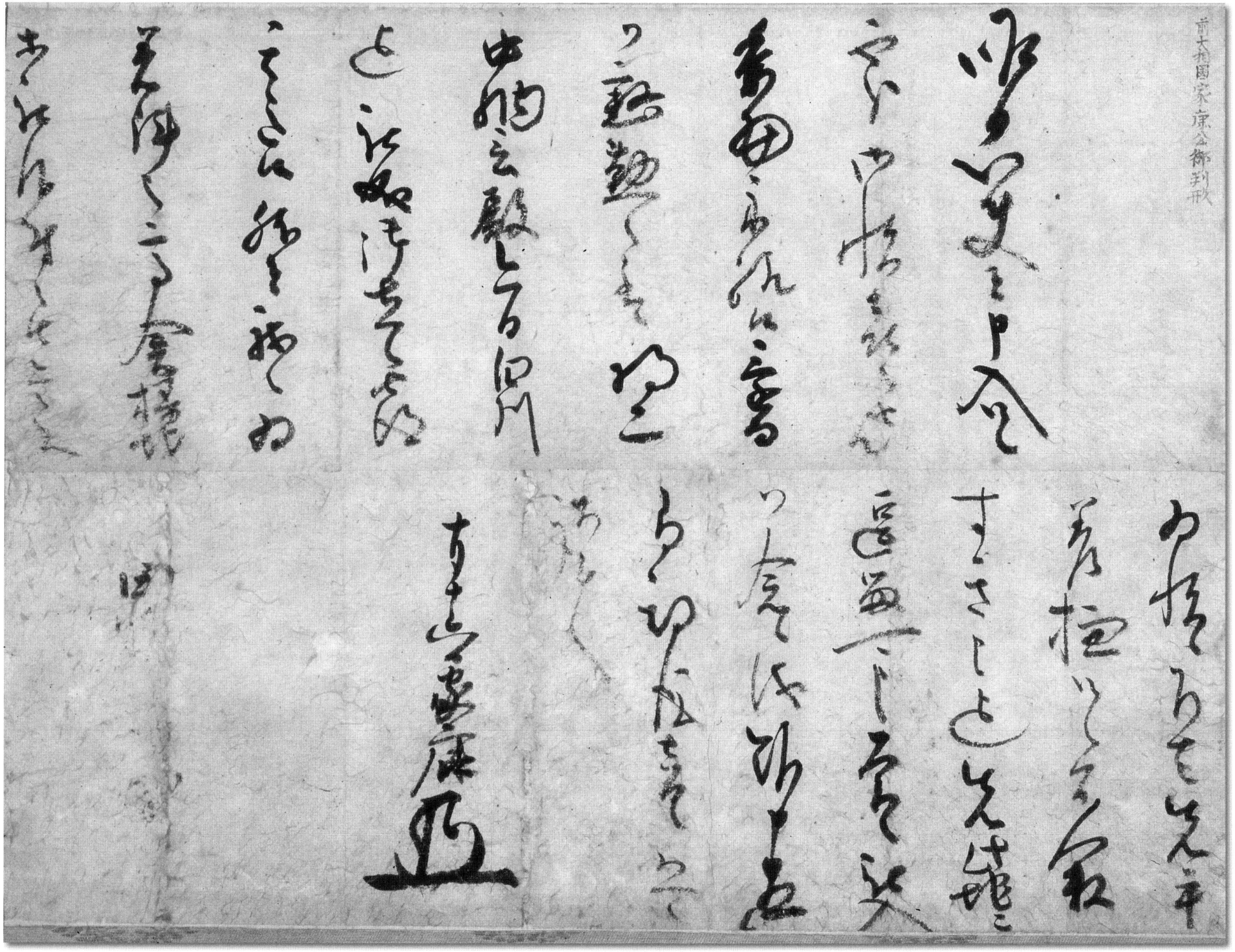

070 (天正十九年九月)徳川家康自筆書状

忍東照宮旧蔵

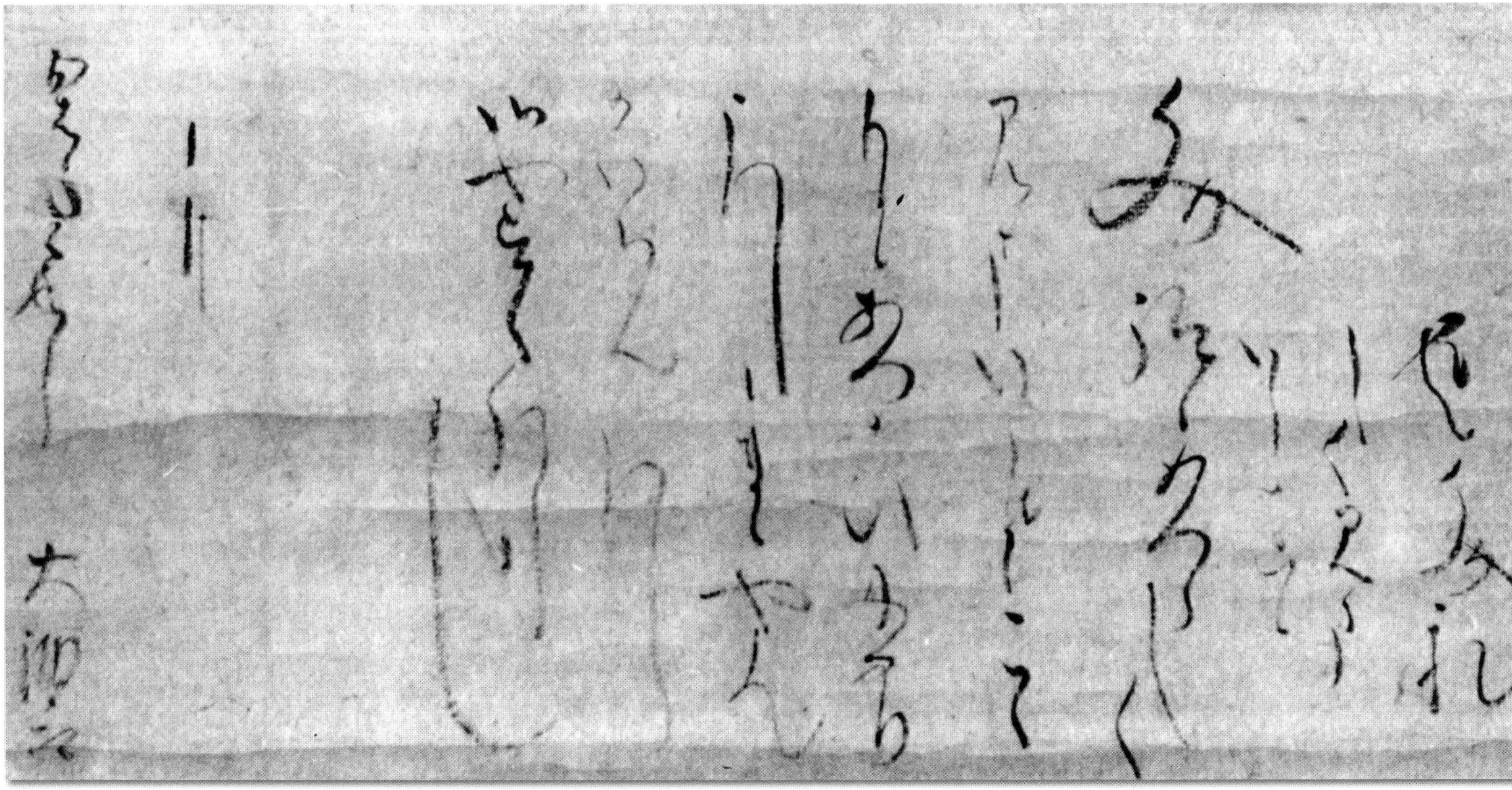

071 (天正二十年)正月二十三日付け徳川家康朱印状

埼玉県立文書館所蔵

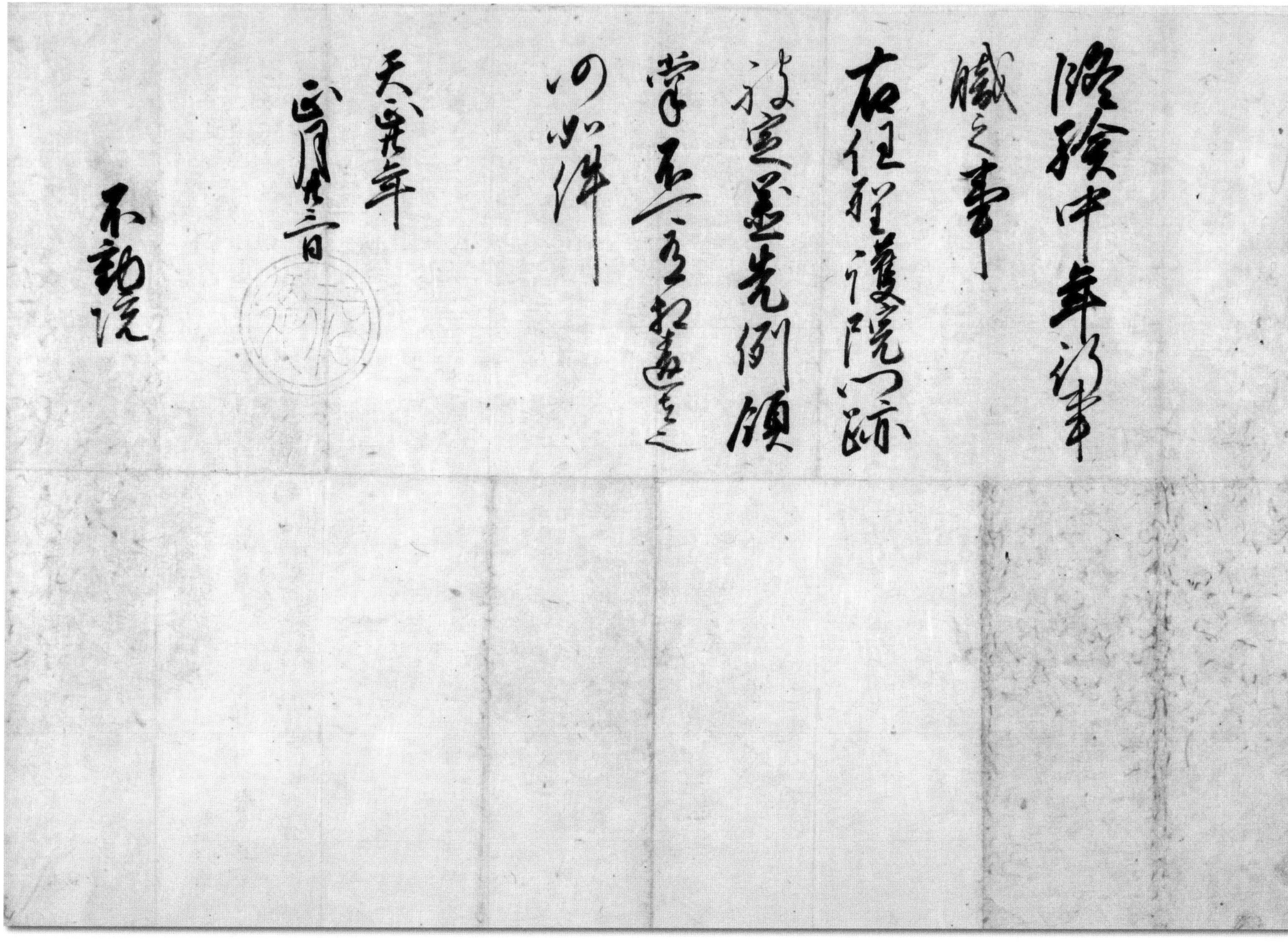
武蔵中年行事
職之事
右任聖護院御門跡
御補任之旨、先例領
掌不可有相違之
状如件
天正廿年
正月廿三日
不動院

072 (天正二十年)六月四日付け徳川家康・前田利家連署状

永青文庫所蔵

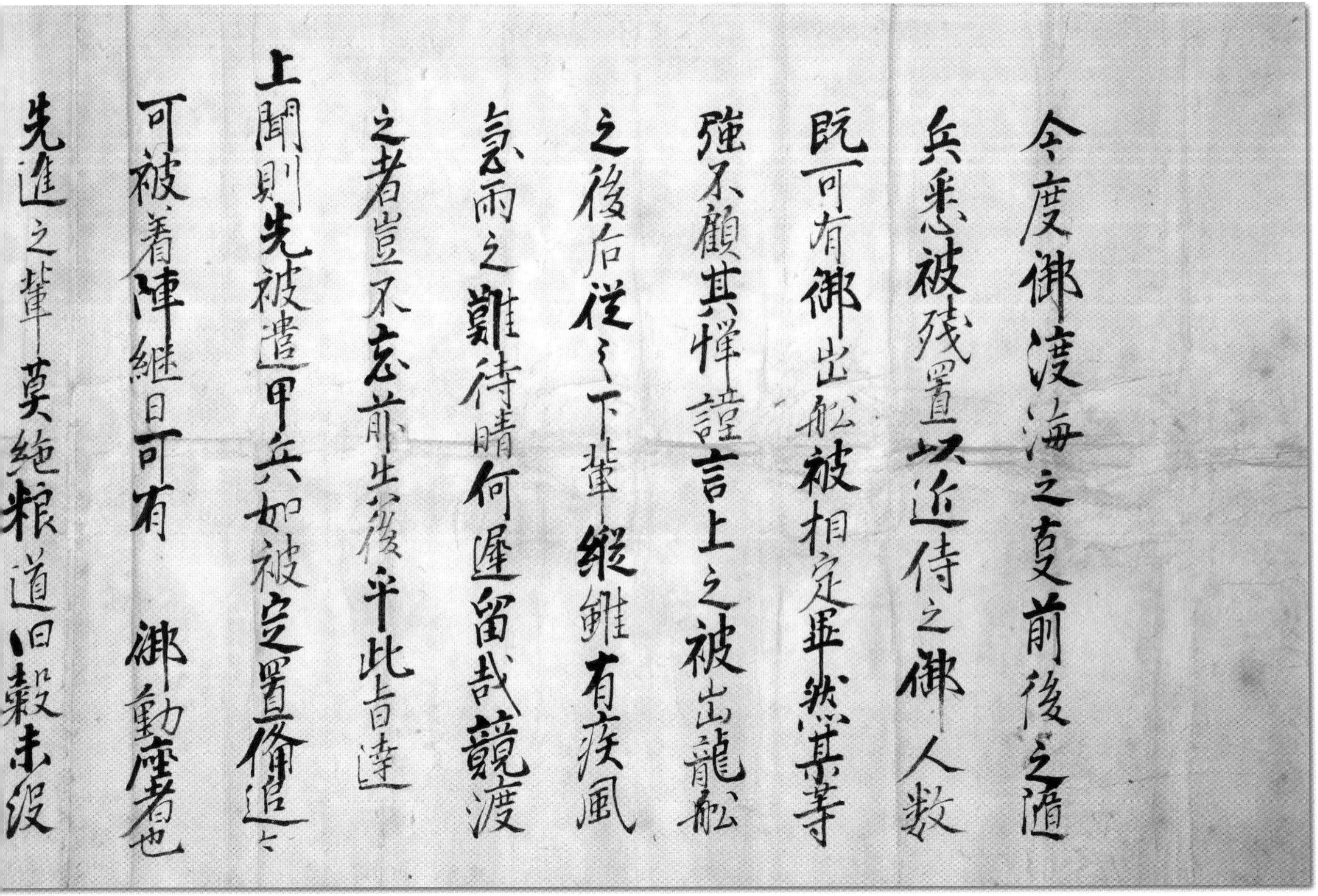
今度御渡海之事前後之遁
兵悉被残置以近侍之御人数
既可有御出船被相定雖然某等
強不顧其憚諫言上之被出龍舩
之後后従々下輩縦雖有疾風
急雨之難待晴何遅留哉競渡
之者豈不忘前生後乎此旨達
上聞則先被遣甲兵如被定置脩追々
可被着陣継日可有　御動座者也
先進之輩莫絶粮道回穀未役

徳川家康・前田利家連署状（1/2）

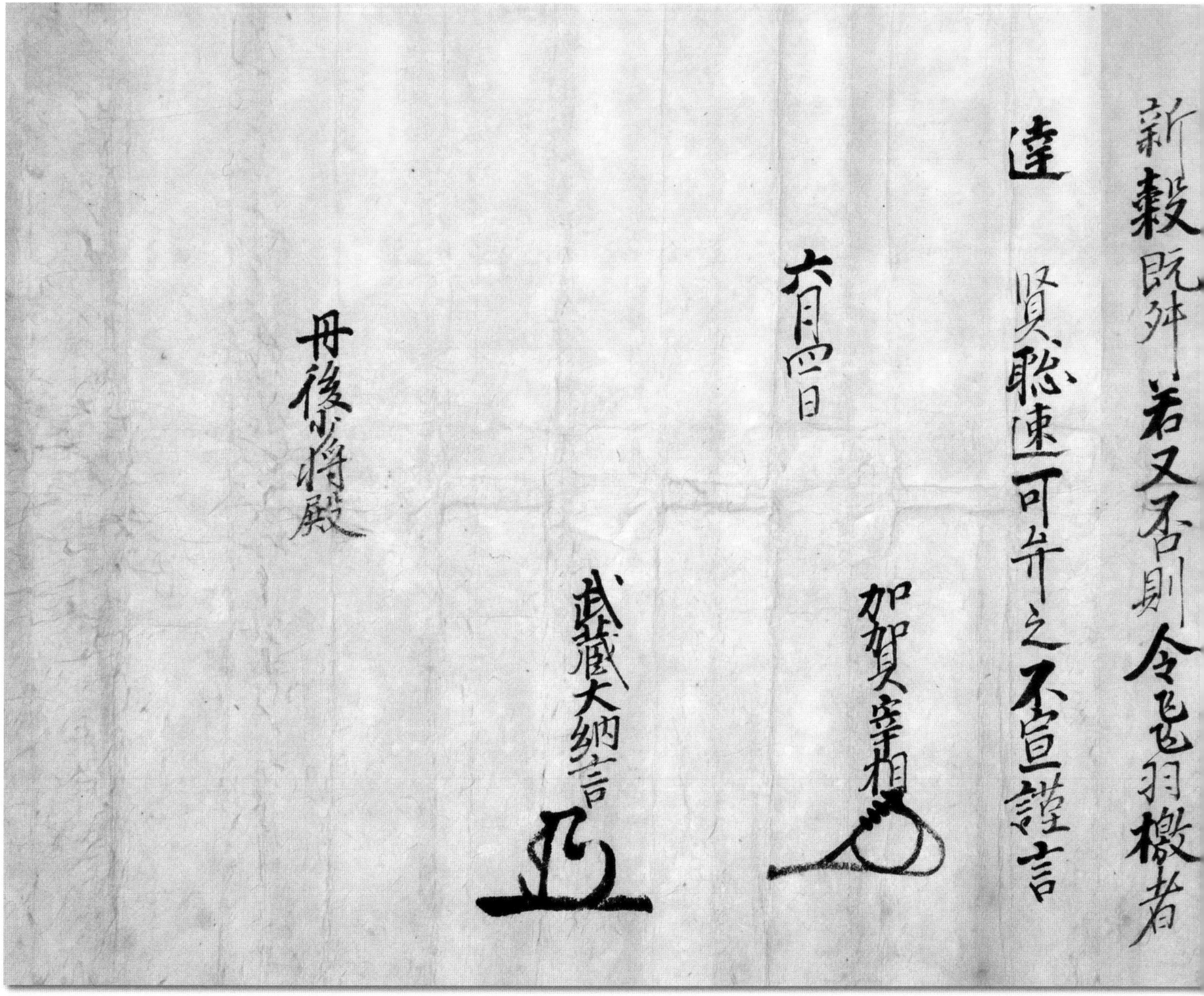
新穀既升、若又否則令飛羽檄者
達
賢聡速可弁之、不宣謹言
六月四日
加賀宰相
武蔵大納言
丹後将殿

徳川家康・前田利家連署状（2/2）

073 天正二十年七月二十三日付け徳川家康・前田利家連署状

個人所蔵

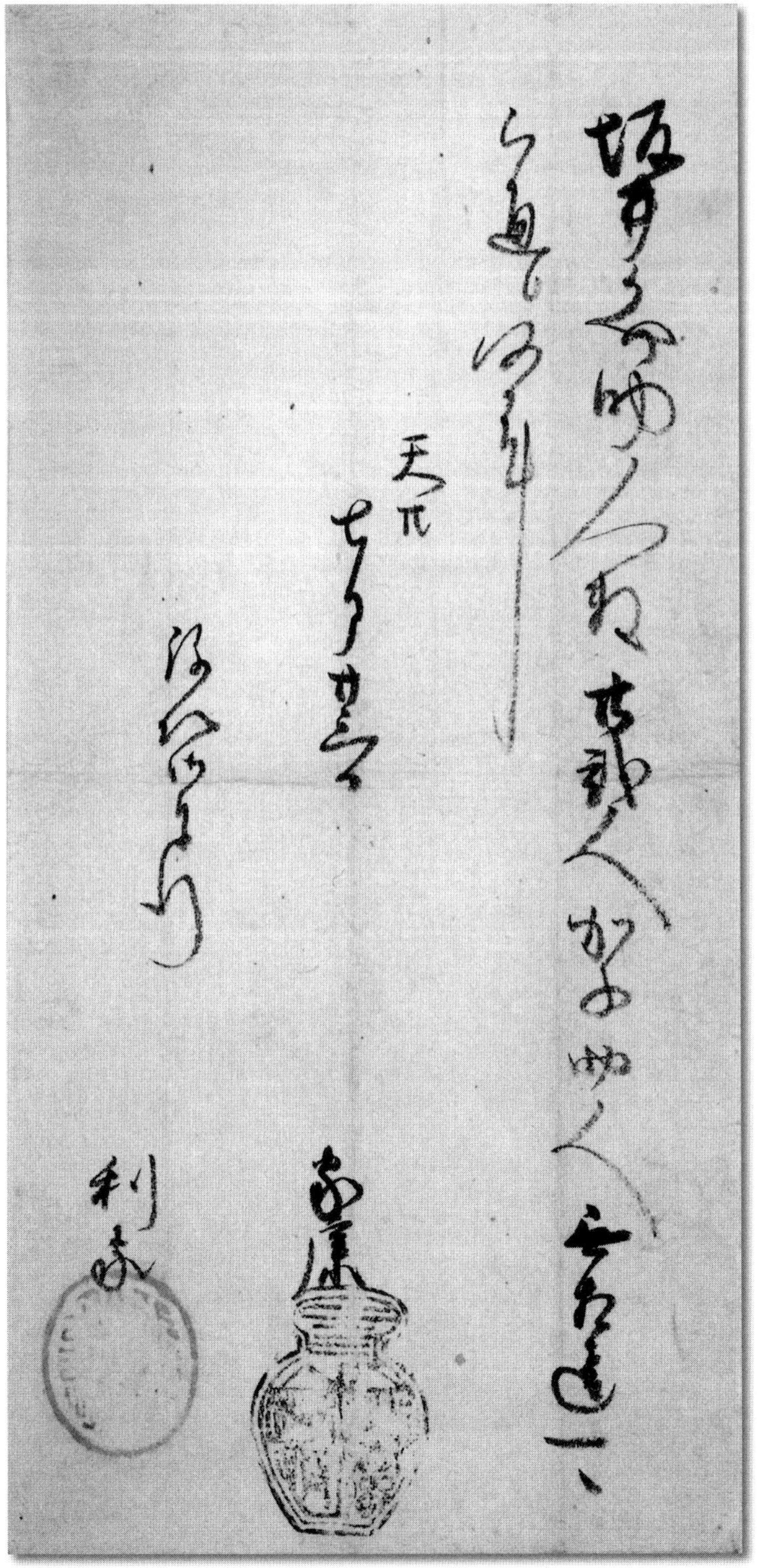

074

(天正二十年)九月十一日付け徳川家康黒印状

彦根城博物館所蔵

075 (天正二十年)十二月八日付け徳川家康書状

九州国立博物館保管

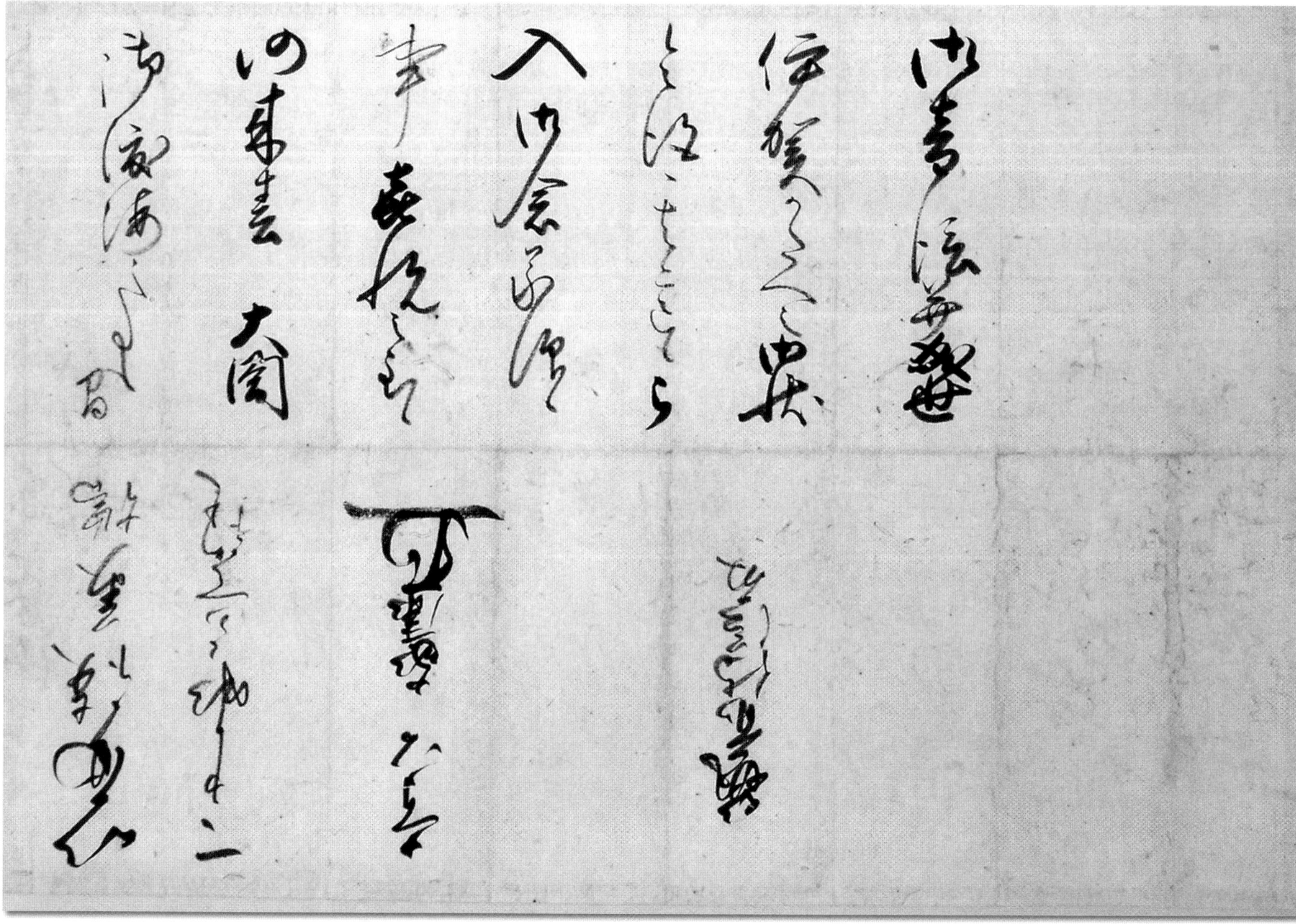

076 (天正二十年)十二月十八日付け徳川家康黒印状

彦根城博物館所蔵

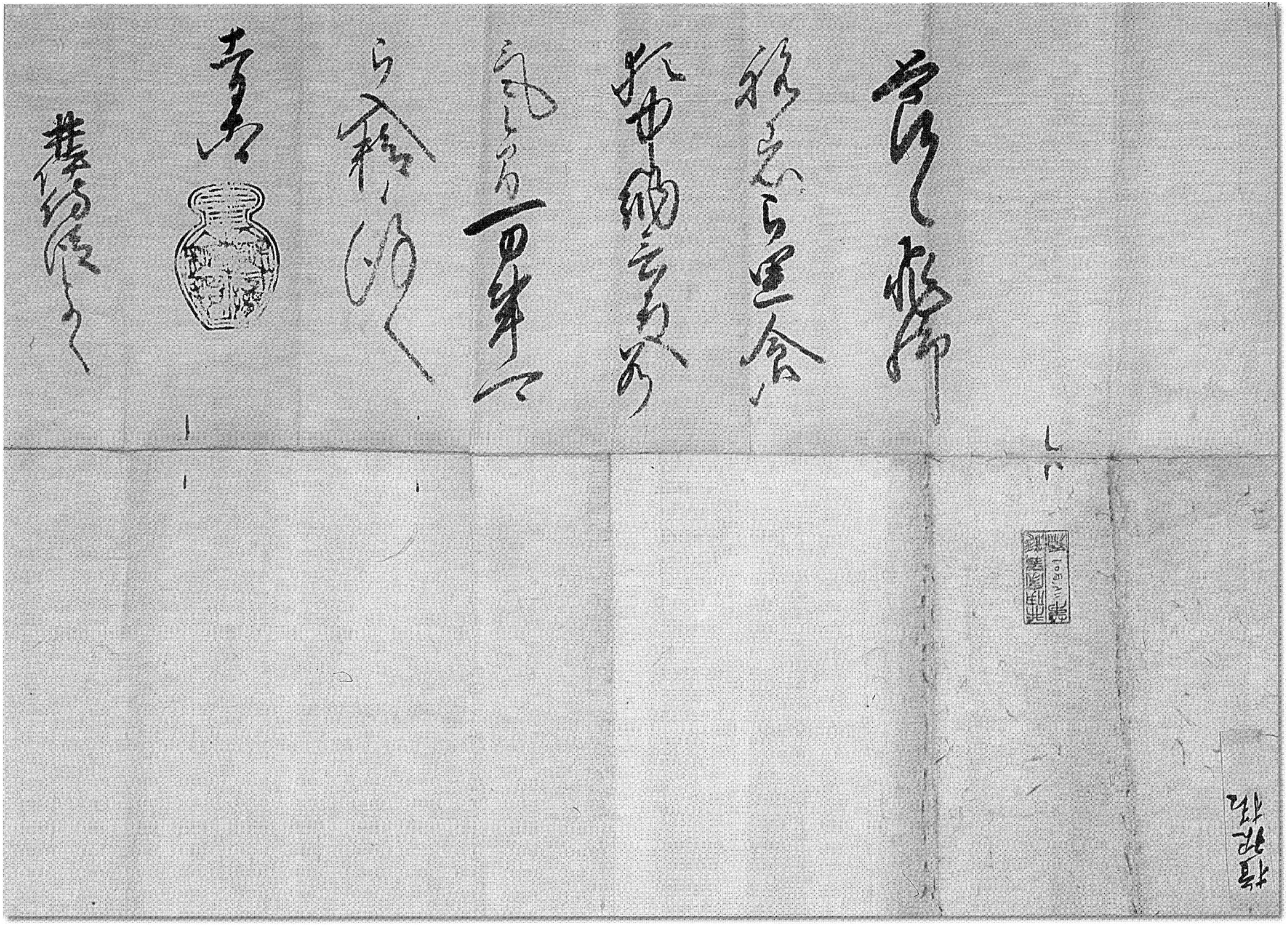

077 （文禄二年）正月七日付け徳川家康書状

岐阜県歴史資料館所蔵

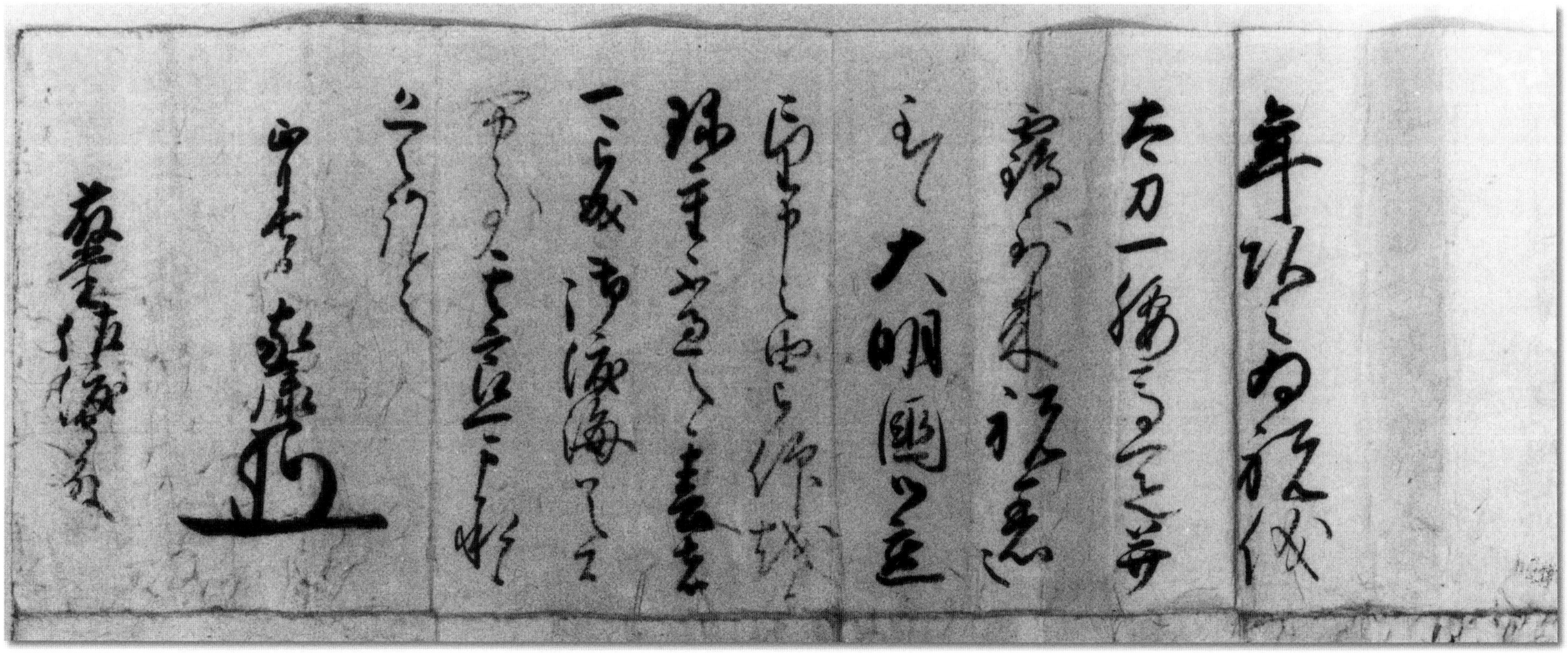

078 (文禄二年)卯月二十一日付け徳川家康書状

仙台市博物館所蔵

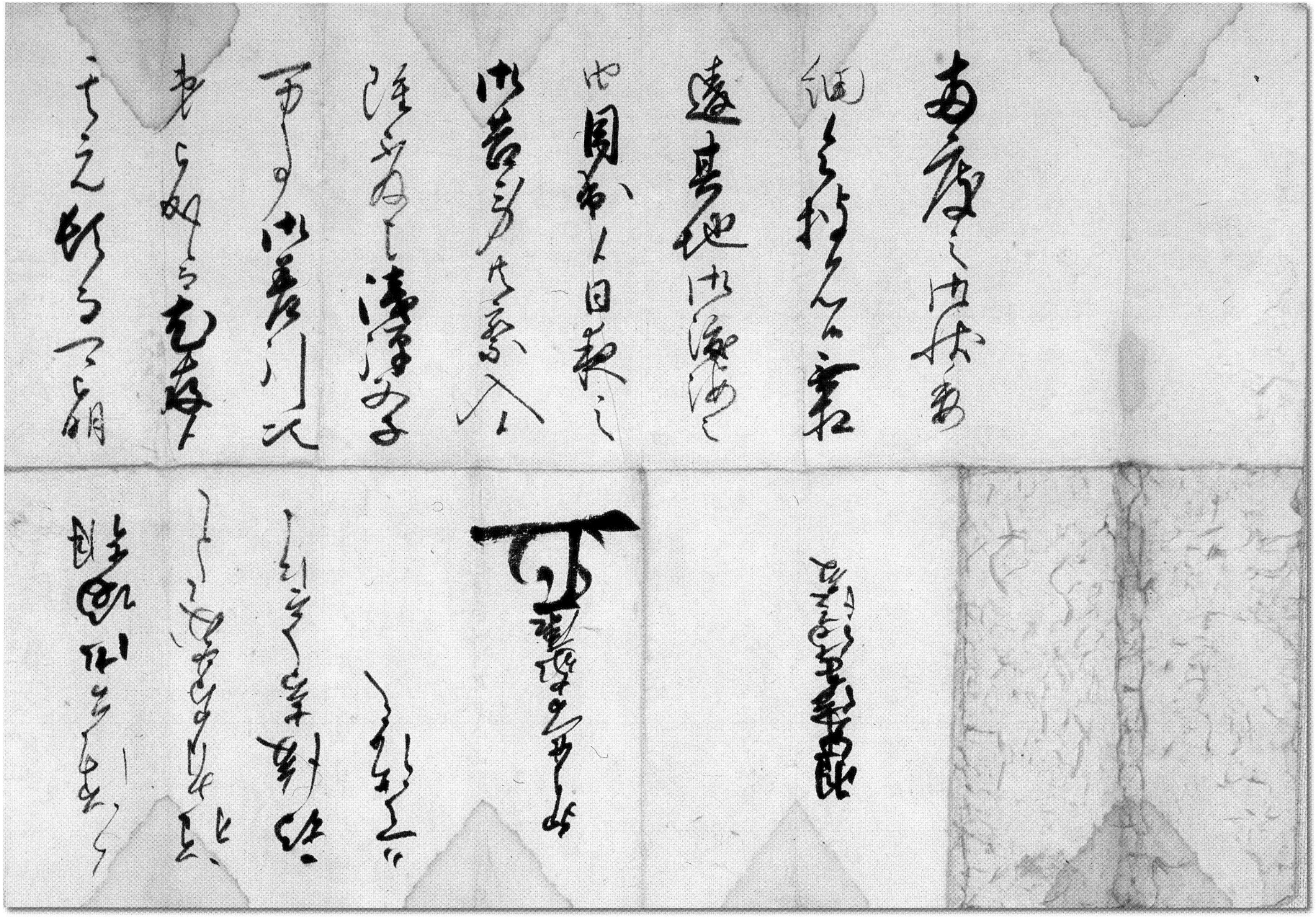

079 （文禄二年）七月十二日付け徳川家康書状

徳島市立
徳島城博物館所蔵

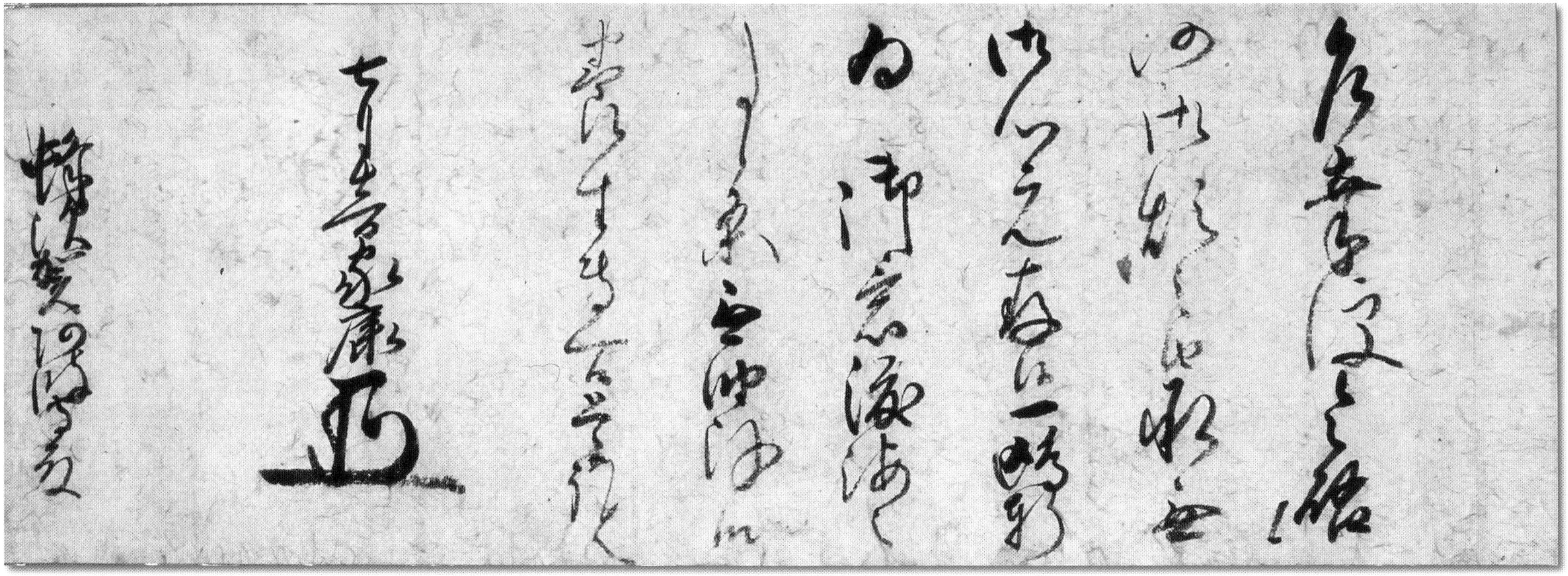

080 (文禄三年)四月十日付け徳川家康書状

林原美術館所蔵

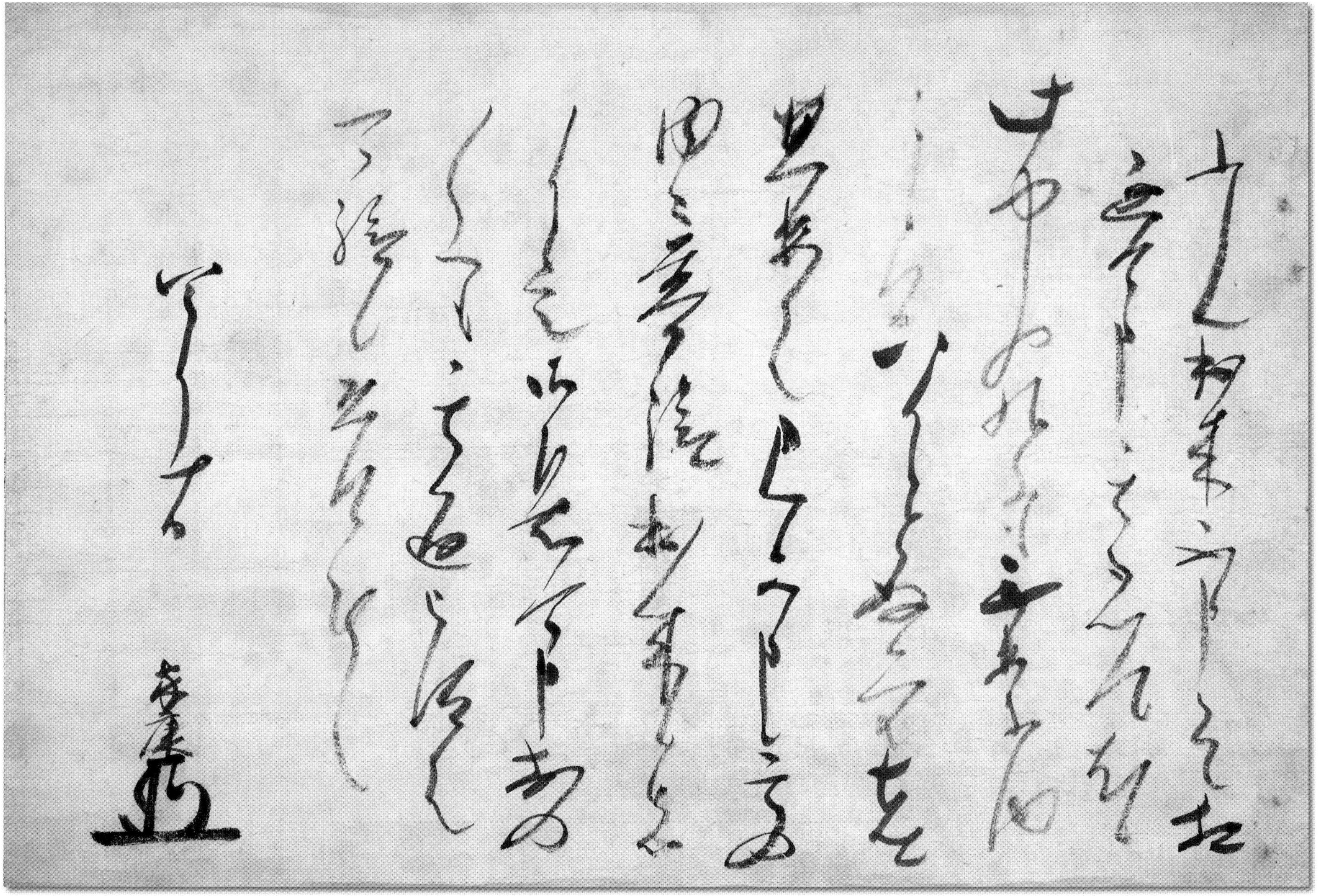

081 (文禄三年ヵ)十一月十三日付け徳川家康・蒲生氏郷連署状

表千家不審菴所蔵

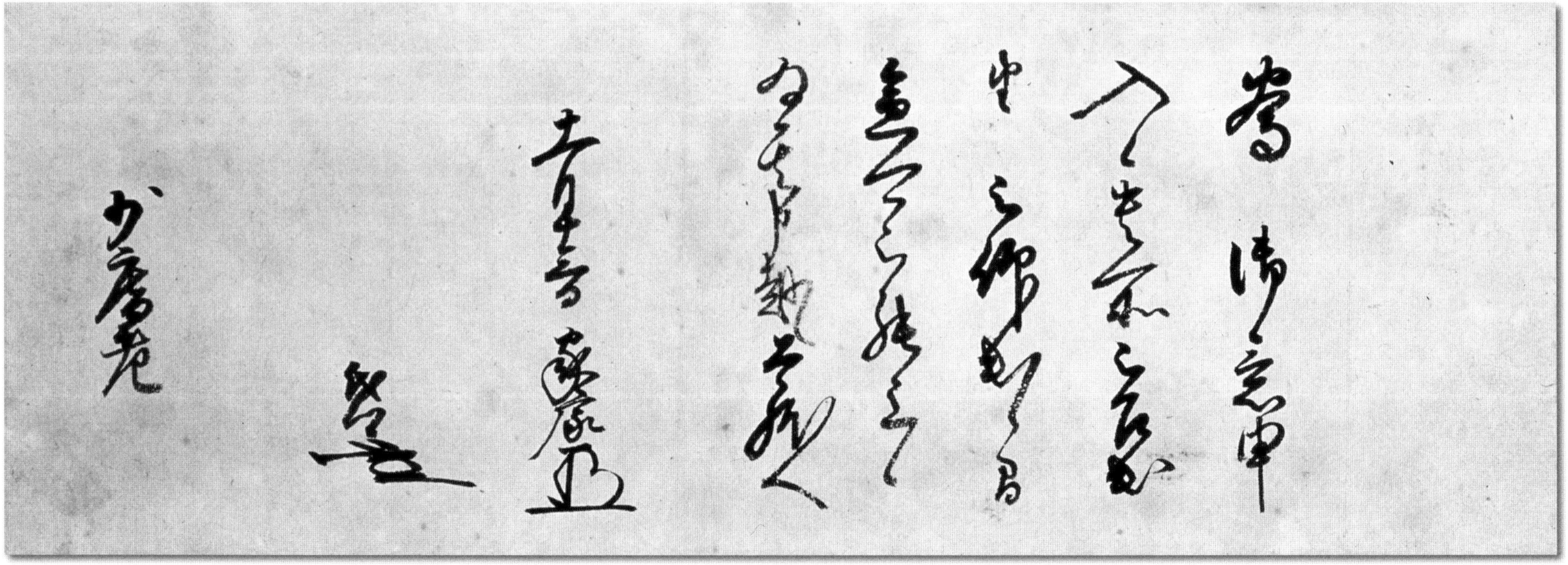

徳川家康・蒲生氏郷連署状

082 （文禄四年）卯月二十八日付け徳川家康書状

徳川美術館所蔵

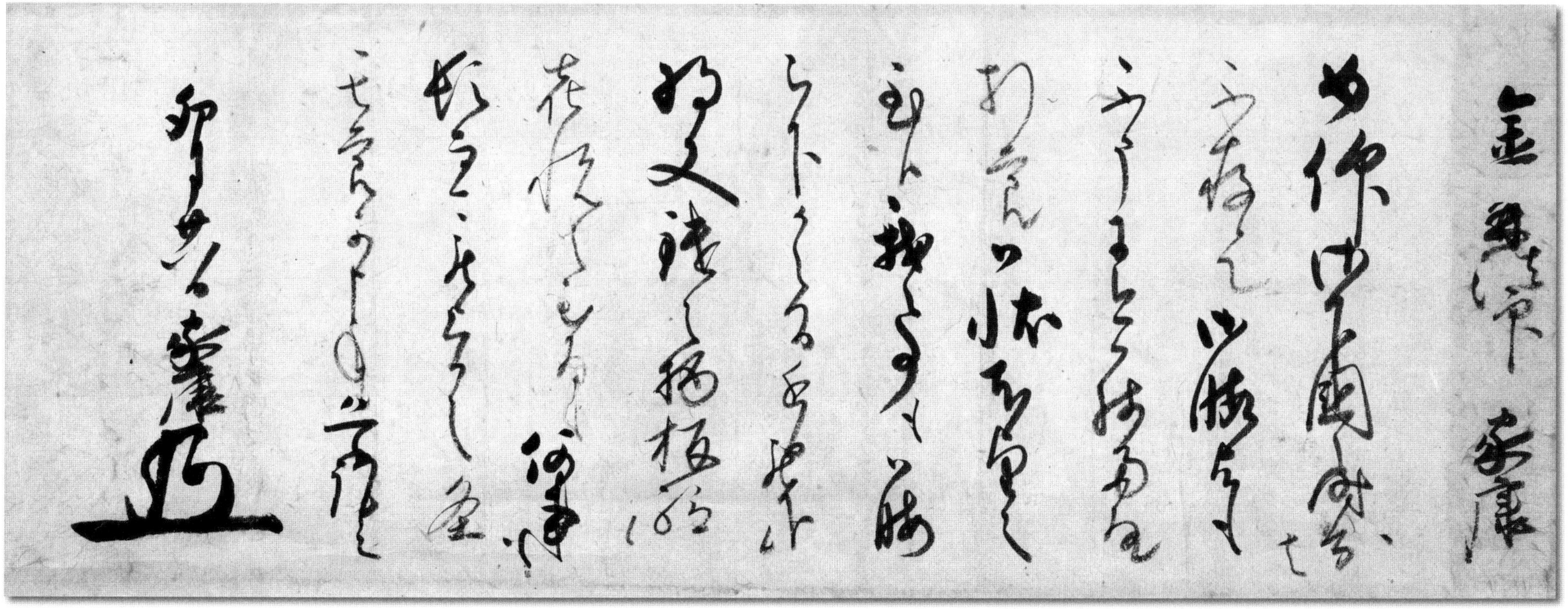

083 (文禄四年)六月二十一日付け徳川家康書状

前田育徳会所蔵

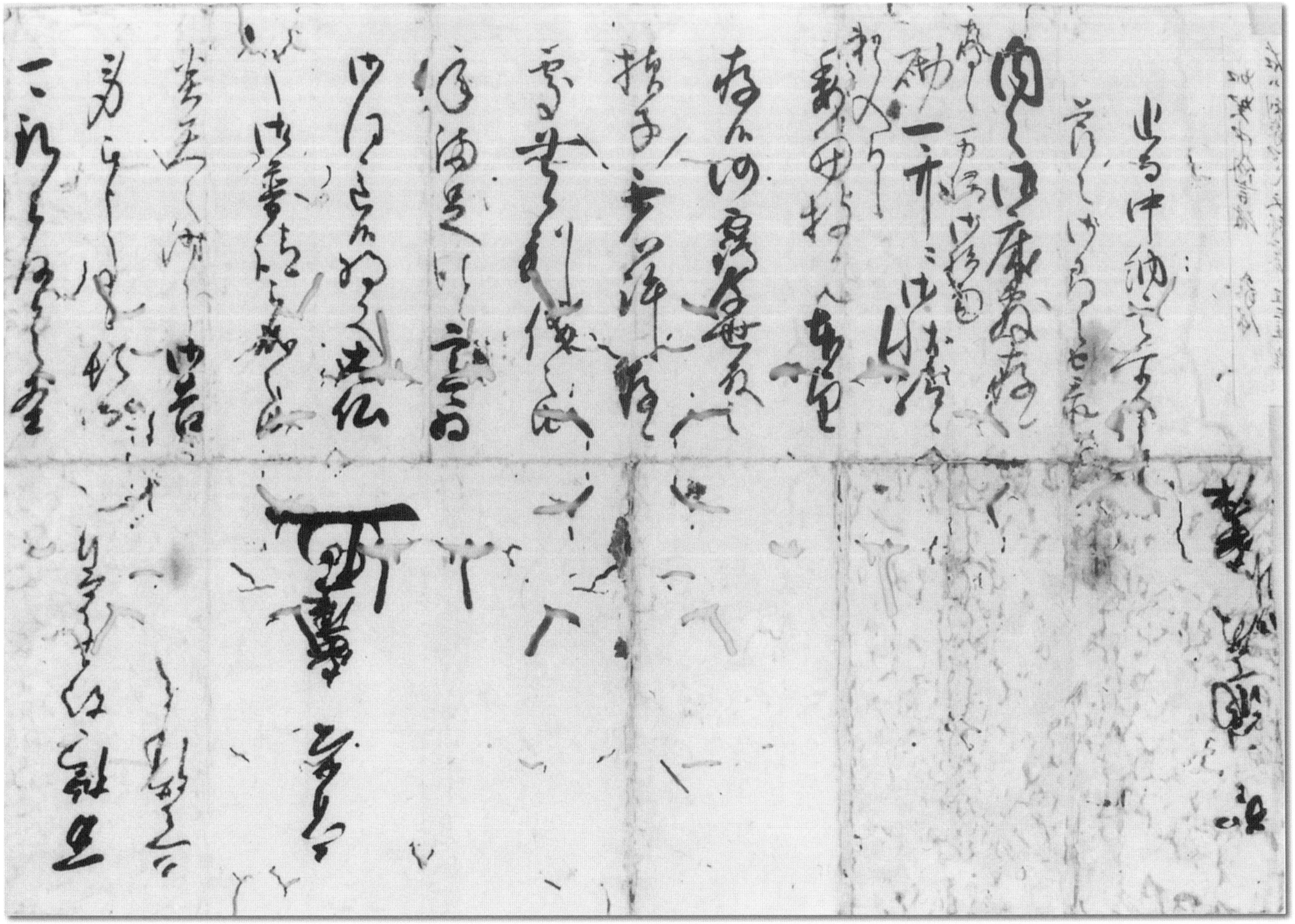

084 （文禄四年ヵ）十七日付け徳川家康書状

早稲田大学図書館所蔵

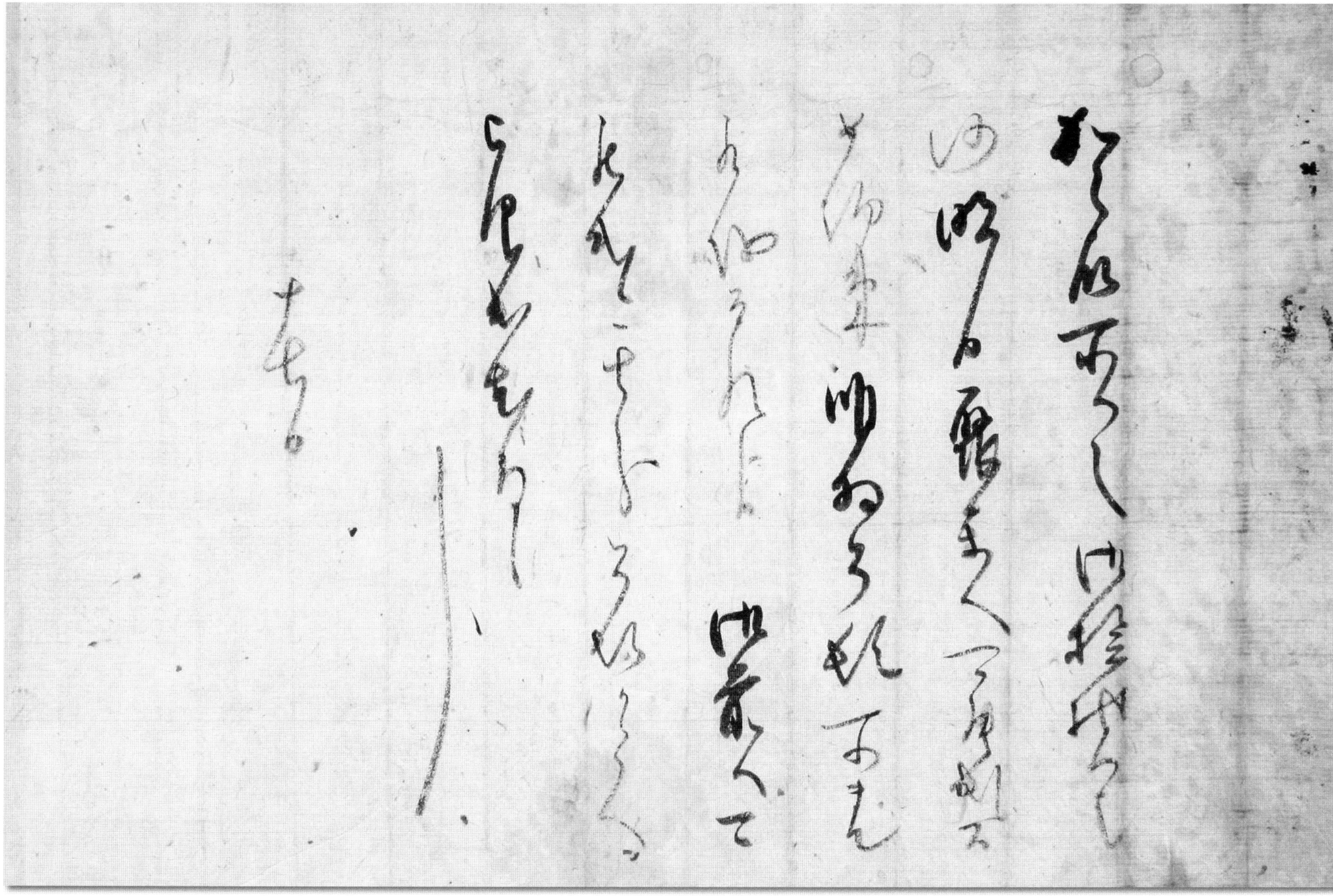

085 文禄四年七月付け豊臣氏三大老連署起請文前書案

毛利博物館所蔵

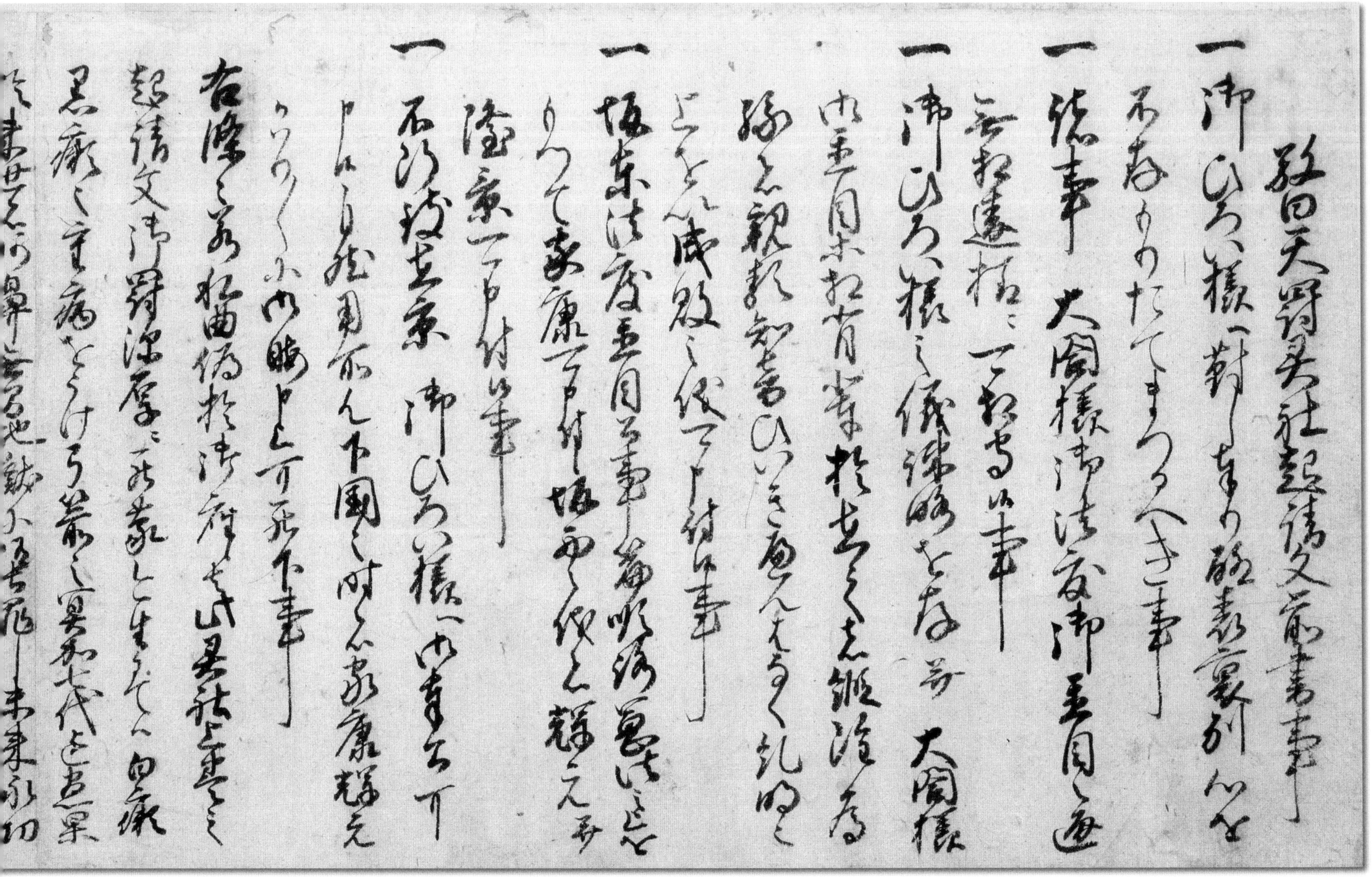

豊臣氏三大老連署起請文前書案（1/2）

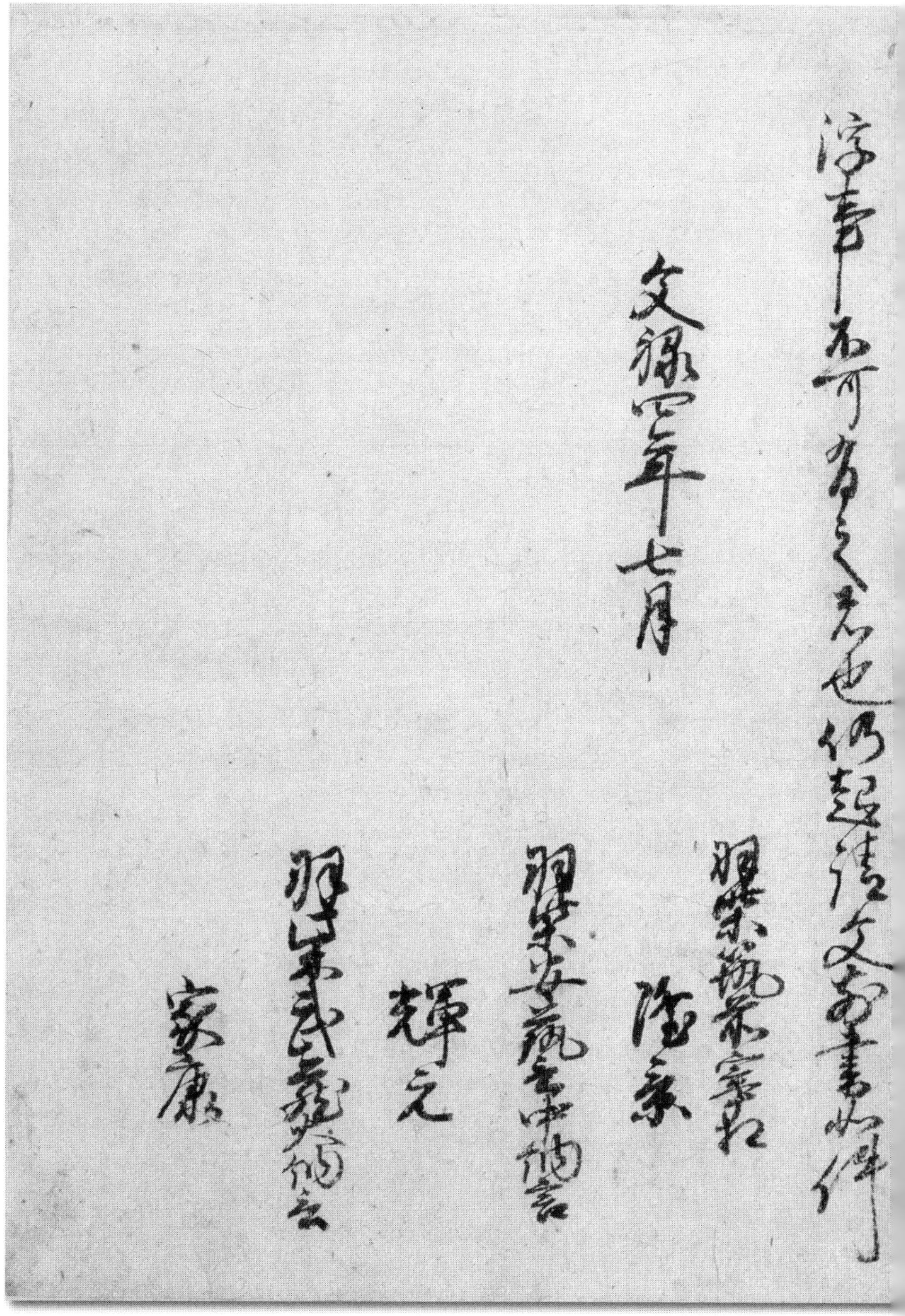

浮事一不可有之者也仍起請文前書如件

文禄四年七月

羽柴筑前宰相
隆景

羽柴安芸中納言
輝元

羽柴武蔵大納言
家康

086 文禄四年八月三日付け豊臣氏六大老連署状

大阪城天守閣所蔵

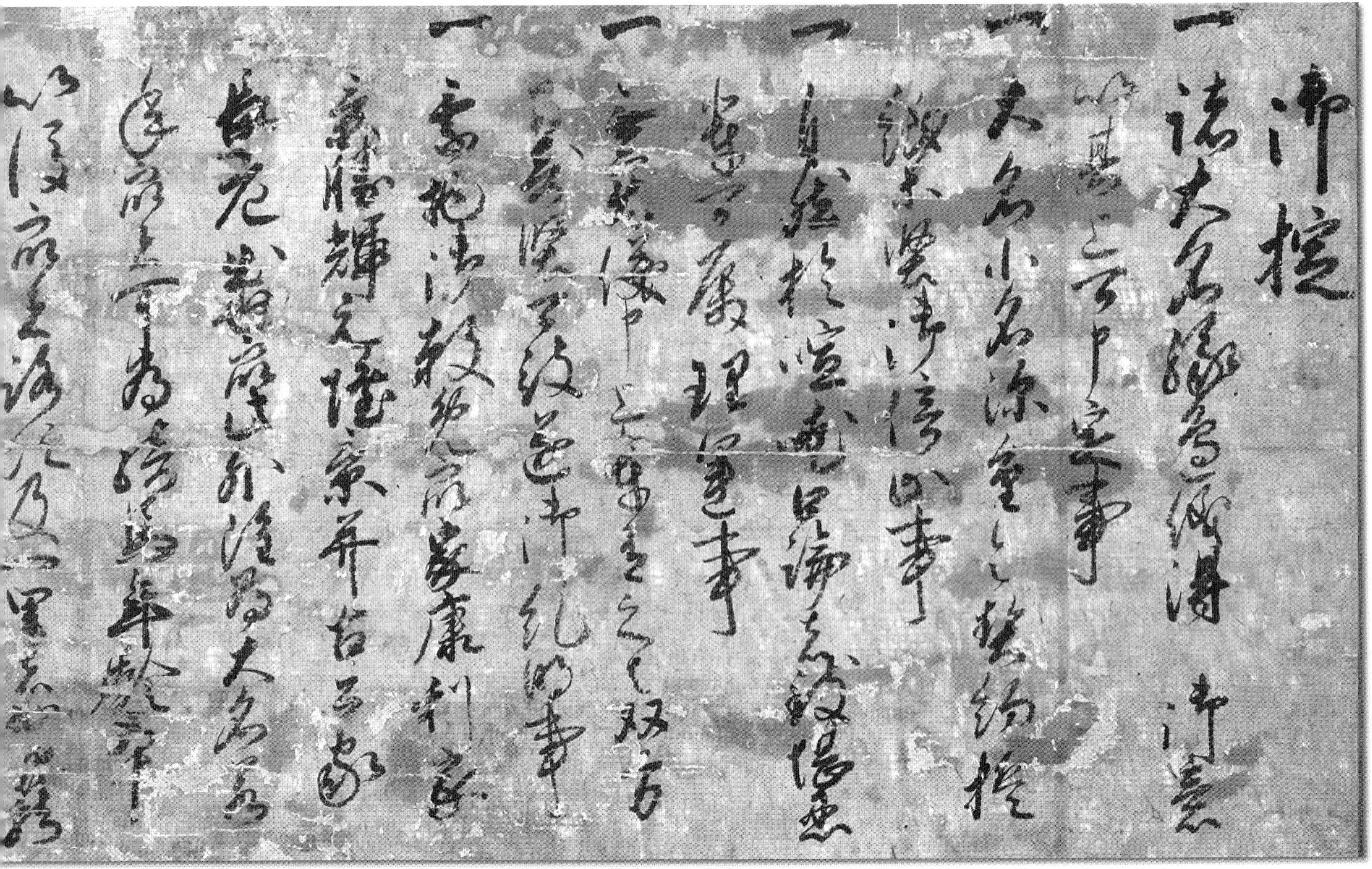

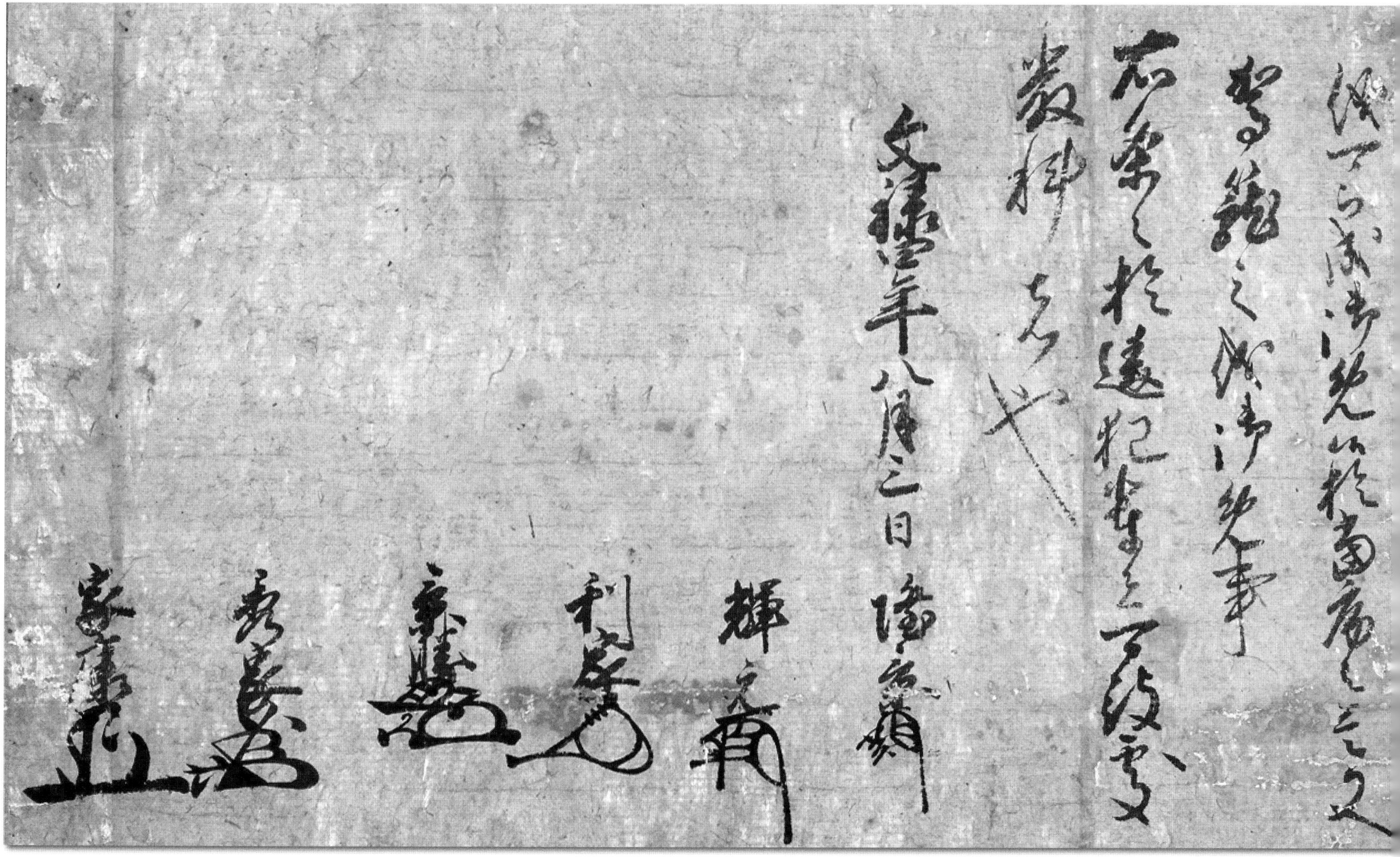
文禄四年八月三日 隆景
輝元
利家
景勝
秀家
家康

豊臣氏六大老連署状（2/2）

087 （文禄五年）五月三日付け徳川家康書状

酒井忠和氏所蔵

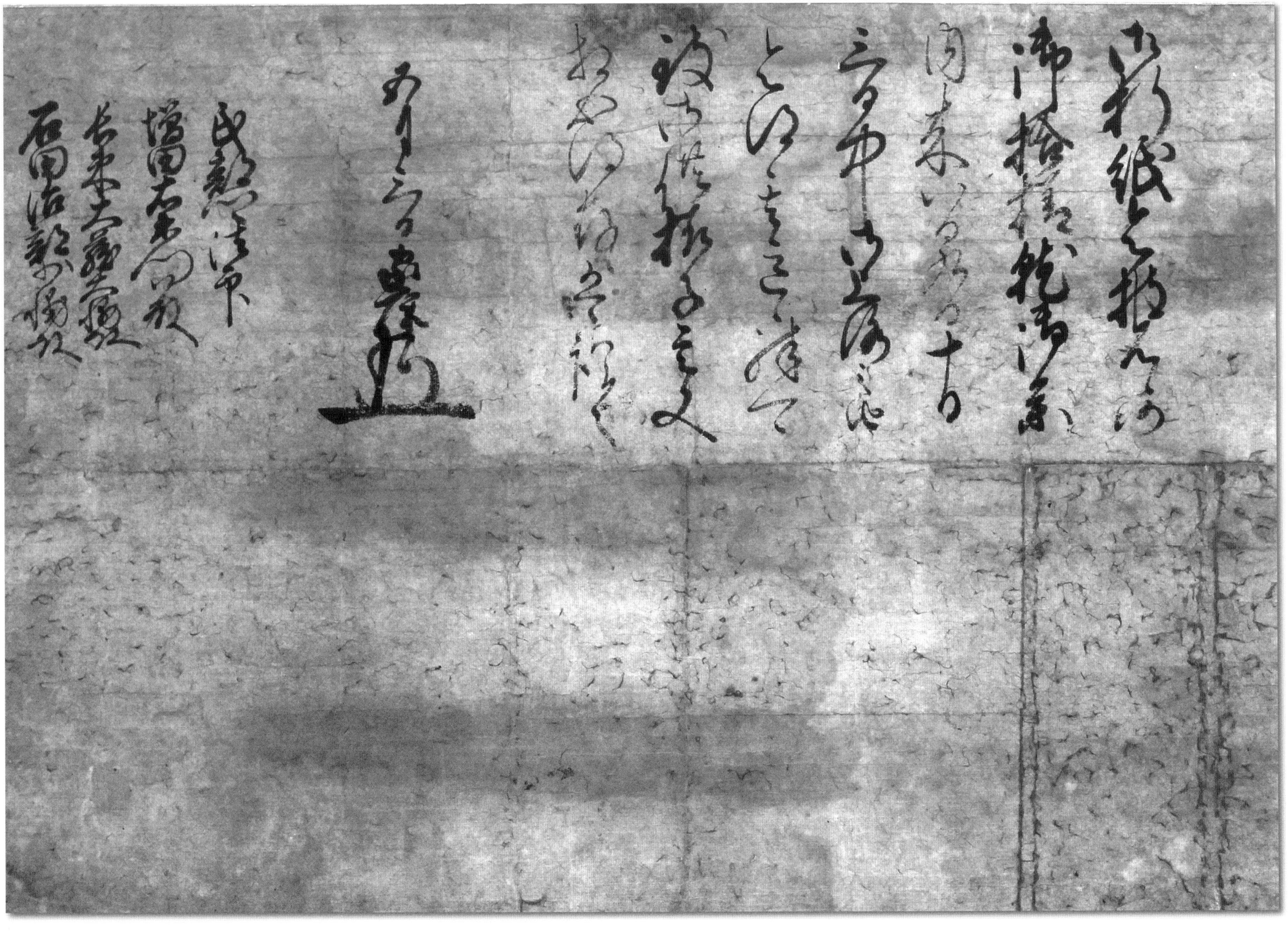

088 (文禄五年)六月三日付け徳川家康・前田利家連署状

大阪青山歴史文学博物館所蔵

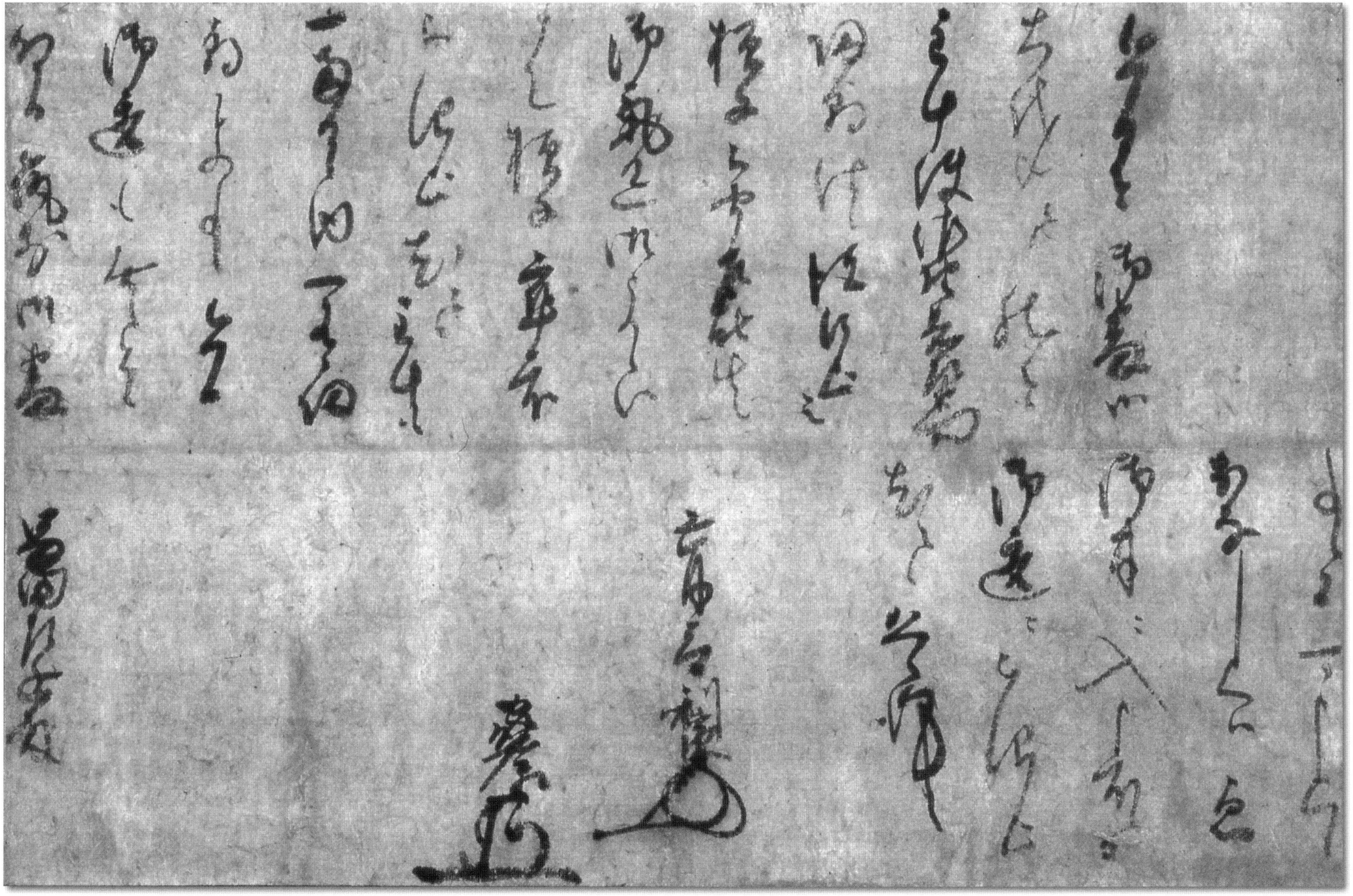

089 (文禄五年)閏七月十九日付け徳川家康・前田利家連署状

個人所蔵

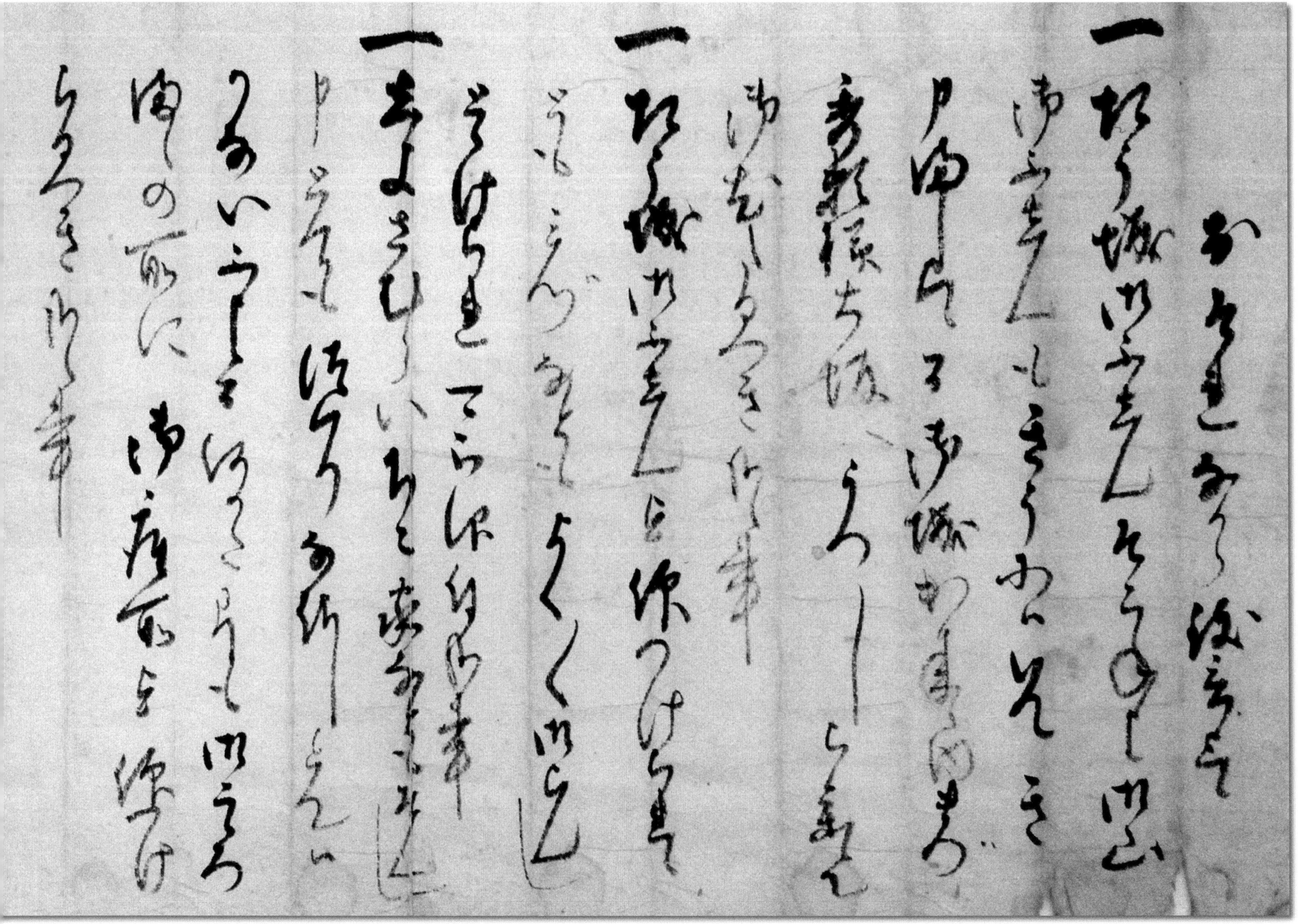

徳川家康・前田利家連署状（1/2）

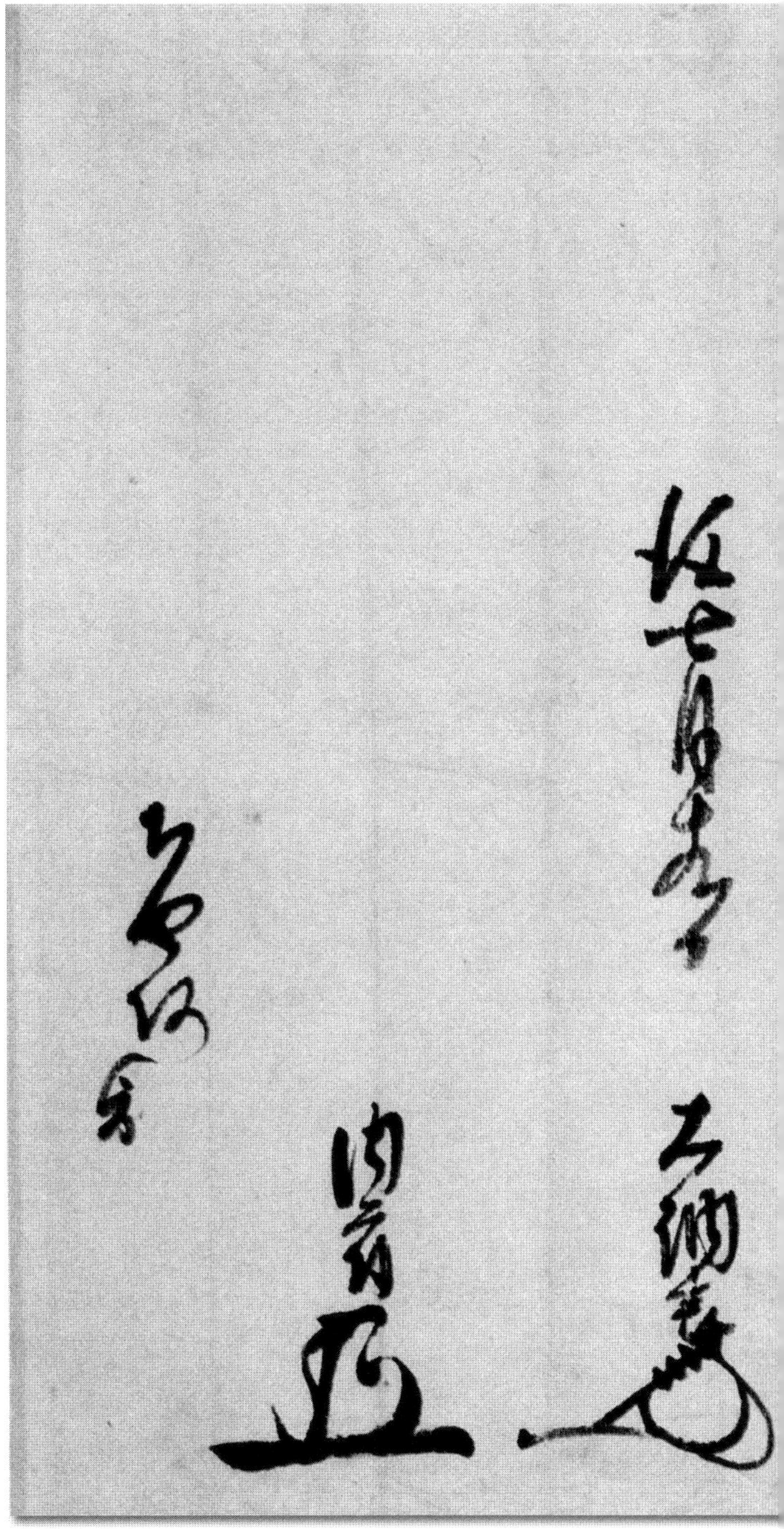

徳川家康・前田利家連署状（2/2）

090 (文禄五年閏七月か八月)徳川家康自筆書状

徳川記念財団所蔵

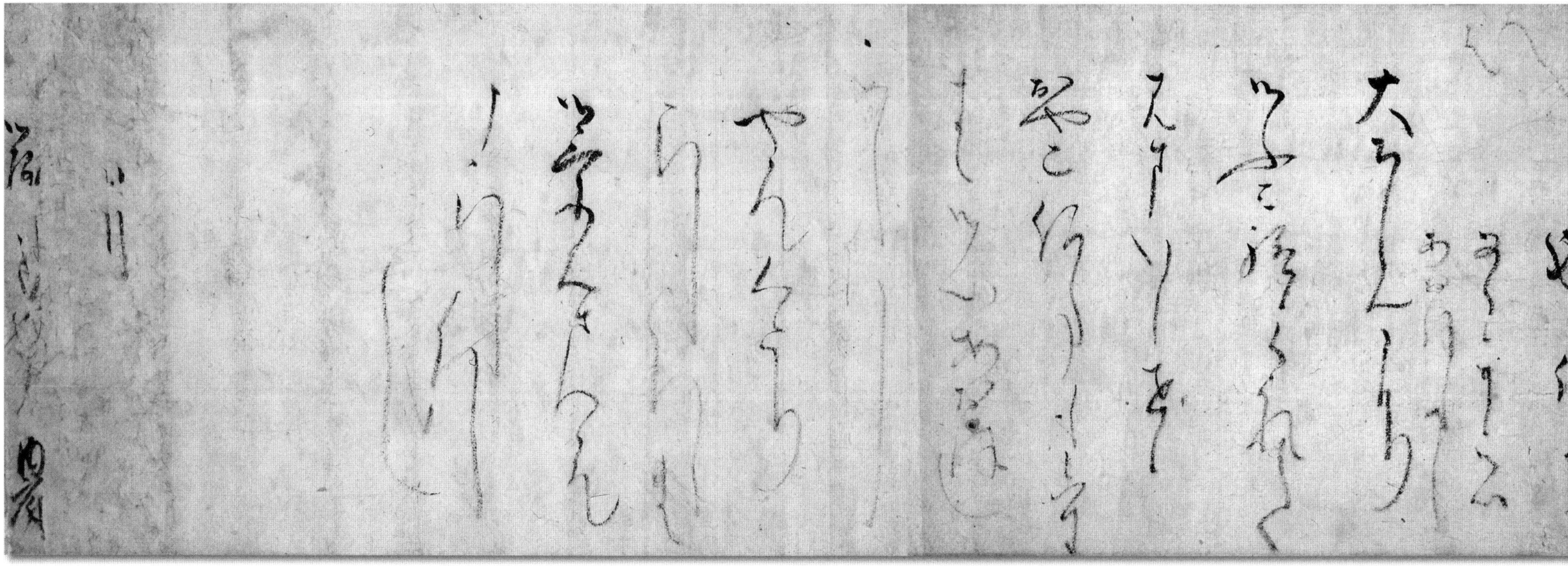

091 (慶長二年)八月十五日付け徳川家康書状

個人所蔵

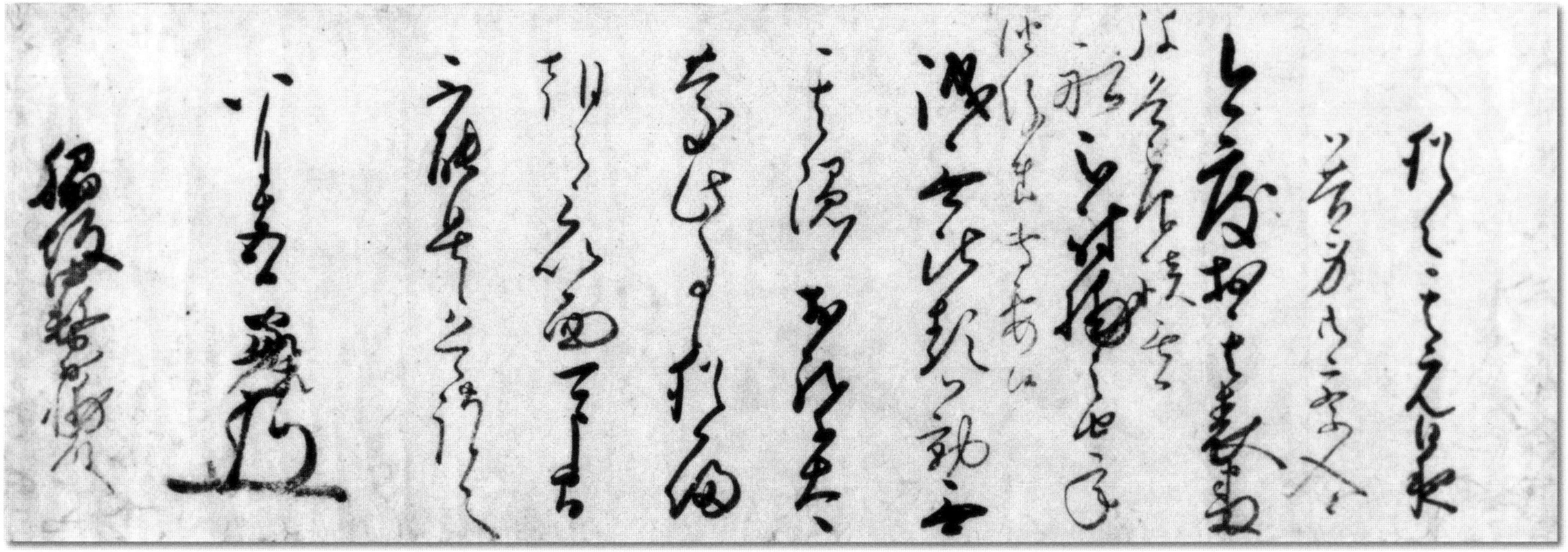

092 (慶長三年)正月二十一日付け徳川家康書状

奈良県立美術館所蔵

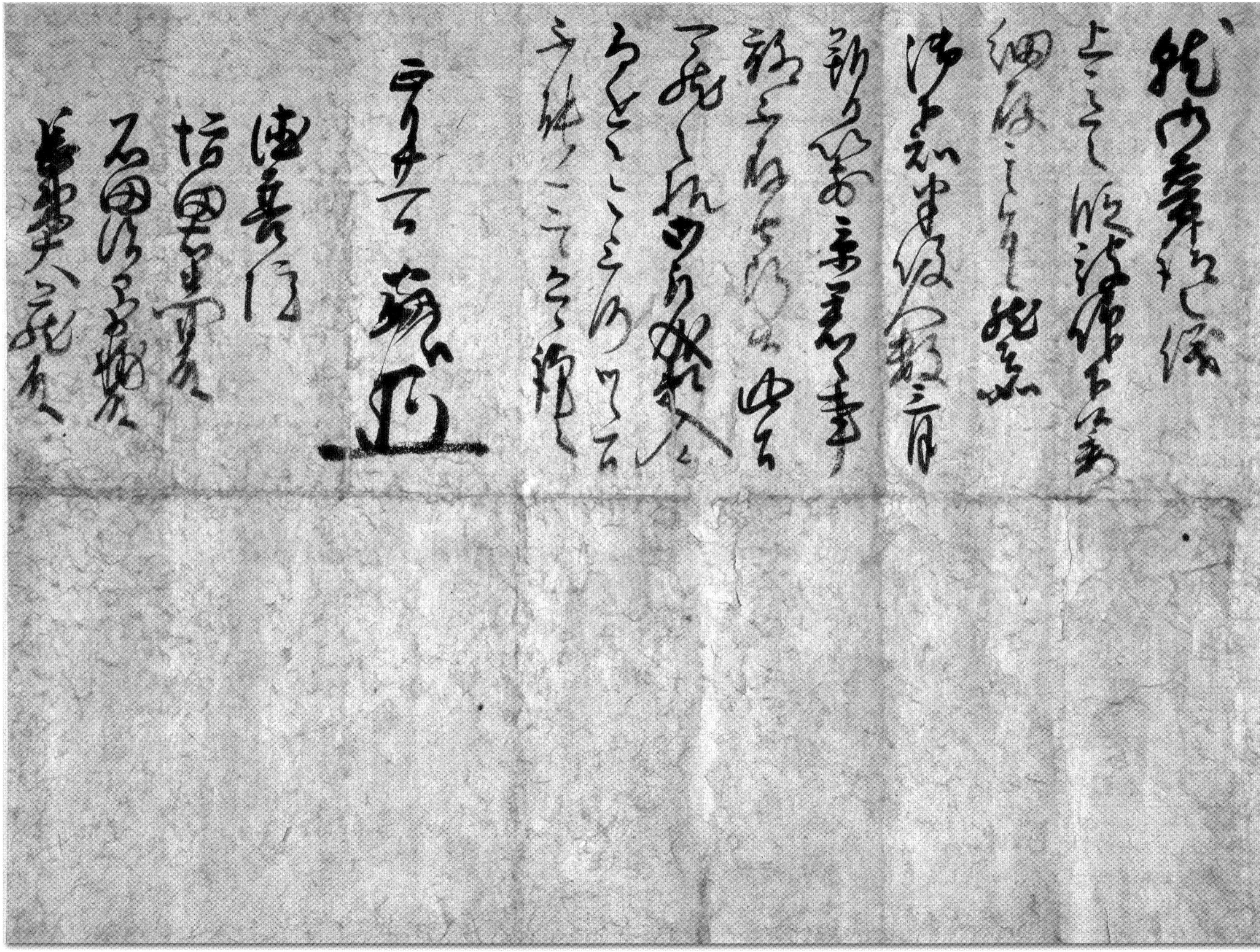

093 慶長三年八月十日付け豊臣氏四大老連署契状案

毛利博物館所蔵

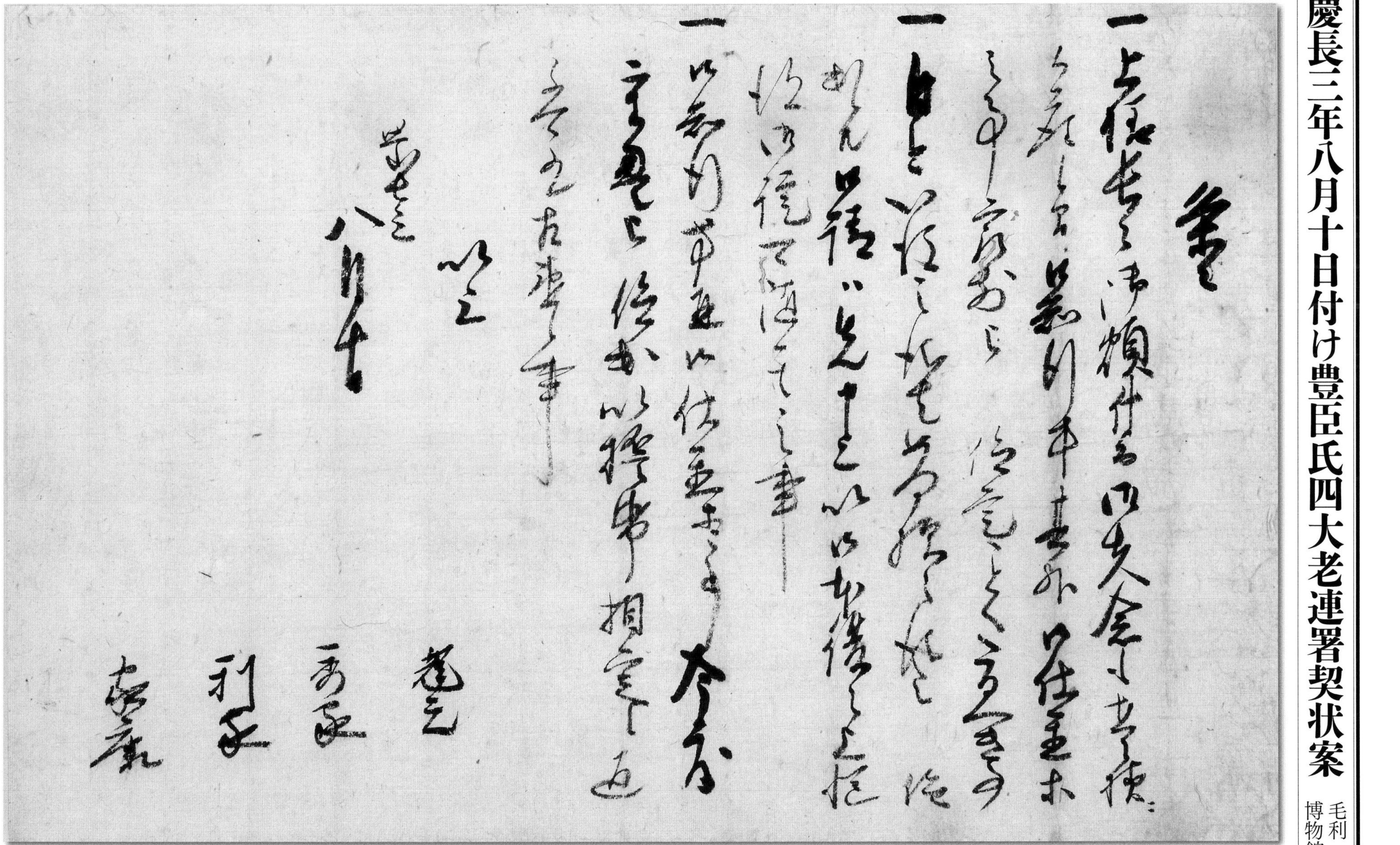

094 (慶長三年)八月二十八日付け豊臣氏四大老連署状

福岡市博物館所蔵

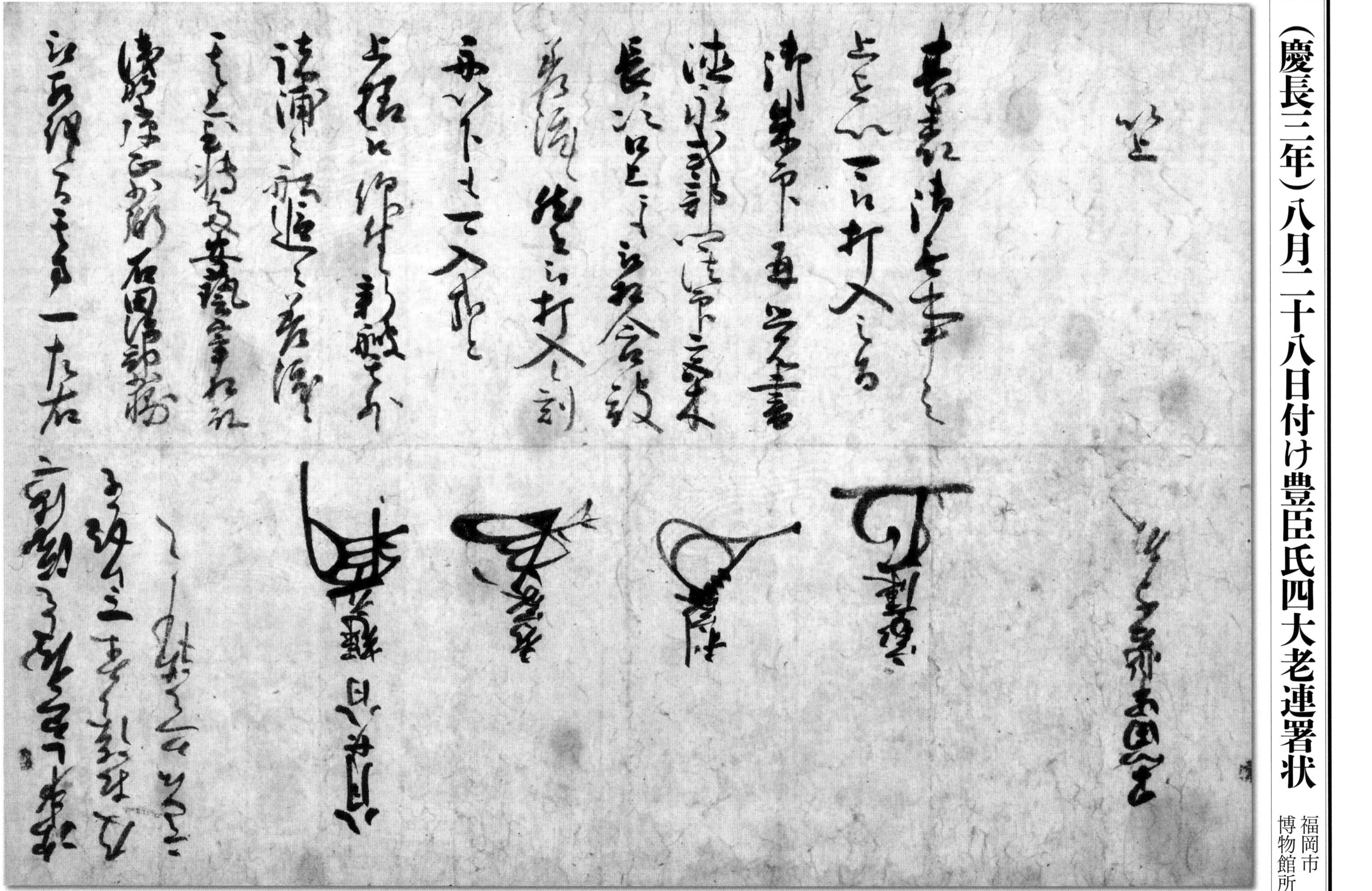

095 (慶長三年)十月一日付け徳川家康書状

米沢市上杉博物館所蔵

096 (慶長三年)十月七日付け徳川家康書状

福岡市博物館所蔵

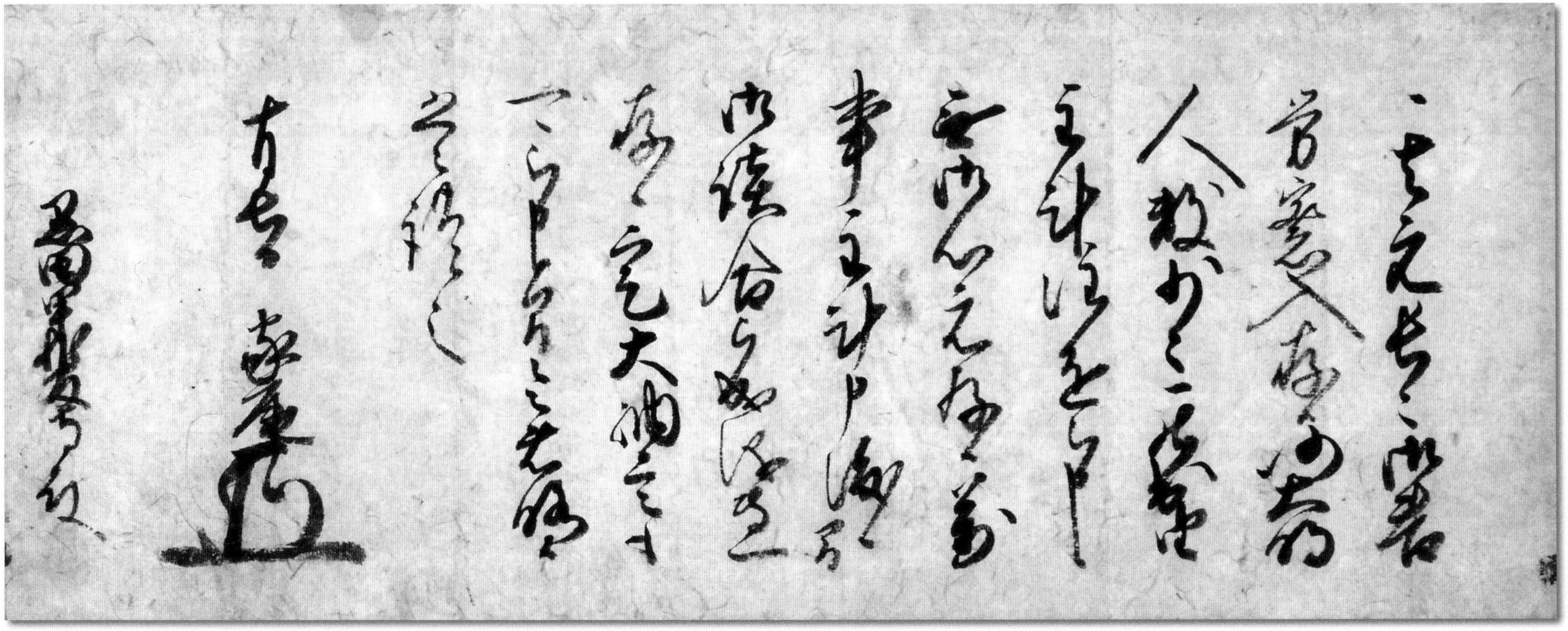

097 (慶長三年)十月十五日付け豊臣氏五大老連署状

福岡市博物館所蔵

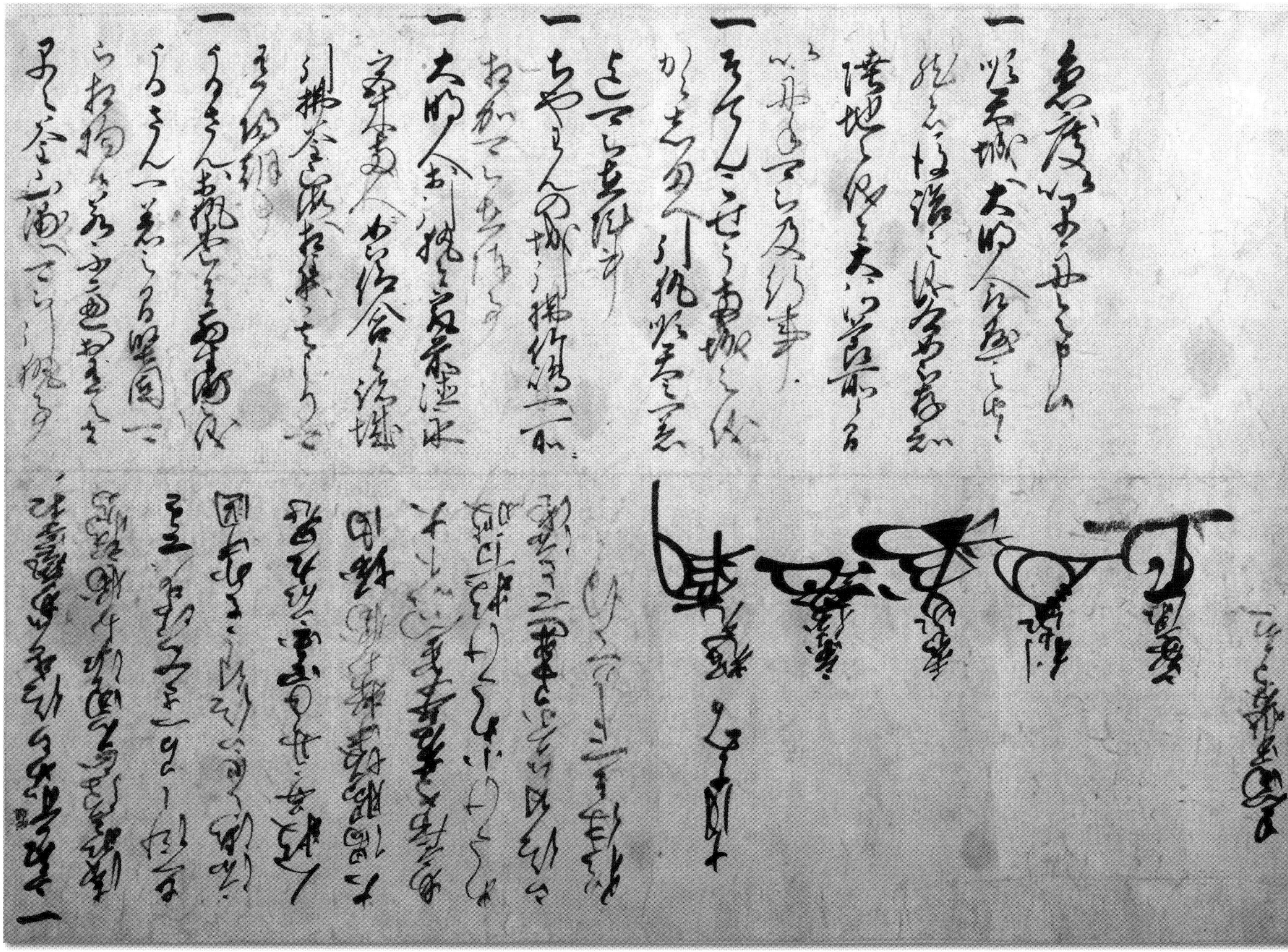

098 (慶長三年)十一月三日付け豊臣氏五大老連署状

東京大学史料編纂所所蔵

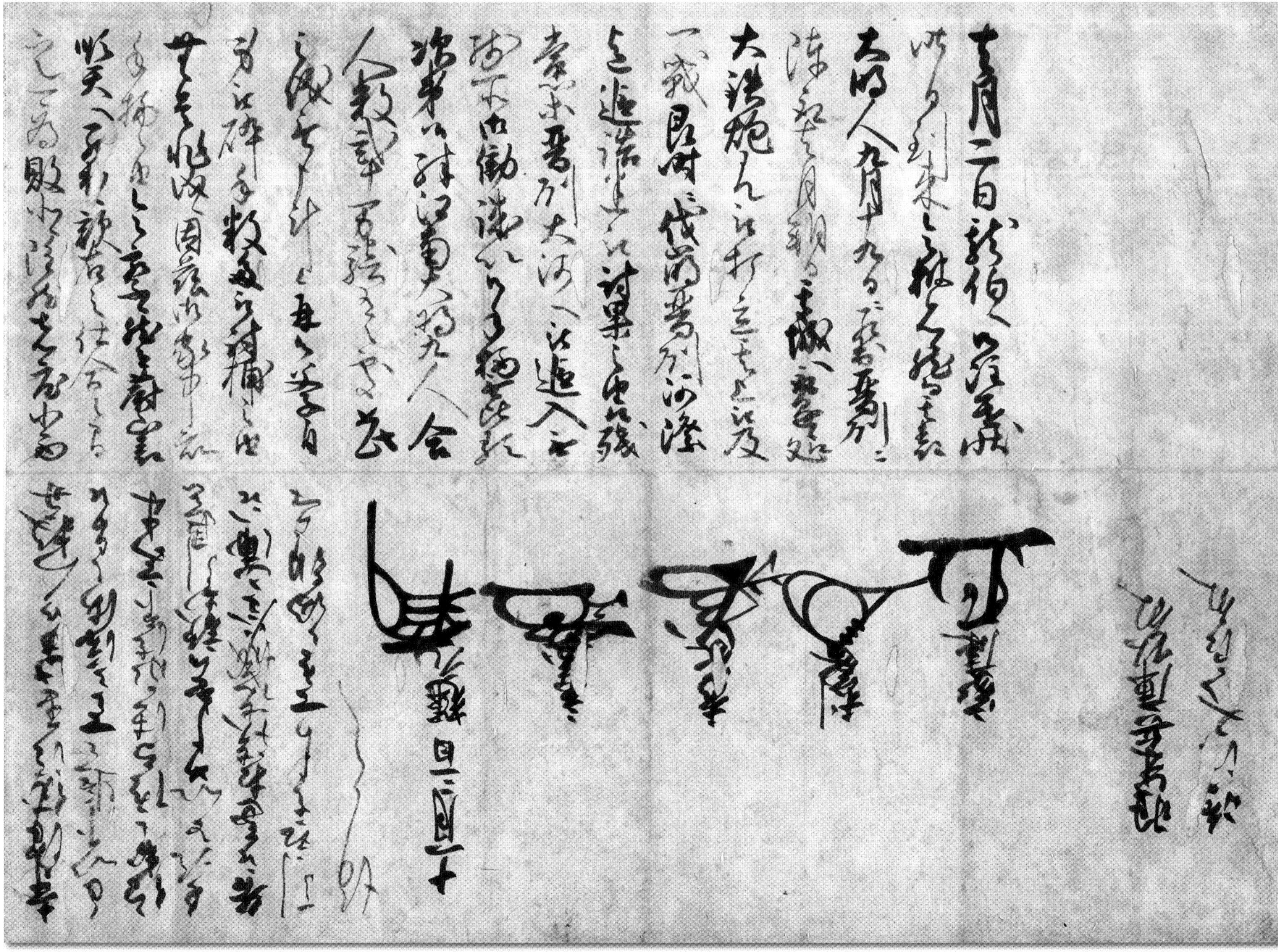

099 (慶長三年)十一月十六日付け徳川家康書状

福岡市博物館所蔵

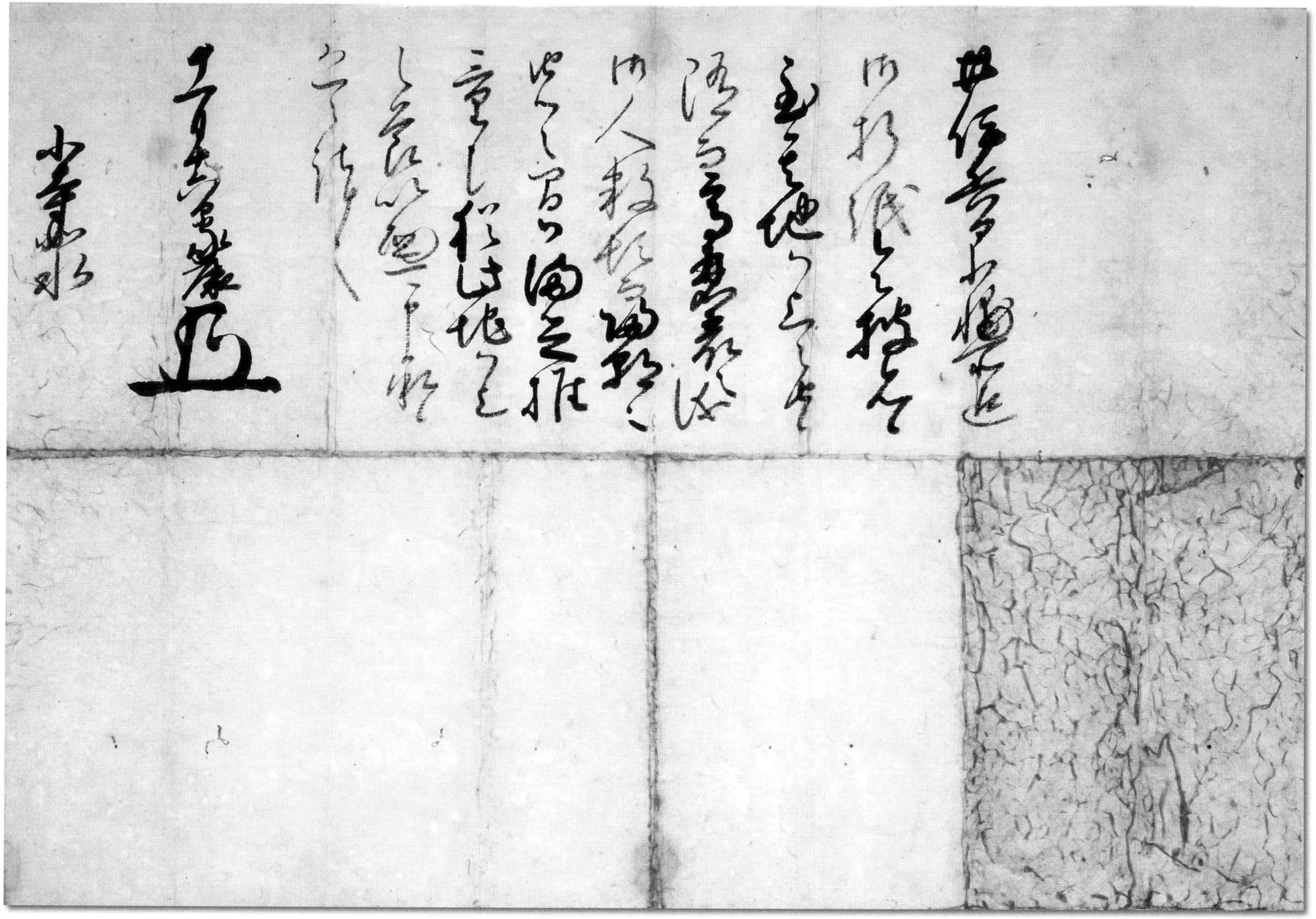

100 （慶長三年）十一月二十五日付け豊臣氏五大老連署状

東京大学史料編纂所所蔵

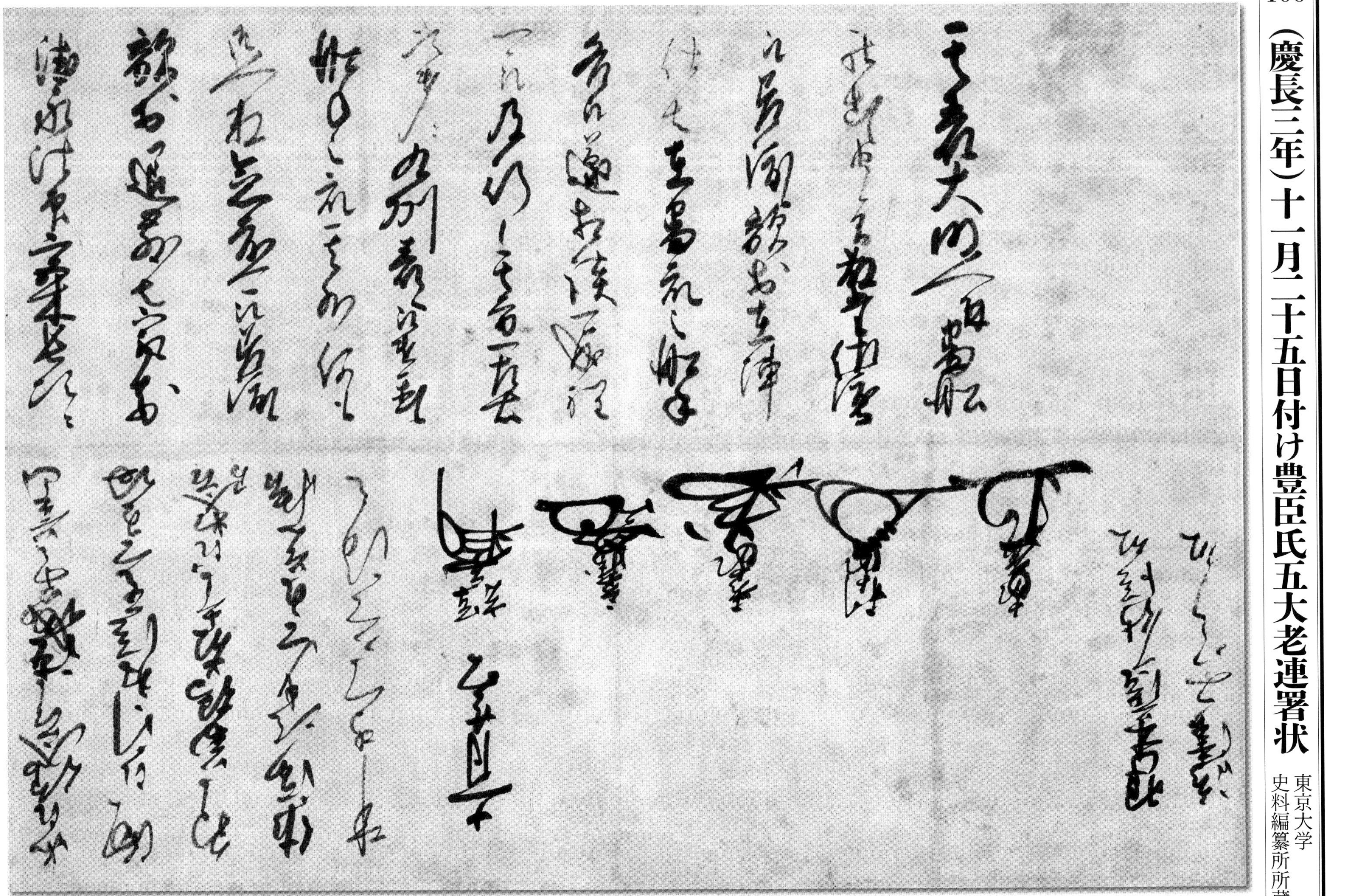

101 （慶長四年）正月十四日付け徳川家康書状

福岡市博物館所蔵

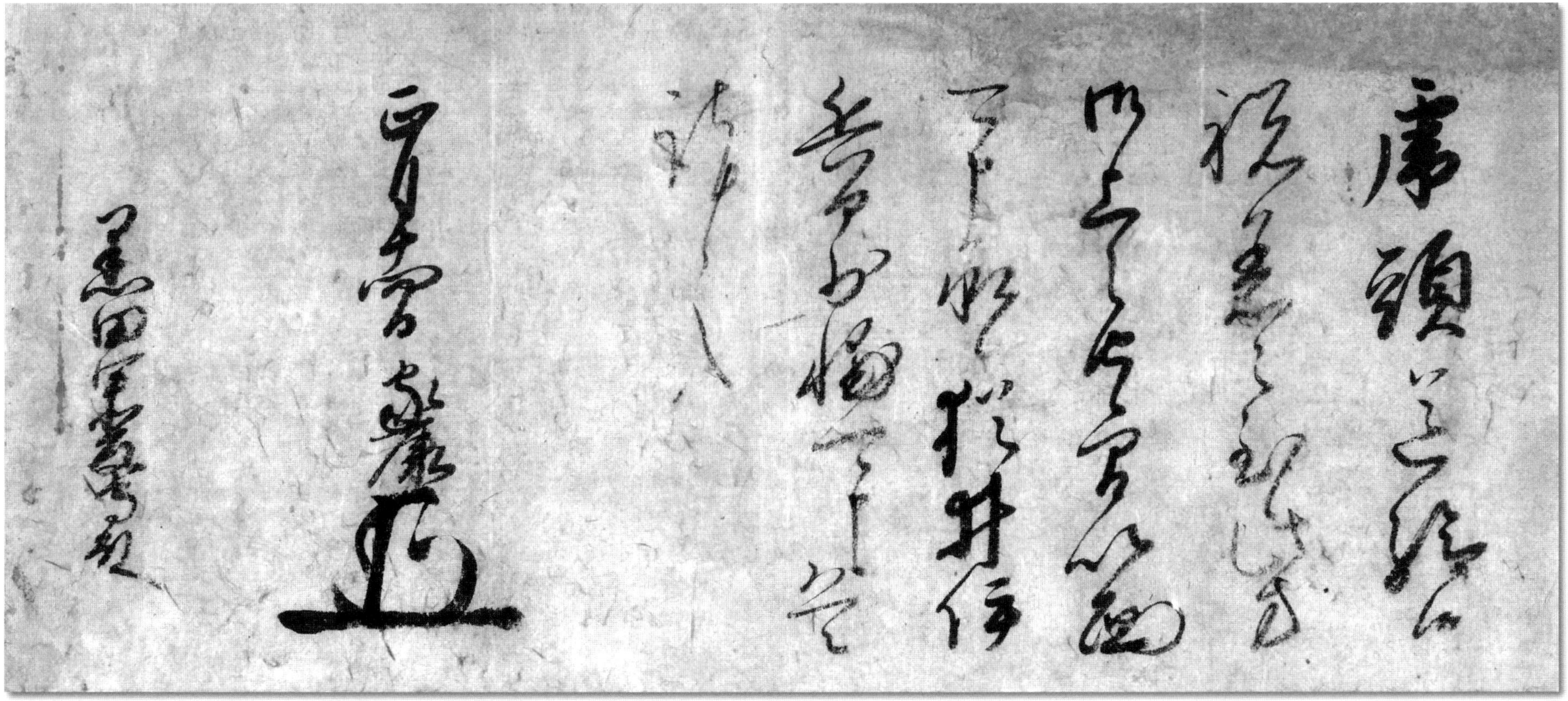

102 (慶長四年)三月十三日付け徳川家康書状

大阪城天守閣所蔵

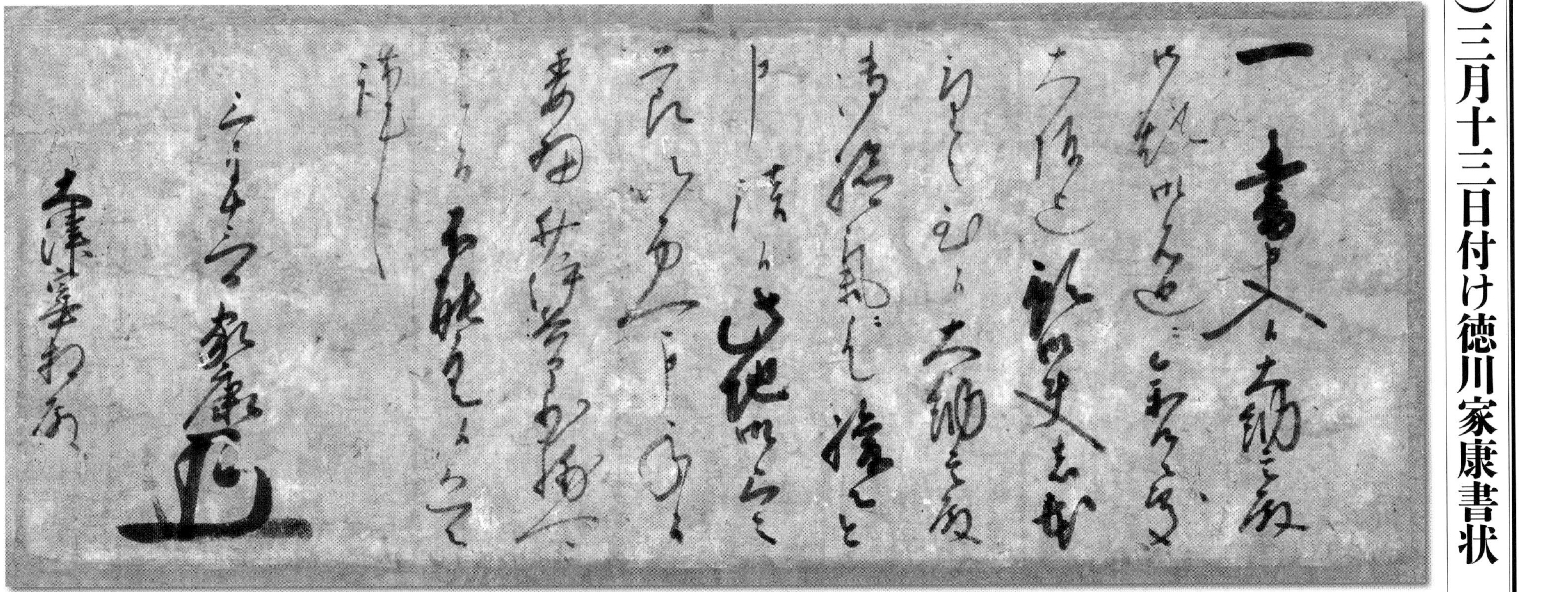

103 （慶長四年）四月朔日付け豊臣氏五大老連署状

立花家史料館所蔵

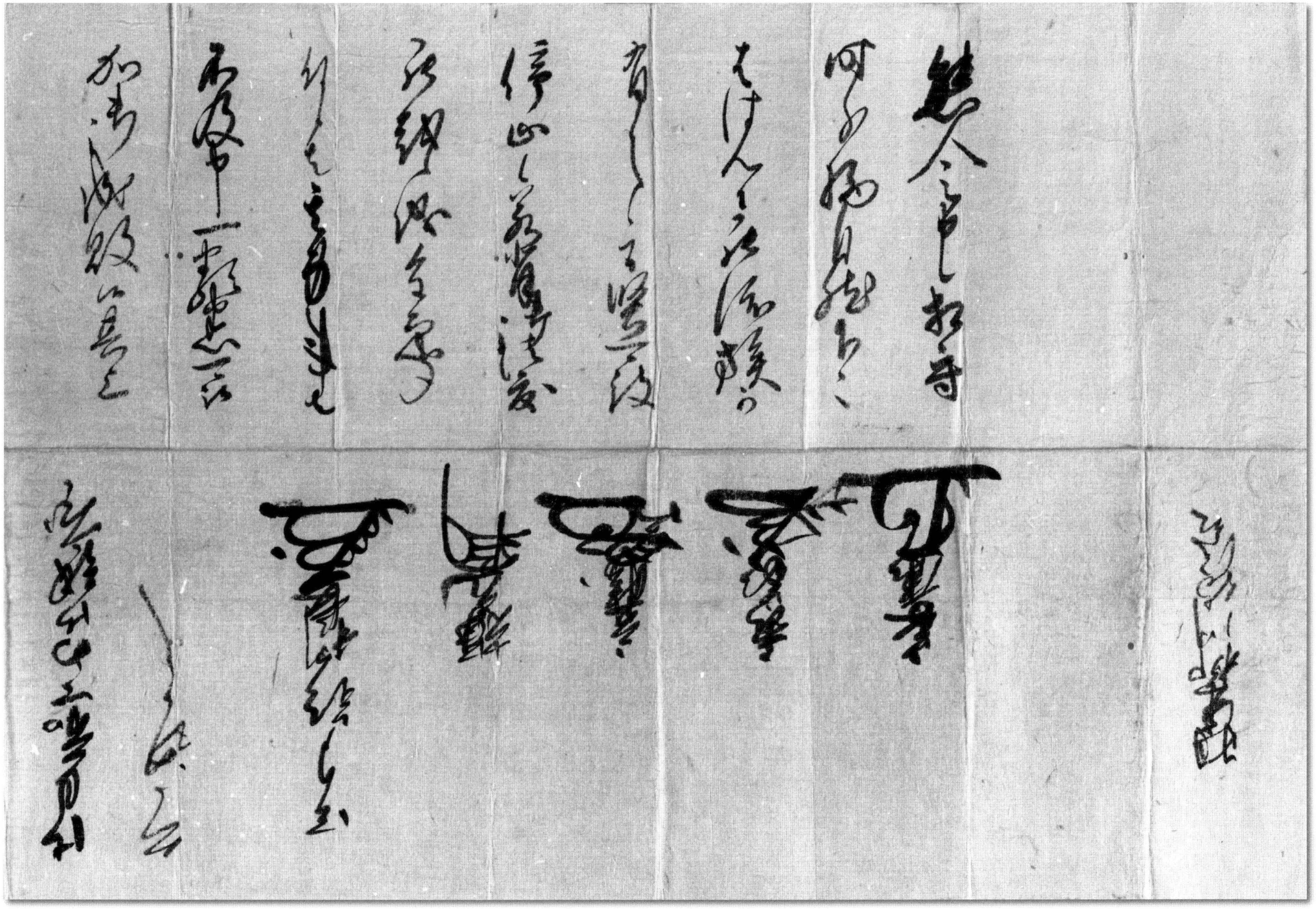

104 (慶長四年)卯月二日付け徳川家康書状

石川武美記念図書館
成簣堂文庫所蔵

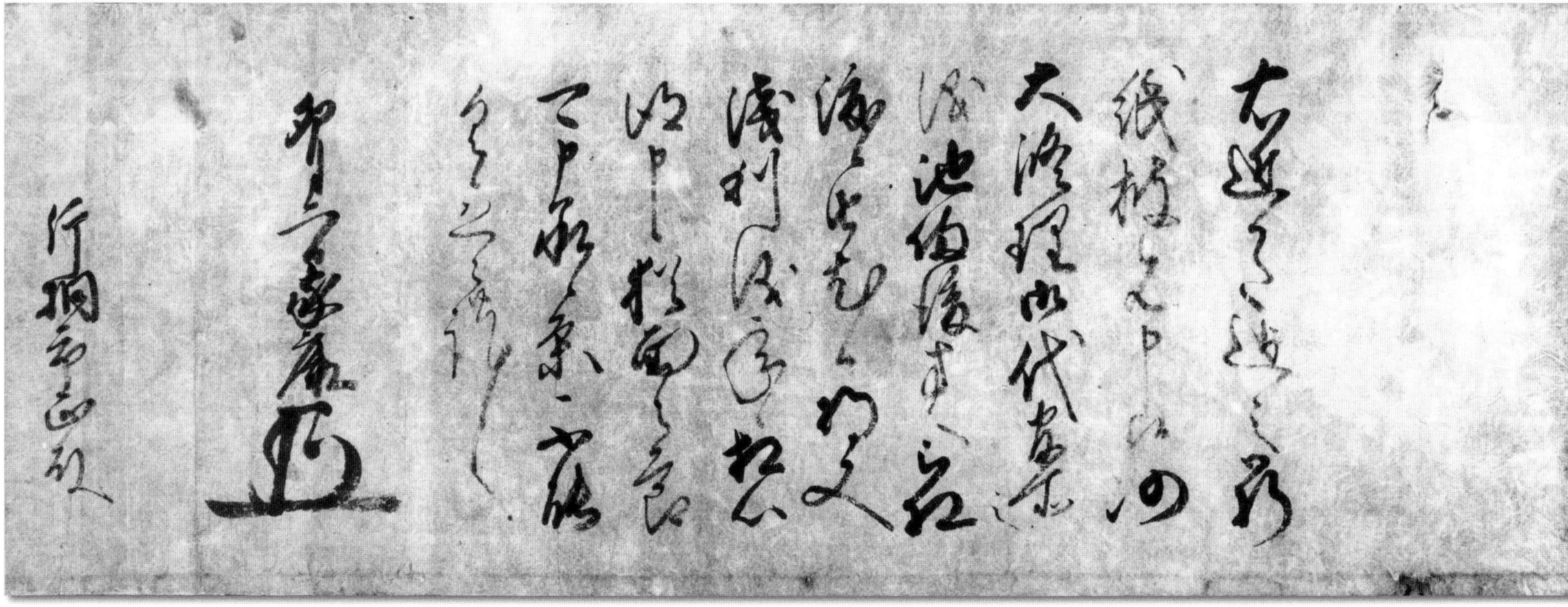

105 (慶長四年)卯月六日付け徳川家康書状

石川武美記念図書館
成簣堂文庫所蔵

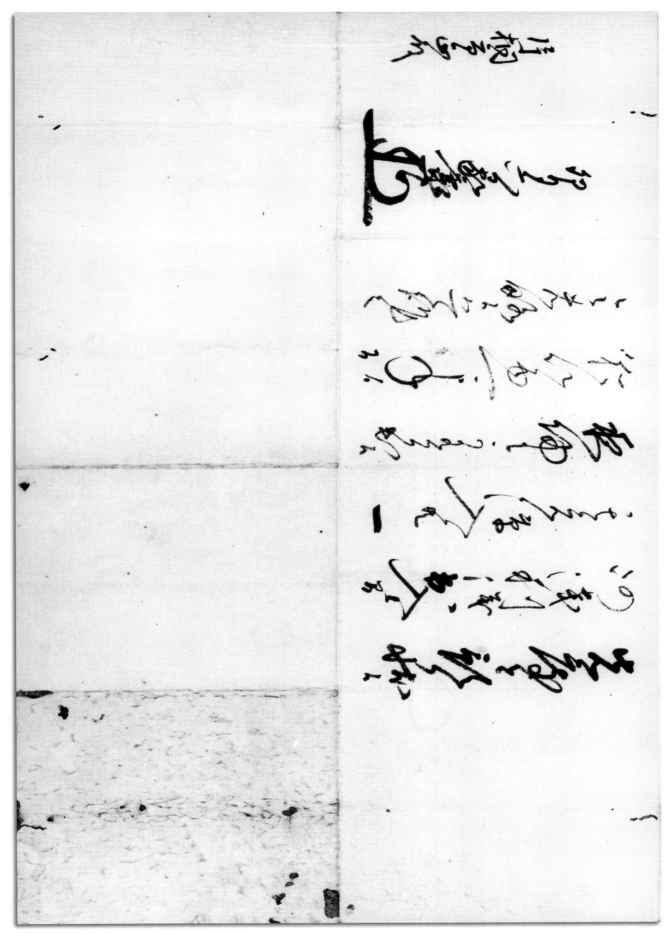

106 (慶長四年)七月十六日付け徳川家康書状

東京大学史料編纂所所蔵

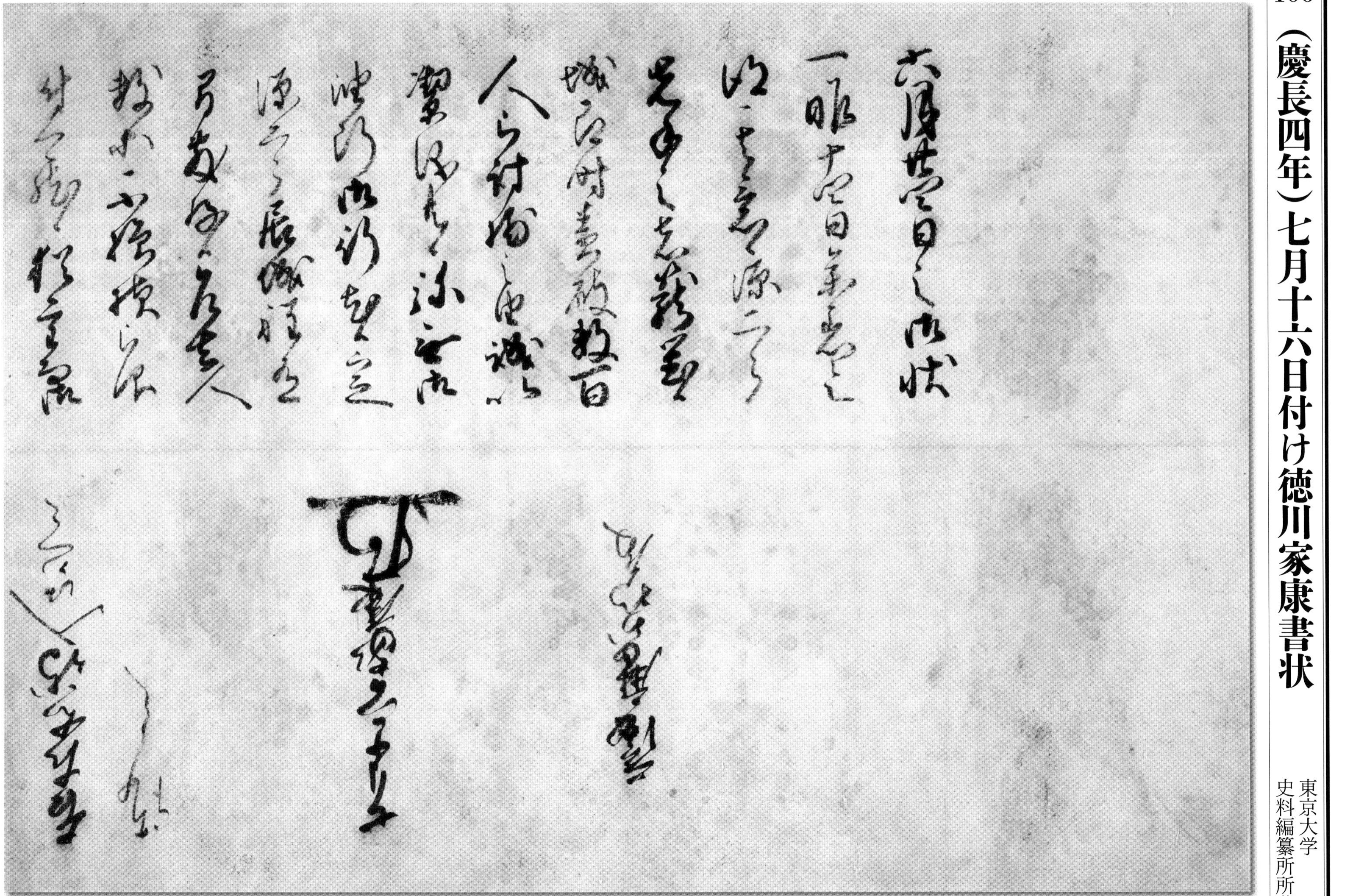

107 （慶長四年）八月十二日付け徳川家康書状

善光寺大本願所蔵

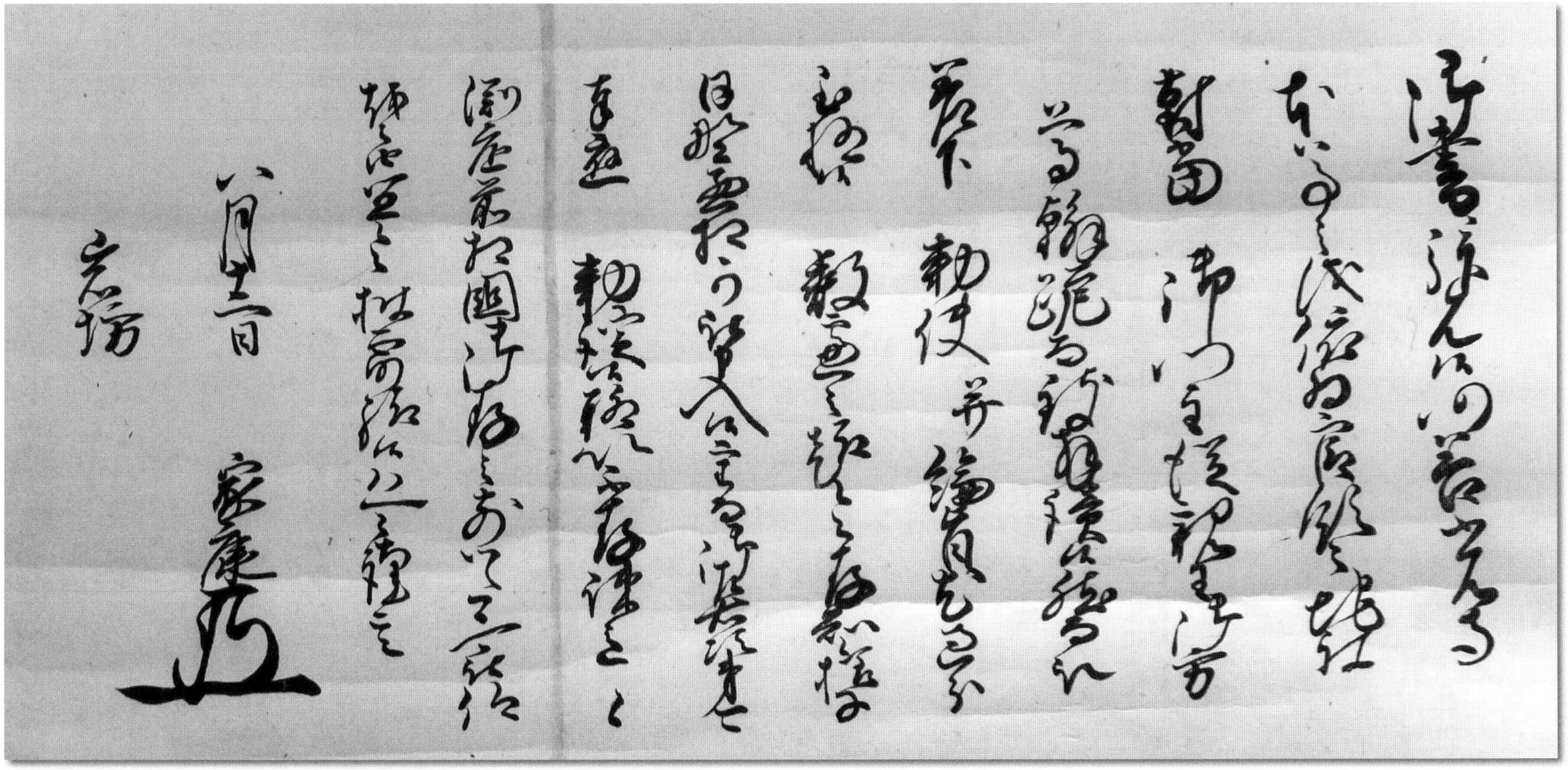

108 （慶長四年）九月十四日付け徳川家康書状

米沢市上杉博物館所蔵

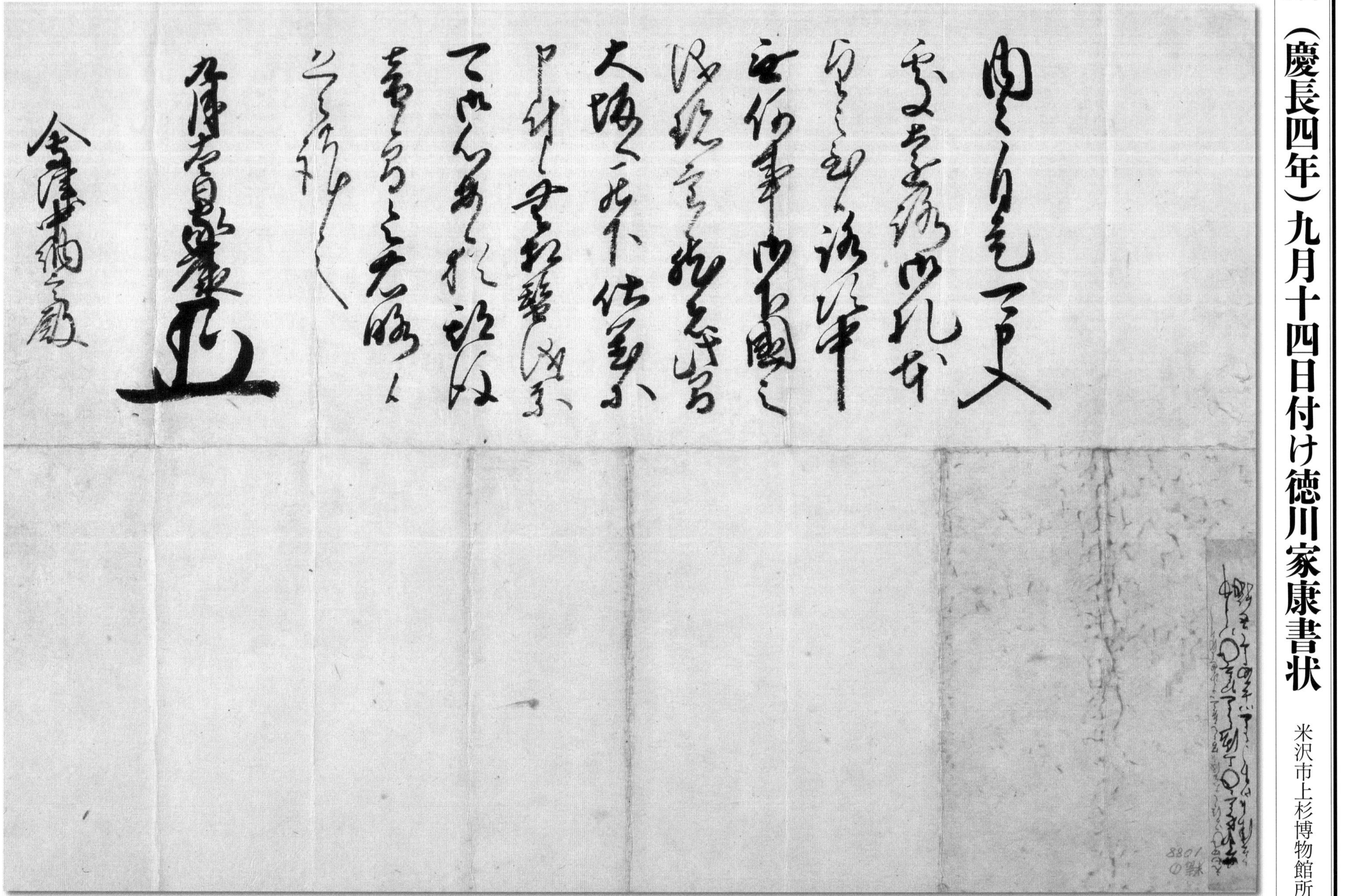

109 (慶長五年)正月七日付け徳川家康書状

もりおか歴史文化館所蔵

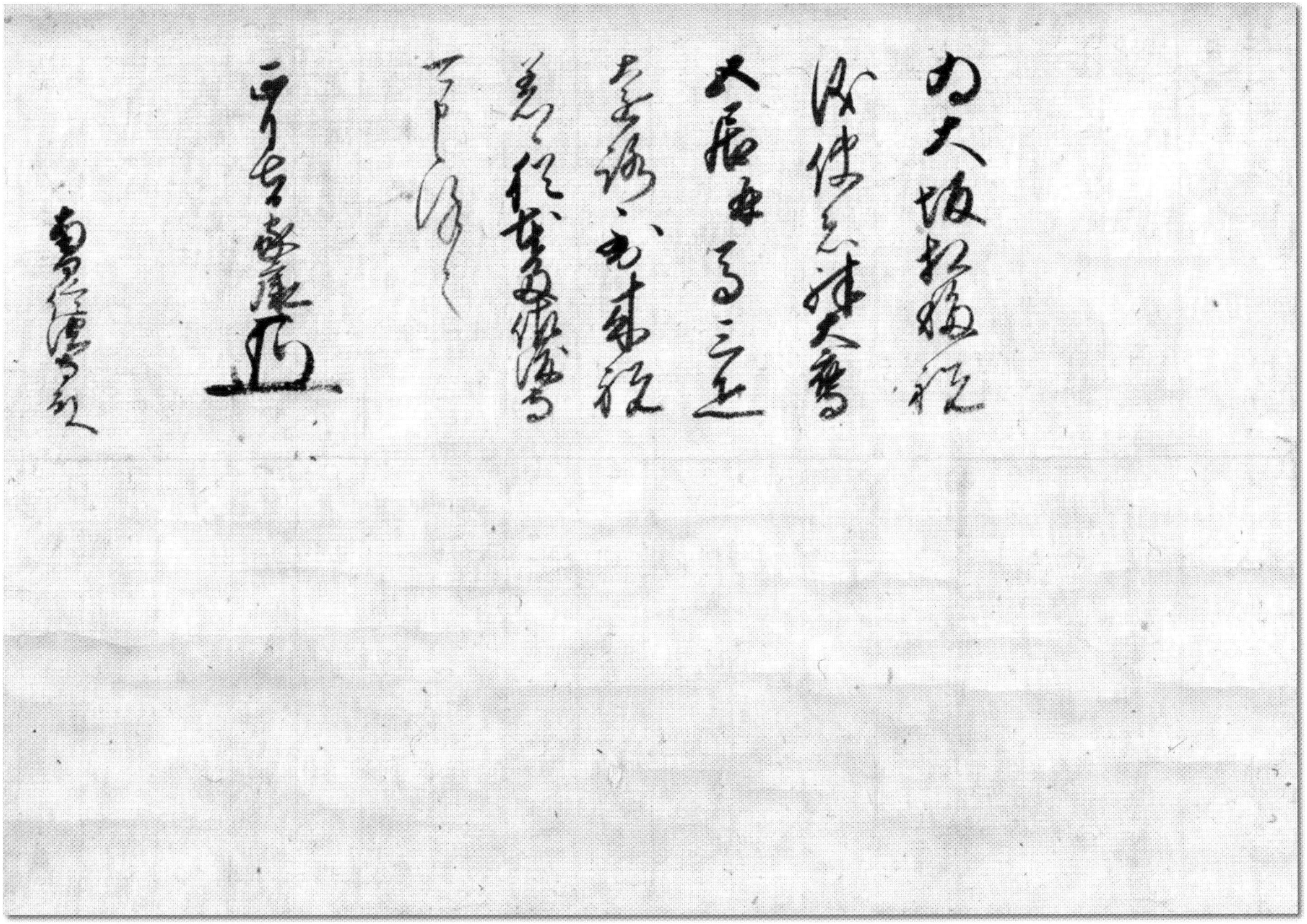

110 慶長五年七月七日付け徳川家康軍法

徳川記念財団所蔵

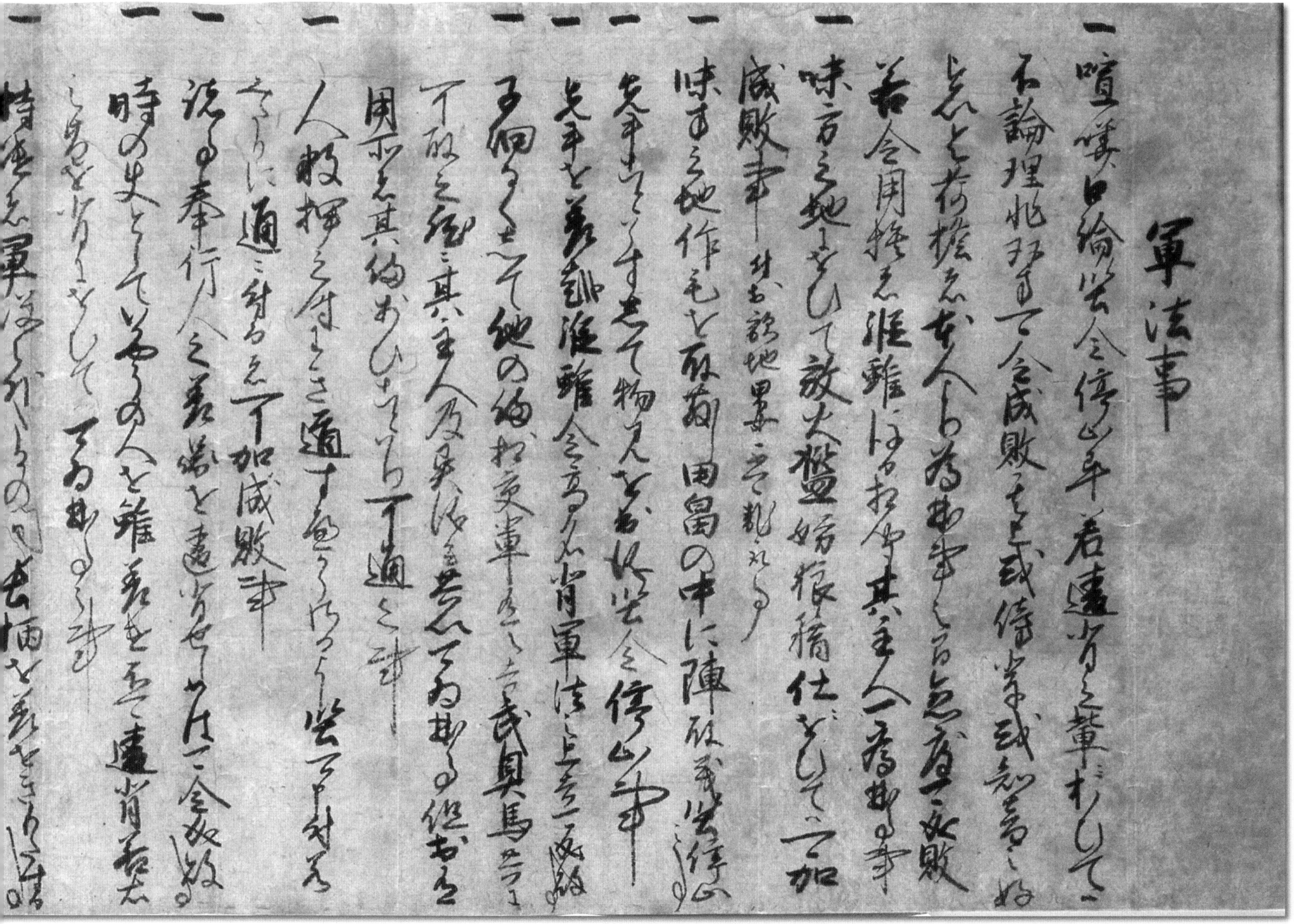

徳川家康軍法（1/2）

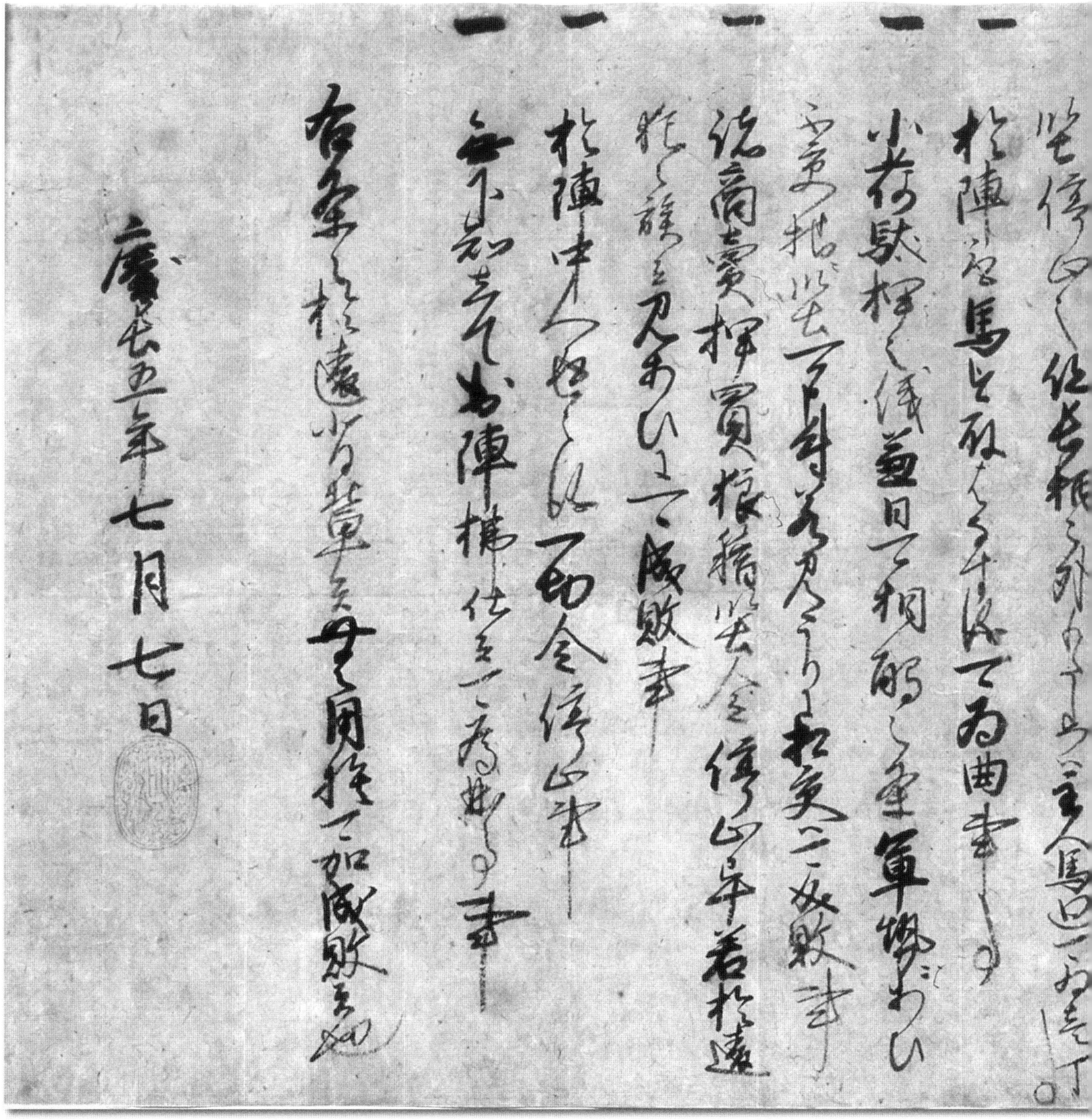
慶長五年七月七日

111 (慶長五年)七月十九日付け徳川家康書状写

京都大学総合博物館所蔵

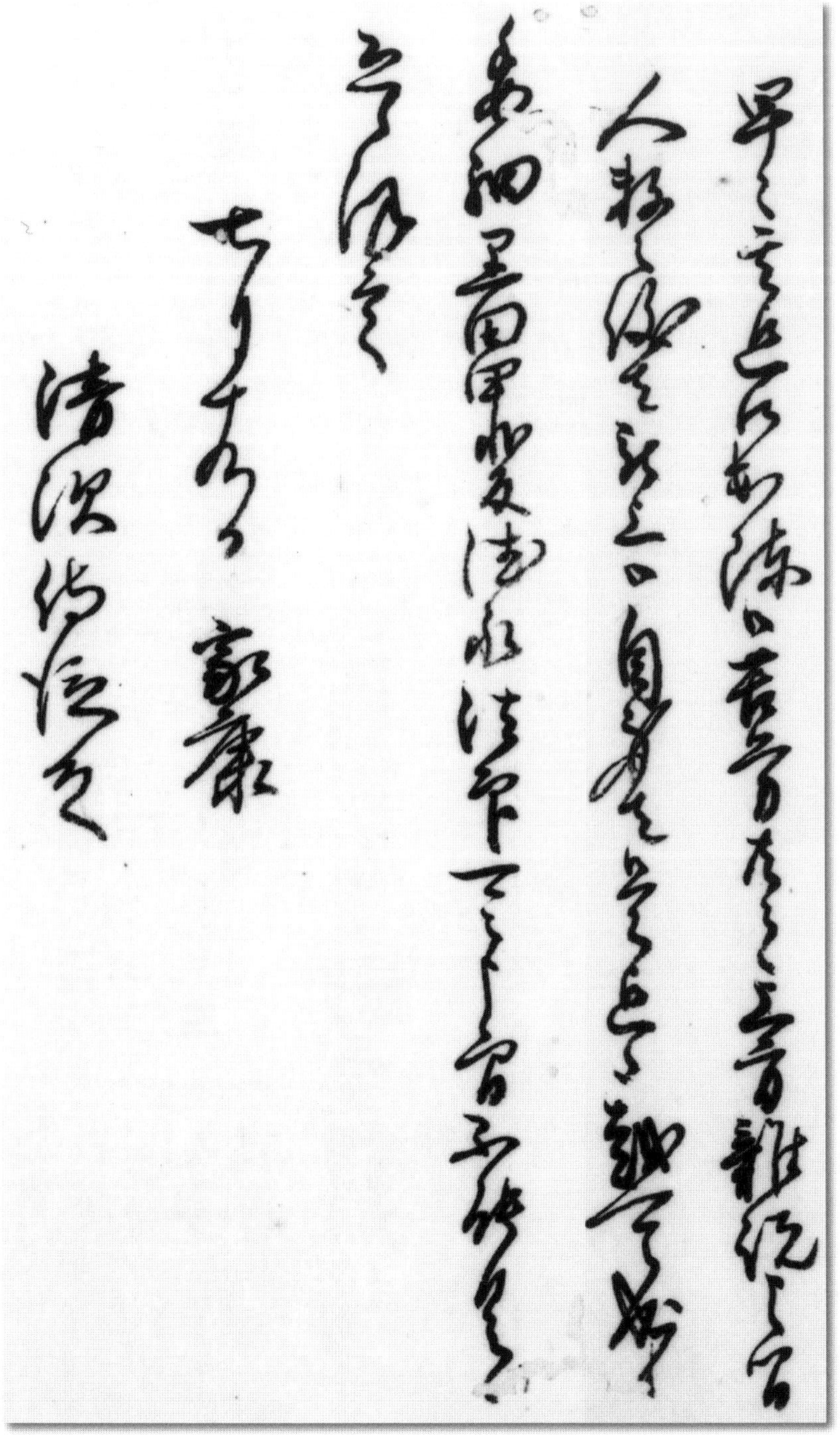

徳川家康書状写

112 （慶長五年）七月二十四日付け徳川家康書状

真田宝物館所蔵

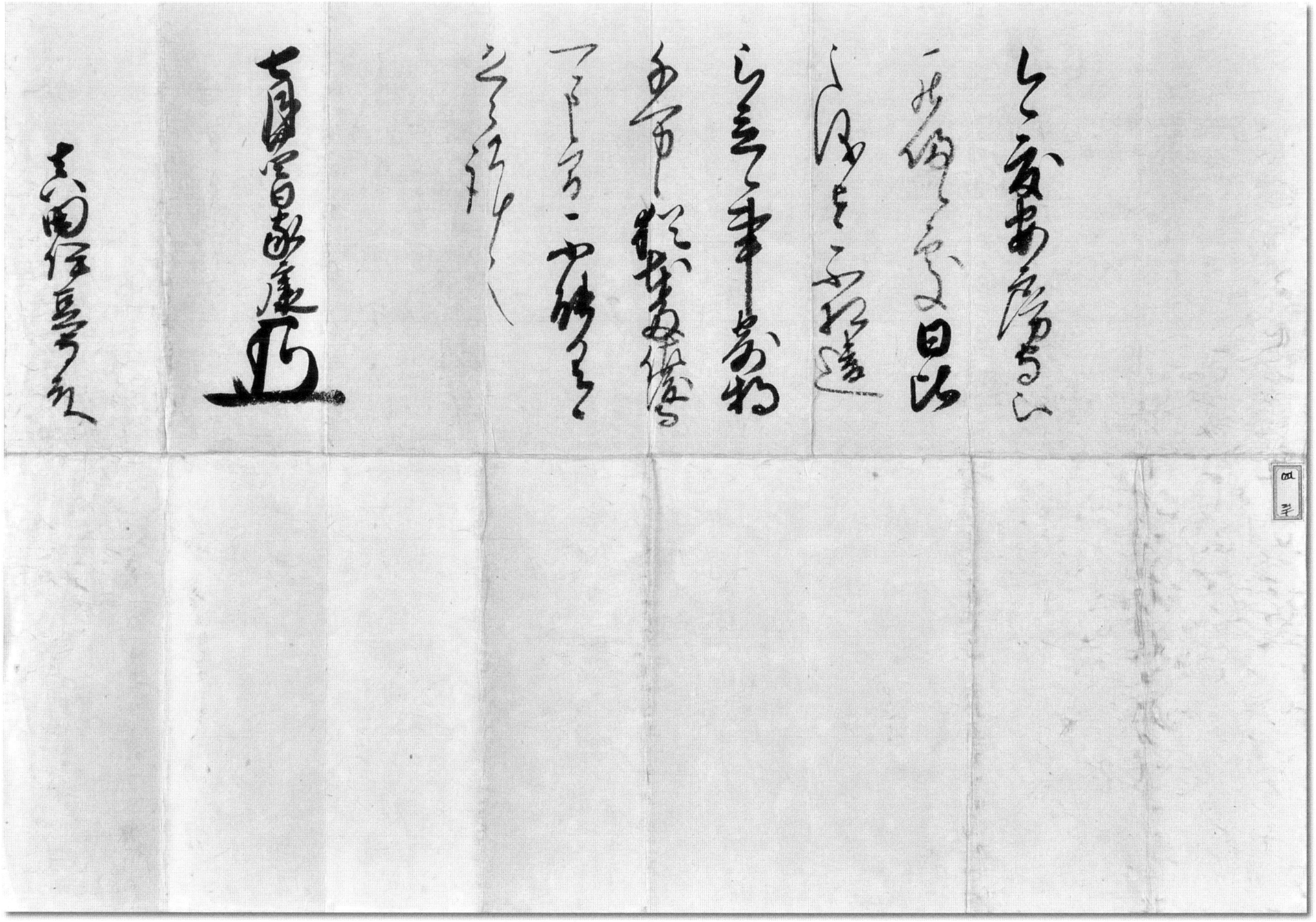

113 慶長五年七月二十六日付け徳川家康朱印状

柳川古文書館所蔵

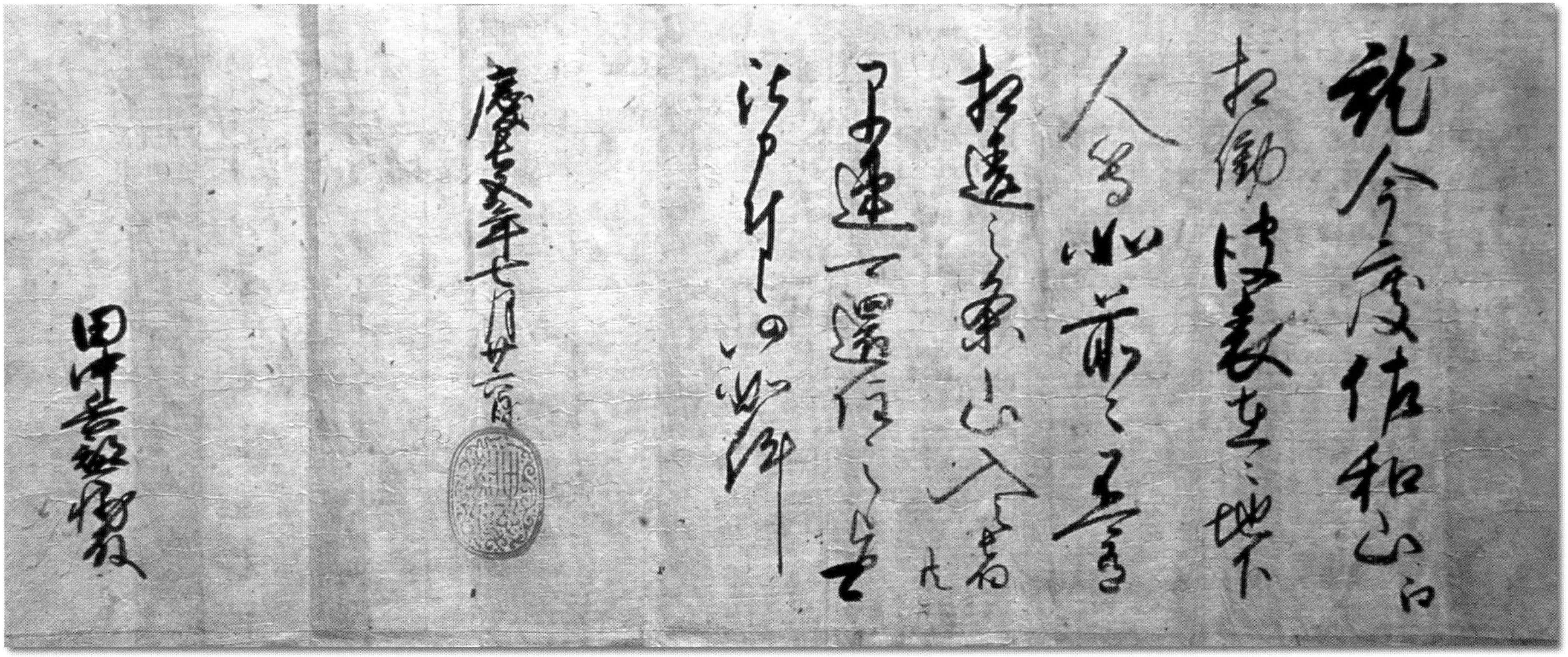

114 （慶長五年）七月二十六日付け徳川家康書状

丸亀市立資料館所蔵

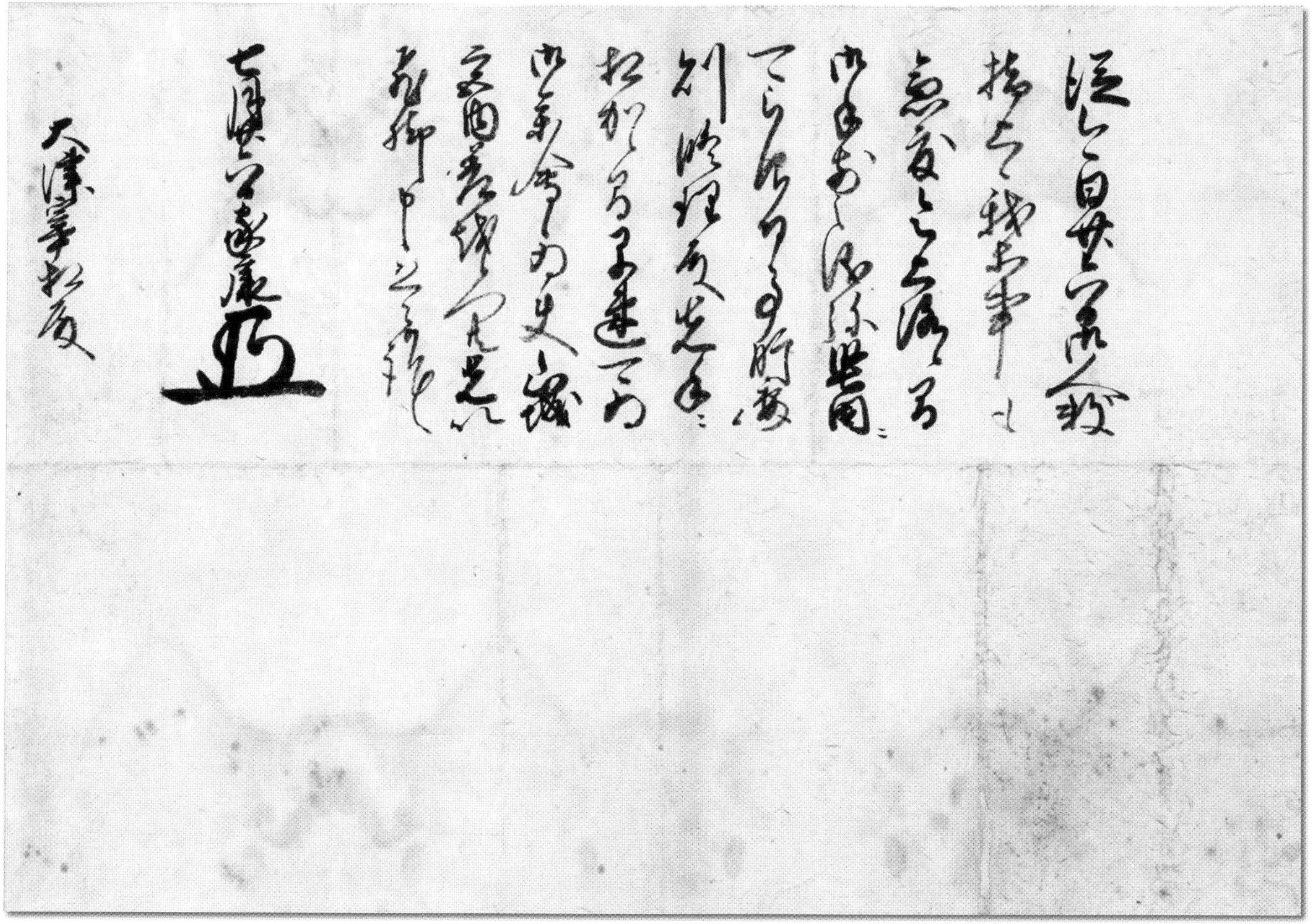

115

慶長五年七月二十七日付け徳川家康判物

真田宝物館所蔵

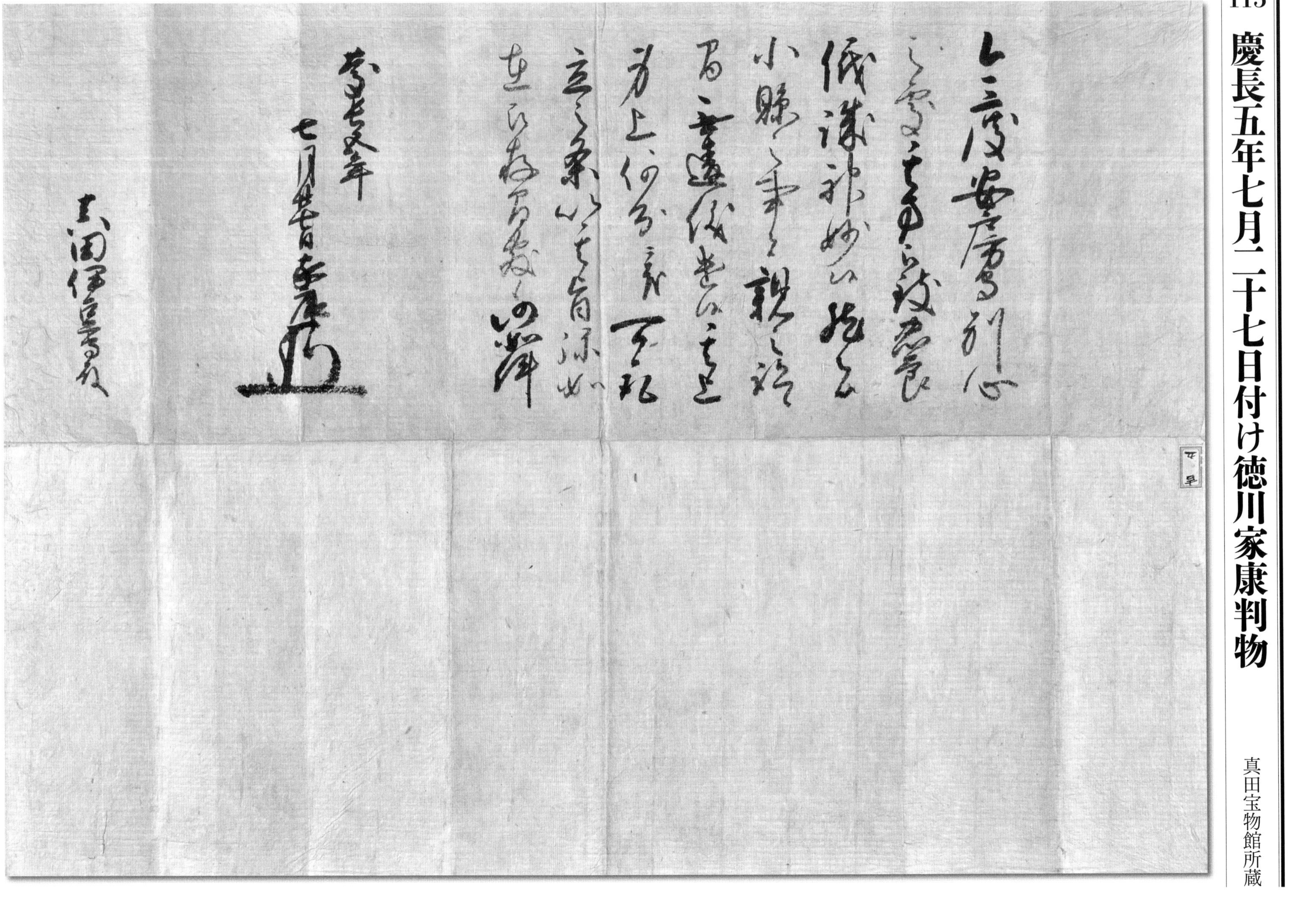

116 (慶長五年)七月二十八日付け徳川家康書状

茨城県立歴史館所蔵

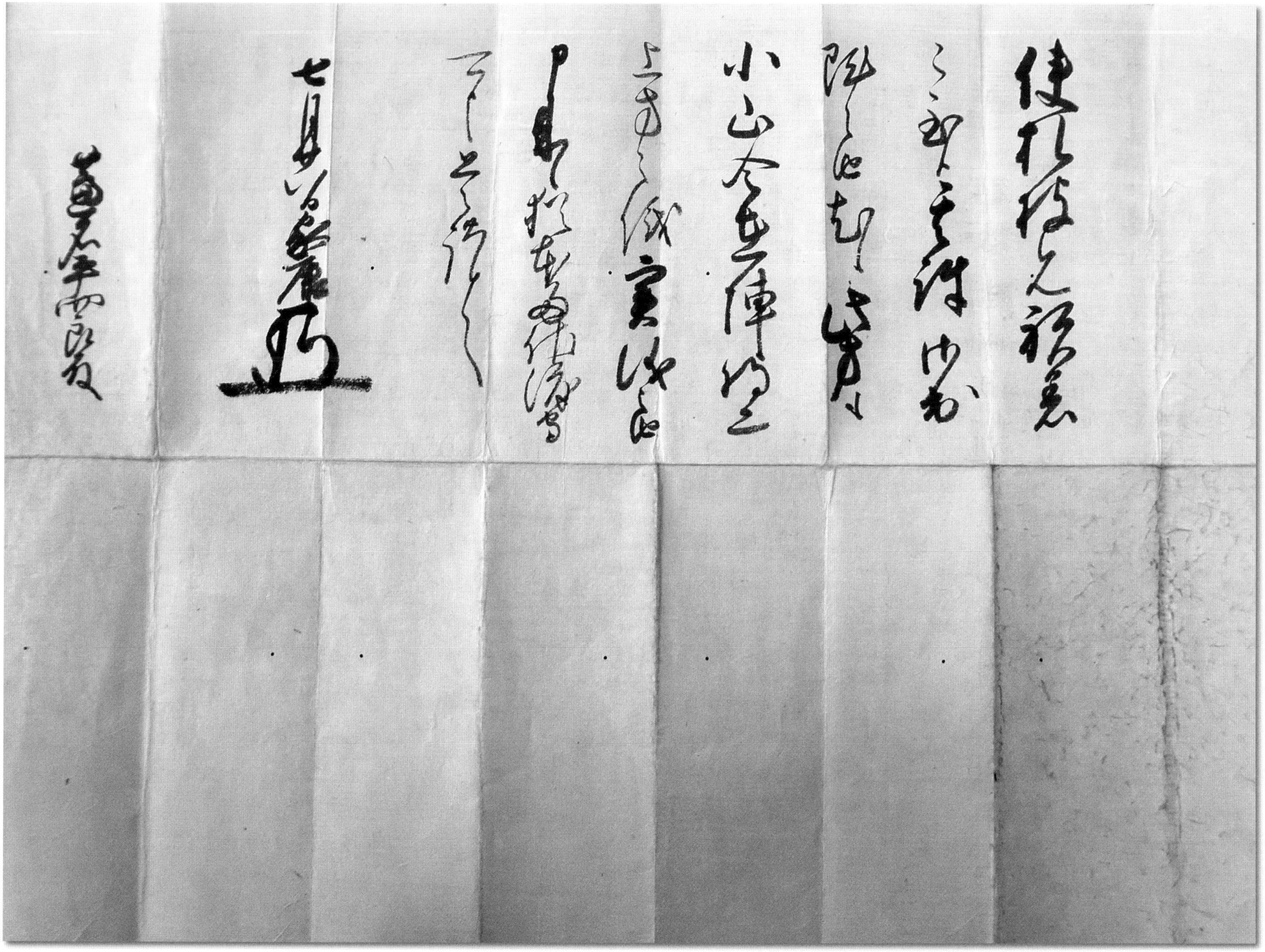

117 (慶長五年)七月二十九日付け徳川家康書状

福岡市博物館所蔵

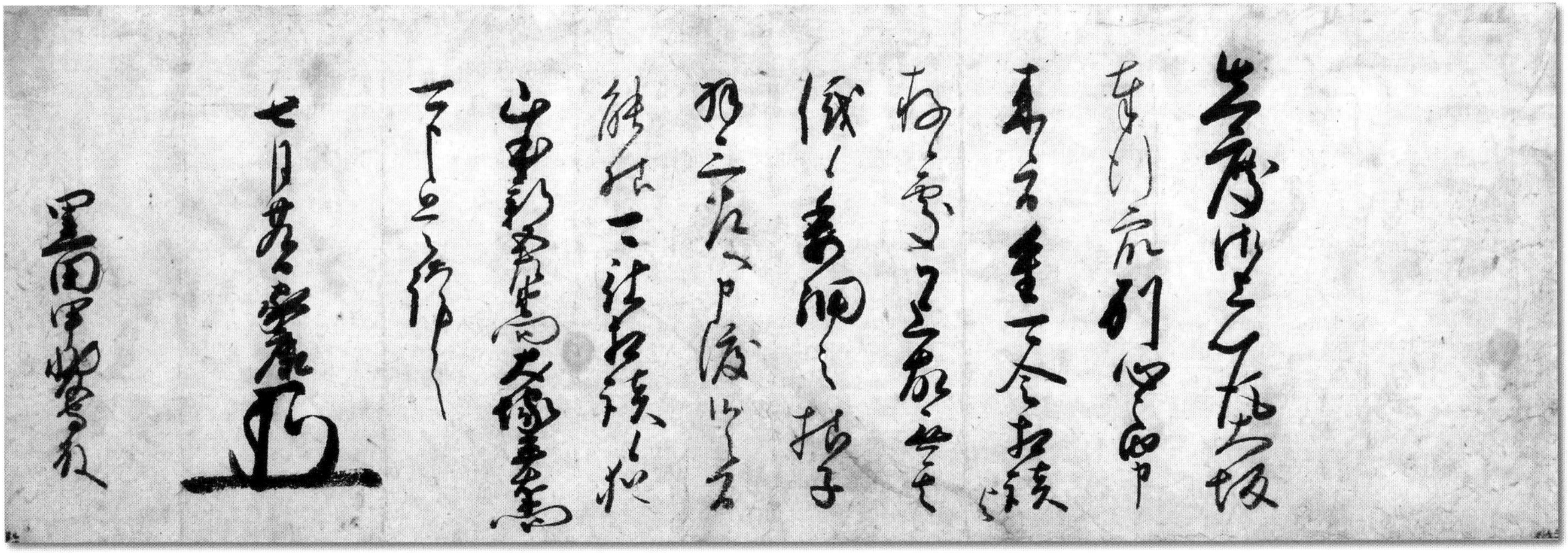

118 (慶長五年)八月朔日付け徳川家康書状

個人所蔵

119 (慶長五年)八月朔日付け徳川家康書状

徳川記念財団所蔵

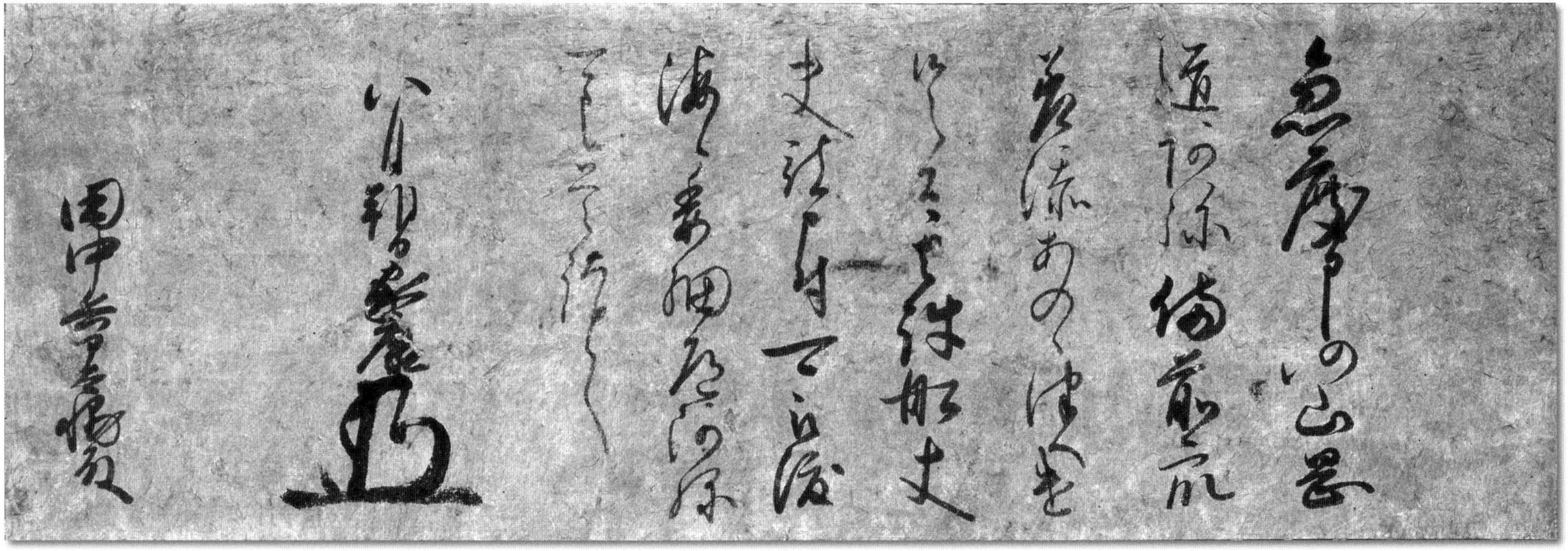

120　（慶長五年）八月二日付け徳川家康朱印状

天理大学附属天理図書館所蔵

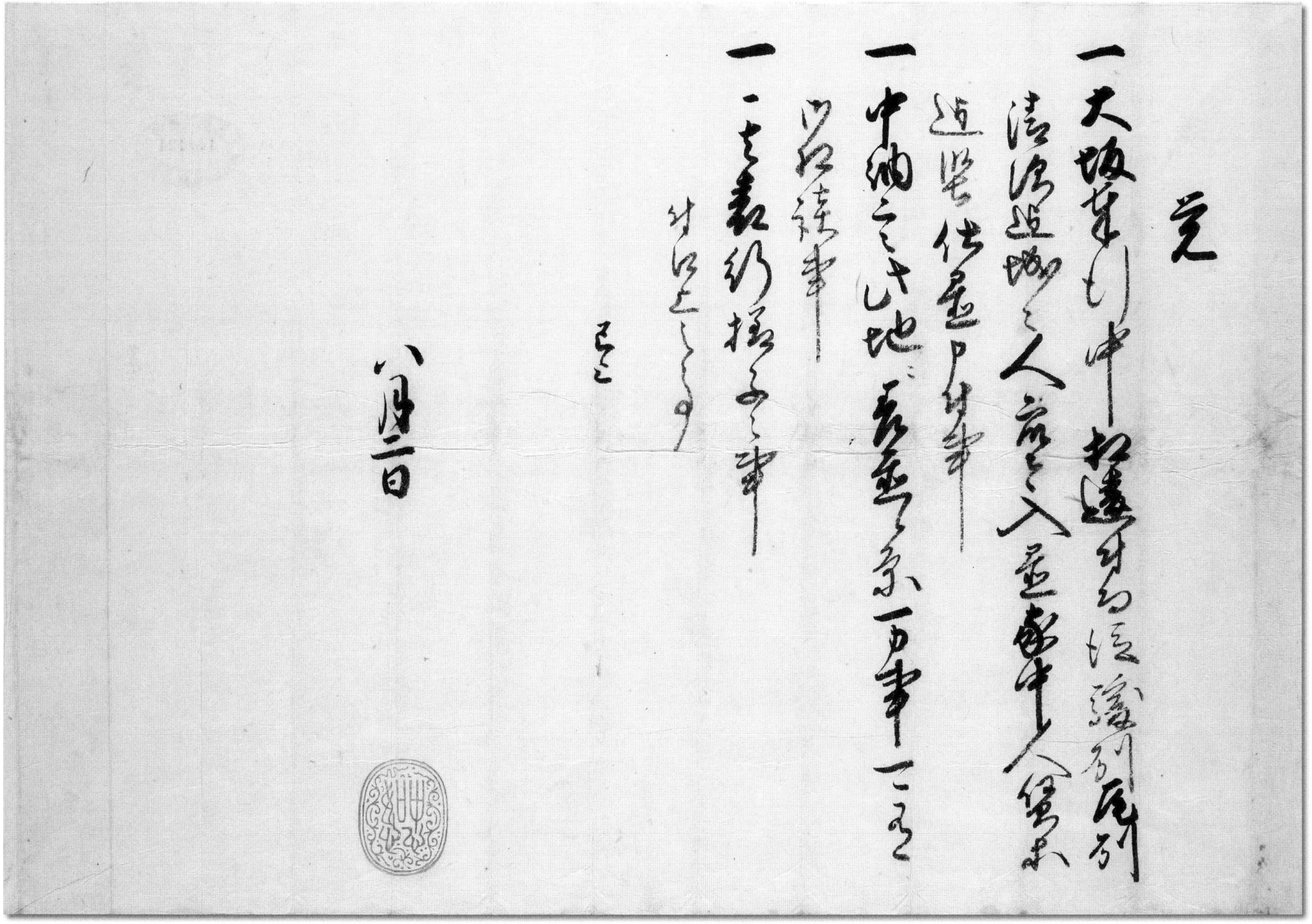

121 (慶長五年)八月四日付け徳川家康書状

永青文庫所蔵

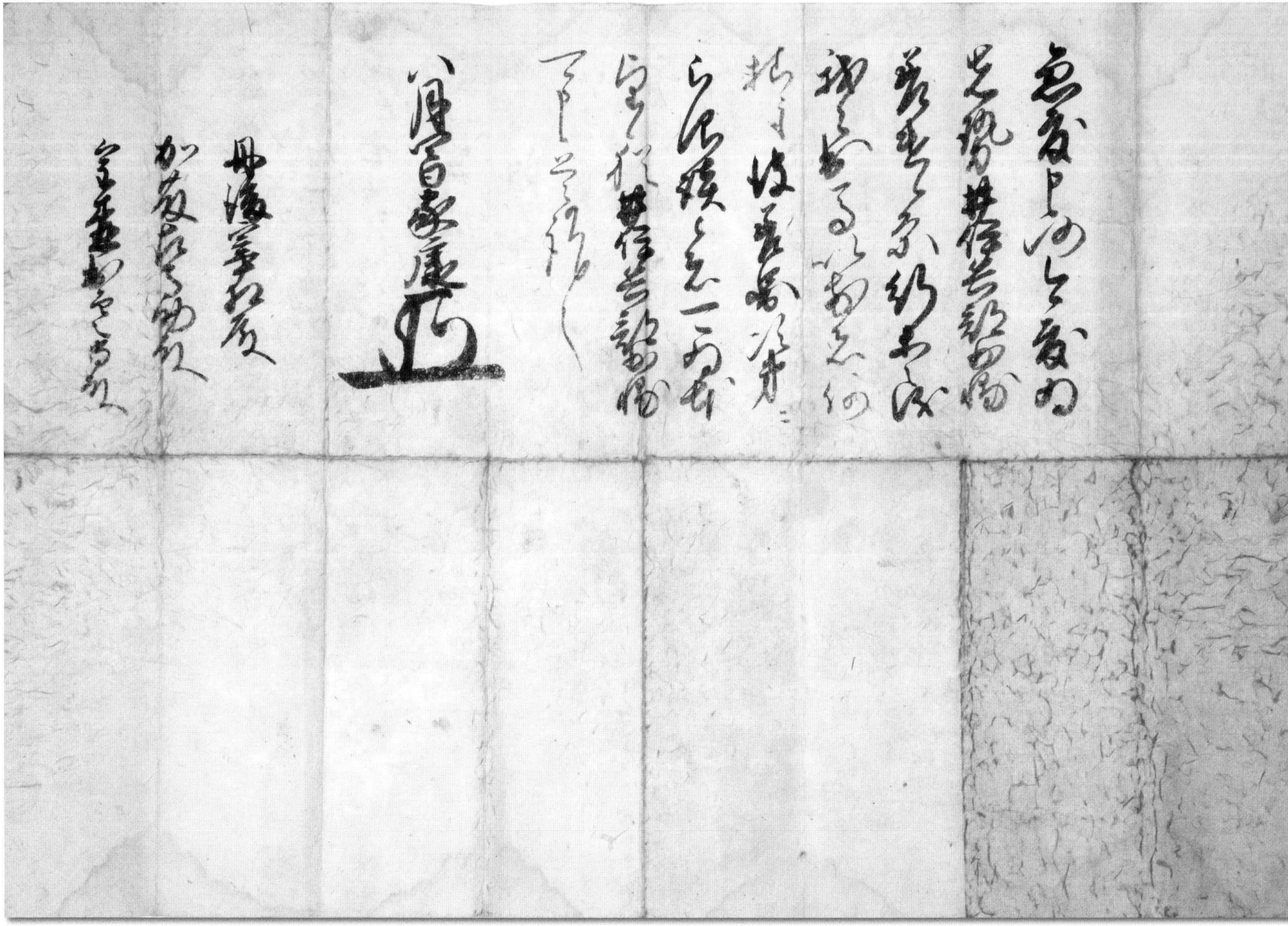

122　(慶長五年)八月八日付け徳川家康書状

吉川史料館所蔵

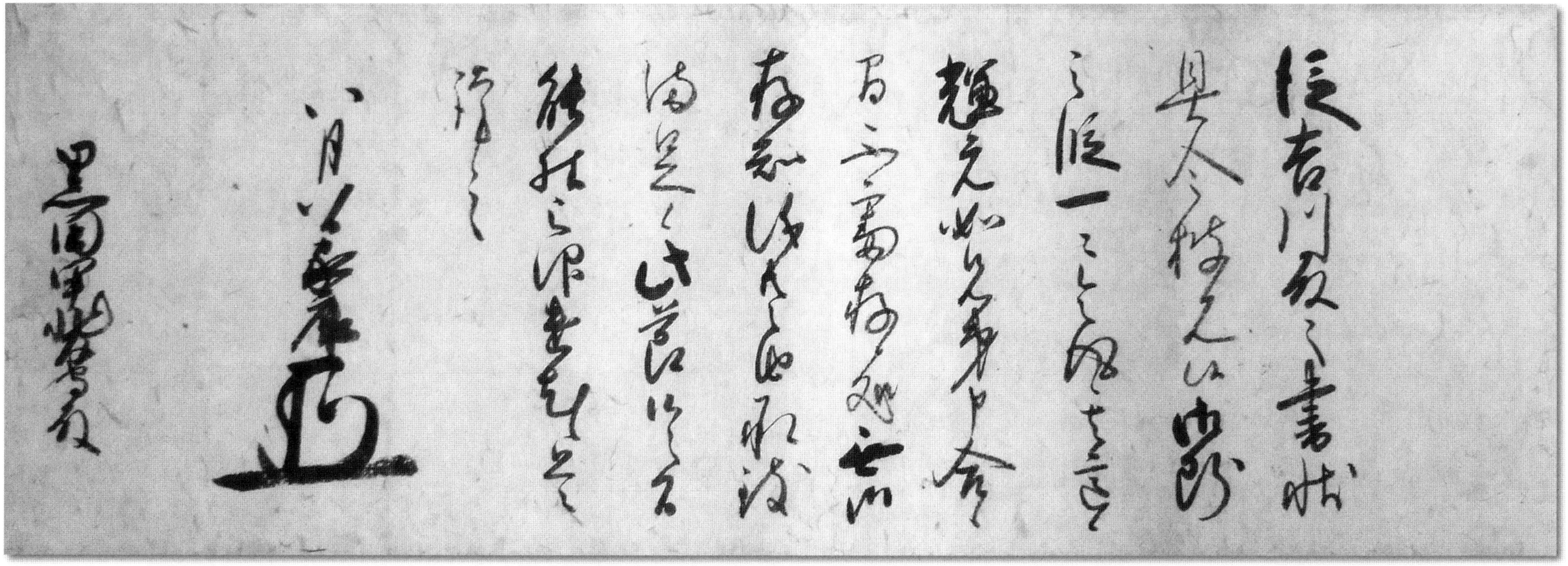

123 (慶長五年)八月十二日付け徳川家康書状

永青文庫所蔵

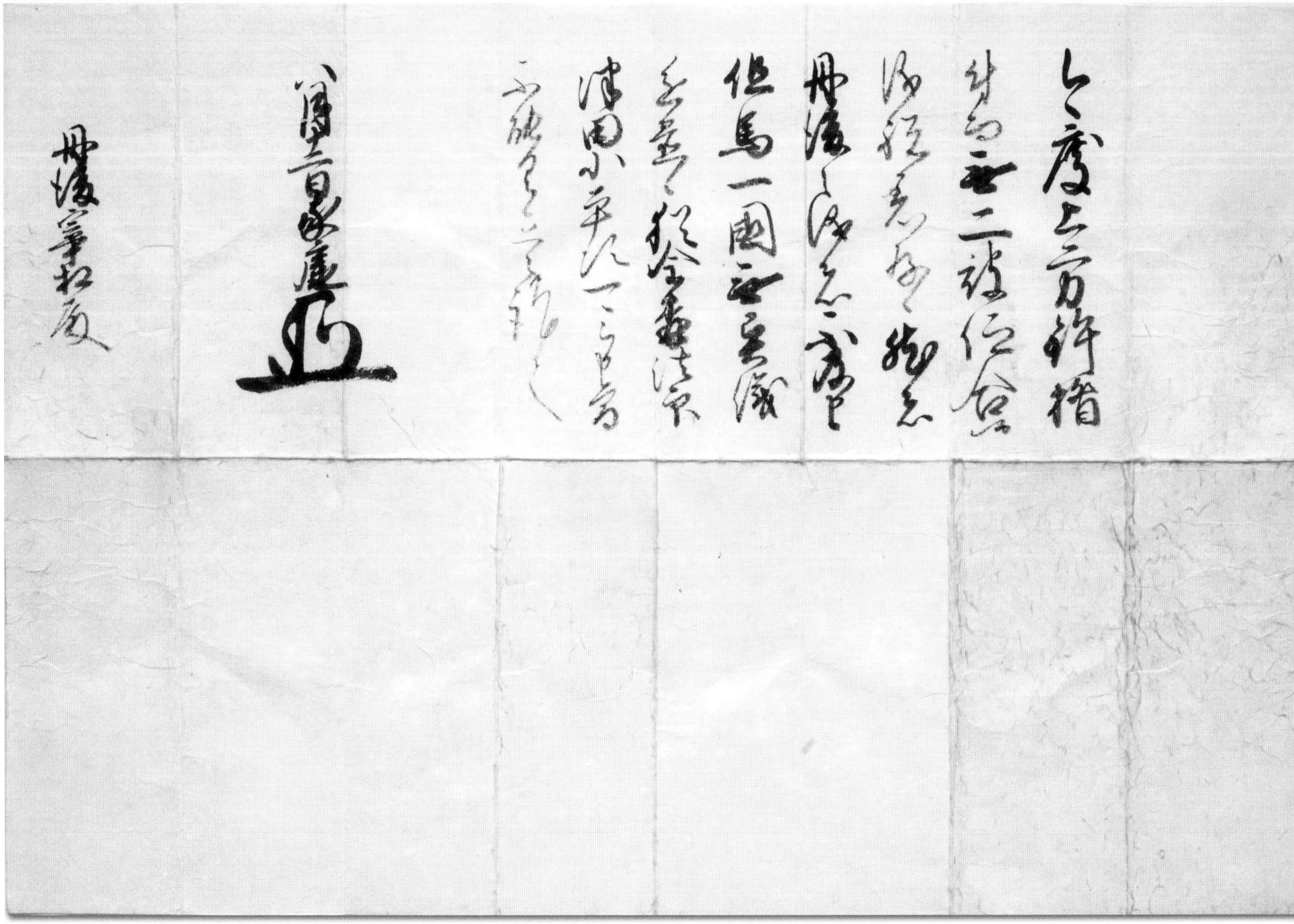

徳川家康書状

124 （慶長五年）八月十三日付け徳川家康書状

岡山大学附属図書館
池田家文庫所蔵

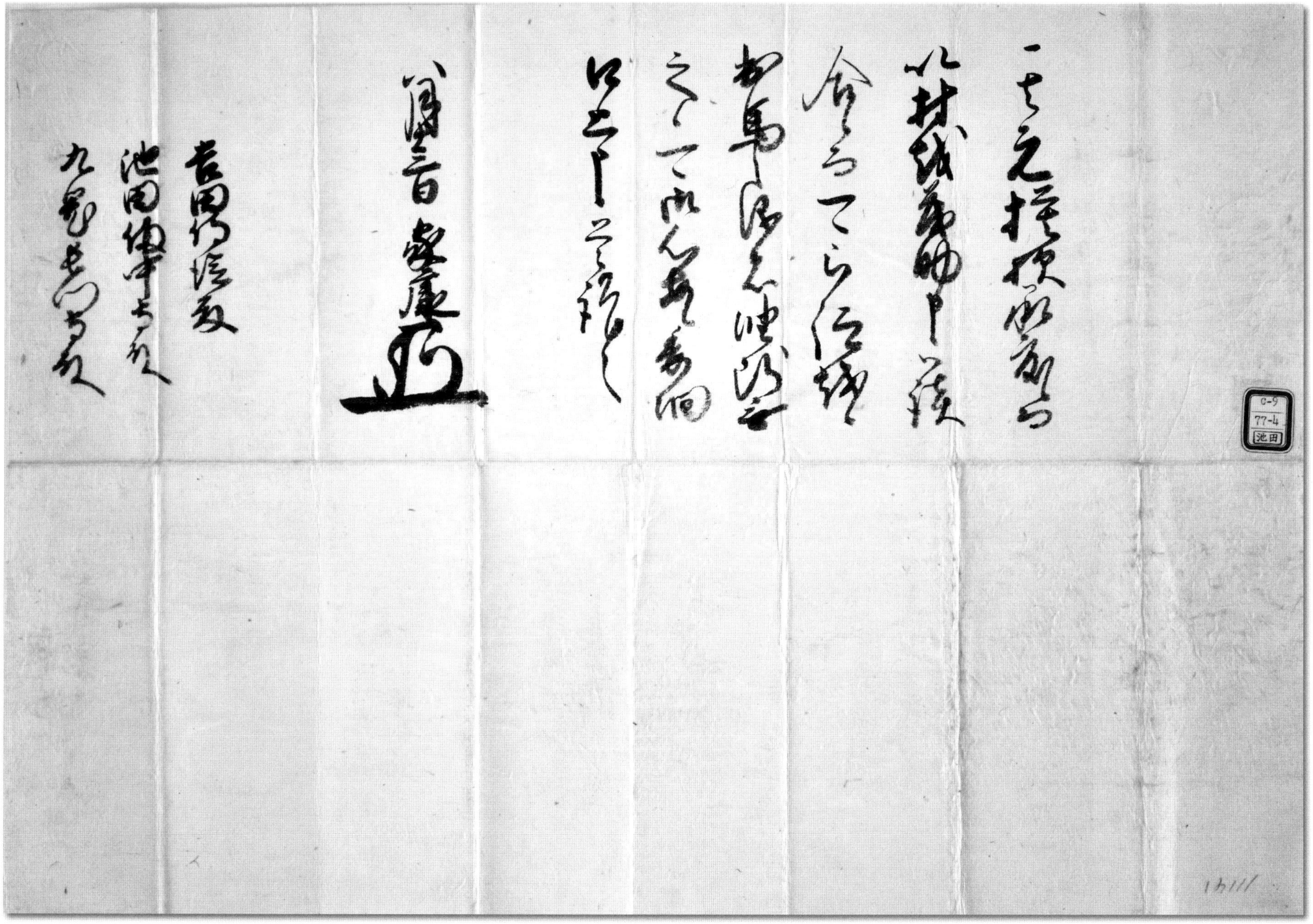

125 （慶長五年）八月十六日付け徳川家康書状

徳川記念財団所蔵

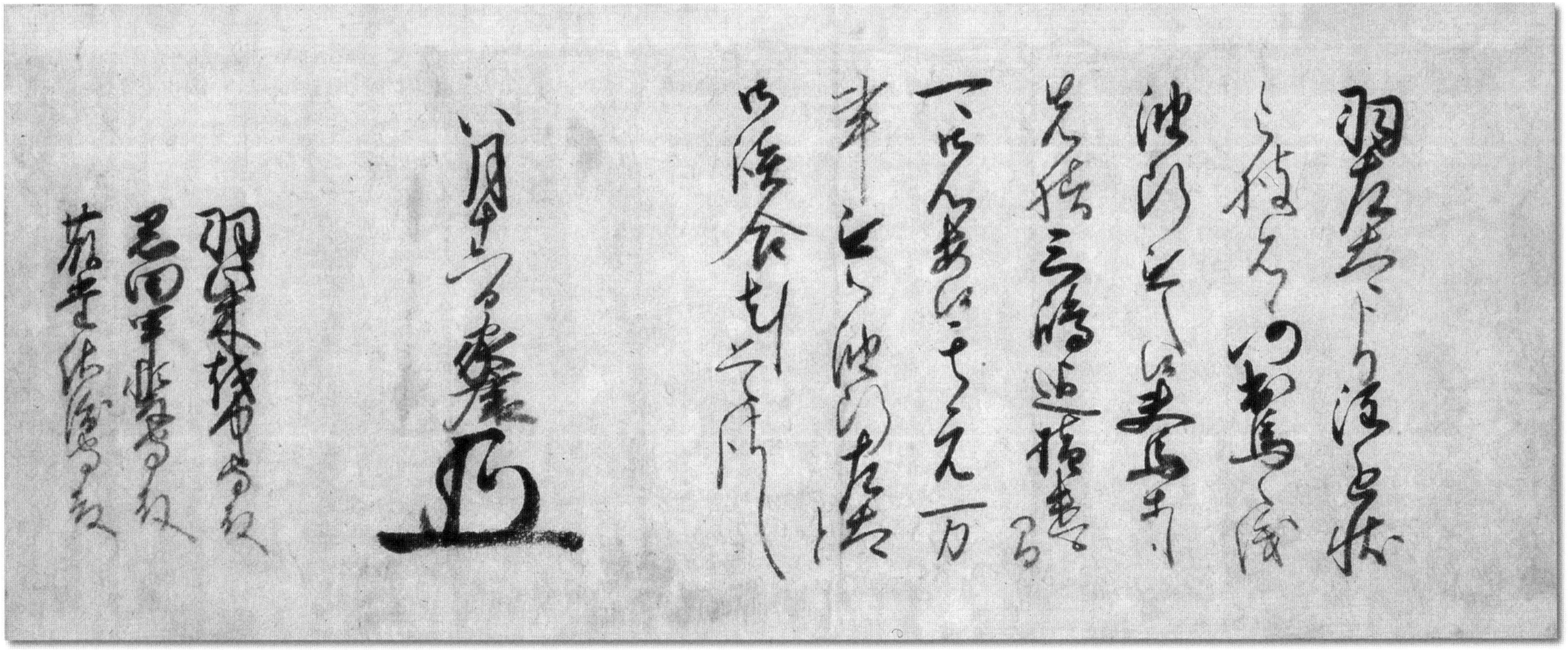

126 (慶長五年)八月二十一日付け徳川家康書状

真田宝物館所蔵

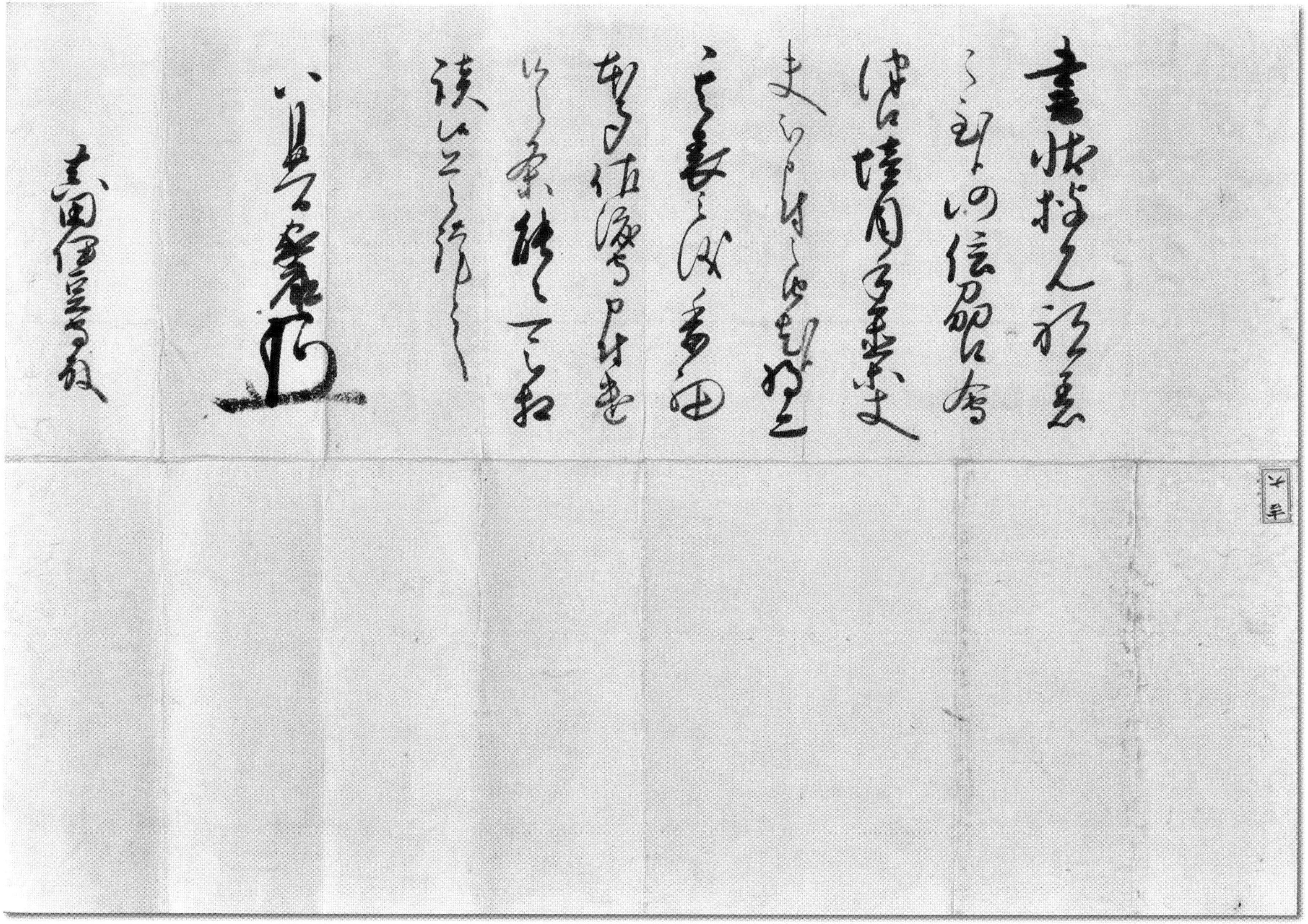

127 (慶長五年)八月二十一日付け徳川家康書状

東北大学附属図書館所蔵

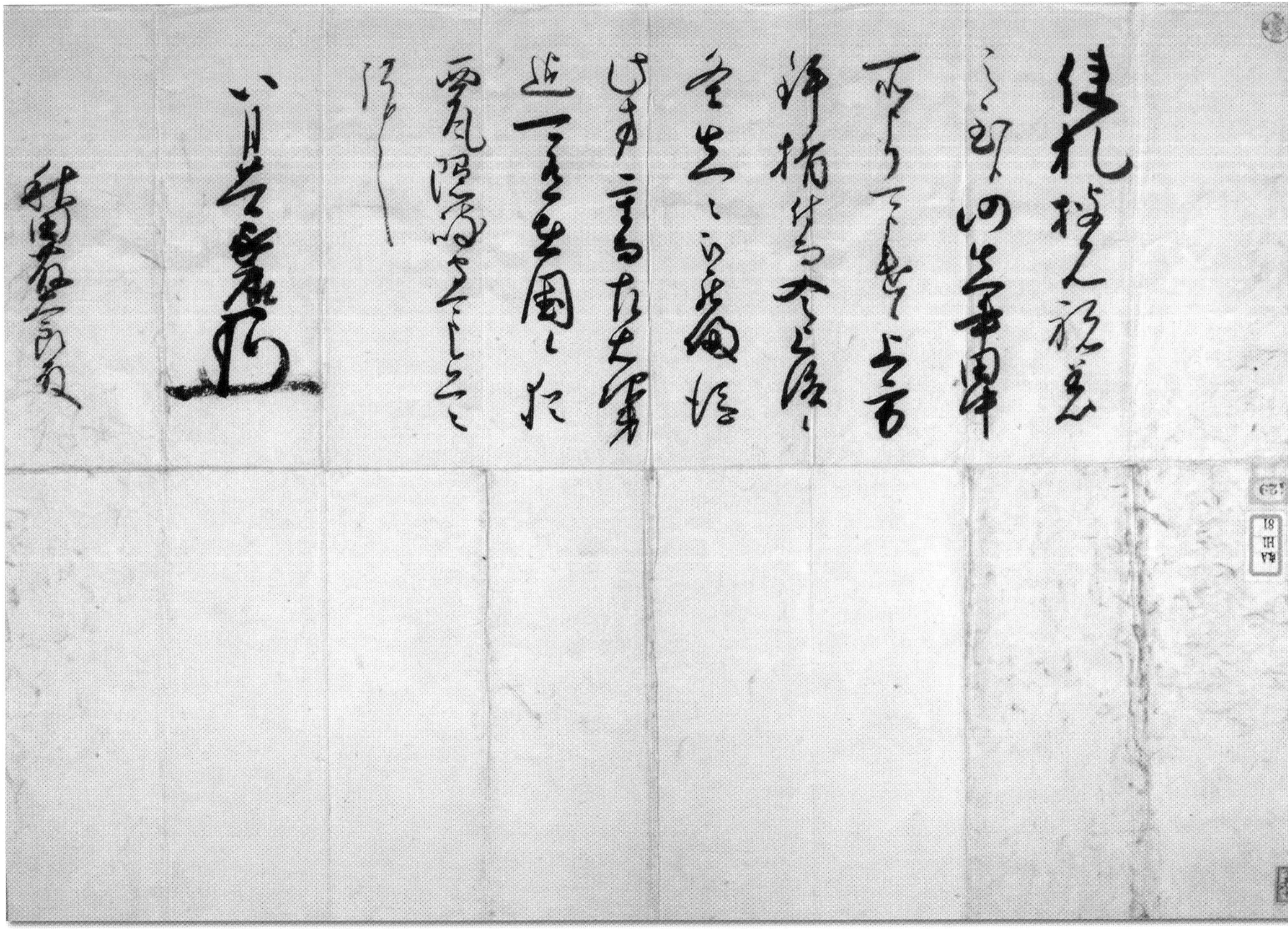

128 慶長五年八月二十二日付け徳川家康判物

仙台市博物館所蔵

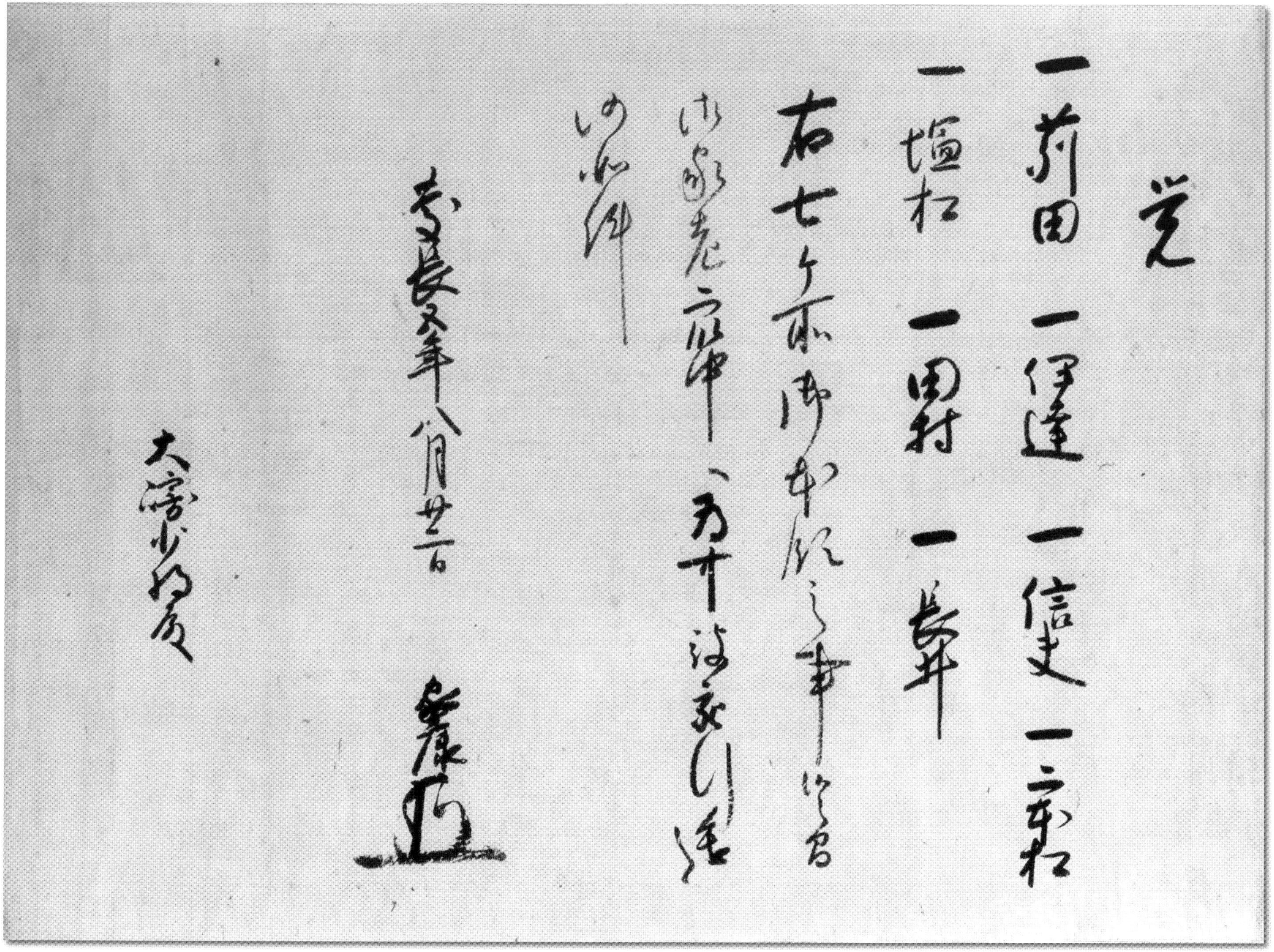

129 （慶長五年）八月二十七日付け徳川家康書状

林原美術館所蔵

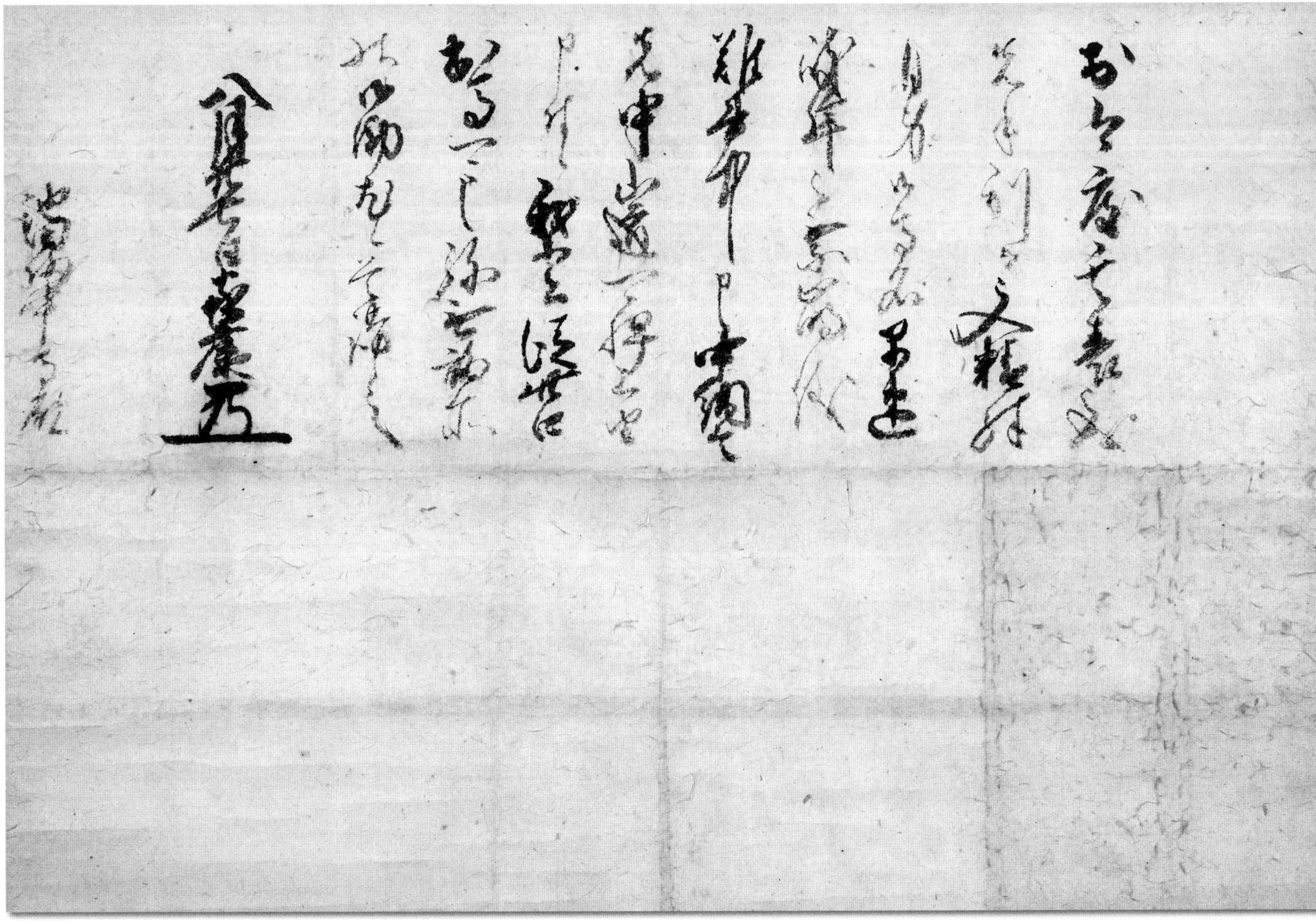

130 (慶長五年)九月朔日付け徳川家康書状

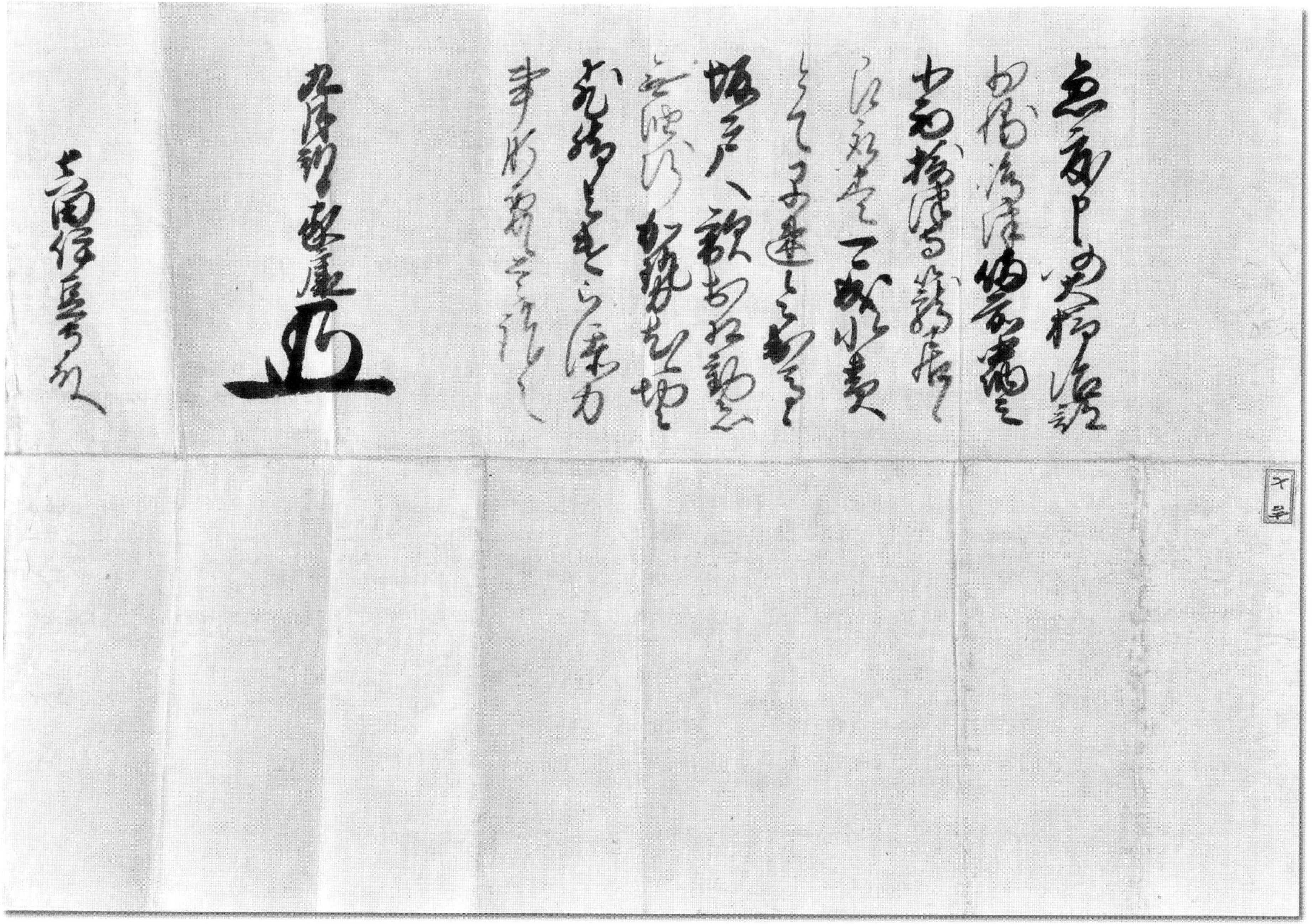

真田宝物館所蔵

131 （慶長五年）九月朔日付け徳川家康書状

岡山大学附属図書館
池田家文庫所蔵

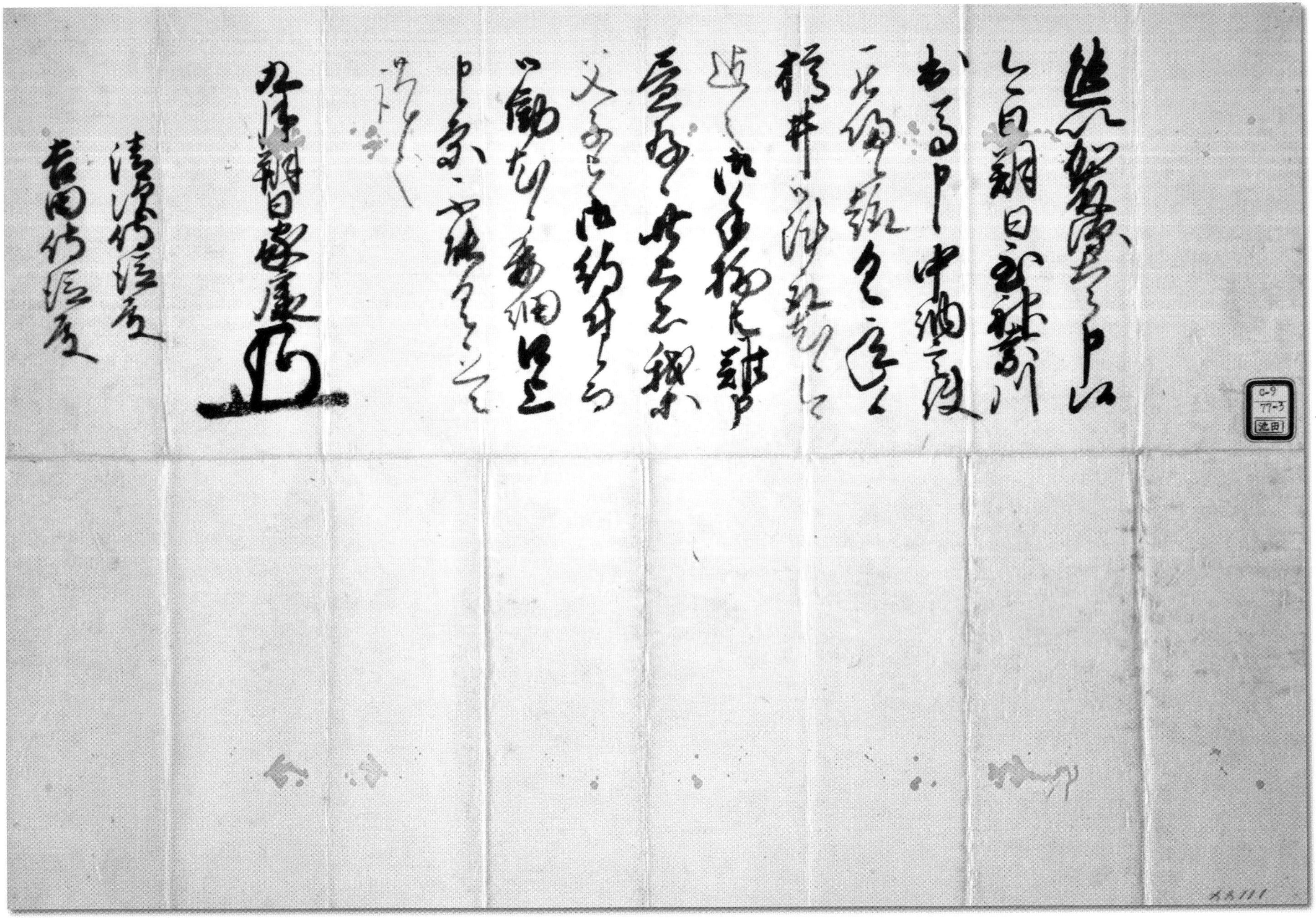

132 (慶長五年)九月二日付け徳川家康書状

林原美術館所蔵

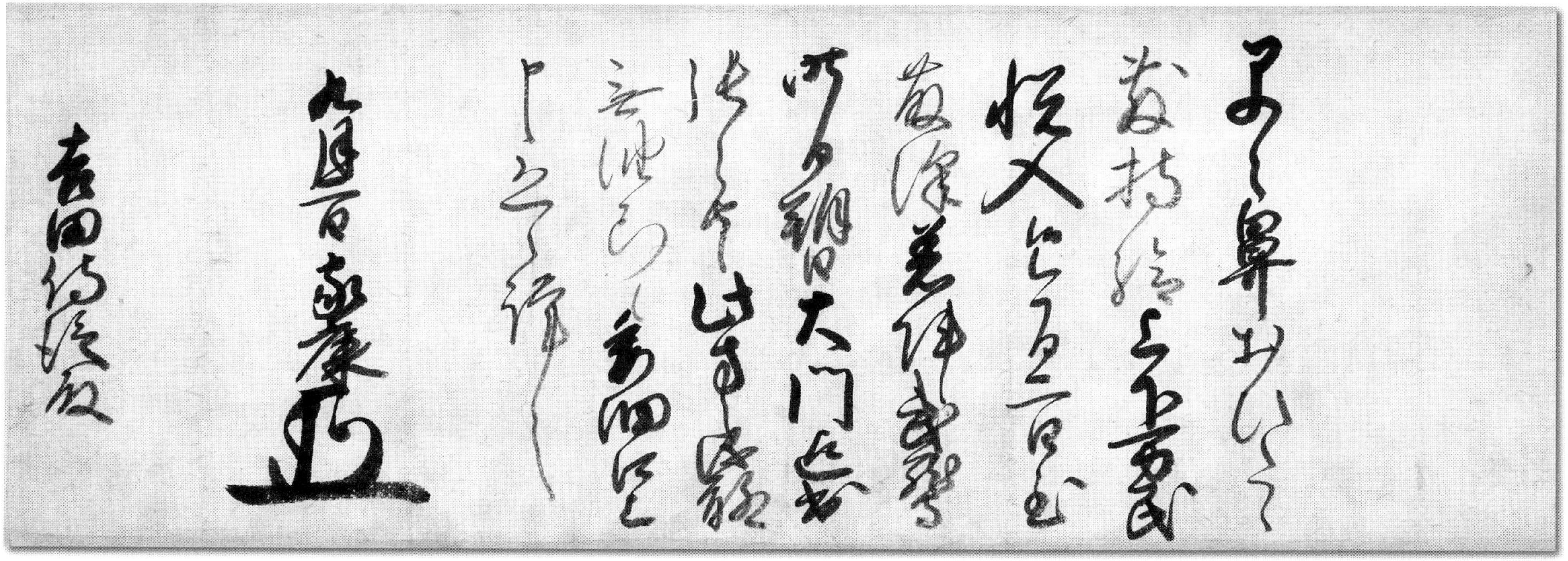

133 (慶長五年)九月二日付け徳川家康書状

関ケ原町
歴史民俗資料館所蔵

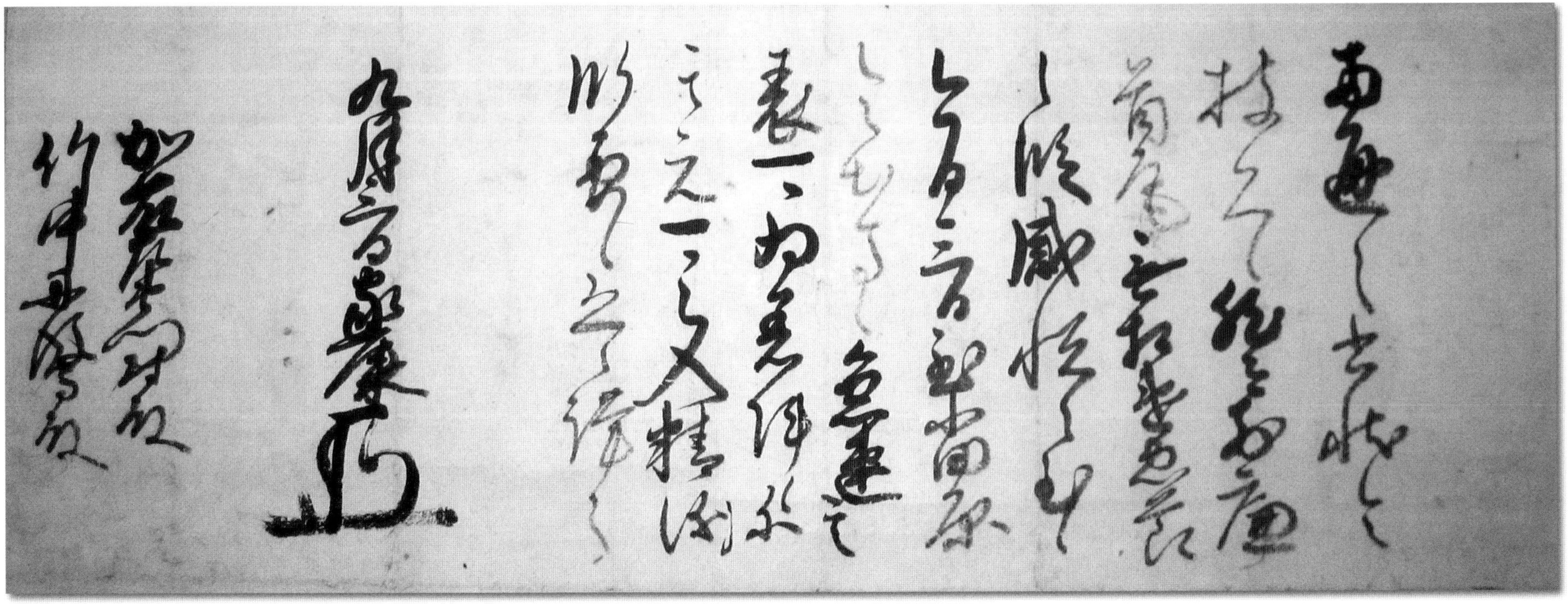

134 (慶長五年)九月十三日付け徳川家康書状

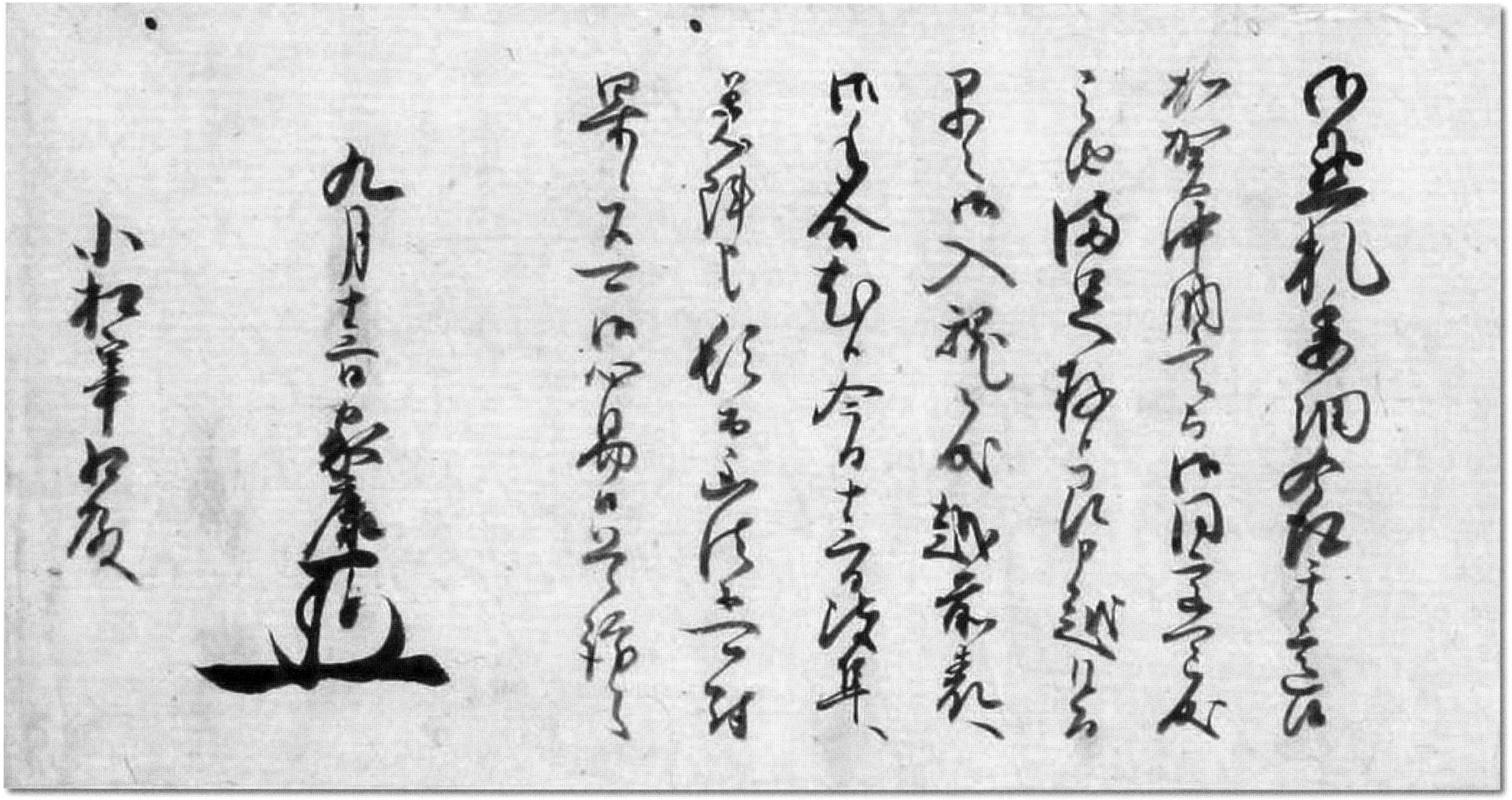

早稲田大学図書館所蔵

135 (慶長五年)九月十五日付け徳川家康書状

天理大学附属天理図書館所蔵

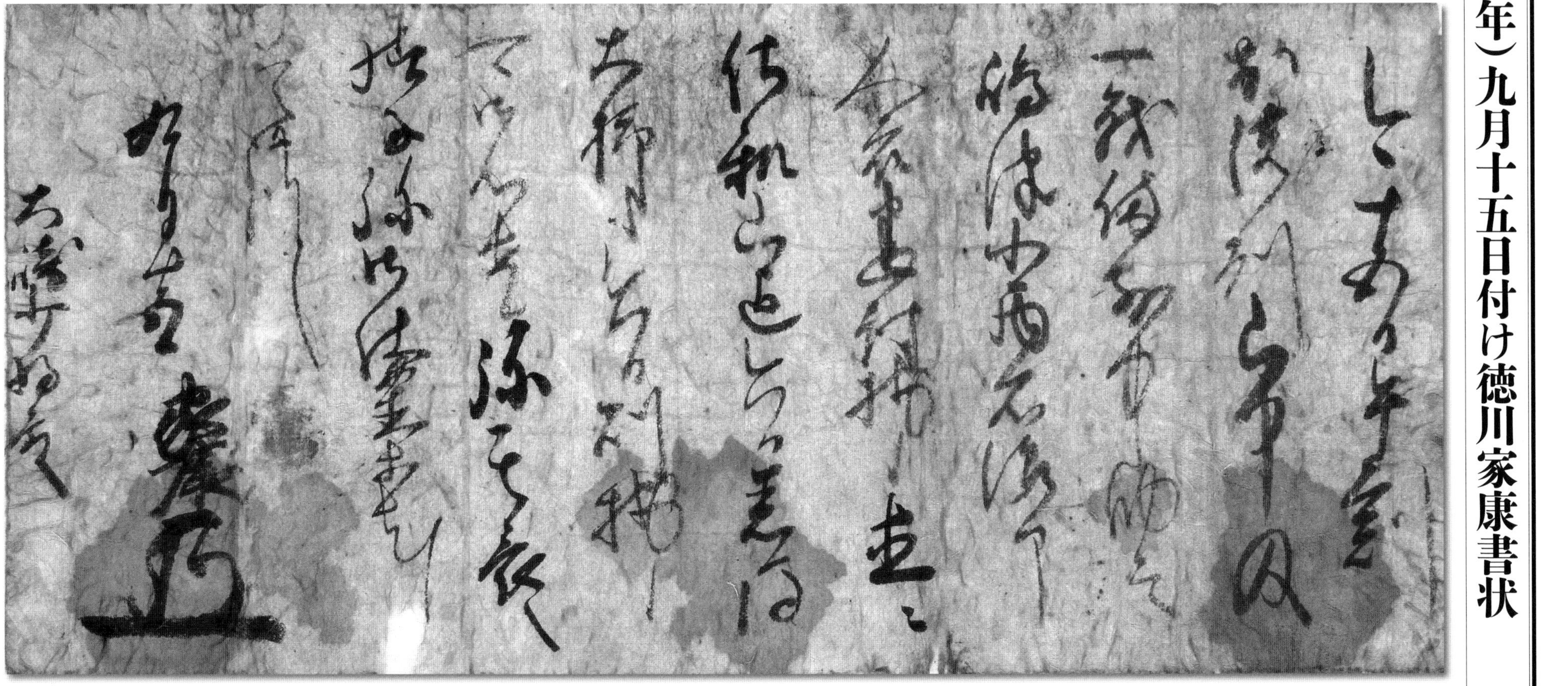

136 (慶長五年)九月十九日付け徳川家康朱印状

関ヶ原町歴史民俗資料館所蔵

137 (慶長五年)九月二十二日付け徳川家康書状

柳川古文書館所蔵

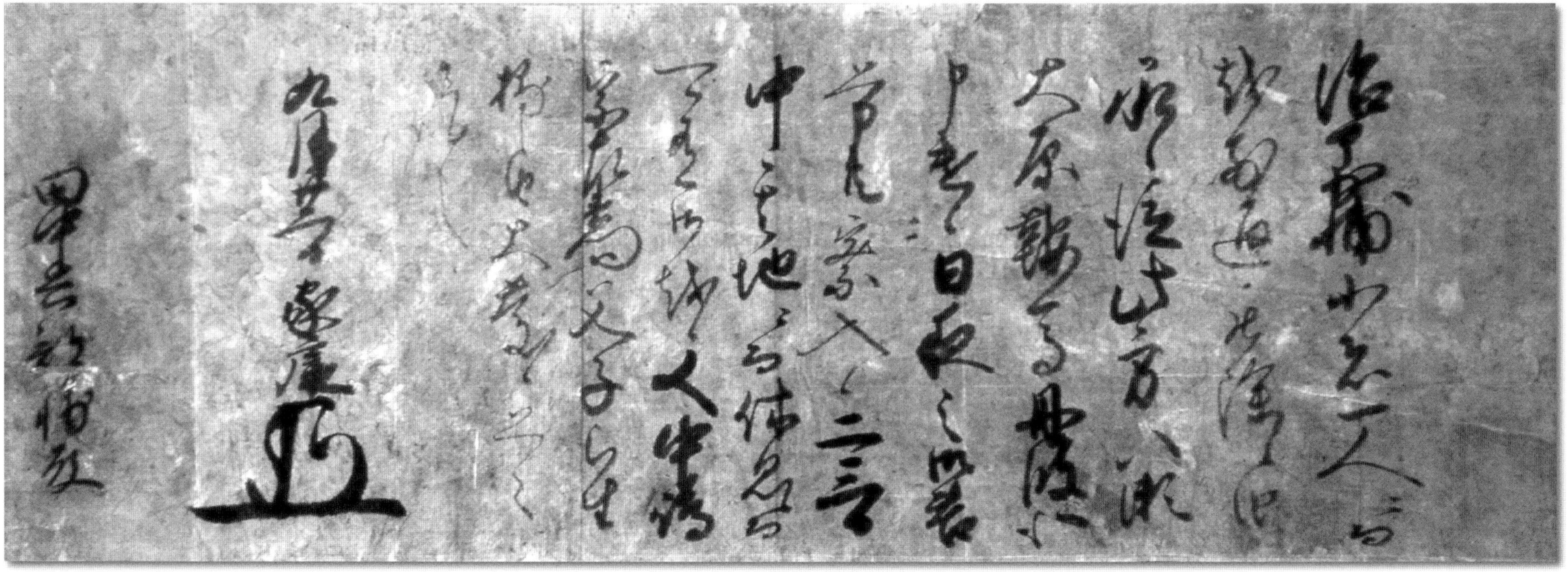

138 （慶長五年）九月二十四日付け徳川家康書状

個人所蔵

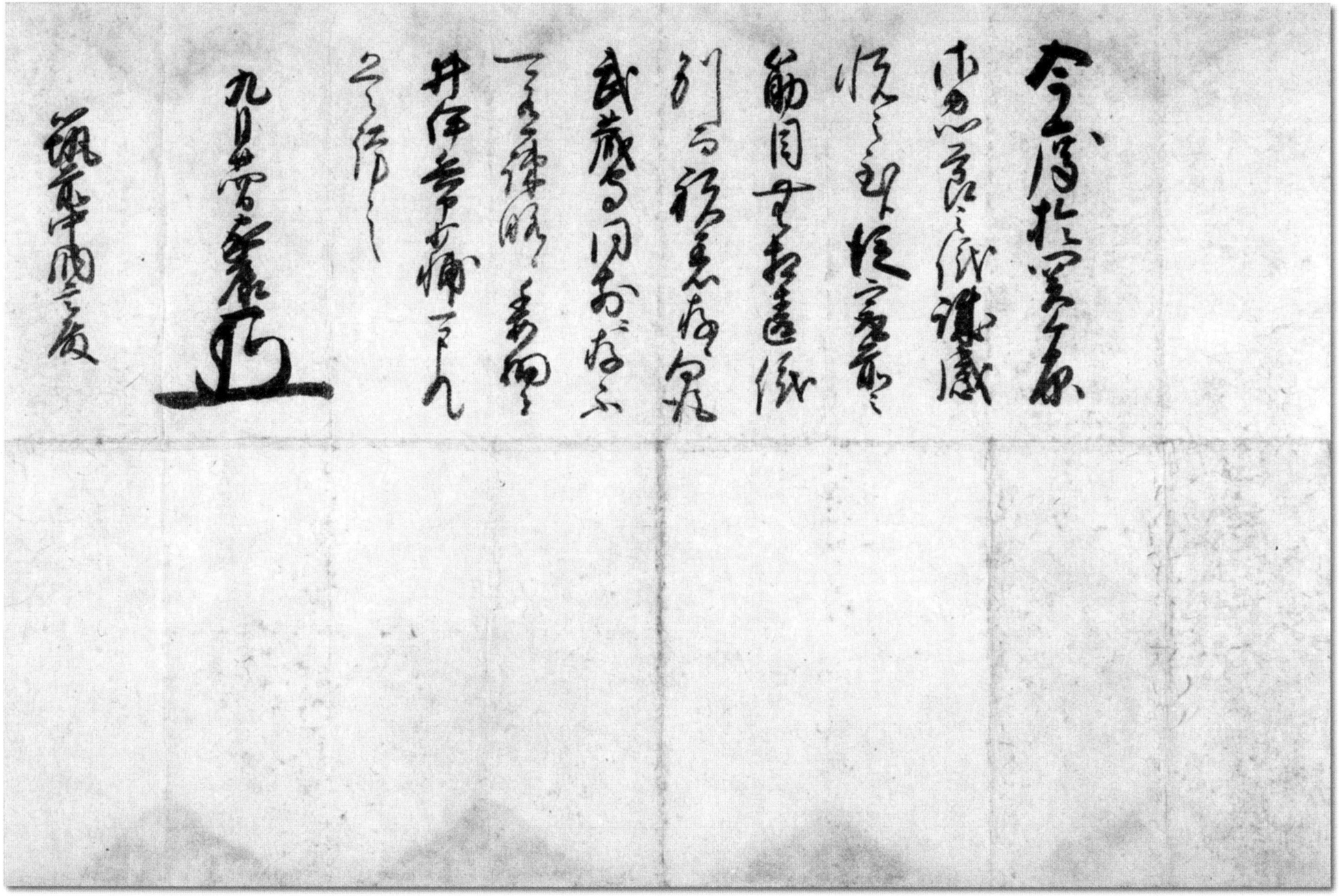

139 (慶長五年)九月二十四日付け徳川家康書状

福岡市博物館所蔵

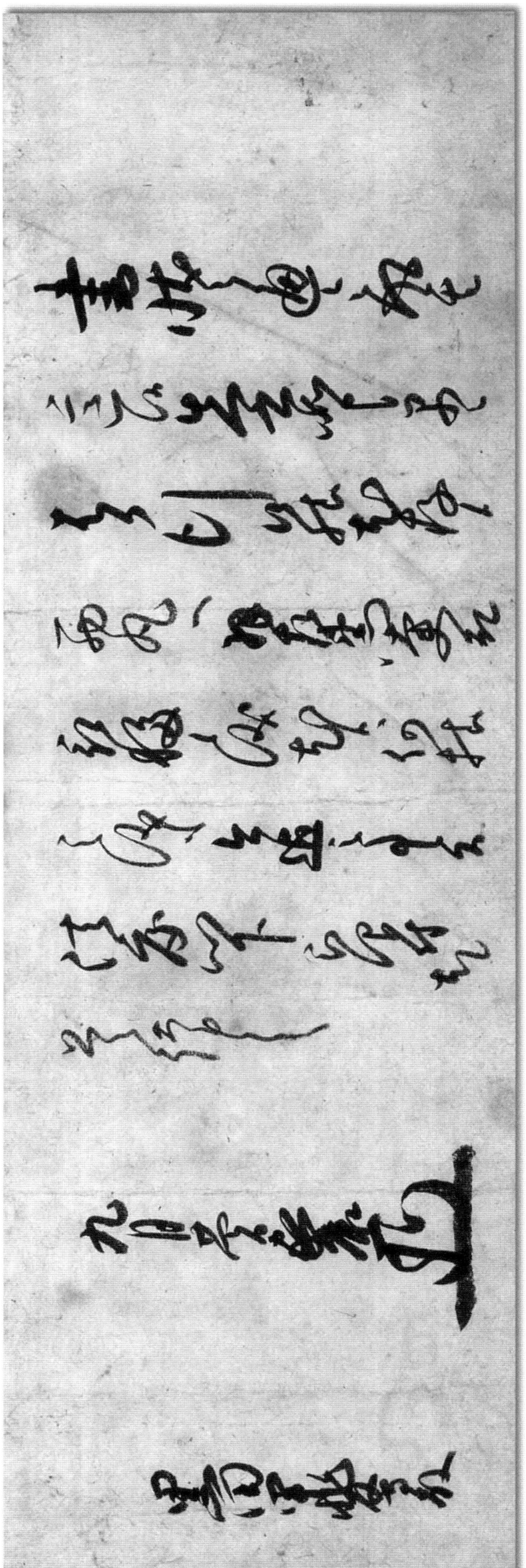

140 (慶長五年)九月二十八日付け徳川家康朱印状

松浦史料博物館所蔵

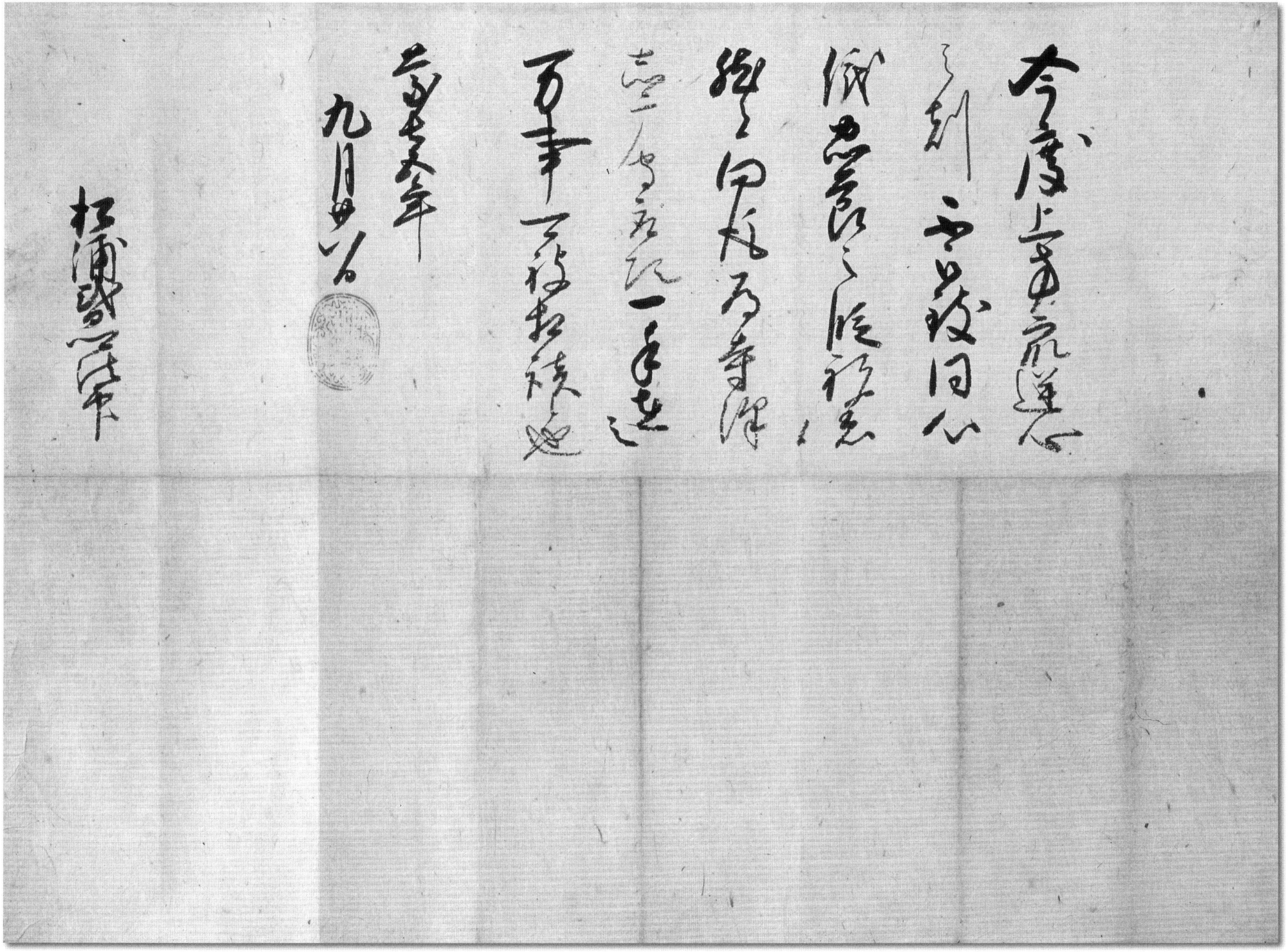

141 （慶長五年）九月二十八日付け徳川家康書状

福岡市博物館所蔵

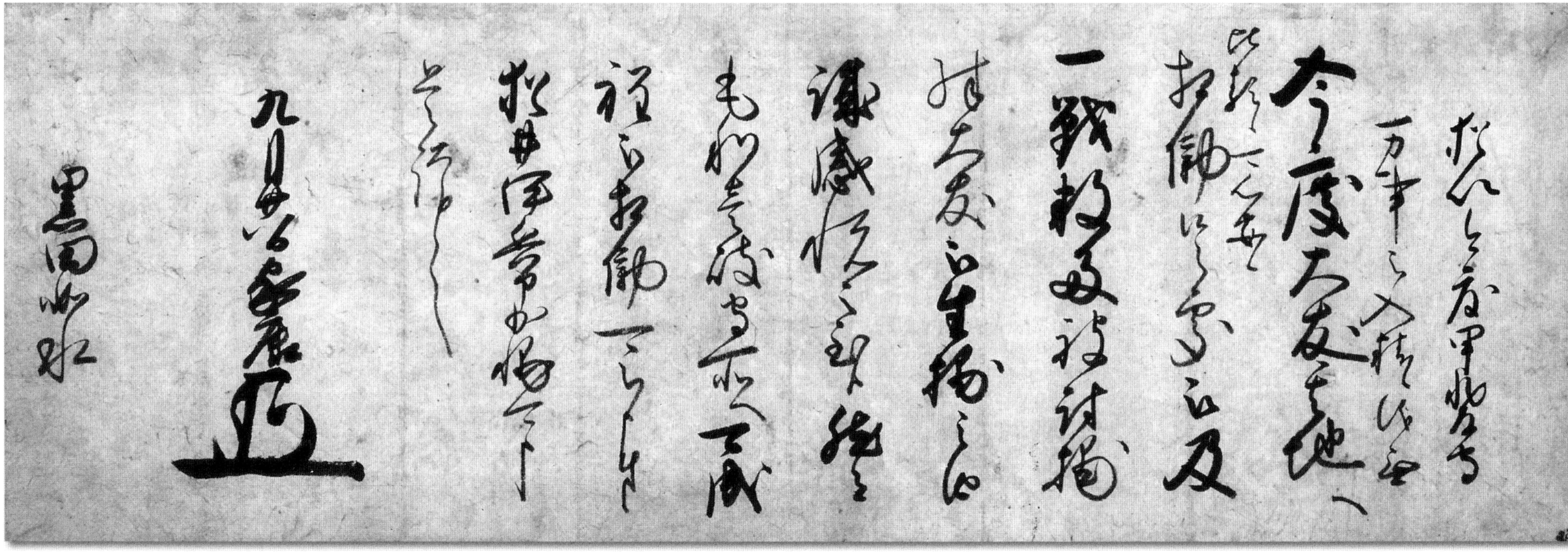

142 慶長五年十月十日付け徳川家康起請文

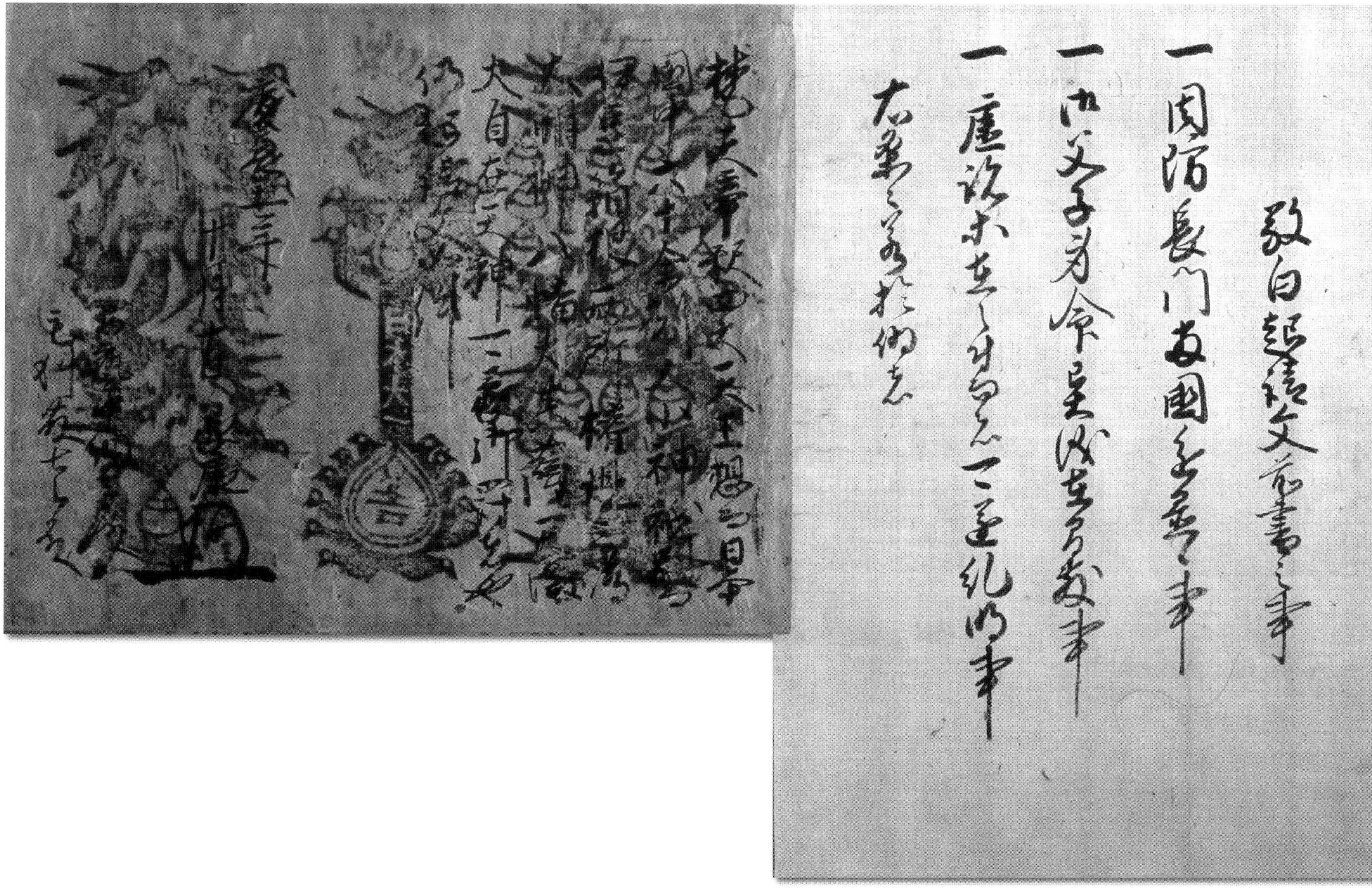

毛利博物館所蔵

143 (慶長五年)十月十五日付け徳川家康書状

天理大学附属天理図書館所蔵

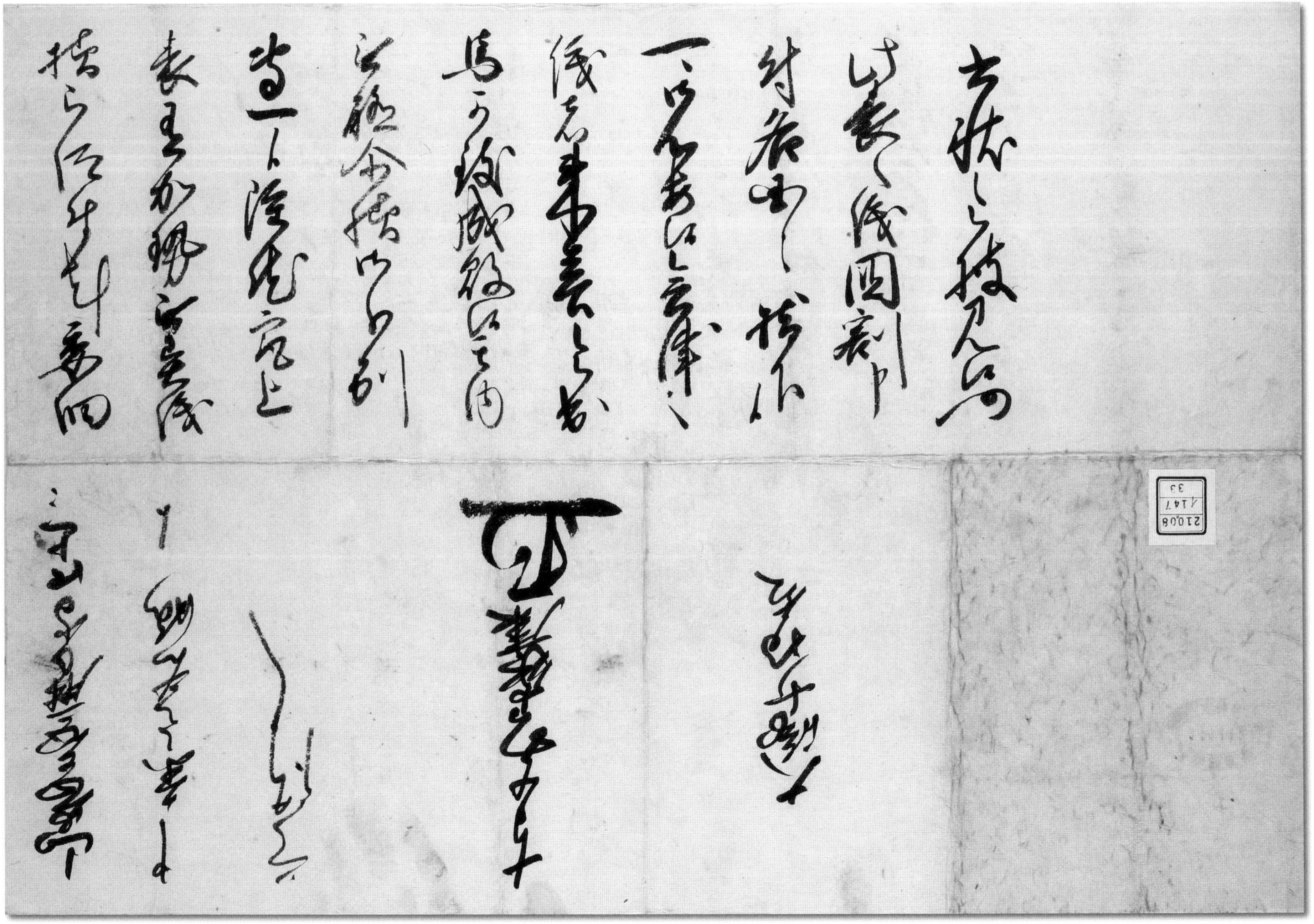

144 （慶長五年）十一月十二日付け徳川家康書状

福岡市博物館所蔵

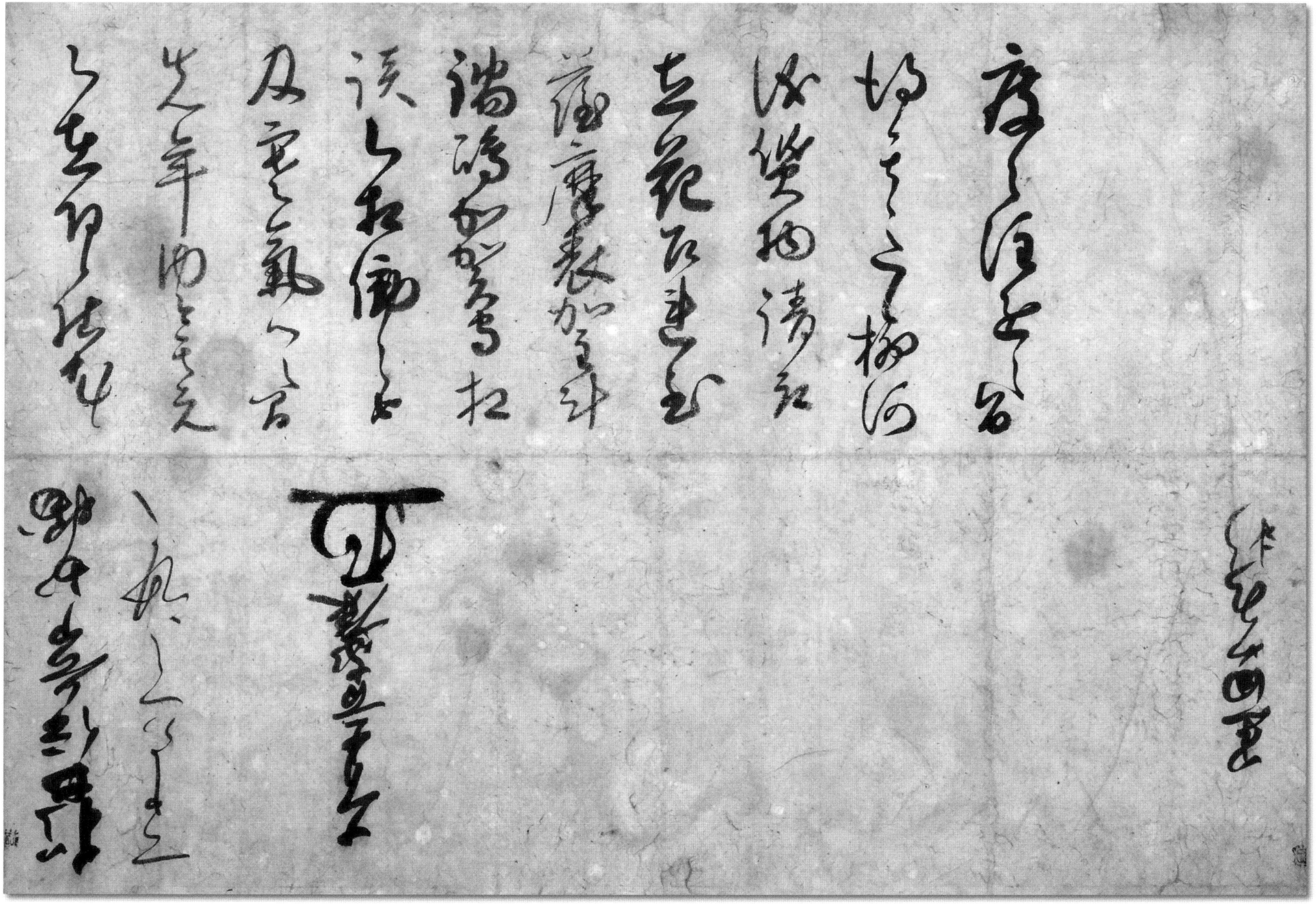

145 (慶長五年)十二月十四日付け徳川家康書状

一関市博物館所蔵

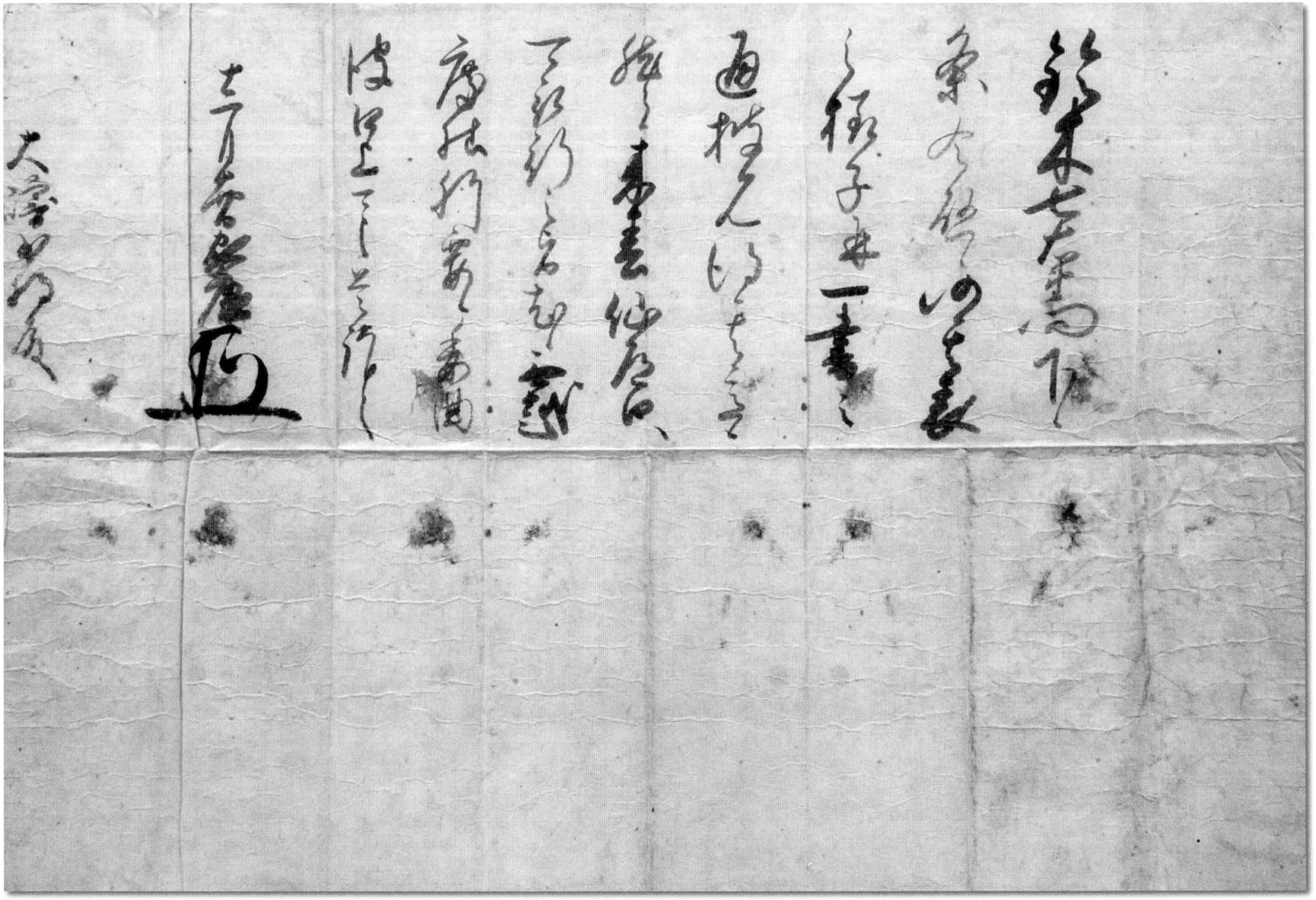

146 慶長六年十月日付け徳川家康回章写

金地院所蔵

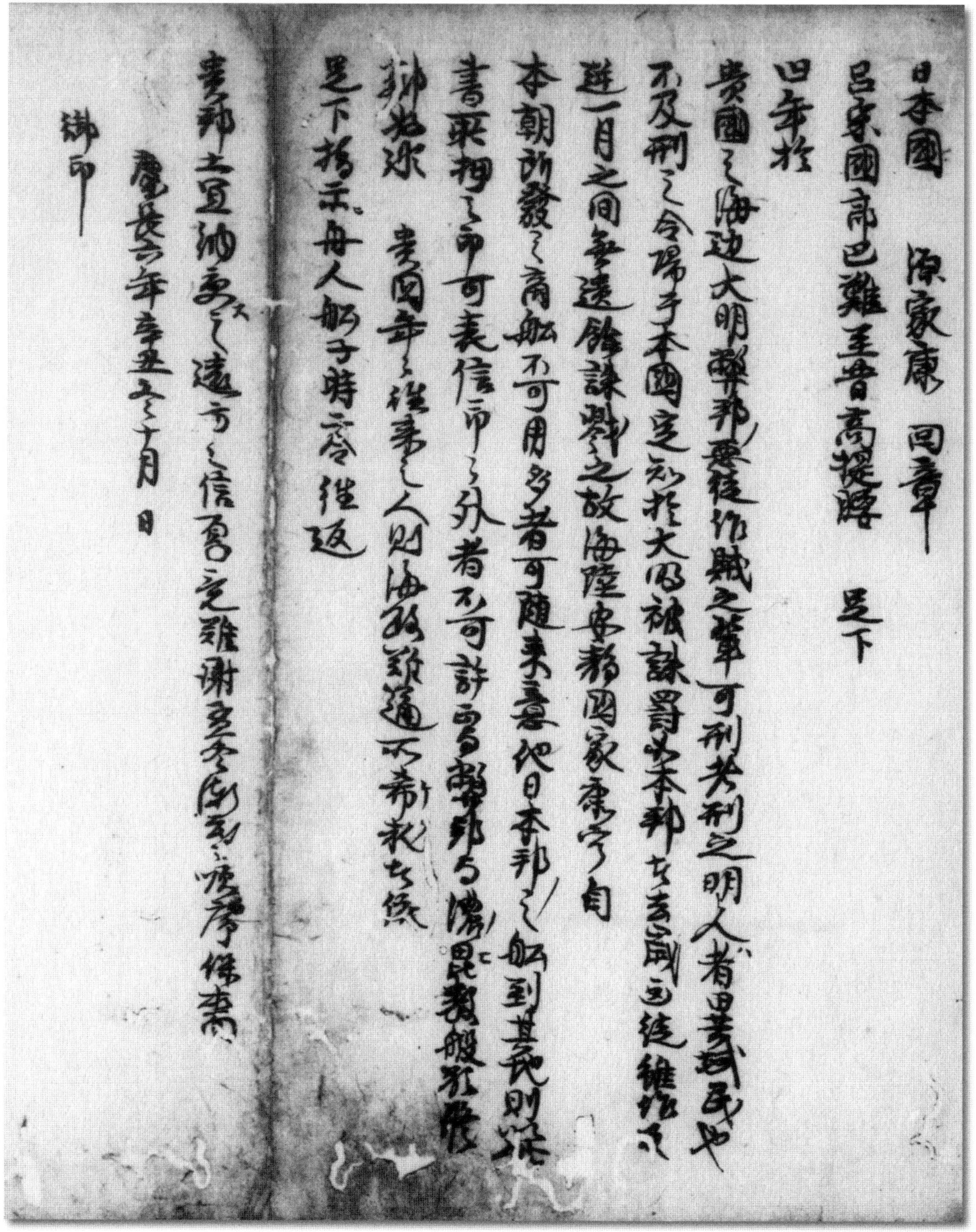
日本國　源家康　回章
呂宋國帝巴難至嘗高提蹄　足下
旧年於
貴國之海邊大明幷本邦惡徒作賊之輩可刑者刑之明人者因其國民也
不及刑之令帰于本國定而於大明被誅罰乎本邦者去歳所遂[illegible]了
進一月之間多遂誅戮之故海陸安静國家康寧自
本朝所發之商船不可用多者可隨來意從日本邦之船到其地則以
書來相之印可表信印之外者不可許焉[illegible]
[illegible]　貴國舟之往來之人則海路難通[illegible]
足下務示每人船子時示令往返
貴邦土宜納受之遠方之信意之謝[illegible]
慶長六年辛丑冬十月　日
御印

147 （慶長七年）卯月十一日付け徳川家康起請文案

東京大学史料編纂所所蔵

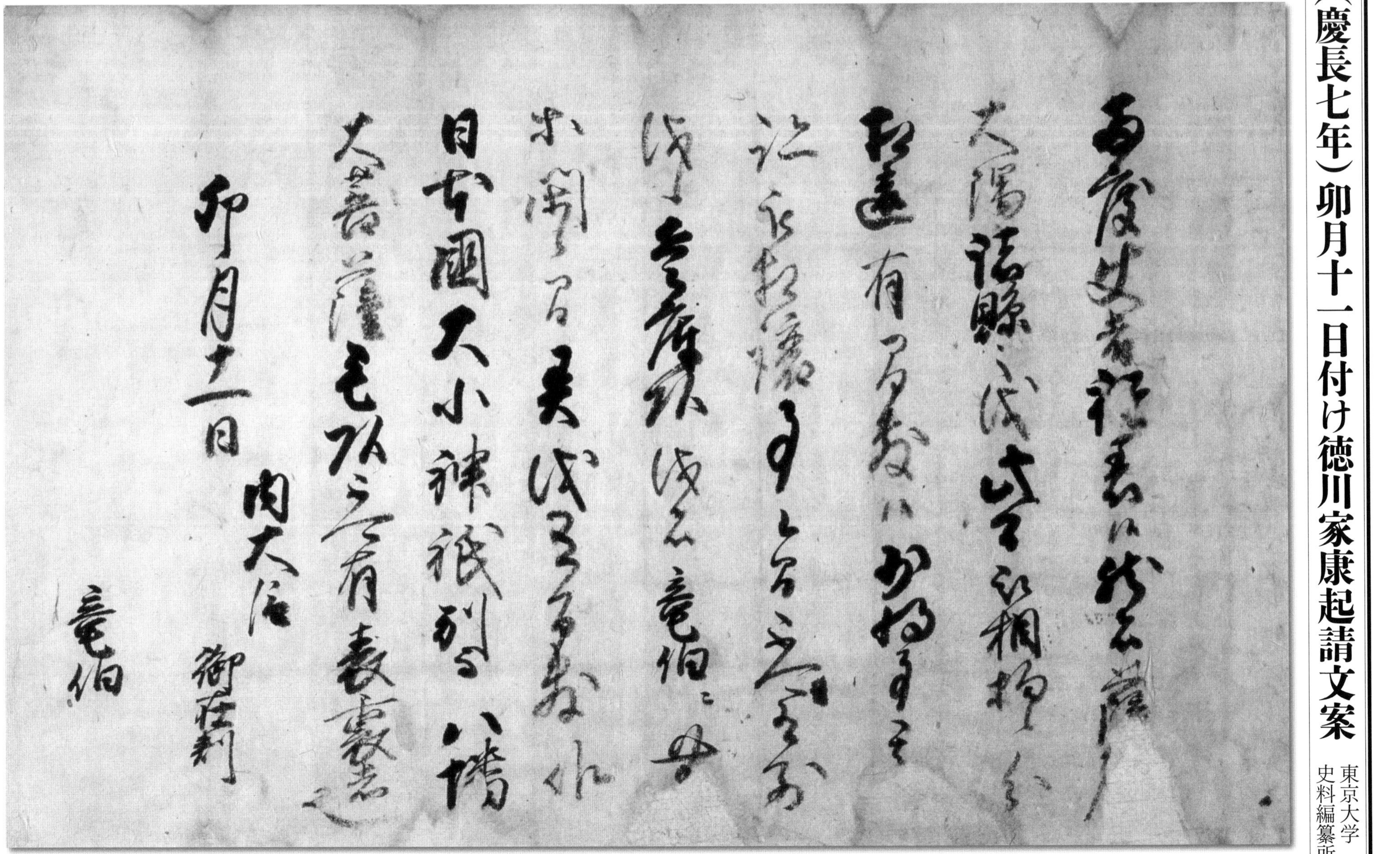
卯月十一日
内大臣
御在判
竜伯

148 (慶長七年)十一月九日付け徳川家康書状

東京大学史料編纂所所蔵

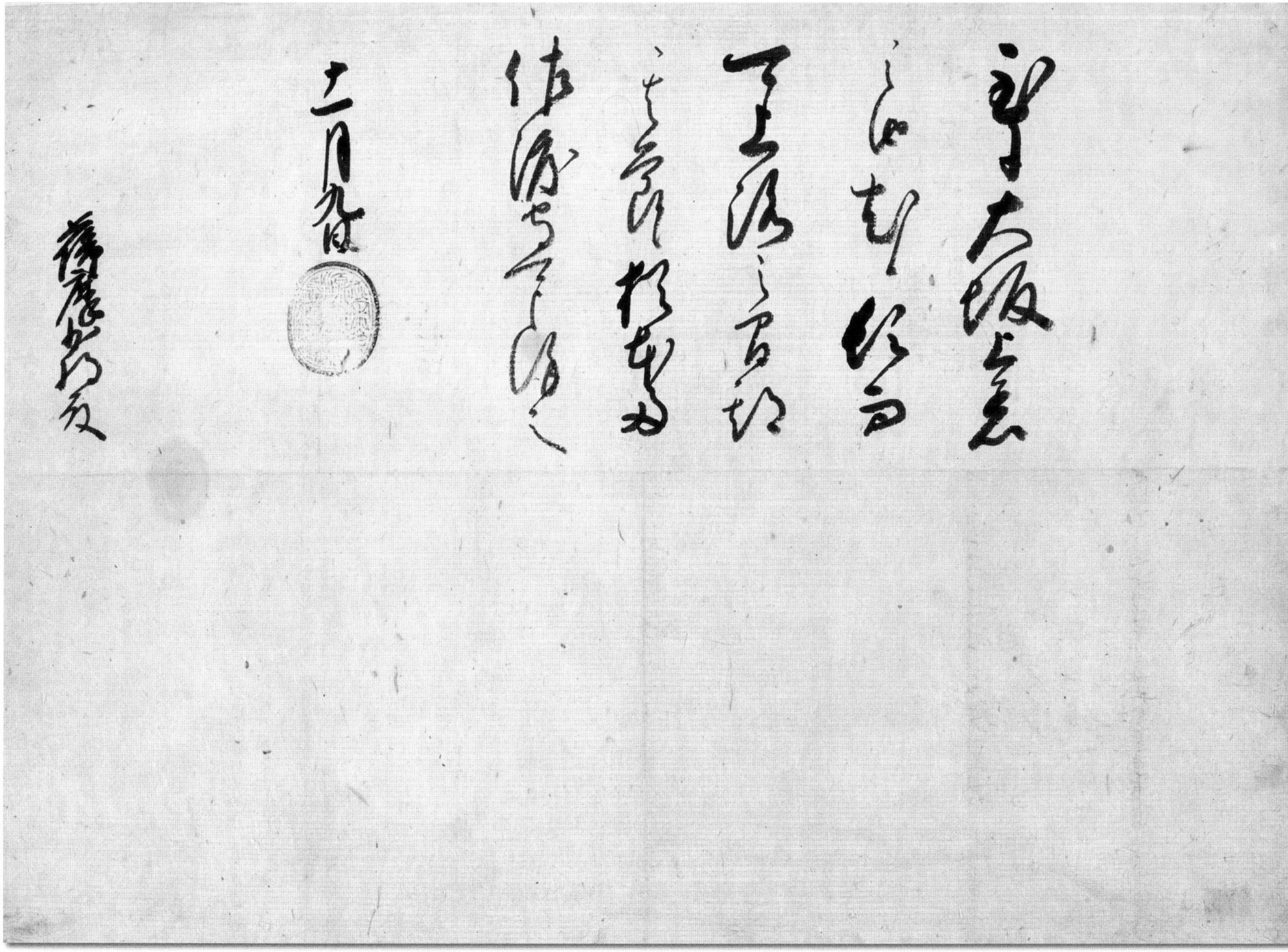

149 (慶長八年)二月二十八日付け徳川家康御内書

福岡市博物館所蔵

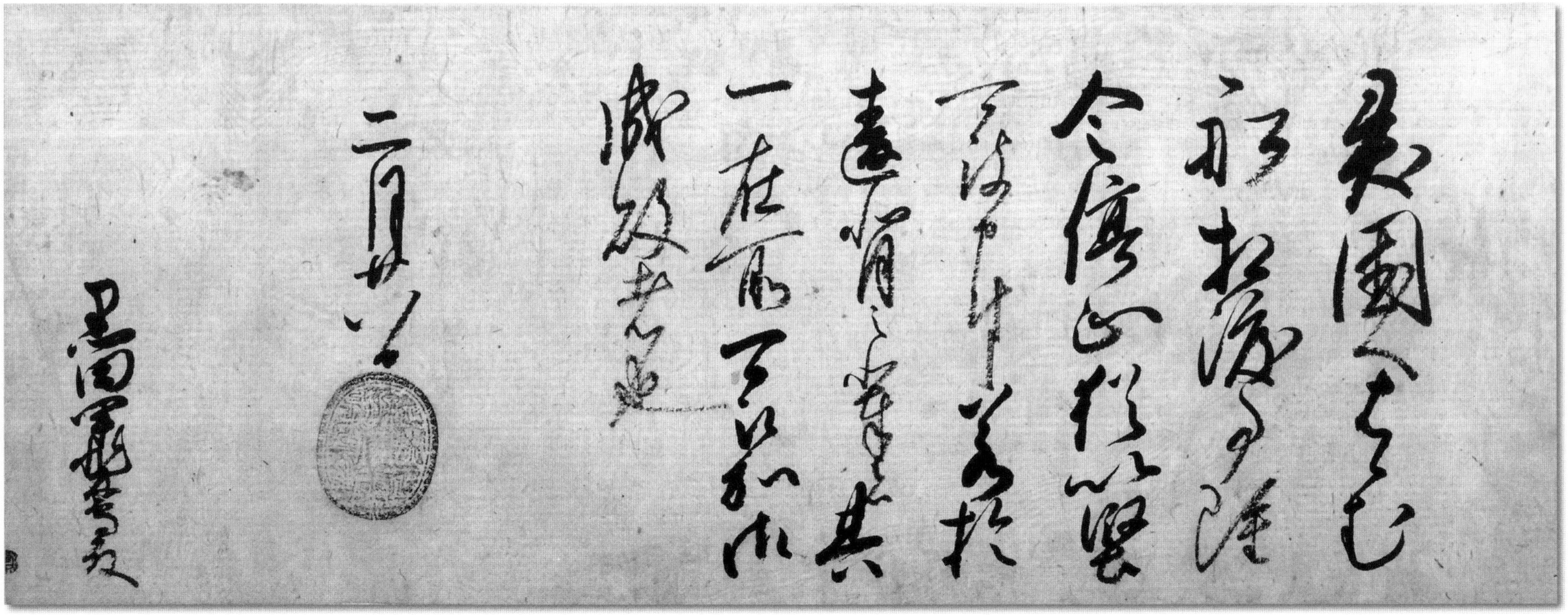

150 慶長八年二月九日付け徳川家康伝馬朱印状

神宮徴古館所蔵

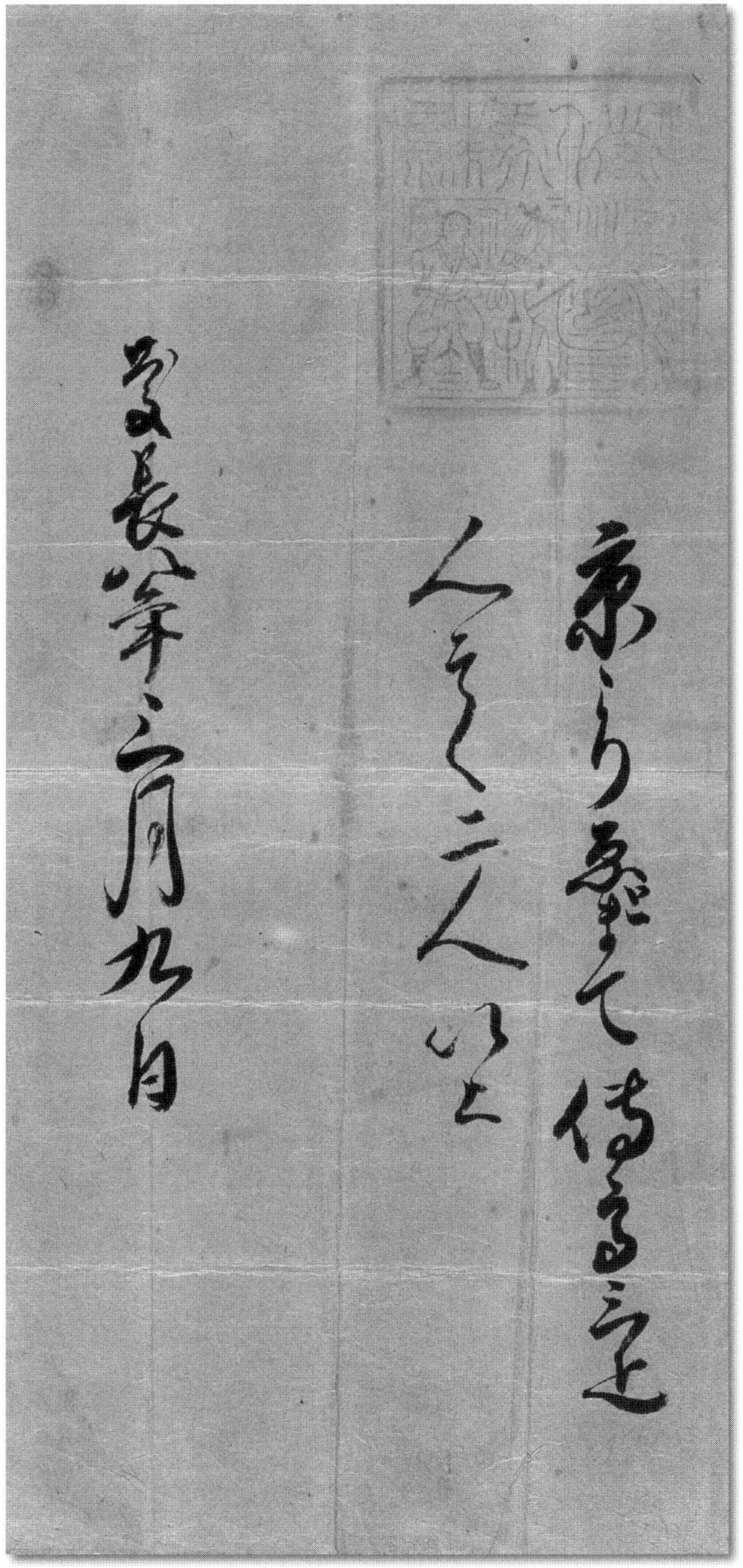

151 (慶長十一年)五月五日付け徳川家康御内書

神戸大学文学部所蔵

152 (慶長十二年)三月十一日付け徳川家康自筆書状

徳川美術館所蔵

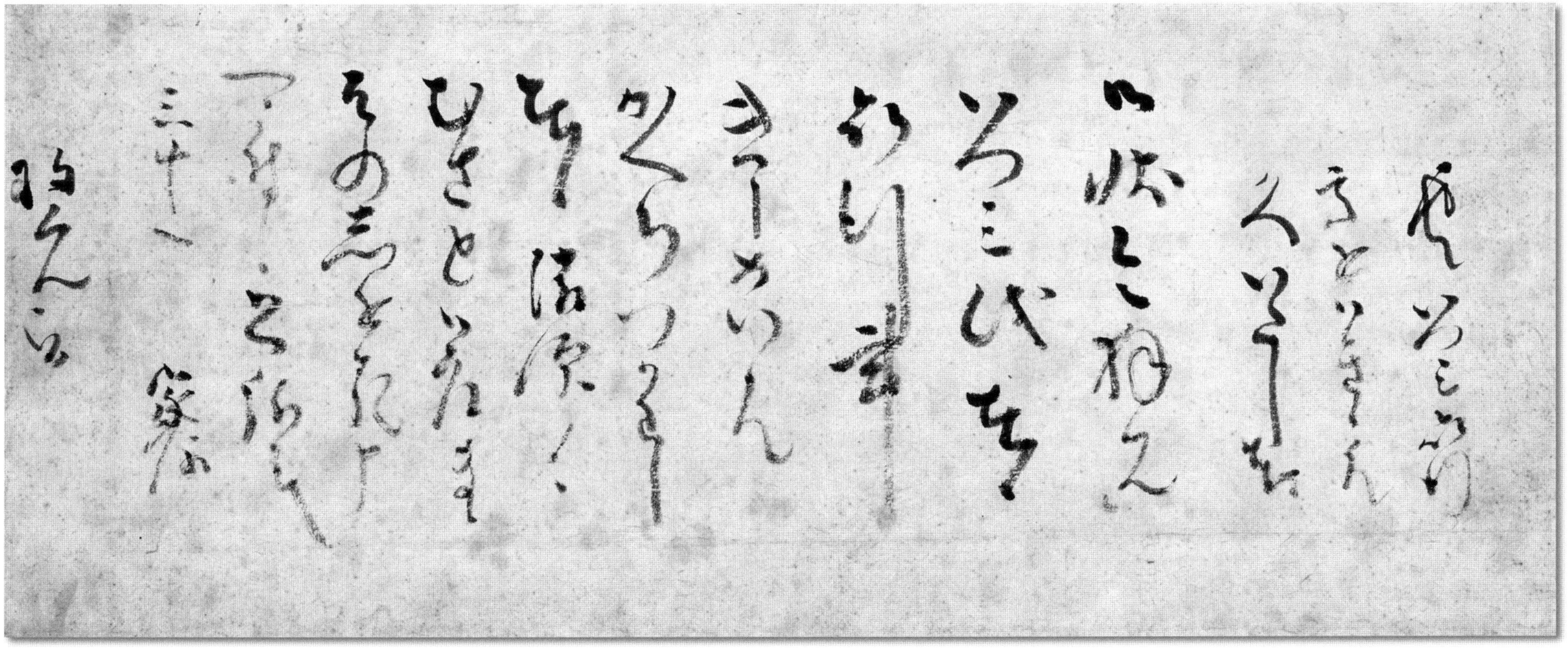

153　(慶長十二年)十月四日付け徳川家康御内書

毛利博物館所蔵

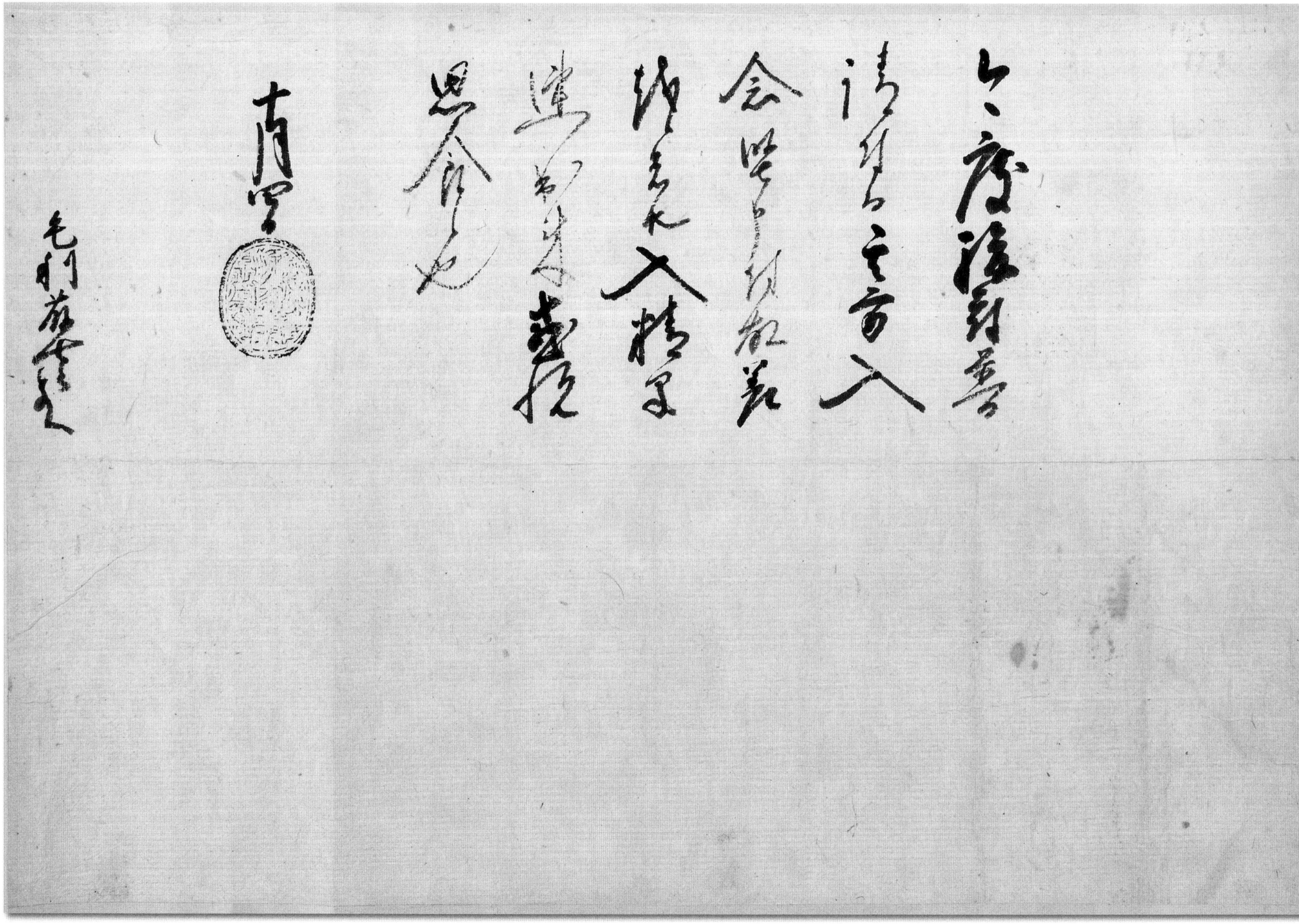

154 (慶長十二年ヵ)十月四日付け徳川家康御内書

國學院大學所藏

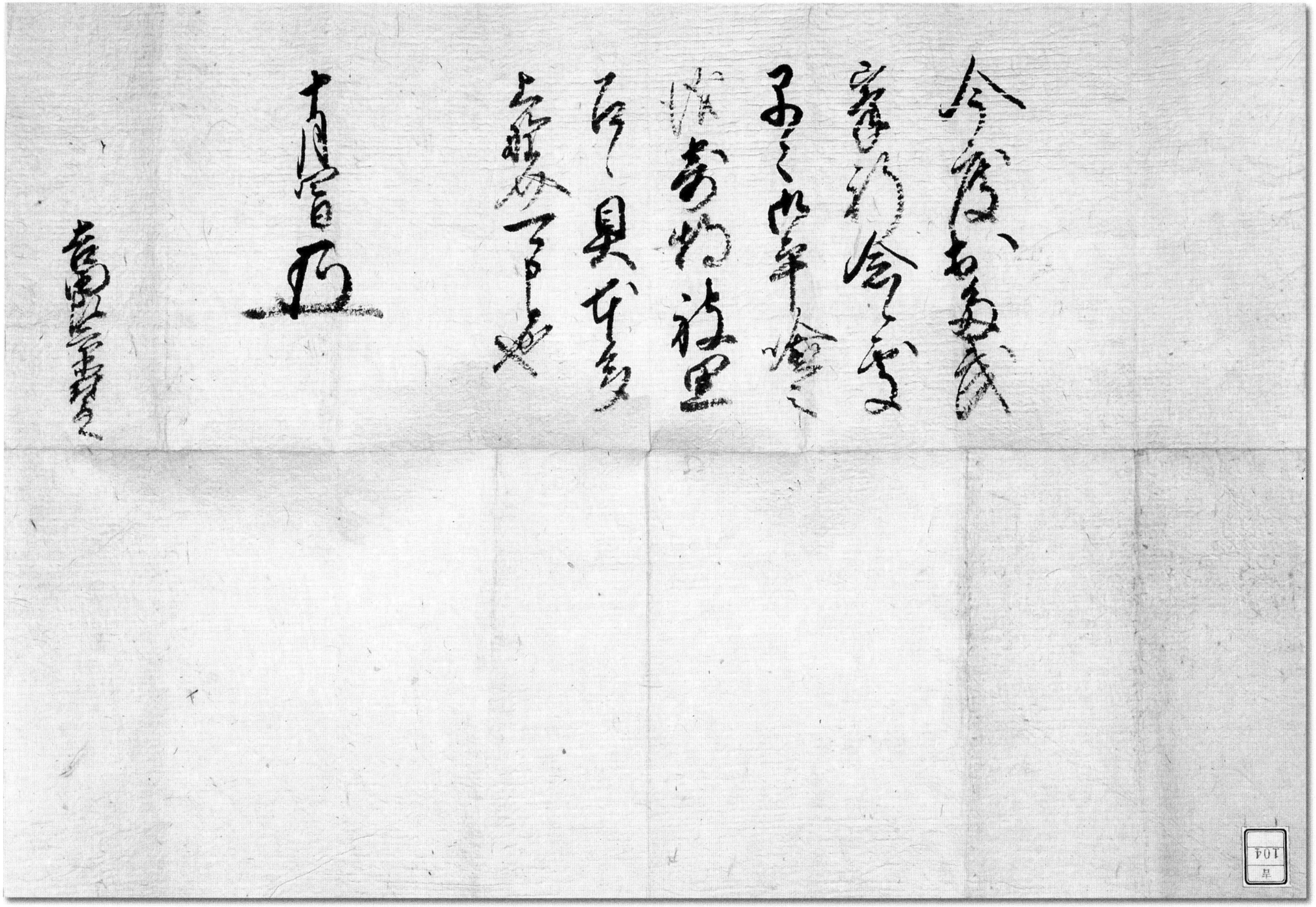

155 慶長十二年十月六日付け徳川家康異国渡海朱印状

個人所蔵

自日本到
東埔寨舟也
右
慶長拾貳年丁未十月初六日

156 (慶長十三年)八月十日付け徳川家康御内書

神戸大学文学部所蔵

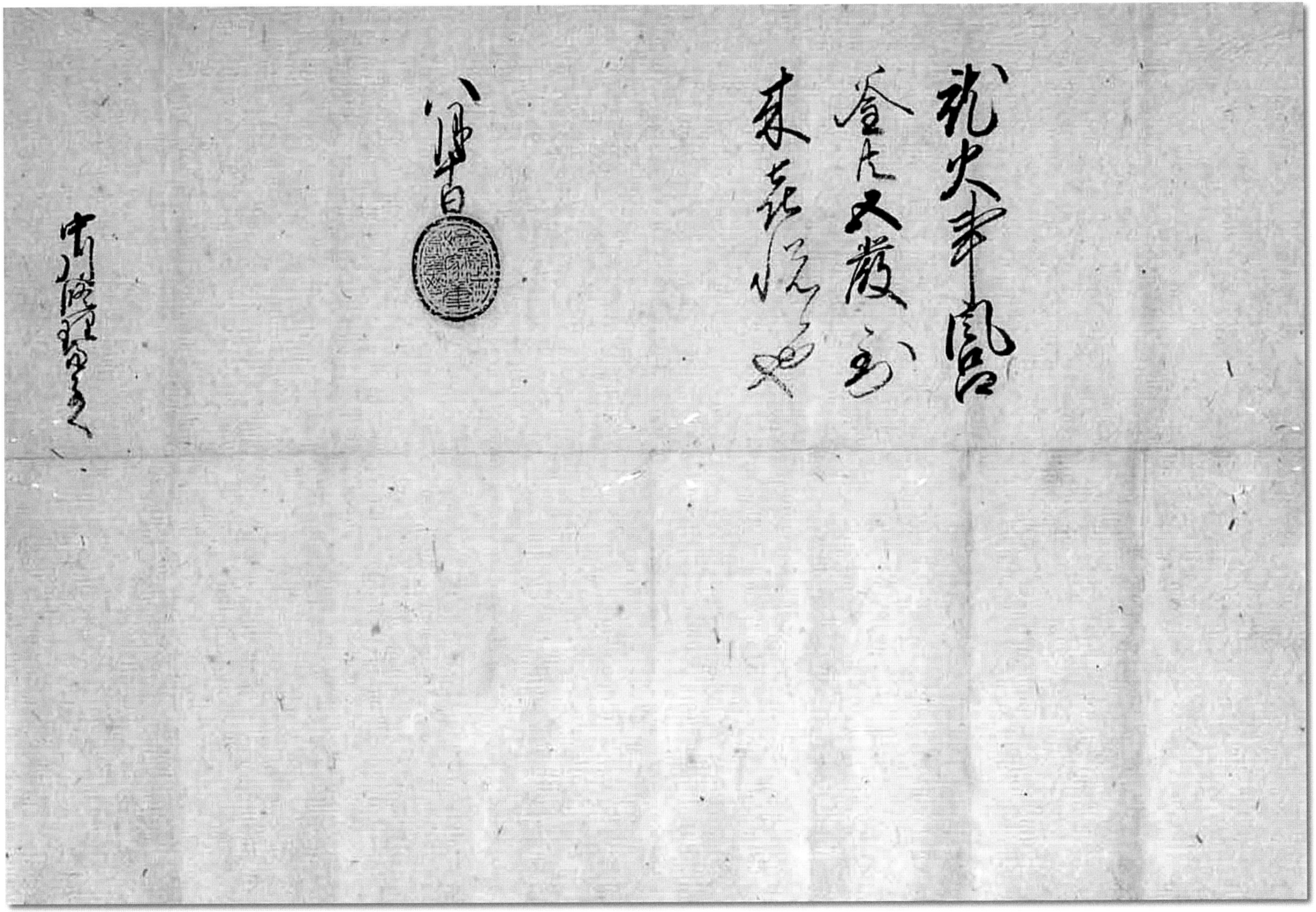

157 慶長十四年七月二十五日付け徳川家康朱印状

オランダ国立中央文書館所蔵

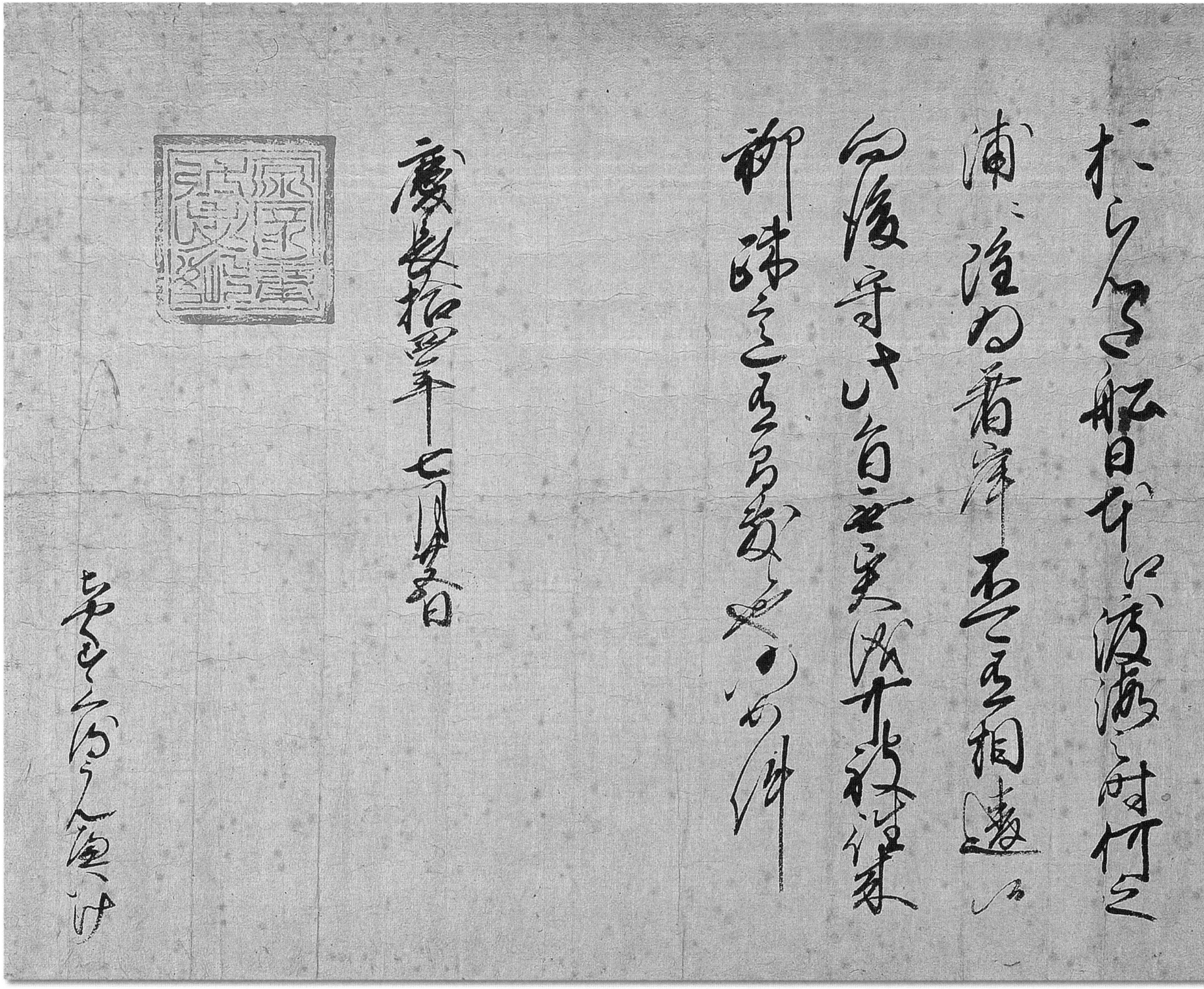
おらんた船日本江渡海之時何之浦ニ雖為着岸不可有相違候
向後守此旨無異儀可被往来
聊疎意有間敷候也
慶長拾四年七月廿五日
ちやくすくるうんへいけ

158 慶長十四年十二月二十八日付け徳川家康朱印状

インディアス公文書館所蔵

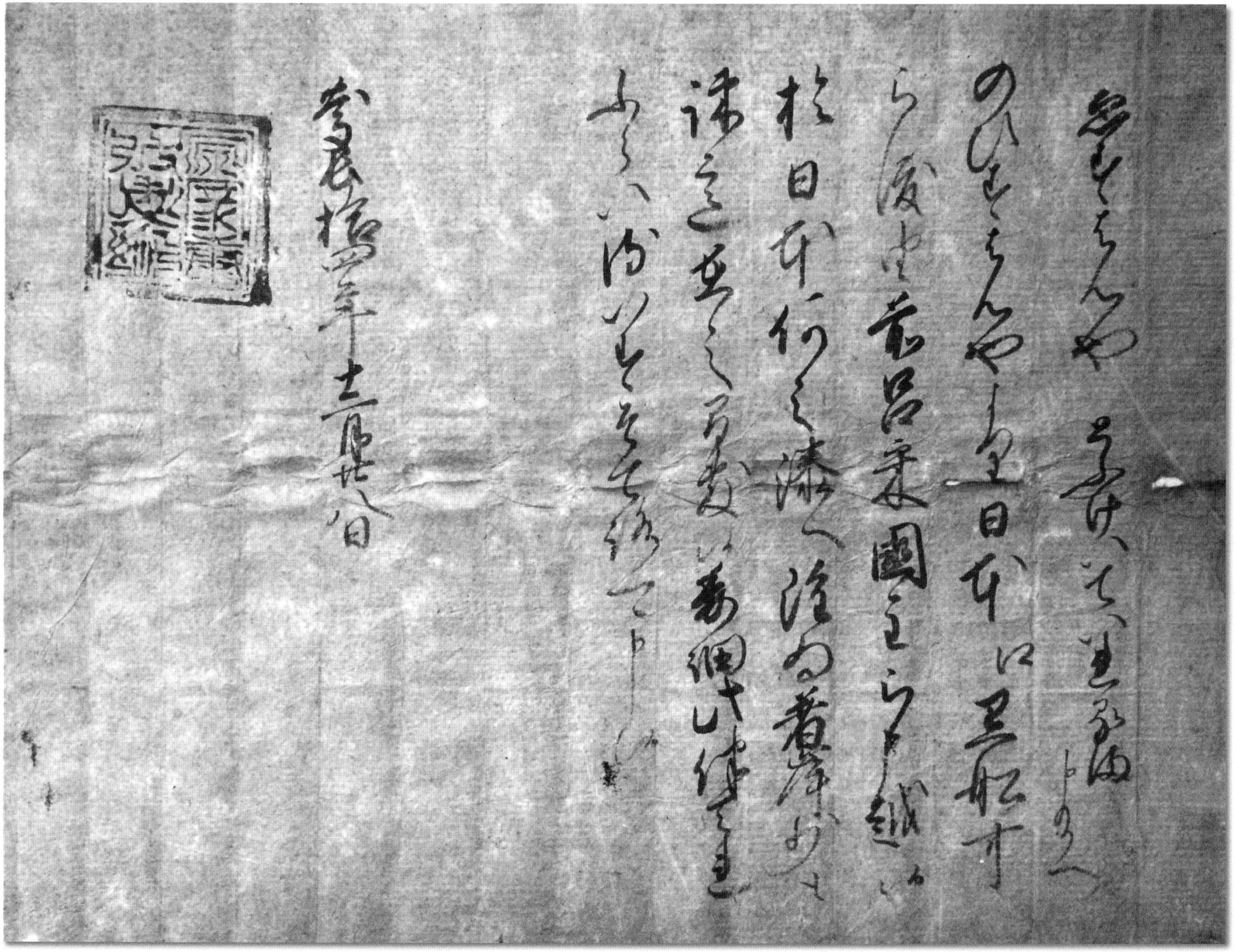

159 (慶長十五年)二月二十五日付け徳川家康自筆書状

大阪城天守閣所蔵

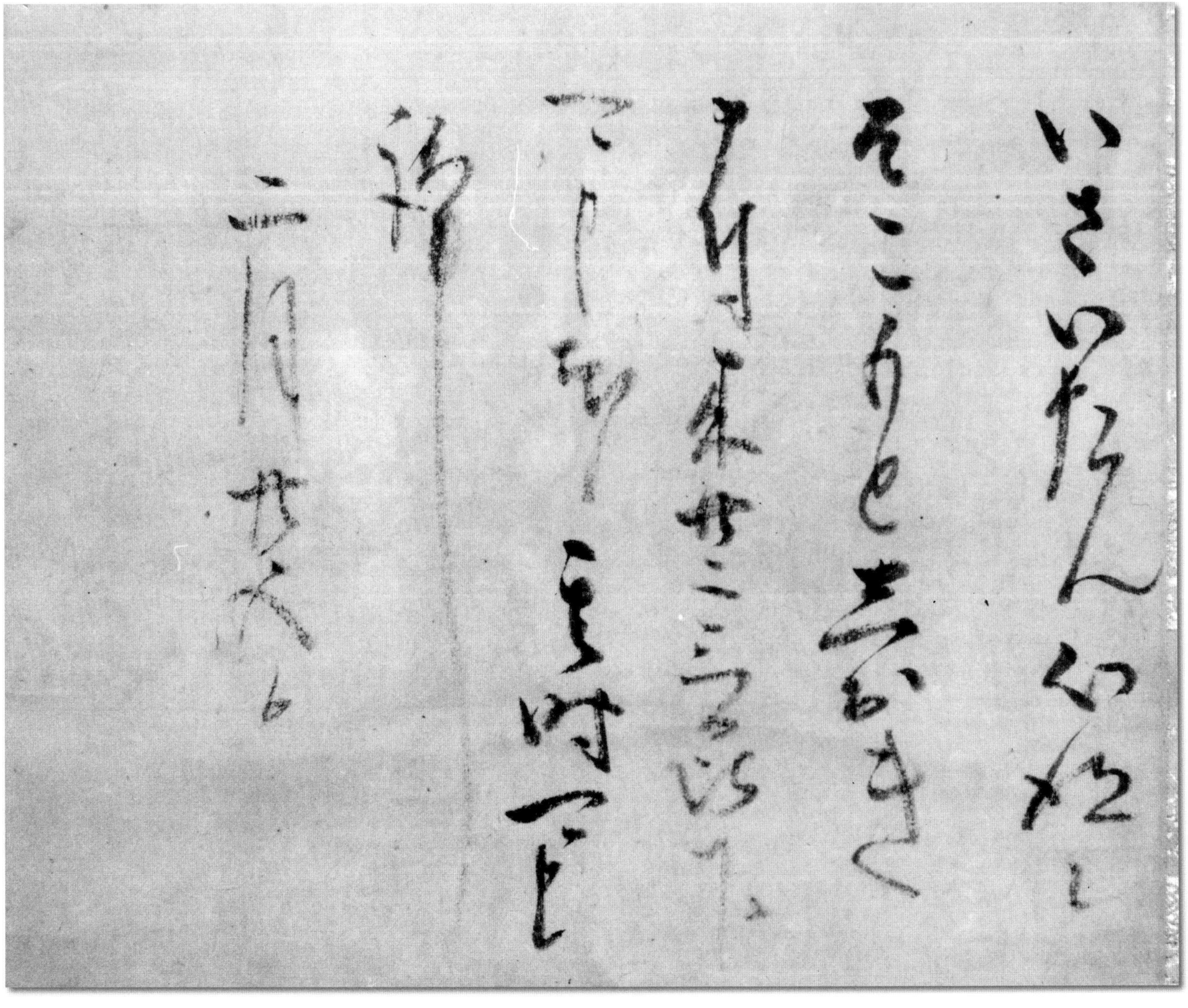

160 慶長十六年正月吉日付け徳川家康自筆小物成皆済状

東京大学史料編纂所所蔵

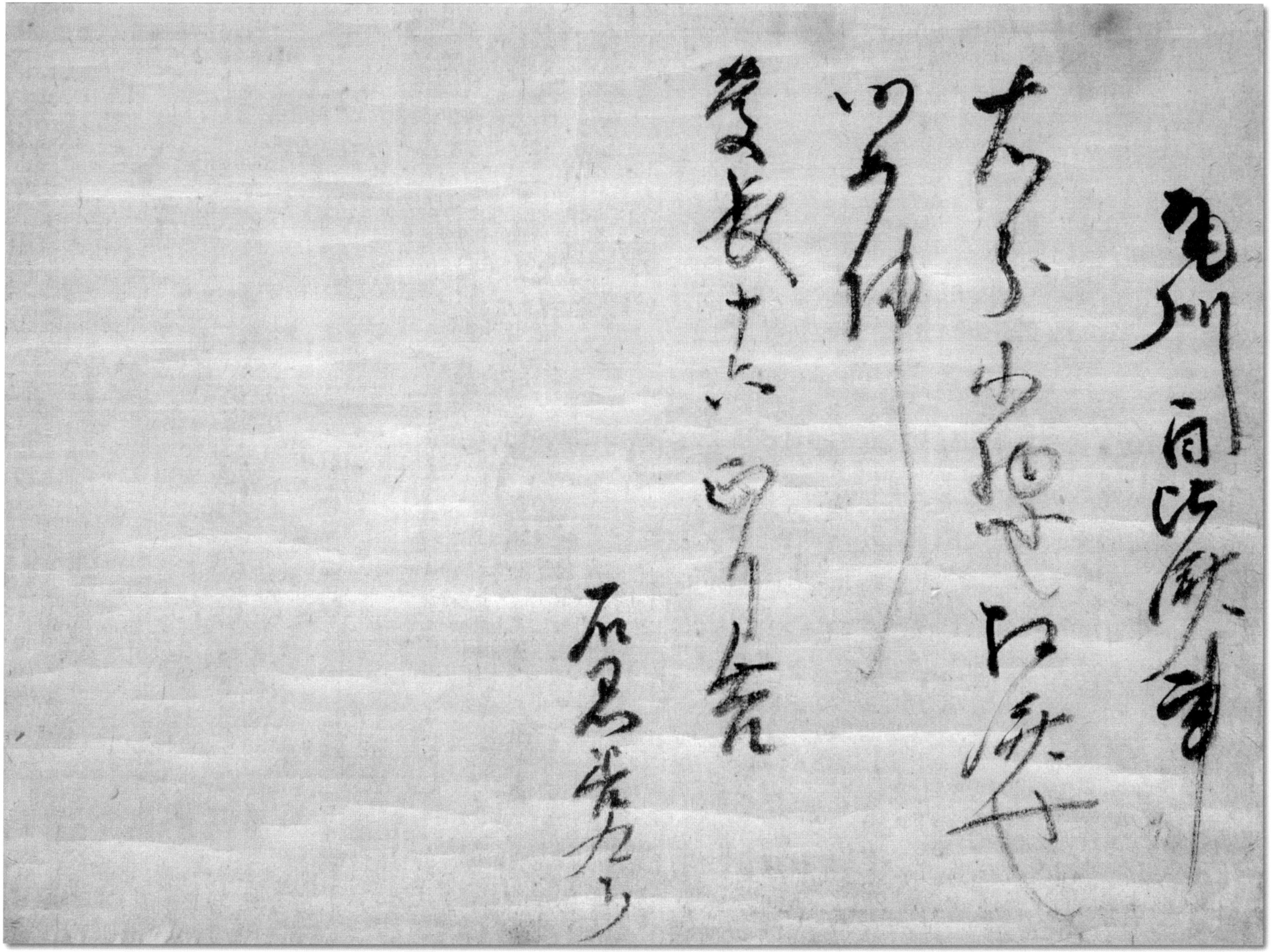

161 (慶長十六年)三月二十九日付け徳川家康自筆書状

東京国立博物館所蔵

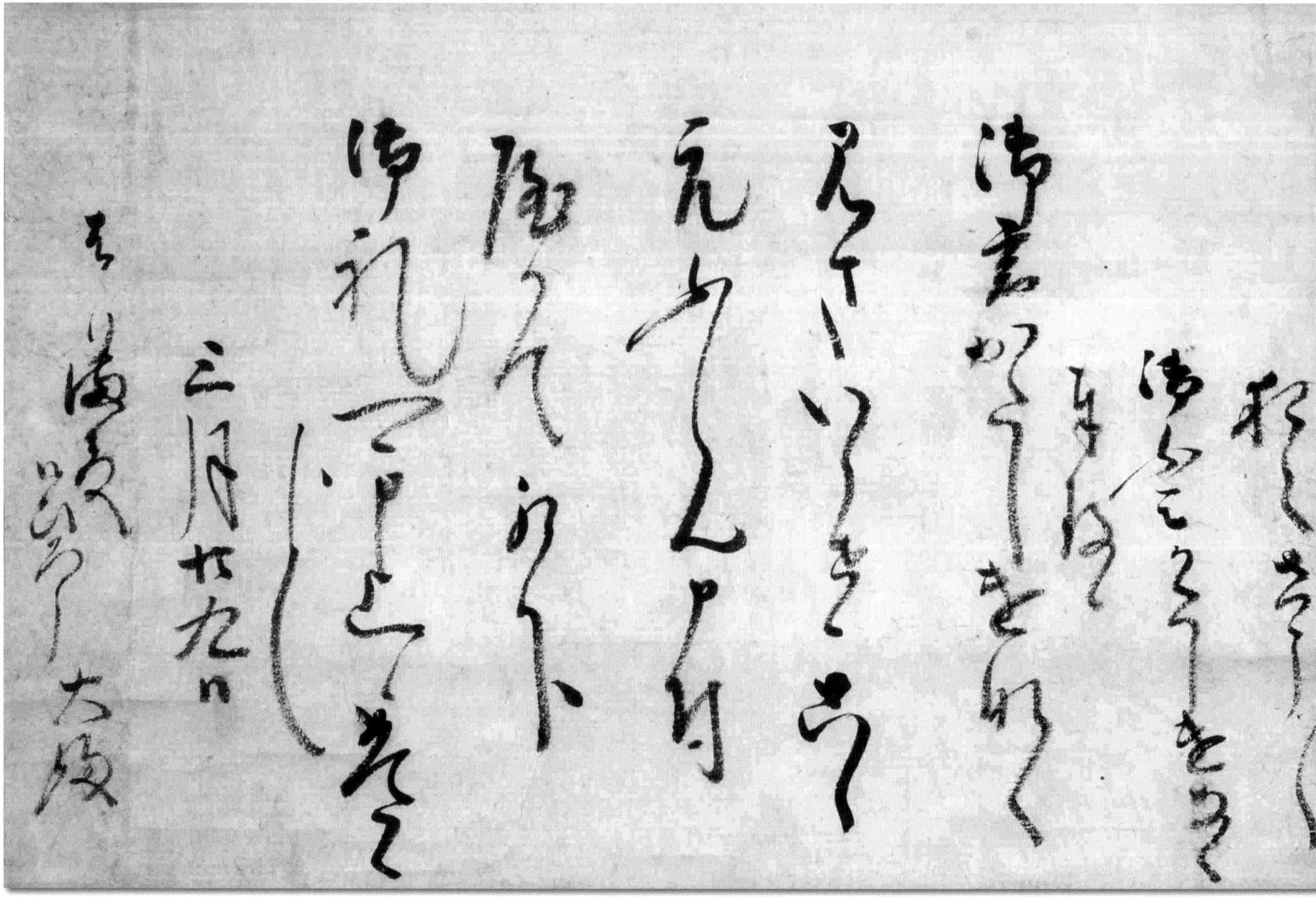

162 (慶長十六年・月日未詳)徳川家康自筆書状

徳川美術館所蔵

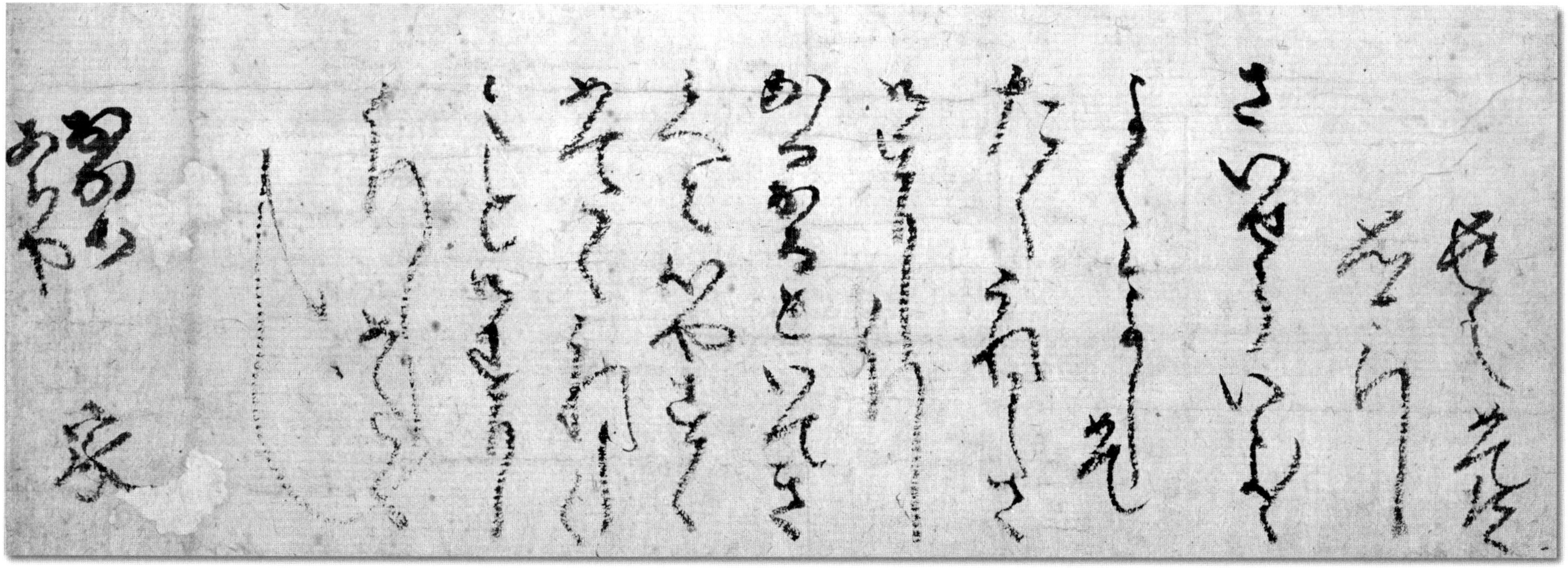

163 慶長十七年五月二日付け徳川家康判物写

増上寺所蔵

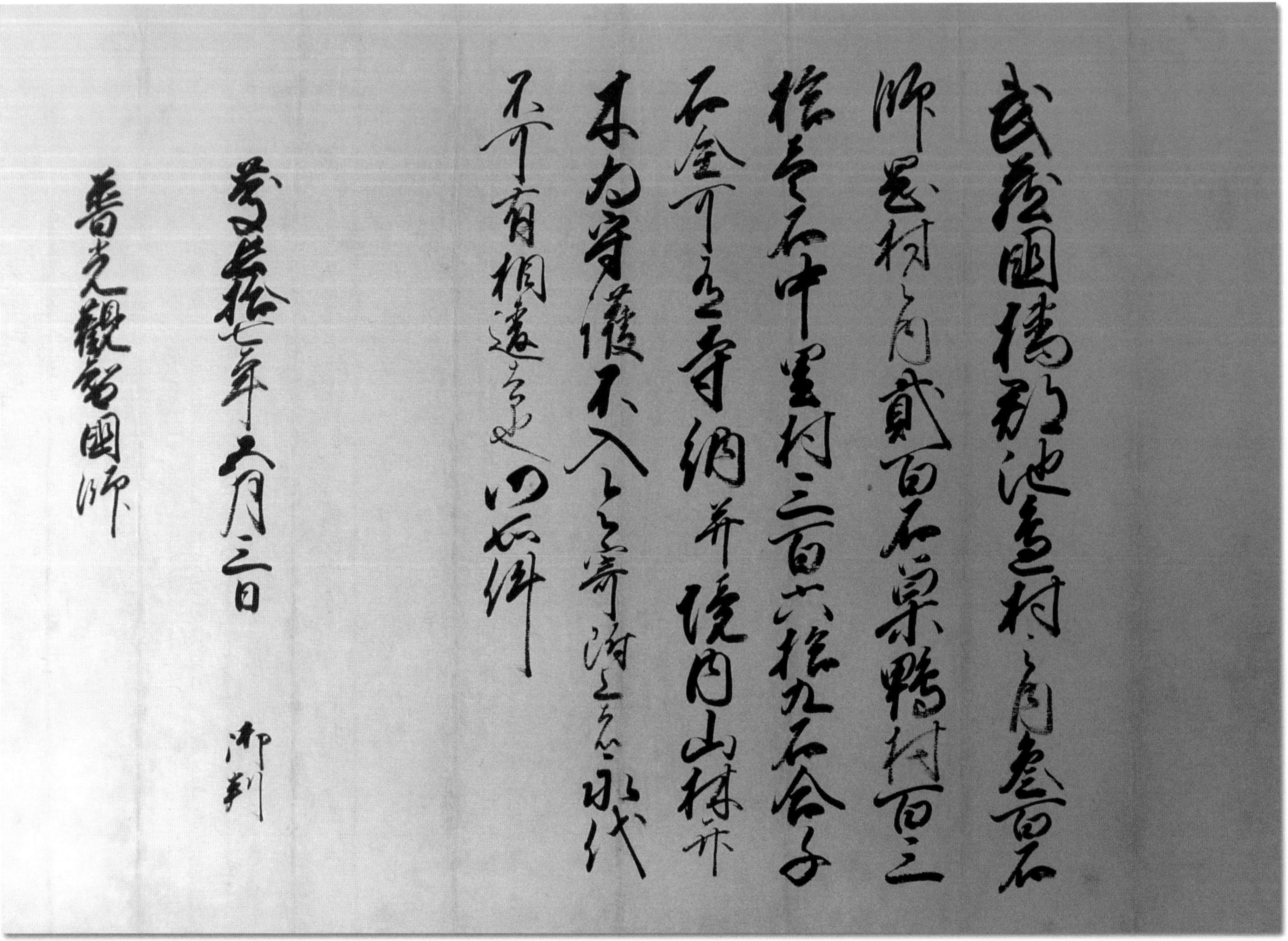
武蔵国橘樹郡池上村之内参百石
師岡村之内弐百石・[illegible]鴨村百三
拾壱石・中里村三百六拾九石合千
石全可令寺納并境内山林竹
木為守護不入之寄附之訖永代
不可有相違之状如件
慶長拾七年五月二日　御判
増上寺観智国師

164 （慶長十八年カ）徳川家康自筆道中宿付

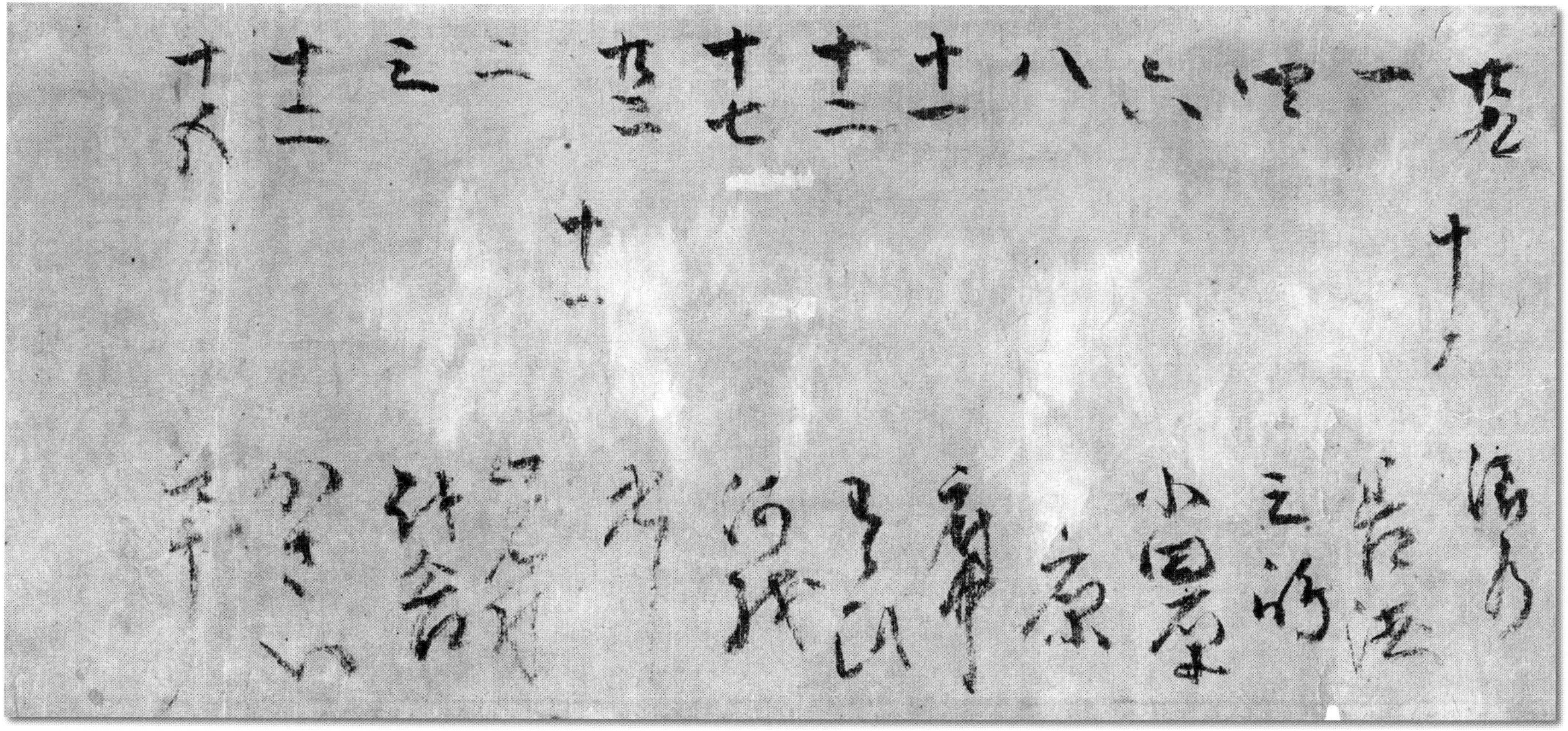

徳川ミュージアム所蔵

165 （慶長十八年カ）徳川家康自筆鷹匠給銀覚書

徳川ミュージアム所蔵

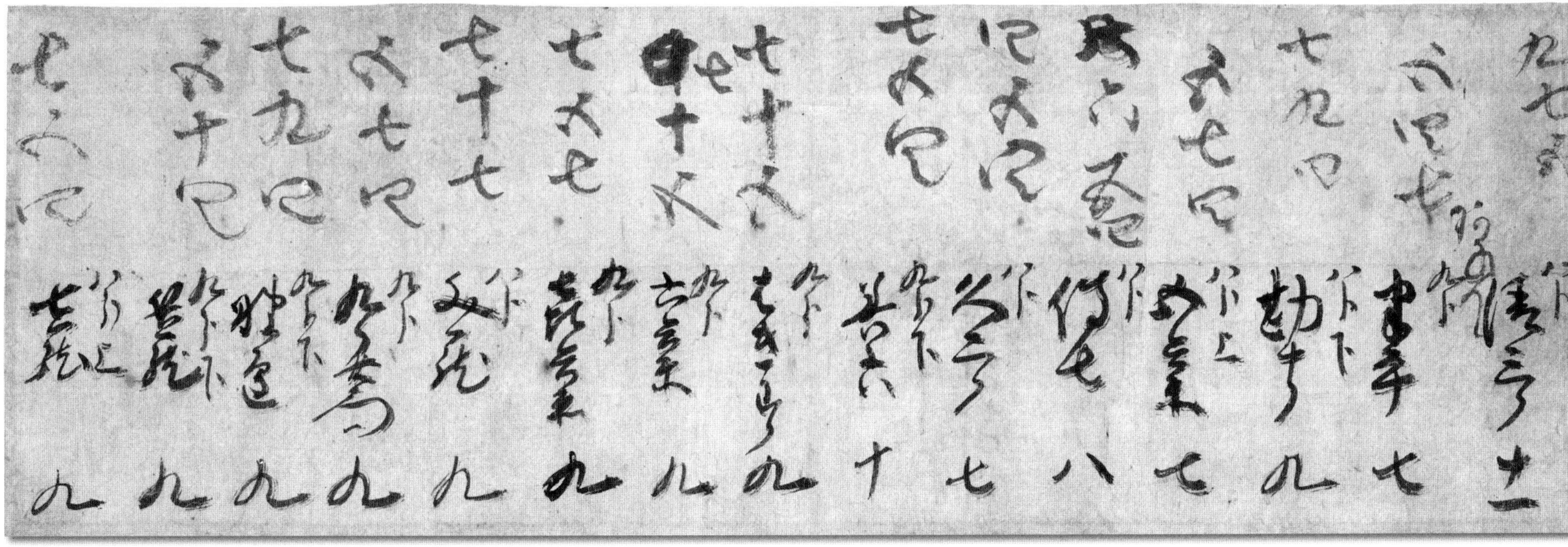

徳川家康自筆鷹匠給銀覚書

166 (慶長十九年)五月二十七日付け徳川家康御内書

天理大学附属天理図書館所蔵

167 (慶長十九年)十月七日付け徳川家康御内書

石川武美記念図書館
成簣堂文庫所蔵

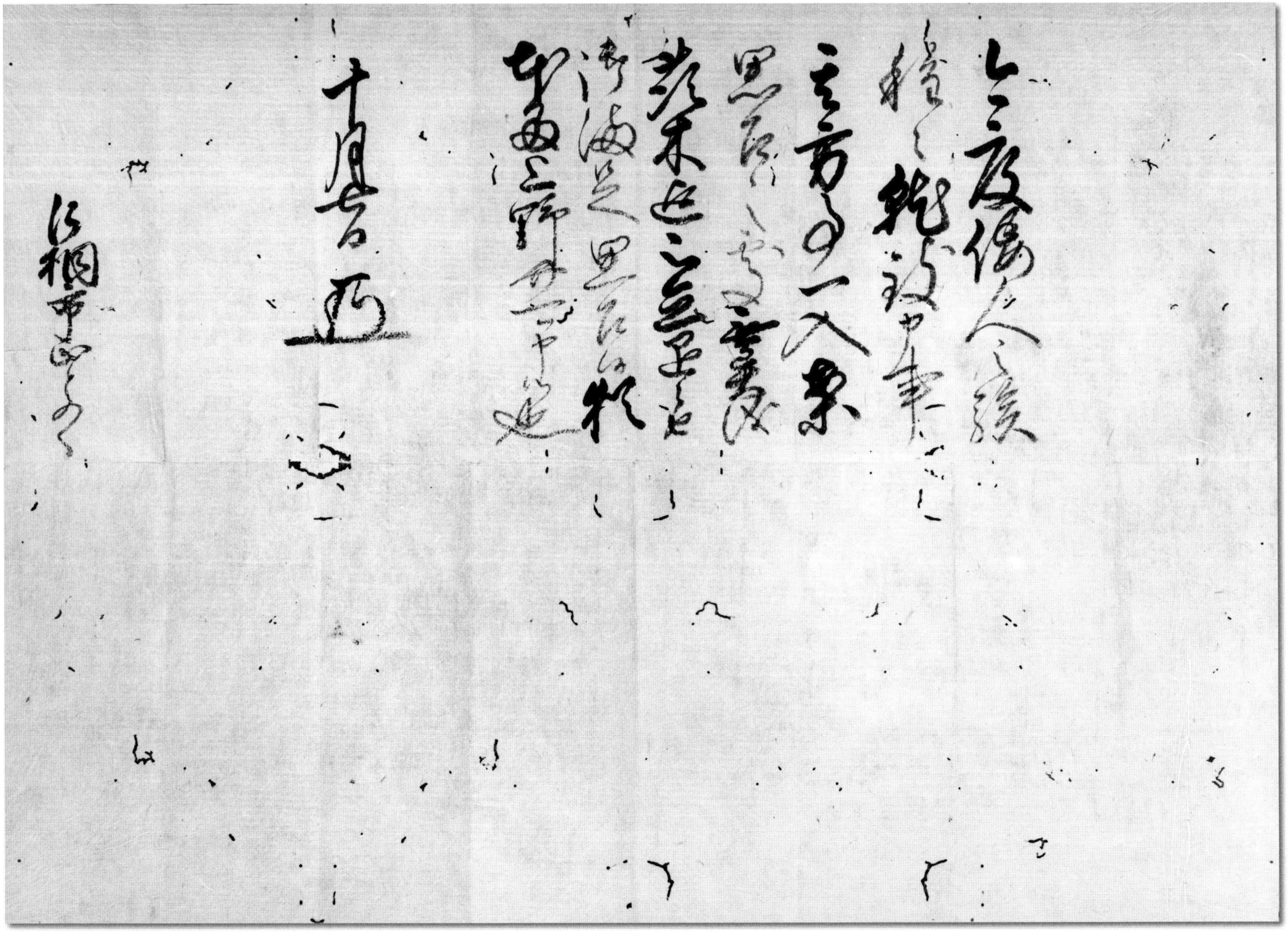

168

慶長十九年十二月二日付け徳川家康禁制写

大阪歴史博物館所蔵

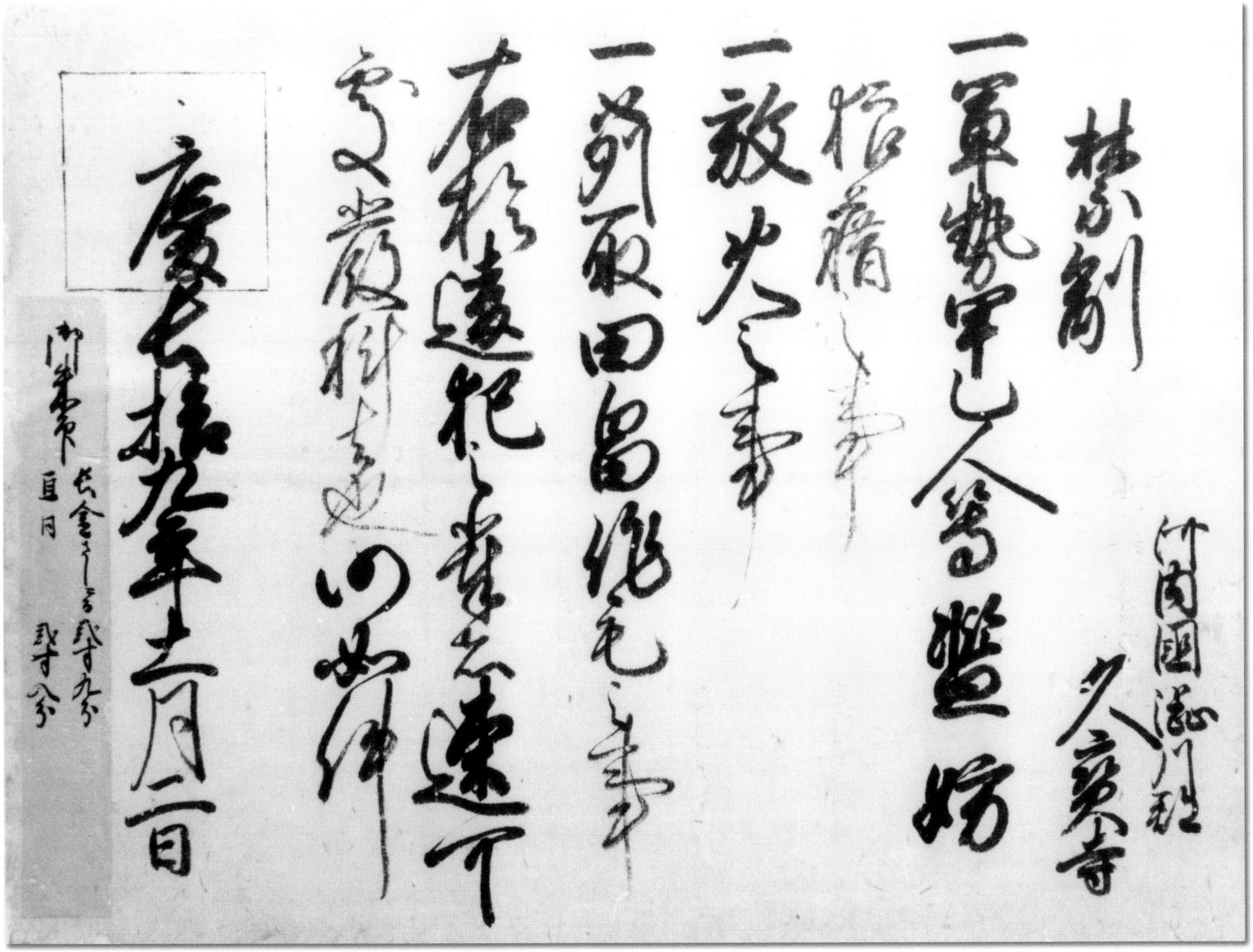

169 (慶長十九年)十二月二十四日付け徳川家康感状写

徳川県立文書館所蔵

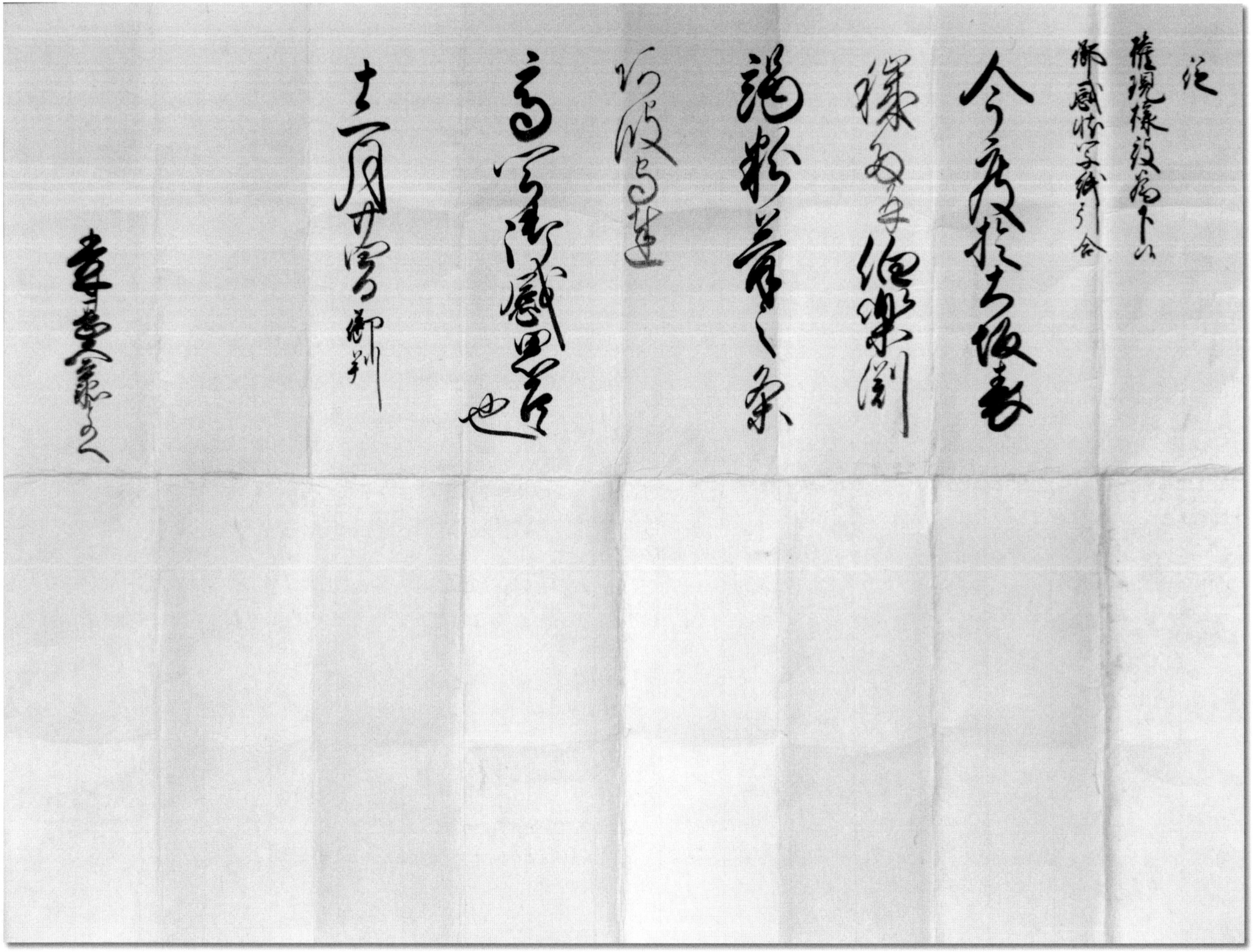

170 （元和元年十月頃カ）徳川家康自筆書状

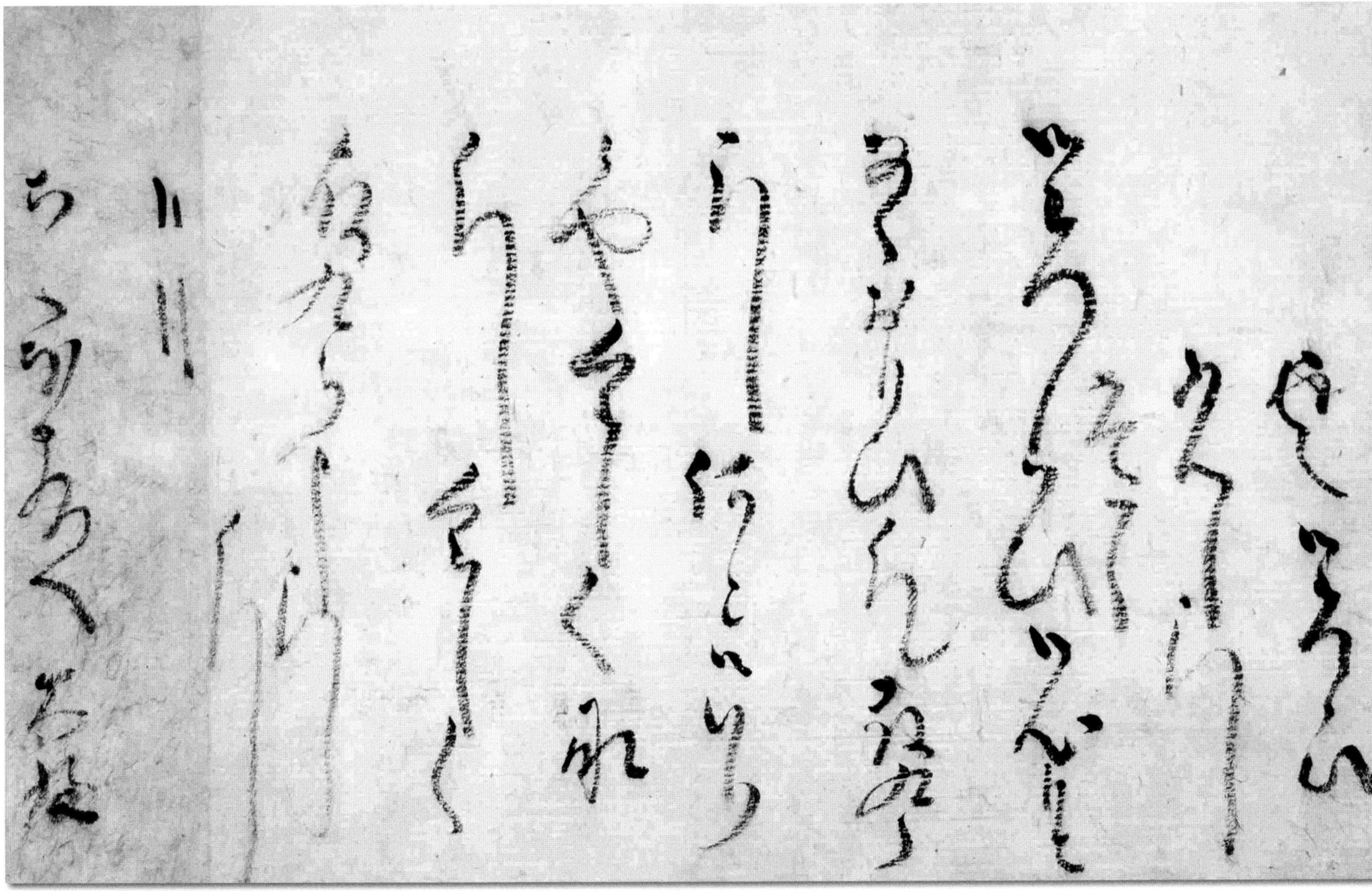

東京国立博物館所蔵

釈文・解説編

全体解説　徳川家康の生涯と発給文書

山本博文

はじめに

本書は、先に刊行した『豊臣秀吉の古文書』に続き、徳川家康文書のうち、政治的に重要なものや文書として特筆すべきものを、写真版で紹介し、釈文と解説を付したものである。文書の原本を採録することを基本方針としたが、重要な文書は写本でも収録することとした。本書を熟覧すれば、家康の生涯と事蹟がおおむね理解できると思う。

家康文書を集成した研究成果としては、まず中村孝也氏の『新訂 徳川家康文書の研究』上巻・中巻・下巻之一・下巻之二（日本学術振興会、一九八〇〜一九八二年）の四冊が挙げられる。それに加えて、中村孝也氏が採録し得なかった文書を集成した徳川義宣氏の『新修 徳川家康文書の研究』（徳川黎明会、一九八三年）、『新修 徳川家康文書の研究』第二輯（徳川黎明会、二〇〇六年）がある。ほかに家康の自筆文書を集成し写真で紹介した徳川義宣編著『徳川家康真蹟集』（角川書店、一九八三年）がある。

本書編纂の過程で痛感したのは、重要な文書でも『新訂 徳川家康文書の研究』に漏れているものが多いことである。また、写本で内容が知られていた史料でも、今回原本を見出して紹介したものが少なくない。これは、近年、所蔵史料の公開が進み、また研究も大幅に進展したことなどによるもので、ただ家康文書の写真版を広く伝えるだけでなく、家康文書研究の進展を示したことにも、本書編纂の意義があると考える。

家康文書は、秀吉文書に比べれば少数で、内容があるものに乏しいという印象があった。しかし、精選して本書に収録した文書だけでも百七十点に及び、重要な内容を持つ文書が少なくない。それらの詳しい内容は、各文書に付した解説に譲り、ここでは家康の生涯と注目すべき文書の紹介を行って、全体解説としたい。

一　家康の生い立ち

徳川家康は、天文十一年（一五四二）十二月二十六日、三河岡崎城主松平広忠《まつだいらひろただ》の嫡男として生まれた。幼名は竹千代である。

松平家には一族の内訌があり、天文四年、家康の祖父清康《きよやす》は、織田信秀《のぶひで》との交戦中、部下の阿部弥七郎に殺害された。子の広忠は、わずか十歳で、弥七郎の父阿部正澄に連れられ、伊勢に逃れた。

天文十年、十六歳の広忠は、尾張小川《おがわ》（愛知県東浦町）の城主水野忠政《みずのただまさ》の娘（お大の方、伝通院）を娶る。お大の方は十四歳で、翌年、長男家康が誕生した。ところが天文十三年十二月、広忠は、お大の方と離縁する。お大の方の父水野忠政が歿し、嫡男信元《のぶもと》が尾張の織田信秀に従ったため、今川方の広忠はお大を離縁せざるを得なかったのである。

天文十六年、織田信秀が、岡崎城を包囲した。広忠は、今川義元《よしもと》に援助を乞い、人質提出を求められる。そこで六歳の嫡男竹千代を駿河に送ったところ、その途中、広忠の継室の父、三河渥美郡田原《たはら》城主の戸田康光《とだやすみつ》が竹千代を奪い取り、信秀に送った。信秀は広忠に今川氏との断交を要求したが、広忠は応じなかった。

天文十八年三月三日、織田信秀が歿した。同月六日には、広忠が近臣の岩松八弥《いわまつはちや》のために暗殺される。岡崎城には今川の部将が入り、織田信広《のぶひろ》が守る安城《あんじょう》城（愛知県安城市）を攻め、これを落とした。竹千代は、信広と人質交換され、今川義元の人質として駿河に送られた。これから竹千代は、今川氏での人質生活を送ることになる。つらい時代だったように語られているが、今川氏の待遇はよかったようである。

弘治二年（一五五六）、家康は十五歳の時に駿河で元服し、元信《もとのぶ》を名乗る。加冠は今川義元、理髪は関口刑部少輔義広（親永、氏縁《うじより》とも。駿河持舟《もちぶね》城主、義元の重臣で義元の妹を妻とする）である。翌年正月、家康は、義元の姪にあたる関口義広の娘を娶った。「駿河御前」、のち「築山殿《つきやまどの》」と呼ばれる。

家康文書の初見は、弘治二年六月二十四日付け大仙寺《だいせんじ》俊恵蔵主宛ての寺領寄進状および禁制《きんぜい》とされ、署名は「松平次郎三郎元信」となっている（大仙寺文書）。ただし本文書は、実は「しんそう」（於久）という家康の大伯母（清康の姉）が、家康の名前で自身の印章を使用し、本文書を作成したものとされる（新行紀一「最初の徳川家康文書」『日本歴史』三一七号、一九七四年）。実質的な家康文書の初見は、本書001弘治三年五月三日付け三河高隆寺《こうりゅうじ》宛て定書である。本文書は、一見祐筆によるものと見えるが、その書風や筆勢に後年の筆癖が見られることから、家康の自筆とされる（徳川義宣編著『徳川家康真蹟集』解説編）。

永禄二年（一五五九）には長男信康《のぶやす》が誕生し、翌年には長女亀姫《かめひめ》が誕生する。ところが、同年五月、尾張に侵攻した今川義元が、桶狭間の戦いで織田信長に討たれる。この時、今川方の拠点、尾張大高《おおだか》城（愛知県名古屋市緑区）に入っていた家康は、岡崎に戻り、大樹寺《だいじゅじ》に陣した。そして、岡崎城を守備していた今川勢が駿河に引き揚げると、岡崎城に入城した。五月二十三日のことである。

二　織田信長との同盟時代

永禄四年（一五六一）、家康は、義元の子氏真《うじざね》と絶縁し、織田信長に付く。翌年、家康は今川方の三河西郡《にしごおり》城主鵜殿長照《うどのながてる》を攻め、長照を倒して、その子二人を捕虜とする。そして翌永禄五年、駿河にいた築山殿と信康・亀姫を岡崎に迎える。同年、尾張清須《きよす》（愛知県清須市）で信長と会見し、翌六年には義元からもらった「元」の字を捨て、家康と改名した。

家康が松平から徳川に名字を変え（姓は源）、朝廷から従五位下三河守に叙任されたのは、永禄九年十二月である。

永禄十年、信康は、信長の娘五徳《ごとく》を娶った。共に九歳で、織田・徳川同盟の証しだった。元亀元年（一五七〇）、三河を統一して遠江に進出した家康は、居城を浜松に移し、十二歳の信康を元服させ、岡崎城主とした。家康と信長の関係については、018天正二年（一五七四）閏十一月九日付け岐阜殿宛て家康書状がある（徳川ミュージアム所蔵）。内容は、吉良表《きらおもて》（愛知県西尾市）へ鷹野に来るよう要請するもので、武田家の脅威を感じていた家康が、信長との連携を強めようとする意図のもとで出された文書である。翌天正三年五月に起こる長篠の戦いに関連する文書としては、020（天正三年）三月十三日付け岐阜殿宛て家康書状がある。これは、長篠城に兵糧を過分に送ってもらったことへの礼状である。

天正七年九月十五日、家康の長男信康が自害した。従来、これは信長の強要によって行われたものとされてきたが、近年の研究では家康自らが信長の許可を得、行ったものだとされている。『当代記』によれば、「父家康公の命を常違背し、信長公をも被奉軽、被官以下に無情被行非道」たため、やむなく岡崎城から出し、遠江堀江《ほりえ》（静岡県浜松市西区）へ移し、さらに二俣《ふたまた》（静岡県浜松市天竜区）へ移して、信康はその地で自害したという。母の築山殿も浜名湖に近い小藪村、佐鳴《さなる》湖《こ》において野中三五郎重政の手によって殺害された。この事件に関する家康文書はない。同時期の文書としては、022（天正七年）七月一日付け伊達輝宗宛て家康書状がある。これは、伊達氏と初めて連絡をとった家康が、鷹師を差し下すことを伝えたものである。

天正十年六月二日未明、信長が、本能寺において明智光秀に討たれた。家康は、穴山梅雪《あなやまばいせつ》と共に堺にいた。本能寺の変を聞いた家康は、伊賀・伊勢の間道を辿り、四日に三河の大浜《おおはま》（愛知県碧南市）に着いた。別行動をとった穴山梅雪は、土民によって殺害された。

家康は、岡崎城で軍勢を調え、信長の弔い合戦のために尾張の鳴海《なるみ》（愛知県名古屋市緑区）まで出陣した。この時、美濃の吉村氏吉《よしむらうじよし》に宛てて書いたのが、023（天正十年）六月十四日付け家康書状である。信長を「上様」と呼んでいることが注目される。しかし、明智光秀は、十三日に山崎の戦いで羽柴秀吉に敗れ、近江坂本《さかもと》城（滋賀県大津市）に逃れようとして、その途中、土民に討たれていた。秀吉の使者が上方平定を告げ、家康は浜松城に帰った。

三　羽柴秀吉との対決

天正十年（一五八二）七月七日、羽柴秀吉は家康に、「両三ヶ国（信州・甲州・上州）之儀、敵方へ非可被成御渡《おわたしなさるべきにあらず》候条、御人数被遣、被属御手《おてにぞくされ》候之様ニ被仰付置尤存候」との書状を送った（『思文閣古書資料目録』二二八号所収）。同年十月二十八日付け水谷《みずのや》勝俊《かつとし》宛て家康書状（中村孝也『新訂徳川家康文書の研究』上巻、三八五頁）によれば、織田信雄《のぶかつ》・信孝《のぶたか》兄弟の要請により、北条氏直《ほうじょううじなお》と講和することにしたことが書かれている。文中、氏直に対し「信長如御在世之時之節《ございせのときのせつのごとく》、惣無事尤候由」を伝えたとする。信長の段階ですでに「惣無事」という用語があることで注目される史料であるが、写本しかないため本書には収録しなかった。

十月二十九日、家康は北条氏直と講和した。上野沼田《ぬまた》を信濃佐久《さく》・甲斐都留《つる》の二郡と交換し、家康の娘督姫《とくひめ》が氏直に嫁した。本書には、北条氏との講和に際して発給された028（天正十年）十月二十四日付け家康起請文を収録した。

家康は、035（天正十一年）十一月十五日付け北条氏政《うじまさ》宛て書状でも、「関東惣無事之儀付而、従《はし》羽柴方《ばかたより》如此申来候」と書いている。家康と北条氏の講和は、秀吉からも要請されたのである。これは従来、天正十四年に比定されたものだったが、現在では天正十一年に確定している（竹井英文『織豊政権と東国社会』吉川弘文館、二〇一二年）。

天正十二年三月六日、織田信雄は、家康と謀り、伊勢松島《まつしま》の津川義冬《つがわよしふゆ》ら三人の老臣を斬り、羽柴秀吉と断交した。同月二十八日、秀吉は尾張に出て、楽田《がくでん》に陣した。家康も、清須を出て小牧《こまき》（愛知県小牧市）に着陣し、信雄も伊勢長島《ながしま》（三重県桑名市）から小牧に向かった。小牧・長久手の戦いの始まりである。この戦いに関する文書は比較的残されており、本書では036から043までの文書を収録した。

036は、小牧・長久手の戦いの宣戦布告を報じた（天正十二年）三月九日付け北条氏直宛て家康書状で、徳川ミュージアム所蔵である。秀吉の行動を「羽柴余恣之振舞《あまりにほしいままのふるまい》」とし、「彼凶徒可討果覚悟」だとしている。039は、（天正十二年）四月二十一日付け皆川広照《みながわひろてる》宛て家康書状で、長久手合戦の勝利を伝え、「一万余討取、（中略）無異儀可令上洛候《いぎなくじょうらくせしむべく》」と告げている。家康の高揚ぶりが窺える。

しかし、秀吉の包囲網に屈した信雄は、十一月十五日、秀吉と会見し、父子の約束をして降った。家康も取りあえず講和の形をとった。

天正十三年七月十一日、秀吉は、従一位関白となった。十月二十八日、家康は、配下の諸将と秀吉に人質を送ることを議したが、諸将は人質提出に反対した。このため家康は、北条氏との盟約を固めたが、十一月十三日には、配下の石川数正《いしかわかずまさ》が秀吉の下へ出奔した。それを伝えた045（天正十三年）十一月二十八日付け北条氏規《うじのり》宛て家康書状（高岡市立博物館所蔵）は、近年発見された文書である。同月十九日には秀吉が、来春、家康を討つことを真田昌幸《さなだまさゆき》に告げている。しかし、同月二十九日、東海地方に大地震があり、秀吉の方針は家康との融和に転じた。

天正十四年五月十四日、秀吉は、妹朝日姫《あさひひめ》を浜松に送り、家康と婚儀をあげさせた。家康は四十五歳、朝日姫は四十四歳だった。十月四日、家康は、秀吉の奏請によって権中納言に任じられた。同月十八日、秀吉は、朝日姫の見舞いの名目で、生母大政所《おおまんどころ》を岡崎に送った。ここに到って家康は秀吉に服属することを決意し、岡崎を出て大坂に向かった。大坂に着いたのは十月二十六日で、羽柴秀長《ひでなが》の屋敷に泊まり、翌二十七日、大坂城で秀吉に拝謁した。天正十四年は、家康にとってこのように重要な時期であったが、大坂出頭に関する家康自身の文書は、ほとんど残されていない。

家康は、永禄四年(一五六一)~同九年、天正十六年~文禄三年(一五九四)には源姓を称していた。その間、天正十四年には藤原姓を称している。名字は永禄九年以降、徳川を称しているが、文禄三年九月二十一日付け豊臣秀吉知行方目録(関地蔵院文書)によれば、宛所が「羽柴江戸大納言」になっている。家康も、豊臣政権下のほかの有力大名と同じく、羽柴の名字を与えられていたのである。子の秀忠《ひでただ》が豊臣姓を与えられていることから考えて、豊臣姓に変更していたかもしれない。家康が、再び源姓に戻るのは、慶長八年(一六〇三)の将軍任官に先だってのことである(堀新「豊臣秀吉と『豊臣』家康」〈山本博文ほか編『消された秀吉の真実』柏書房、二〇一一年〉)。

四　豊臣政権の五大老

秀吉に服属した家康は、関東・奥羽の取次を任され、その方面の諸大名に書状を送っている。本書には、048(天正十六年)九月十日付け伊達政宗宛て家康書状を収録した。

天正十七年末には、北条氏の部将で沼田城代となっていた猪俣邦憲《いのまたくにのり》が、真田昌幸方の名胡桃《なぐるみ》城(群馬県みなかみ町)を落とす。これが秀吉の小田原攻めの端緒となった。本書には、051(天正十七年)十一月十日付け真田信幸《のぶゆき》宛て家康書状を収録した。

天正十七年十二月、家康は、三男長丸(秀忠)を上洛させた。052(天正十七年)十二月二十六日付け羽田正親《はねだまさちか》宛て家康書状写は、それを告げたものである。

天正十八年三月、秀吉は小田原城攻めを開始した。小田原攻めに関する史料は、054から056に収めた。小田原城が落ちると、家康は、北条氏の旧領である関東に移封される。これを常陸の佐竹《さたけ》義重《よししげ》に伝えたのが、057(天正十八年)十一月十八日付け家康書状である。

奥州の伊達政宗の謀反の疑いや、翌年起こった九戸政実《くのへまさざね》の乱に関しては、家康文書がかなり発給されている(058~069)。天正十九年九月頃に発給されたおはた(亀姫)宛て家康書状(070)は、家康自筆のものである。

天正二十年四月、秀吉は、朝鮮に軍勢を送った。家康は、前田利家《まえだとしいえ》と共に、長岡《ながおか》(細川《ほそかわ》)忠興《ただおき》に朝鮮渡海後の行動を指示する071など、政権の重鎮として行動することになる。注目すべきなのは、渡海しようとする秀吉を、利家と共に涙を流しながら諫止したことである。これは、『鹿苑日録』の紙背文書に記されている(跡部信「秀吉独裁制の権力構造」〈『大阪城天守閣研究紀要』三七号、二〇〇九年〉)。ほかに朝鮮在陣の諸将に宛てた見舞状も多数にのぼる。

文禄四年(一五九五)七月、秀次《ひでつぐ》事件が起こる。秀吉の甥で関白となっていた豊臣秀次が、謀反の廉で高野山に追放され、そこで自害した事件である。家康は、同年七月付けで、毛利輝元《もうりてるもと》・小早川隆景《こばやかわたかかげ》と連署で、御ひろい様(秀頼《ひでより》)への忠誠と太閤様の御法度・御置目《おきめ》を守ることを誓う起請文を提出している(085)。086文禄四年八月三日付け掟書は、大名の縁組みを許可制にするなどの規則を定めたもので、家康・利家・宇喜多秀家《うきたひでいえ》・毛利輝元・小早川隆景・上杉景勝《かげかつ》の六大老連署で発給されている。ただし、088文禄五年六月三日付け富田左近《とみたさこん》宛て家康・利家連署状で加藤《かとう》清正《きよまさ》の赦免を願っているように、家康・利家の地位の高さは文書の上からも裏づけられる。

文禄五年の御屋しき(お江)宛て家康書状(090)は、伏見大地震の見舞いに対する返事で、家康の自筆である。これは、徳川宗家の文書を伝存する徳川記念財団所蔵のものである。

慶長三年(一五九八)八月十八日、秀吉が伏見城で歿した。秀吉の遺言によって、家康は伏見城にあって政務を代行し、利家は大坂城の秀頼を後見することになった。また、家康・利家・秀家・輝元・景勝の有力五大名は、連署状をもって、朝鮮在陣中の諸大名に撤兵命令を出している。いわゆる豊臣氏五大老連署状である。本書では、黒田長政《くろだながまさ》宛て（097）、島津義弘《しまづよしひろ》・忠恒《ただつね》宛て（098・100）など四通を収めた。

五　関ヶ原の戦い

秀吉死後、しばらくは五大老の合議で、知行の宛行などが行われた。家康と利家は、五大老の中でも特別な存在だったが、慶長四年（一五九九）閏三月三日、利家が大坂の前田屋敷で病死したことによって、豊臣大名内部の対立が顕在化する。

この日の夜、福島正則《ふくしままさのり》・加藤清正・黒田長政・浅野幸長《あさのよしなが》・池田輝政《いけだてるまさ》・長岡（細川）忠興・加藤嘉明《よしあき》の七将が、石田三成《いしだみつなり》を襲撃しようとする。三成は、佐竹義宣《よしのぶ》を頼り、伏見に逃れた。家康の調停により、三成は領地の近江佐和山《さわやま》（滋賀県彦根市）に引退した。その後の豊臣政権は、五大老筆頭である家康が、ほぼ単独で政務を代行するようになる。

慶長五年四月、家康は、会津《あいづ》に帰国していた上杉景勝に謀反の疑いがあるとして、大名たちを率いて関東に下向した。その間隙を突いて三成が挙兵し、五大老の毛利輝元や宇喜多秀家を味方に付けた。

七月二十四日、下野小山《おやま》に着陣した家康は、会津攻めに従軍した諸将を小山に集め（宮部長熙書上、『愛知県史』資料編13、一〇九三号）、「上方者」を先手として西上させた。尾張清須《きよす》（愛知県清須市）を領地とする福島正則は、家康方に付いた諸大名（東軍）と共に清須へ戻り、八月二十三日、美濃の織田秀信《ひでのぶ》の居城、岐阜《ぎふ》城を落とした。九月朔日に江戸を出た家康は、十四日に赤坂《あかさか》（岐阜県大垣市）へ着き、ここを本陣とした。一方、三成率いる諸大名（西軍）は、大垣《おおがき》城（大垣市）まで出陣していた。赤坂からは、大垣城を西南に俯瞰することができた。

九月十五日未明、三成は、家康の進路を阻むため、関ヶ原に布陣する。従う主な大名は、宇喜多秀家、小早川秀秋《ひであき》、小西行長《こにしゆきなが》、大谷吉継《おおたによしつぐ》、島津義弘らであった。そして、関ヶ原に進んだ東軍と激突する。徳川家の主力となるべき秀忠の軍は、真田昌幸が守る信濃上田城攻撃に手間取り、この戦いには間に合わなかった。

戦いは午前十時頃に始まり、しばらくはほぼ互角だったが、正午頃、小早川秀秋が寝返ったことにより、一挙に東軍有利となり、西軍は敗走していく。島津義弘は、家康の本陣近くを突破して、薩摩まで逃げ帰る。大谷吉継は自害し、三成、小西行長は捕らえられ、のち斬首される。宇喜多秀家は、薩摩に落ち延びた。

白峰旬氏は、こうした事実経過は『関ヶ原軍記大成』などの軍記物に書かれたフィクションで、実際は、小早川秀秋が開戦と同時に裏切り、西軍は瞬時に敗北したという新説を提出している（『関ヶ原合戦の真実』宮帯出版社、二〇一四年）。これを物語る一次史料は九月十七日付け石川康通・彦坂元正連署状写（『新修福岡市史』資料編、中世一）一点のみだが、考慮すべき論点だろう。

中村孝也氏は、関ヶ原の戦いに関する家康文書について、「採録し得た範囲についていふならば、この年七月より九月まで、関原戦争に当面する三箇月の間に家康の名を以て出した書状の数は百八十通に達する。その中僅かに一通を除き、残りの百七十九通は全部外様大名に宛てたものであり、その受取人は百八人の多きに上っている」と指摘している（中村孝也『新訂　徳川家康文書の研究』中巻）。秀吉に比べ発給文書の少ない家康であるが、この年に関しては全く事情が異なっていたのである。それだけ関ヶ原の戦いに臨む家康の意気込みと決意を見ることができる。

本書では、108〜141がそれに該当する家康文書である。家康が全精力を傾倒して戦った関ヶ原の戦いの様相を物語るものであり、本書でも中心部分となる。

135〜148は、関ヶ原の戦い後から征夷大将軍宣下を受けるまでの文書である。この時期の家康は、

136竹中重門には「恐々謹言」で書き留める朱印状を用い、140松浦鎮信には「候也」で言い切る秀吉同様の朱印状を発給し、148島津忠恒には「謹言」で終わり黒印を捺す薄礼の書状を発給するなど、相手によって尊大な様式を用いている。しかし、伊達政宗や黒田長政ら東軍に付いた大名には従来通りの書状を発給しており、配慮している様子が窺える。

これが一変するのが慶長八年二月十二日の征夷大将軍宣下で、以後は将軍として、「候也」で終わり黒印を捺す御内書を発給している。室町幕府十五代将軍の御内書は、花押を据えていたが、家康は黒印を採用し（相手によっては花押〈154吉田兼治宛て、167片桐且元宛て〉）、室町将軍以上の尊大な様式をとったのである。

おわりに

慶長八年（一六〇三）二月十二日、家康は征夷大将軍の宣下を受け、江戸に幕府を開く。六十二歳だった。家康は、二年後の慶長十年四月十六日、秀忠に将軍職を譲り、徳川家が政権を世襲することを天下に宣言した。

将軍就任後の家康文書は、御内書の様式を使用するようになる。この時期では、155慶長十二年十月六日付け東埔寨《カンボジア》渡航を許可する異国渡海朱印状や157慶長十四年七月二十五日付けオランダへの来航許可状、158慶長十四年十二月二十八日付け呂宋国太守宛てノビスパン船の来航許可状など、対外関係文書が注目される。ほかは、贈物に対する返書や自筆の年貢皆済状がほとんどである。

慶長十六年、豊臣秀頼は大坂城を出て京都二条《にじょう》城を訪問し、家康と会見した。161（慶長十六年）三月二十九日付けはりま（督姫、家康の子で池田輝政室）宛て書状は、二条城会見のために上洛することを伝えたものである。

慶長十九年、家康は、「国家安康」「君臣豊楽」という方広寺《ほうこうじ》大仏殿の鐘銘の一部分に難癖をつけ、十一月、豊臣氏と戦端を開いた。167（慶長十九年）十月七日付け片桐且元《かたぎりかつもと》宛て家康御内書は、且元が大坂城から摂津茨木《いばらき》城（大阪府茨木市）に脱出したことを祝うものである。この大坂冬の陣は、初期から講和交渉を行っており、十二月二十日、大坂城の外濠を埋めるという条件で講和が成立した。

ところが家康は、内濠まで埋め、慶長二十年五月六日、再び豊臣氏に対して戦端を開いた。野戦を余儀なくされた豊臣氏は、八日までの僅か三日間の戦いで滅んだ。

元和二年（一六一六）四月十七日、家康は駿府城で歿した。享年七十五。家康が開いた江戸幕府は、二百六十年余の長きにわたって存続した。170元和元年十月頃と推定されるちょぼ（家康の孫、千姫の侍女）宛ての自筆書状は、家康の絶筆とされるものである。

001　弘治三年五月三日付け松平元信禁制　高隆寺所蔵

【釈文】写真は10頁

高隆寺之事

一、大平・造岡・生田三ヶ郷之内、寺領
如先規可有所務事、
一、洞屋敷并五井原新田、如前々
不可有相違之事、
一、野山之境、先規之如境帳、
不可有違乱事、
一、於伐取竹木者、見相ニ可成敗事、
一、諸役不入之事、然上者坊中家来之
者、縦雖有重科、為其坊可有
成敗事、条々定置上者不可
違乱者也、仍如件、

弘治三年　　松平次郎三郎
五月三日　　　元信(花押)
高隆寺

●解説

本状は、徳川家康が発給した初発の文書となる。宛所の高隆寺《こうりゅうじ》は、現在の愛知県岡崎市にある寺院である。文書の内容は、高隆寺領を以前と同様に認め、竹木を伐採した者を成敗することを約し、寺内での検断権を認めたものとなっている。

さて、家康の初発文書としては、弘治二年六月二十四日付け三河大仙寺《だいせんじ》宛てのものが知られている。この文書の署判部分には「元信」という名と、花押ではなく黒印が捺されている。その黒印は、実は元信(家康)のものではなく、「しんさう」という家康の祖父清康《きよやす》の妹で家康の養育を行っていた人物のものであることが明らかにされている。

では、なぜ「松平次郎三郎元信」の名で「しんさう」という人物の判を使用したかというと、同日付けで発給された大仙寺俊恵蔵主宛ての「しんさう」の副《そえ》状《じょう》にその理由が見える。そこには、家康がこれ以前には自身で署判した文書を発給したことがないため、本状では「しんさう」が自身の印章を用いて、家康の名で文書を出したと記されている。すなわち、大仙寺宛てのものは、厳密には家康発給文書ではないのである。これらのことは、新行紀一氏によって指摘されている。また、この弘治二年時には、今川《いまがわ》義元《よしもと》の判物も同時期に発給されている。そうではあるが、弘治二年六月段階で「元信」の名で文書発給を行う意味を如実に物語っている史料であることには間違いない。

その大仙寺宛てのものから約一年、十六歳になった家康は、自身の署判でもって文書発給を行うようになる。松平の当主として、家康は動き始めるのである。

002　永禄三年七月九日付け松平元康制札　法蔵寺所蔵

【釈文】写真は11頁

御祈願所　法蔵寺門内門前

定

一、守護不入之事、
一、不可伐採竹木之事、
一、不可陣執之事、
一、殺生禁断之事、
一、可下馬之事、
右条々、於違犯之族者、速可処
厳科者也、仍如件、

永禄三庚申年　　松平蔵人佐
七月九日　　　元康御判

●解説

永禄三年(一五六〇)五月十九日、今川義元は織田信長の襲撃を受け、その生涯を閉じた。家康は今川軍の一員として尾張大高《おおだか》城(名古屋市緑区)にいたが、義元戦死の報を受けると岡崎へと帰城した。本制札は、その岡崎帰城直後に発給されたものである。

内容は、法蔵寺《ほうぞうじ》(愛知県岡崎市)門内門前における守護不入の特権を認め、第三者が竹木の伐採や軍勢の宿所などを行うことを禁止し、殺生禁断や下馬することを定めたものである。そして、この条項に背く者がいた場合、家康が速やかに処罰するとしている。

こうした制札や禁制は、受益者側が権力者側に礼銭を払うことによって発給されるものである。法蔵寺は、岡崎に戻った家康から制札を発給してもらい、そして軍勢などが近づくと本制札を掲げ、寺の安全を図ったのである。

法蔵寺にはこの木札のほかに、紙に書かれた同文のものが残されている。本制札もまた写しであるが、それは後代に至っても本制札が使用され機能していたからであろう。使用している以上経年劣化は避けられず、そのために法蔵寺側は写しを作成した。寺の権利を守る文書としての機能を物語る史料と言えよう。

003 永禄七年五月十三日付け松平家康起請文

名古屋市博物館所蔵

【釈文】写真は12頁

就今度忠節進置新知之事
一、四百貫文　牛窪けいはうかた
一、百貫文　大村不動堂かた
一、百貫文　高師
一、百貫文　小倉かた
一、百貫文　賀茂
一、百貫文　豊河若宮かた
一、弐百貫文　下条
一、四百貫文　なゝね・ほそや寺沢小嶋
一、六百貫文　大崎・杉山両郷
本知之分
一、参百貫文　二連木・はしかミ・岩崎共ニ
一、参百八十貫文　高松両郷
一、百六十貫文　下地
一、八貫文　はせ
一、拾参貫文　下条きんすけ分
一、八貫文　下条長瀬分
本知之分、駿河如判形、可有所務也、
右、出置知行都合参千
貫文、於末代不可有相違、
若此儀於相違、
梵天・帝釈・四大天王、惣而者
日本国中之大小神祇、別而富
士・白山之蒙御罰、八幡大菩薩・摩
利支尊天、弓矢之冥加七代
尽、於今生者可請白癩・黒癩
之病者也、仍起請文如件、
永禄七年甲子　松蔵
五月十三日　家康(花押)

戸田主殿助(重貞)殿
参

●解説

本状の宛所である戸田重貞《とだしげさだ》は、田原戸田氏の一族で、三河国二連木《にれんぎ》(愛知県豊橋市)を本拠していた。この二連木戸田氏は、天文十六年(一五四七)に今川義元に恭順し、今川に属していた。永禄七年(一五六四)五月、戸田重貞は人質となっていた母を救い出し、家康の援軍を得、三河吉田《よしだ》城(愛知県豊橋市)を攻め、今川から徳川へ鞍替えをした。それに対し、家康は新知宛行および知行安堵を起請文《きしょうもん》にて約したのである。

まず、帰属の功を賞し、新知として牛窪以下大崎・杉山両郷の地で二千百貫文を宛がっている。本知分八百六十九貫文は、今川帰属時代に与えられていたものをそのまま安堵している。新知分が多く、また起請文でこの宛行が行われていることからも、家康にとって重貞の帰属は大きな意味を持ったのであろう。

起請文は牛玉宝印《ごおうほういん》の裏面に書かれることが多いが、本状も白山瀧宝印を翻して書かれている。なお、家康はこの白山瀧宝印を、永禄三年以降天正十六年(一五八八)に那智瀧宝印に料紙を変えるまで、そのほとんどの起請文の料紙として使用している。

なお、名古屋市博物館に現存するのは本状の後半部分のみであり、前半部分は『譜牒余録』などに写として残っている。

004 永禄七年六月二十二日付け松平家康判物

致道博物館所蔵

【釈文】写真は13頁

吉田東三河之儀申付候、異見
可仕候、室・吉田北郷一円ニ出
置之、其上於入城者、新知
可申付候、由来如年来、山中之
儀可有所務之、縦借儀等ニ
向候共、不可有異儀者也、仍而如
件、
永禄七年甲子　蔵人

六月廿二日　　　家康(花押)

酒井左衛門尉(忠次)殿

●**解説**

酒井忠次《さかいただつぐ》は家康の父松平広忠《ひろただ》に仕え、竹千代(家康)が今川義元の許へ人質に出されると、それに近侍している。永禄三年(一五六〇)、今川家から家康が独立すると、忠次は家老として、家中で重きをなすようになる。

永禄七年、家康は、いまだ今川方に属す三河国吉《よし》田《だ》城(愛知県豊橋市)を攻めた。酒井忠次は六月に吉田城へ軍を進めると、使者を城中に送り、和議を勧告した。吉田城将であった小原鎮実《おはらしげざね》は和議を容れ、三河諸士の人質を解放し、六月二十日に駿河へ去った。これにより、東三河が家康の手に落ち、家康による三河統一がなる。

三河を手に入れた家康は、石川家成《いえなり》を西三河の、忠次を東三河における旗頭《はたがしら》とした。その時の文書が本状である。

本状によると、家康は忠次に東三河を任せるとし、室・吉田北郷などを与え、さらに吉田城へ入城した際には新知を加増するとしている。また、領有していた山中の地についても、これまで通りに安堵している。

005　永禄七年十一月十六日付け松平家康起請文
名古屋市博物館所蔵

【釈文】写真は14頁

(前欠)

新知・本知如主殿(戸田重貞)申合候、先判相違
有間敷之事、若於偽者、
上梵天・帝釈・四大天王、惣而日本
国大小神祇、天満大自在天神・
八幡大菩薩・富士・白山可蒙御
罰罷者也、仍起請文如件、

永七甲子
十一月十六日　家康(花押)

戸田甚平(忠重)殿

まいる

●**解説**

永禄七年(一五六四)五月、二連木《にれんぎ》戸田氏は今川から徳川へと帰属先を替えた。その時の戸田家当主は戸田重貞《しげさだ》であり、家康はその重貞へ知行安堵と宛行を約した起請文《きしょうもん》を与えている(本書003号文書)。

さて、今川から離反した戸田重貞は、家康の援軍を得て、三河吉田城(愛知県豊橋市)攻めに参加。東三河一帯は、家康の手に落ちることになる。しかし、永禄七年十一月十二日に戸田重貞は死去してしまう。そこで家康は、重貞の弟戸田甚平忠重《ただしげ》に対して、新知・本知について、「先判」＝重貞(主殿)へ与えた起請文に相違ないとする起請文を与えた。それが本状である。弟忠重への起請文であるが、「先判」とは神文《しんもん》部分で勧請している神仏に違いが見られる。

また、本状も午玉宝印《ごおうほういん》の裏に書かれているが、本書003号文書と同様、こちらも白山瀧宝印(美濃国馬場長滝寺《ちょうりゅうじ》の午玉宝印)を使用したものである。ただし、全くの同じものではなく、「山」や「寶(宝)」などの字形が違うことが見てとれよう。家康が当時、起請文を書くのに使用した白山瀧宝印に、二系統のものが存在したということが、戸田氏に与えられた二通の起請文からわかるのである。

本状は前欠であると考えられ、本来であれば午玉宝印の前に白紙の料紙が継がれていたはずである。なお、起請文の場合、紙の継ぎ方が通常とは異なり、一紙目が下になるように継がれる。これは「起請継ぎ」と呼ばれる。

006　(永禄八年)十一月二十日付け松平家康書状
京都市歴史資料館所蔵

【釈文】写真は15頁

如仰、今度　公儀(足利義輝)之
御様躰無是非次第候《ぜひなきしだいにそうろう》、就
其　一乗院殿様御入
洛之故、近国出勢之事
被仰出之旨、当国之
儀不可存疎意候、此等趣
御意得《おんこころえ》専要候、猶重而
可得御意候条、不備候、

恐々謹言、

十一月廿日　家康（花押）

和田伊賀守（惟政）殿

御返報

●解説

永禄八年（一五六六）五月十九日、室町幕府十三代将軍足利義輝《あしかがよしてる》は、三好三人衆や松永久通《まつながひさみち》らの襲撃を受け、討ち死にした。この事態に、当時、奈良興福《こうふ》寺《じ》一乗院門跡《いちじょういんもんぜき》であった足利義昭《よしあき》（当時は覚慶《かくけい》）は、興福寺を脱出、足利家再興のために上洛すべく、各地の大名に援助を頼んだ。その要請にいち早く応えたのが、家康である。本状は義昭からの要請に対して、幕臣和田惟政《わだこれまさ》へ宛てた返書である。

「今度　公儀之御様躰」とは足利義輝が殺されたことであり、それについては是非ないことであると述べ、義昭（一乗院殿様）の入洛のための助力の意思を伝えている。

宛所である和田惟政は、義昭の興福寺脱出に協力し、義昭が各地の大名に足利家再興の要請をし始めると、その使者として、尾張・三河方面に派遣されていた。家康が義昭の要請に応じたのち、織田信長も同様に助力の意思を示したことから、義昭は信頼の厚い惟政を派遣したのであろう。また、この永禄八年に始まる上洛計画の関連史料として、近年「米田家文書」が発見されている。

永禄十一年、義昭が上洛を果たした際には、家康は名代を派遣しており、本状に見える約定を違えずにいる。

007 永禄十年六月日付け徳川家康判物
名古屋市博物館所蔵

【釈文】写真は16頁

任先判之旨、諸

篇於向後不可有

相違之条、重而出置

之者也、仍如件、

永禄十年丁卯

六月日　家康（花押）

松平虎千代（松平康長）殿

●解説

松平康長《やすなが》は、松平性を名乗っているが、二連《にれ》木《んぎ》戸田氏の流れを汲んでいる。二連木戸田氏は、永禄七年（一五六四）、康長の叔父戸田重貞《しげさだ》が今川を離れ、徳川に帰属する。この時、家康から二連木などの本知の安堵と、二千百貫の新知を加え、三千貫を与えられている。同年十二月に重貞が亡くなると、康長の父である忠重《ただしげ》に、同地が安堵された。しかし、その忠重も永禄十年（一五六七）五月に亡くなってしまう。いまだ虎千代という幼名を名乗っていた康長は、当時六歳であった。

本状は、その康長に対して、家康が二連木戸田家領三千貫を安堵したものである。「先判」とは、家康から戸田忠重へ書かれた知行安堵の起請文《きしょうもん》のことであろう。

叔父重貞や父忠重が起請文での安堵であったのに対して、康長は判物《はんもつ》での安堵となっている。これは、康長が松平姓を賜ったことにもよるのであろう。しかし、康長は当主となったとはいえ幼少であったため、康長が元服するまでの間は、母方の叔父である戸田吉国《よしくに》が名代を務めることとなる。

008 永禄十一年三月日付け徳川家康判物
名古屋市博物館所蔵

【釈文】写真は17頁

虎千世（松平康長）名代之事

一、虎千世分別出来次第可仕事、

一、知行所務等、後室可為相計事、

一、諸被官扶持給、伝十郎見合可

出之、幷侍衆虎千世江奉公之儀、

伝十郎申付旨、於無沙汰者可入替事、

右条々、不可有相違、若令違背、雖《そしょう》

有企訴訟輩《をくわだつともがらあるといえども》、一切不可許容者也、

仍如件、

永禄十一戊辰年

三月日　家康（花押）

戸田伝十郎（吉国）殿

●**解説**

永禄十年(一五六七)五月、戸田忠重《ただしげ》が亡くなる。その子、幼名を虎千代(虎千世)といった松平(戸田)康長《やすなが》は、当時まだ六歳であった。そこで、康長の母方の叔父であった戸田吉国《よしくに》が、家康から名代に任じられた。その名代としての役割・権限などを記したものが、本状である。

吉国は家康から、虎千世の分別が付くようになるまで、名代を務めるよう命じられた。名代の権限として、被官人の扶持は吉国が判断して与え、また虎千世への奉公を怠った者への処罰についても任されている。一方、戸田家知行地の運営については、忠重室(妻)が執るよう記されている。そして、これらの条項について背き、訴訟を企てる者がいたとしても、家康は一切許容しないとして、吉国の権限を保護している。

戸田吉国の事例を含め、徳川家中で当主が幼少であるとして、「名代」が置かれた事例はいくつか確認ができる。その関係文書を見ると、本状のように名代の権限を記すと共に、家康は名代となる人物の保護、特に傍輩からの訴訟を受けつけない旨を記した条項が見受けられる。名代は基本的には大名による指名ないし承認を得ることで定められていたが、名代に対するその家中からの反発は多かったのであろう。そのため、名代の権限保護が、本状のように図られたのである。

009 永禄十二年正月十一日付け徳川家康判物
早稲田大学図書館所蔵

【釈文】写真は18頁

今度出置本地之事　　小華同心衆

一、百弐拾貫文　長溝之郷とはの川原
畠共

右、知行如前々、不可有相違者也、仍
如件、

永禄十二年己巳

正月十一日　家康(花押)

牧野源介殿

●**解説**

牧野源介《まきのげんすけ》に対して、遠江国長溝《ながみぞ》(静岡県袋井市)のうちで百二十貫文の地を安堵した判物《はんもつ》である。「如前々」とあることから、牧野源介は元来、遠江に知行を有していたのであろう。

本状の宛所である牧野源介は、その詳細がよくわかっていない。遠江国の牧野氏となると、三河国牛《うし》久保《くぼ》(愛知県豊川市)の牧野氏とは別の一族になろう。

さて、本状と前後する永禄十一年(一五六八)十二月から永禄十二年二月にかけて、知行安堵を行った家康の判物が多く発給されている。その理由は、徳川氏による今川領国である遠江国への侵攻が挙げられる。永禄十一年末に武田信玄が駿河国へ軍を進めると、家康もそれに呼応して遠江国へ兵を進めている。同年十二月には、今川氏真《うじざね》を遠江懸川《かけがわ》城(静岡県掛川市)で包囲しており、今川の命運は風前の灯火であった。それを受けて、牧野源介のように、それまで今川氏に属していた者が、次々と家康に帰属するようになる。本状は、家康の領地拡大の動きと対応する形で発給された文書の中の一通と言える。

010 (永禄十二年)二月十八日付け徳川家康書状
米沢市上杉博物館所蔵

【釈文】写真は19頁

自輝虎(上杉)御尋、本望至候、抑駿・甲(今川・武田)被
逮相鉾楯之刻、家康も向于遠州出馬候処、
存知之外、彼国之諸士令降参、掛川一
城敵対候、彼城江今河氏真被楯籠之間、
詰寄在陳(陣)候、是又可落居相定候、様子
染筆之外無異儀候、随而御家中逆意《ぎゃくいの》
族《やから》出来候処、早速御成敗之故、治国之由
被仰越、尤存候、此旨具可被仰入事
所　希　候《こいねがうところにそうろう》、恐々謹言、

二月十八日　家康(花押)

河田豊前守(長親)殿

●**解説**

永禄十一年(一五六八)末、武田信玄は駿河への侵攻を開始する。同年十二月、今川軍は武田軍に敗れ、駿府を占拠されてしまい、今川氏真《うじざね》は遠江懸川《かけがわ》城(静岡県掛川市)に逃れた。しかし、家康が武田氏と呼応し

て遠江に侵攻し、氏真は懸川城で包囲されてしまう。本状は、その状況を上杉謙信から尋ねられた家康が、謙信の家臣河田長親《かわだながちか》に対して送った返書である。

駿河の今川氏と甲斐武田氏が戦闘状態に入ったことにより、家康も遠江へ出馬、今川家臣を降し、現在懸川城を包囲しているとする。その城に今川氏真が籠城しているが、落城は必定であることを伝える。また、謙信家中の「逆意族」とは、永禄十一年に反旗を翻した本庄繁長《ほんじょうしげなが》のことである。謙信はその本庄繁長を攻め、越後国が平定できると伝えてきたのであろう。家康はこれに祝意を述べている。そして、これらのことを謙信に披露するよう河田長親に申し送ったのが、本状の内容となる。なお、文書中では「成敗」とされている本庄繁長であるが、実際には講和であった。

ところで、この時期謙信の許には今川氏や北条氏からの使者が頻繁に到来しており、その上で謙信は家康にも戦況を問うており、謙信の関心の高さが窺える。

さて、家康と謙信はこののち、元亀元年（一五七〇）十月に至って同盟を結ぶことになるが、すでに永禄十二年以前から交渉は持たれていたのである。

011 （元亀元年）十月八日付け徳川家康書状
米沢市上杉博物館所蔵

【釈文】写真は20頁

雖未申付候《いまだもうしつけずそうろうといえども》、得今度之便啓
入候、抑輝虎御内証条々
被載書《かきのせられ》候、一々令納得《なっとくせしめ》候、毎篇
河田豊前守へも申達候、越
中在国故、自貴辺《きへんより》承之
由、祝着存候、向後可申入候、
涯分可被走回事《がいぶんはしりまわらるべきこと》肝要候、
自貴国被仰越候段、具《つぶさに》
附与御使僧《ごしそうにふよし》候、定而淵底
可被申宣《もうしのべらるべく》候、委曲期再便之
時候、恐々謹言、

十月八日　家康（花押）

直江大和守（景綱）殿

●解説

本状は、越後の国人で、三島《さんとう》郡与板《よいた》（本与板《もとよいた》）城（新潟県長岡市）の城主直江景綱《なおえかげつな》に、家康から送られた書状である。景綱は上杉輝虎（謙信）の側近で、天文（一五三二～五五）末年から長尾《ながお》（上杉）家の内政・外交に活躍した人物である。

景綱に初めて送ったこの書状の中で、家康は、送られた条書に記された輝虎の内意を承知したとし、これまで事ごとに「河田豊前守」に申し送ったことを、河田が越中に在国することになり、今後景綱がそれを管掌することになったのを満足に思うとして、今後河田同様に周旋に期待する旨が述べられている。さらに越後からの申し入れについて、越後から遣わされた使者の僧に伝えたとして、詳しい説明を聞きとるよう求めている。

「河田豊前守」は、上杉家臣で、永禄年間（一五五八～七〇）から謙信の側近として活躍していた河田長親《かわだながちか》である。これまで徳川・上杉両家簡の外交交渉において、河田は「取次」と呼ばれるパイプ役を果たしてきた。遠州攻略（永禄十二年、一五六九）の際、輝虎の求めに応じて、河田に宛てて戦況を報じた家康の書状（同年二月十八日付け。上杉文書・河田文書）も残されていることからもそれが窺える。

家康は、本状と同日付けで輝虎に誓書を送り、武田信玄と絶ち、さらに織田信長と輝虎の間の和親の仲立ちとなる旨、申し送っている（上杉家文書）。書状中の越後から申し越したことについて使いの僧に付与することがあったとは、この誓書についてだろう。

戦国大名間の外交交渉において、主君の意思を補足する副状《そえじょう》を記したり、相手の意向を主君に伝達したりする取次の役割は、両者間の円滑な意思疎通のためには欠くべからざるものであった。越中に転出した河田に代わり、代わって取次となった直江に対し、締結されたばかりの徳川・上杉同盟（三越《さんえつ》同盟）のために奔走することを求めた家康が送った、いわば挨拶状が本状である。

012 （元亀二年）三月五日付け徳川家康書状
米沢市上杉博物館所蔵

【釈文】写真は21頁

御使者本望至候、

随而関東表一篇《いっぺん》ニ
被仰付由、尤大慶存候、
然者、至駿州口働之儀
不可有弓(油)断候、軈而《やがて》自
是以使《つかいをもって》可申候之際、不
克儀候、恐々謹言、

三月五日　家康(花押)

上杉(輝虎)殿

●解説

本状は、元亀二年(一五七一)三月に、越後春日山《かすがやま》(新潟県上越市)の上杉輝虎《てるとら》(謙信《けんしん》)から使者が送られてきたことに対する家康の返書である。

家康は、元亀元年八月に使者を謙信に送り、同盟を申し入れた。それ以前に家康は、武田信玄《しんげん》の誘いによって同盟を締結することで、今川家の領地を信玄と分割し、遠江を領国とした。しかし、信玄が遠江への進出を試みたため、次第に家康との関係は悪化していった。そのような中で家康は、信玄と対立関係にある謙信と結ぶことで、信玄の動きを牽制しようとしたのである。一方、謙信とすれば、信玄に対して北は上杉、南は徳川が挟み撃ちにする形を構築すること、また、信玄と対抗する必要上、家康と同盟関係にある織田信長との関係を構築するために、家康の力を借りる必要があったのである。

十月に入って交渉がまとまり(「越三同盟」)、家康から信玄との関係を絶ち、新たに結ばれる謙信との関係が相違ないようにすること、加えて、この時点においては信玄と同盟関係にある信長にも婚姻関係による同盟を絶ち、謙信との同盟を結ぶよう説得するという内容の誓書が謙信に送られて、同盟が成立している(元亀元年十月八日付け徳川家康起請文、上杉家文書)。

本状の内容は、謙信が関東に出兵することを報じたのを喜ぶと共に、自らの駿河方面への出兵も進行させる旨を報じたものである。これは、信玄に対する相互牽制という、越三同盟の軍事目的が有効に機能していることを示している。

この年の八月一日に謙信は、家康から唐頭(チベット高原地帯原産のヤクの毛の作りもの)を贈られたことに対し、返礼として奥州産馬を贈ると共に、好意を謝する旨の書状も送っている。また、同日付けで家康の家臣植村家存《うえむらいえさだ》や菅沼定盈《すがぬまさだみつ》に対して送った書状の中でも、謙信は「無二無三に申し談ずる」ことを「誓言」する旨を記しており、家康との同盟を堅く維持する意向を伝えている(『歴代古案』七、「謙信公御書集」、三河菅沼文書)。

013　元亀二年十一月六日付け徳川家康朱印状
沼津市歴史民俗資料館所蔵

【釈文】写真は22頁

(家康朱印・印文福徳)
分国中於諸
浦、船壱艘諸役、
令免許畢、永
不可有相違者也、
仍如件、

元亀弐年
十一月六日

久須見土佐守殿

●解説

本状は、家康が久須見《くすみ》土佐守に対し、徳川氏分国内における湊の船一艘の諸役を免除したものである。

久須見土佐守とは、今川氏の重臣葛山《くずやま》氏の支配下にあった問屋商人の楠見《くすみ》氏とも同族である。弘治三年(一五五七)三月、葛山氏元《うじもと》から楠見善左衛門尉《ぜんざえもんのじょう》に宛てられた書状によると、当時、駿河の江浦《えのうら》(静岡県沼津市)には「伊勢船」をはじめとする大小の舟が集まり、諸商売がなされていたこと、楠見氏が葛山氏に直属し、問屋経営や江浦の支配を委任されていたことがわかる。久須見土佐守も、伊豆半島の西の付け根にあたる江浦を拠点とし、駿河・遠江、三河・伊勢方面まで廻船を出していたからこそ、家康も彼に分国内のすべての湊での特権を与えたのである。

しかし当時の家康が、このような命令を駿河東部にまで浸透させることができたのかというと疑問である。永禄十年(一五六七)から翌年にかけて、今川・武田両氏の抗争が高まり、これに乗じた家康は、永禄十一年秋、遠江の井伊谷《いいのや》(静岡県浜松市北区)の武将らを従わせながら、同年十二月十八日に遠江の引間《ひくま》城（浜松市中区）に入ったばかりである。さらに、武田信玄の要求を受けて、家康は、同月二十七日、今川氏真《うじざね》の遠江懸川城（静岡県掛川市）を攻めた。翌永禄十二年三月七日にも、家康は、再び懸川城を攻撃し、ようやく今川氏真に遠江を割譲させ、翌元亀元年（一五七〇）六月、家康は住み慣れた三河の岡崎から、遠江の引間（のちに浜松と改称）に入っていた。つまり本状の前年、ようやく遠江の支配を本格化させたばかりであった。

一方で武田信玄も、駿河東部や伊豆国にかけて、相模北条氏への攻撃を強めながら、次第に駿河中・西部へ侵攻した。元亀元年四月以降にも出兵し、今川氏の駿河国をほぼ掌握する動きをしていた。元亀二年十月三日に北条氏康《うじやす》が死去すると、これが契機となり、武田・北条両氏の同盟復活の交渉が開始され、信玄の西上する動きが明確となった。そのため遠江では、今度は武田・徳川両氏の抗争が激しくなるのだが、このような時期に出されたのが本状である。

したがって家康が、遠江全域を支配できるようになるのは、信玄の死後、天正三年（一五七五）五月の長篠の戦いで勝頼を撃破し、同十年にこれを滅ぼしてからである。実際のところ、ここでの家康の「分国」とは、三河・遠江両国だけに限定されよう。換言すれば、廻船商人としての久須見氏の行動範囲の広がりが三河まで及んでいたことを推測できる貴重な文書とも言えるのである。

014 （元亀二年ヵ）十一月二十六日付け徳川家康書状

徳川美術館所蔵

【釈文】写真は23頁

尚々、其表之躰、
委大六ニ可被仰越候、
此方人衆之事、可為
御さ右次第候、
信長御馬、向江北被出之由
承候、寔《まことに》寒天之中如何、
無御心元存候て、大六《(小栗重常)》進之候、
模様具可承候、人衆等於御用ハ、
何時も可申付候、信長へ直札
以申上候、御取成憑入候、猶彼
口上ニ申含候、恐々謹言、
　十一月廿六日　家康（花押）
　　佐久間甚久《(九)》郎殿
　　佐々一兵衛尉殿

●解説

元亀二年（一五七一）の畿内・近国では、前年以来、信長に対抗する諸勢力が連携を強め続けた。これに対する美濃岐阜城の信長は、同年五月十二日に出陣し、伊勢長島《ながしま》（三重県桑名市）の一向一揆勢を攻めたものの、敗れて岐阜に戻った。さらに八月十八日にも出陣して、近江小谷《おだに》城（滋賀県長浜市）の浅井長政《あざいながまさ》を攻撃し、九月十二日には比叡山焼き討ちを敢行するなど、精力的な動きを見せていた。信長が近江に出陣したことは本状にも記されているが、その際に家康から信長方へ出されたのが本状である。しかし、この出陣は単に噂だけであったようで、信長が出陣した形跡はない。

本状によると、家康は、信長の家臣に対し、「寒中の時期で心配なので、小栗重常《おぐりしげつね》（大六）を使者として送るので、詳細を知らせて欲しい」と依頼した。さらに「必要であるならば、加勢の人数を送る用意がある」とも述べ、「信長にも直接手紙を送るので、その執り成し」も依頼している。このような内容から推測すると、家康は、信長の出兵事情をよく知らなかったことがわかる。その意味でも、当時の両者の関係を知ることができる貴重なものである。ここに登場する小栗重常とは、早くから家康に仕えた直臣で、信長との交渉では、使者としてたびたび信長の許に赴いている。

なお元亀二年十月三日、小田原の北条氏康《うじやす》が死去し、それを契機として、武田・北条両氏の間で同盟復活の交渉が始まった。しかし信玄が、家康を破って西上するためには、周囲の諸勢力との交渉が数多く残されていた。これに対する家康も、謙信との盟約を交わすため、元亀元年十月以来、書状のやり取りを頻繁に行っていた。また信長も、元亀三年十一月、謙信へ自らの書状を送って、武田氏との抗争に備えた。こうして家康と信長の関係も、信玄の動きに対応しながら、次第に親密さを増していったのである。

015 （元亀四年ヵ）二月六日付け徳川家康書状

米沢市上杉博物館所蔵

【釈文】写真は24頁

新暦之御吉兆雖事《ことふり》

旧　候《そうろうといえども》、更以不可有休期《さらにもってきゅうきあるべからず》候、

仍刀一腰《ひとこし》守家　進覧候、

御秘蔵可為畏悦《いえつたるべく》候、　委

曲権現堂申含候条

可在口上《こうじょうあるべく》候、　恐々謹言、

二月六日　　家康（花押）

上杉（謙信）殿

●解説

徳川家康が上杉謙信に宛てた書状である。冒頭、時期が遅れたが、新年を賀し、守家《もりいえ》作の刀一振りを進上する旨、委細については使者権現堂の口上に委ねるという内容である。

この書状は、家康と謙信との交渉が生じた永禄十二年（一五六九）、あるいは両者間に同盟関係が生じた元亀元年（一五七〇）十二月以降のものであることは明確だが、年代比定には二つの説がある。江戸時代、幕府の命により、徳川家康の伝記『武徳大成記《ぶとくたいせいき》』編纂史料として上杉家が提出した「貞享書上《じょうきょうかきあげ》」では、「天正元年（筆者注、西暦一五七三年）之春」に家康から送られた書状であるとするが、上杉家が元禄年間（一六八八～一七〇四）に編纂した『謙信公御年譜』巻十六によれば、この書状は元亀二年二月下旬に越後府中（新潟県上越市）に家康の使僧権現堂がもたらしたものであるとする。一方、天正元年二月上旬にも家康の使者権現堂が新春の祝儀のために越後に赴き、謙信に徳川家に代々伝わる備前の良工による「徳用」と称する太刀が贈られたという記述も存在している（同書巻十七）。ただし、これら後世に編まれた編纂物の記述や、書状そのものの記述からは、本状の年代を特定することは困難である。

家康から謙信に贈られた刀の刀工である守家は、鎌倉時代、備前鍛冶の一流、畠田《はたけだ》派を形成した刀工で、備前国畠田（岡山県備前市）に居住、三代続いており、初代は正元年間（一二五九～一二六〇）に存在が確認され、一方、文永～弘安年間（一二六四～一二八八）に活動が確認できる二代には「備前国長船住守家」と銘をきった作品がある。

なお、『上杉輝虎公記』（『越佐史料』巻五、永禄二年二月六日条）によれば、この折贈られた守家の太刀は、その後「徳川守家」と称して上杉家に代々伝えられたが、明治十四年（一八八一）十月、明治天皇が東北巡幸の途次、江戸時代に上杉家の所領となった米沢（山形県米沢市）に宿泊した際、謙信の子孫である元米沢藩主上杉斉憲《なりのり》から献上され、御物《ぎょぶつ》となったという。

016 （天正二年）三月十三日付け徳川家康書状写

米沢市上杉博物館所蔵

【釈文】写真は25頁

態飛脚預示《わざとひきゃくにてしめしあずかり》候、祝着無他《たなく》候、仍

上州沼田表着馬之由候、本望候、

就其《それにつき》此方出陣之儀、最前如申《もうすごとくに》候、

此時候条、即向于駿《すんにむけ》発向之事、

可御心安候、殊以諸家中弁

関東諸士続軍尤珍重候、

此節敵国悉被撃砕之処《ことごとくげきさいせらるのところ》

肝要候、此等之旨、宜奏達尤候《よろしくそうたつもっともにそうろう》、

猶従是以使者《これよりししゃをもって》可申述候、恐々謹言、

三月十三日　家康

村上源（国清）五殿

●解説

本状は、家康が上杉家の家臣村上国清《むらかみくにきよ》に宛てた書状の写である。国清の父は、弘治元年（一五五五）に、武田信玄によって信濃の所領を追われ、上杉謙信《けんしん》を頼って越後に逃れてきた村上義清《よしきよ》で、国清は父と共に上杉家に寄寓し、やがて謙信に仕えるようになっていた。謙信は天正二年（一五七四）正月、国清に信濃の本領を安堵している（『国史大辞典』）。

謙信は、天正二年正月九日に徳川家臣の榊原康《さかきばらやす》政《まさ》宛てに書状を送り、十八日に西上野に出陣することを報じ、康政から家康に説き、信長が出陣して、おそらく軍事行動を起こすであろう武田勝頼《かつより》の動きを封じるように伝えた。謙信の出陣は、関東の上杉方に付く諸家に圧迫を加えていた北条氏政《ほうじょううじまさ》の動きを封じるためのものでもあった。さらに、北条家は武田家と同盟関係にあったため、謙信の関東進出は、武田家にも圧力を加えて行動を牽制する狙いもあった。正月二十三日にも康政の許に謙信が書状を送り、関東進出に呼応して家康が信濃・甲斐方面への軍事行動を起こすことを期待する旨を伝えた(榊原家文書)。

　謙信の予測通り、武田勝頼は正月に、信濃から東美濃に侵入し、明智《あけち》城(岐阜県可児市)を陥落させたが、家康が謙信の希望に応じて武田方の遠江二俣《ふたまた》城(静岡県浜松市天竜区)攻めに出陣、武田方の信濃・西上野の軍勢は二俣救援に動く(二月七日付け上杉謙信書状、「古文書写」)。一方、謙信は二月五日に上野における上杉家の拠点沼田《ぬまた》城(群馬県沼田市)に着陣、北条方に付いた金山《かなやま》城(群馬県大田市)の城主由良成繁《ゆらなりしげ》に対する攻撃を開始した。このあと謙信は、出陣してきた北条氏政と利根川を挟んで五月まで対陣することになる。一方、勝頼も信長父子と合戦に及ばないまま兵を引いた。三月十五日に国清に宛てた徳川家臣の石川数《いしかわかず》正《まさ》書状は、十九日に家康が武田分国の駿河へのさらなる軍事行動を開始する旨を報じている(「古文書写」)。

　一方、謙信が期待した信長の信濃・甲斐方面に向けての軍事行動は実現しなかった。謙信はこれに不満を抱いたようで、信長は、謙信に宛てた六月二十九日付けの朱印状で、近畿・北近江・越前において取り紛れ、軍事行動を起こせなかったと弁明しつつ、勝頼の動きを封じることにもなった謙信の関東出陣を謝し、来秋信濃・甲斐方面に出陣したいという謙信の希望を諾し、九月上旬頃が時期として適当ではないかと提案している(上杉家文書)。

017 (天正二年ヵ)七月九日付け徳川家康書状写
東京大学史料編纂所所蔵影写本

【釈文】写真は26頁

度々預書音候、過当此事候、
重大室被為差越候、御懇情
承悦候、然者当秋有計
策、互出馬之儀、尤肝心
之処ニ候、就其、信長信・甲江
出張疎意之趣、蒙仰候、
元来非其儀ニ候、併猶従
当表諷諫之条、不可
有異論候、信筋当秋
発向畢竟候歟、近日
従此方急度以使可
申宣候間、令省略候、
恐々謹言、

七月九日　家康(花押)

(謙信)
上杉殿

●**解説**

本状は、家康が上杉謙信に宛てた書状である。本状を天正九年(一五八一)と年代比定する見解があるが、それは誤りであり、また『歴代古案《れきだいこあん》』に「天正元」と朱書されているのも「天正二」の誤記である。

　元亀四年(一五七三)四月十二日、三河・美濃の制圧を目指した武田信玄は、その途上の信濃駒場《こまば》(長野県阿智村)で病死したが、その後、跡を継いだ嫡子勝頼は、そのまま三河・遠江への侵攻を続けた。同年七月二十八日に「天正」と改元されて、畿内・近国では信長の優位が明らかとなり、三河・遠江でも、家康による武田氏への巻き返しが始まっていた。さらに天正二年正月には、駿河の田中《たなか》城(静岡県藤枝市)へ軍勢を進めた。

　これに対して武田勝頼も攻勢に転じ、天正二年正月、三万の軍勢をもって信長の属城である美濃の明《あけ》智《ち》城(岐阜県可児市)を攻め、二月五日にはそれを奪った。さらに五月には自らも出陣し、徳川氏の小笠原氏助《うじすけ》(のち信興《のぶおき》)が守備する遠江の高天神《たかてんじん》城(静岡県掛川市)を包囲した。この知らせを聞いた家康ではあったが、大軍の武田勢に対しては、徳川氏単独でこれに応酬することもできず、信長に急報して来援を待つこととなった。しかし、信長勢が到着する直前の六月十九日、高天神城は武田氏の軍門に降った。

　このような中、家康と信長は、越後の謙信と盟約を交わして、勝頼に対することとし、再三にわたって、書状のやり取りを行った。本状もこうした一例であるが、本状によると、天正二年正月に勝頼が美濃を侵攻した際、信長が出兵しなかったことに謙信が不満を持ち、これを家康に通告した。この通告に対して家康は、自分も信長に兵を信濃や甲斐に出すよう勧めたと弁明している。本状に「大室《おおむろ》」とあるのは、信長の家臣森長可《もりながよし》に仕えた信濃松代《まつしろ》(長野市)出身の大室氏と推測され、この時、信長の使者として謙信の許に赴いたと思われる。

018 (天正二年)閏十一月九日付け徳川家康書状 徳川ミュージアム所蔵

【釈文】写真は27頁

吉良表、御鷹野可被
成御越之儀、尤以本望
至極令存候、然者当年
一段鶴・鴈多相見候之由
令申、必奉待外無御座候、為
其、重以大六(小栗重常)申上候、
恐惶謹言、

閏十一月九日　家康(花押)

岐阜殿(織田信長)　人々御中

●解説

永禄五年(一五六二)、家康は、信長と同盟を結び、永禄十一年秋、遠江の井伊谷《いいのや》(静岡県浜松市北区)の武将らを従わせて、同年十二月十八日、遠江引間《ひくま》城(浜松市中区)へ入った。さらに家康は、同月二十七日、今川氏真《うじざね》の遠江懸川《かけがわ》城(静岡県掛川市)を攻めて、翌永禄十二年三月七日にも、再び懸川城を攻撃した。こうして家康は、今川氏真から遠江を割譲させた。翌元亀元年(一五七〇)六月、家康は、住み慣れた三河岡崎から遠江引間(のち浜松と改称)に拠点を移し、武田信玄の三河・遠江侵攻に備えた。

その信玄も、元亀四年四月十二日に病死したが、翌天正二年(一五七四)六月、家康の支配拠点となっていた遠江の高天神《たかてんじん》城(静岡県掛川市)が、武田勝頼に攻略されるなど、その後も武田氏との抗争が続いた。

家康は、武田氏の脅威を感じており、さらに信長との連携を深めようとして、信長が三河へ鷹狩りに来訪することを歓迎したのが本状である。本状では、小栗重常《おぐりしげつね》(大六)を使者として信長の許に送り、大いなる歓迎の意を表した。「重ねて小栗を使者とする」とあるのは、確かに(元亀四年)四月六日付け家康宛て信長書状でも、家康は信長の上洛を祝うために、信長の許へ送っていたからである。これに対する信長は、天正二年七月、伊勢長島《ながしま》(三重県桑名市)の一向一揆鎮圧のために岐阜を発ち、また十一月には上洛し、京都周辺で鷹狩りをした記録もある。

なお、本状にある「吉良《きら》」の地(愛知県西尾市)とは、鎌倉時代以降、足利氏が領知し、吉良氏と称する一門が分割的に領有することもあったが、永禄七年に起きた三河一向一揆後は、家康の領知となっていた。

019 天正二年十二月二十八日付け徳川家康判物写 新居関所史料館所蔵

【釈文】写真は28頁

遠江国今切新居《いまぎれあらい》渡船之事

一、船賃、四分一《しぶいち》、浜船弐艘舟別銭《ふなべつせん》、拾二坐《じゅうにざ》
役《やく》等、如先規令免除之畢《せんきのごとくこれをめんじょしおわんぬ》、付竹木
見伐停止之事、

一、棟別惣郷中屋敷分、幷於分国中
夏秋両度入升可勧進《いりますかんじんすべく》、為新給出置候
事、

一、大浪之時、河別東西《かわべつのとうざい》、雖為何之知行《いずれのちぎょうたりといえども》、地形
於可然者、船可通用《ふねつうようすべし》、其渡不准自余之《そのわたしじよにじゅんぜざるの》
間《あいだ》、立事《たてごと》以下可除之事、

右条々、在河原《かわらにあり》、昼夜令奉公条、諸役為不入《しょやくふにゅうとして》、
永令免許畢《ながくめんきょせしめおわんぬ》、然彼者共為雑色分故《かのものどもぞうしきぶんたるゆえ》、聊《いささかも》
不可非分《ひぶんすべからず》、於背此旨輩《このむねにそむくともがらにおいては》ニ者、急度申出ル上、
可加下知《げちをくわうべき》者也、仍如件、

天正弐戌年

十二月廿八日　家康

船守中

(朱書省略)

●解説

今切《いまぎれ》とは、現在の静岡県湖西市新居町と同県浜松市西区舞阪町の間、汽水湖である浜名湖が太平洋と繋がっている部分のことを指し、今切口とも呼ぶ。その形成については、地震津波によるとも、また高潮によるものとも言い、その時期は明応七年(一四九八)とも永正七年(一五一〇)とも言われる。今切の形成により、西岸の新居と対岸の舞阪には東海道の渡船場が置かれ、発達していった。

本状は、遠江を分国としていた家康が、今切の渡船に関し、新居の渡船場の船守たちに対して発給し

た条目を明治十七年(一八八四)になって写したものである。

一条目では、通行者が渡船の際に支払う船賃を船守たちの収入として認めると共に、四分一人足役(領内の村々に、村高に応じて課された人足負担)、浜船二艘分の舟別銭(船の大きさに応じて賦課された税金)、拾二座役(十二座は、今川分国時代以来、関銭の徴収権を有した組織)などの諸賦課について従来通り免除することを定めている。

二条目では、新居郷中すべての屋敷にかかる棟別《むなべつ》銭《せん》(家屋の棟数別に賦課された家屋税)を免除すると共に、分国内で夏・秋二度にわたって入枡(年貢に付加して納入する付加米のこと)を徴収することを新たに認めている。

三条目では、認められた諸特権と引き換えに、大波が発生した場合でも、今切の東西、いずれの知行であっても、相応しい地形の場所に船を出して通航させること、さらに私関所の設置を禁じている。

本状は、領主としての家康が、東海道交通の往来に欠くことのできない新居の渡船に規制を加えると共に、それに携わる人々が、交通の往来に昼夜従事していることを踏まえて、本来賦課されるべき諸役を免除し、特権的地位を保証した文書だと言える。こののちも家康は、慶長六年(一六〇一)正月、東海道の陸上交通の整備を行った折とほぼ重なる時期に、新居で建造される新船への役を免除し(『徳川家康文書の研究』下巻之二)、新居における渡船の円滑化と、従事者の保護に努めている。

020 (天正三年)三月十三日付け徳川家康書状

大阪城天守閣所蔵

【釈文】 写真は29頁

今度御兵粮過分被仰
付候、外聞実儀、敵国(武田方)覚、
旁以恐悦不及是非候、殊
諸城為御見舞、佐久間(信盛)被
為差越候、是亦過当至極候、
此表様子、具《つぶさに》右衛門(佐久間信盛)可被申上候、
猶従是、以使者可得御意候、
恐惶謹言、
三月十三日　家康(花押)
岐阜殿(織田信長)　人々御中

●解説

元亀四年(一五七三)四月十二日、武田信玄は、三河・美濃方面へ侵攻中、信濃駒場《こまば》(長野県阿智村)の陣中で病死した。しかし、その後も武田氏と織田・徳川氏の領土をめぐる抗争は続き、さらに激化していた。同年七月、家康は、三河の長篠《ながしの》城(愛知県新城市)を占拠し、翌天正二年(一五七四)正月、家康が駿河に入って田中《たなか》城(静岡県藤枝市)に迫るが、それに対して勝頼も三万の軍勢で美濃に入り、同年二月五日には明智《あけち》城(岐阜県可児市)を奪った。また四月には、勝頼は遠江の拠点である高天神《たかてんじん》城(静岡県掛川市)を包囲し、六月には落城させた。家康も、こうした武田勢の動きに対し、天正三年二月、奥三河の要衝である長篠城の守将に奥平信昌《おくだいらのぶまさ》を配したが、長篠城を奪還するために勝頼は、同年四月に自ら三河へ侵攻する動きを見せた。

本状は、この直前に出されたもので、信長からは大量の兵粮米が家康の許に送られ、これに対して家康は、「過分」の「兵粮」を援助してくれたことに感謝した。この時、信長から家康には二千俵の兵粮が送られ、三百俵の兵粮が奥平信昌へ渡され、長篠城に備蓄させたとの記録がある。本状によると、現地には信長の有力家臣である佐久間信盛《さくまのぶもり》も派遣されるなど、家康と信長の友好関係がよく示されている。

そして天正三年五月、織田・徳川連合軍は、「長篠の戦い」で鉄炮の威力を存分に発揮し、武田軍を打ち破ったのである。

021 (天正五年)三月七日付け徳川家康書状

大阪城天守閣所蔵

【釈文】 写真は30頁

其以来者逢久絶音問、誠
遠境之至、殊以依不輒《たやすからず》通
用、乍存知疎意之様ニ候条、
令及書音候、将亦、奥へ鷹
所望差遣度候、依御礼可
申付候、其趣往還之儀、無

相違様悉皆可憑入候、随
無上一箱進覧候、此方相応之
儀、不可有疎略候、猶々期後音候、
恐々謹言、

三月七日　家康(花押)

結城殿(晴朝)

●解説

本状中の「奥へ鷹所望差遣度候」は、家康が鷹師を陸奥国へ派遣したことを指し、さらにこの鷹師が、その途上にある下総結城《ゆうき》(茨城県結城市)の結城氏領国を通過することの許可を依頼しているのが本状である。

ここでは当時の家康が、何故に鷹を供給する必要があったのかということよりも、鷹を介して何とか奥羽の大名らと関係を結び、宿敵の武田氏を背後から牽制する意図があったと考えることのほうが重要である。そのためには、本状の年代を比定することが必要となるが、家康が出羽米沢の伊達輝宗《てるむね》に鷹を求めた事例には、天正五年(一五七七)と同七年の両年がある。しかし、天正七年の事例からは、七月に鷹師が陸奥へ派遣されたことがわかっているので、残る天正五年と比定するのが妥当であろう。

天正五年二月、家康の同盟者である信長は、紀伊雑賀《さいか》(和歌山市)の一向一揆勢を攻めたのち、三月三十一日に近江安土《あづち》城へ戻るが、同月二十三日、出羽の伊達輝宗と越後の本庄繁長《ほんじょうしげなが》に書状を出して、越後の上杉謙信を背後から牽制しようとした。当時の家康も、同じく伊達輝宗・結城晴朝《はるとも》らを介した戦略を考えていたのではなかろうか。

なお天正十八年七月、秀吉の小田原攻め後、家康の次男秀康《ひでやす》は、結城晴朝の養子となるので、「結城殿」は彼の可能性もある。しかし、家康が姓だけの宛所とするのは、最大の敬意を表した事例が多く、「結城殿」を秀康に比定することは無理である。

022 (天正七年)七月一日付け徳川家康書状
仙台市博物館所蔵

【釈文】写真は31頁

雖未申通候《いまだもうしとおさずそうろうといえども》、以一簡令啓達候《いっかんをもってけいたっせしめ》、
仍鷹為所持、鷹師差下候、
路次往還無異儀候様、被仰
付給候者、可為怡悦候《いえつたるべく》、兼又向後
之儀、別而可申談所存候、於御同意《ごどういにおいて》
者《は》、可為本望候、次上方御用之
儀可蒙仰候《おおせこうむるべく》、不可有疎意候《そいあるべからず》、委細
尚彼口上申含候、恐々謹言、

七月一日　家康(花押)

伊達殿(輝宗)

●解説

本状は、出羽米沢(山形県米沢市)城主の伊達輝宗《だててるむね》に宛てられた家康の書状である。江戸時代に編纂された伊達家の正史『性山公治家記録《せいざんこうじけきろく》』では、この書状を天正七年(一五七九)に比定している。

冒頭の「雖未申通候」という一節から窺えるように、家康にとって、これが輝宗との初めての接触であったようである。鷹を得るために鷹師(鷹匠《たかじょう》)を派遣するので、道中往来に支障のないよう配慮を依頼すると共に、今後徳川家と伊達家との間に交渉を持つという自らの意向について同意を求め、「上方」、すなわち織田信長に対する所用があれば自らが取り次ぐことも伝えている。

本状と同日付けで、家康は輝宗の重臣「遠藤山城守」こと遠藤基信《えんどうもとのぶ》にも書状を送っている(『性山公治家記録』四)。これに拠れば、家康は天正五年に鷹師の中河市助を鷹取のために伊達領へ送っていたことが知られる。書状は、その際に基信が道中の通行に配慮し、また山形の最上《もがみ》家への紹介の書状も市助に与えたことを謝すと共に、再び派遣する道中でも往来に支障のないよう依頼し、輝宗との関係について基信の尽力を期待する内容になっている。

伊達家が江戸幕府に提出した「貞享書上」では、内容的にも通じる輝宗・基信宛ての七月一日付けの家康書状を一連のものと見なし、基信が天正五年閏七月までは内匠、天正七年六月からは山城と称した証拠があり、具体的に基信が山城を称し始めた時期は不明確としつつ、輝宗に家康が初めて書を通じた時期を天正六年以後と比定を試みている。『治家記録』

における本状の年代比定は、このような伊達家内の作業を踏まえたものであろう。

なお、家康は同年十二月二十八日付けで輝宗に書状を送り、輝宗からの書状を喜ぶと共に、年が改まったあとに改めて申し入れると伝えている（『性山公治家記録』四）。

本状の宛所である輝宗は、天正十二年、長男の政宗に家督を譲って隠居したが、翌年十月八日、出陣先の宮森《みやもり》城（福島県二本松市）から、二本松《にほんまつ》城主の二本松（畠山《はたけやま》）義継《よしつぐ》に拉致され、追ってきた伊達勢の銃撃によって義継もろとも死去している。輝宗の出頭人であった基信は、同年十月二十一日、輝宗に殉死した（『性山公治家記録』五）。

023 （天正十年）六月十四日付け徳川家康書状

大阪城天守閣所蔵

【釈文】 写真は32頁

今度京都之
様躰、無是非儀候、
其付而、上様為
御弔、我々令上洛候、
左様候へハ、今日十四至
鳴海出馬候、然者、
此節可有御馳走
之旨、水野藤助舌
頭ニ候、弥以大慶候、諸事
於御入眼者、可為本
望候、尚委細彼口
上ニ相含候、恐々謹言、

六月十四日　家康（花押）

吉村又吉郎（氏吉）殿

●**解説**

天正十年（一五八〇）五月半ば、家康は信長の招待で上洛していた。しかし六月二日の本能寺の変を知ったのは、京都から堺へ足を延ばした時である。このため家康は、伊賀・伊勢を経由し、同月四日、三河の岡崎城に戻った。さらにその十日後、家康は、軍勢を率いて岡崎城を発ち、上洛したが、その途上、信長の家臣で以前から交流にあった美濃松ノ木《まつのき》城（岐阜県海津市）の吉村氏吉《よしむらうじよし》へ送ったものが本状である。

本状によると、本能寺の変について、家康は「どうしようもない非道なことであり、そのため信長様の弔い合戦をするため上洛する」と述べ、すでに鳴《なる》海《み》（名古屋市緑区）まで来たことを知らせた。「弔い合戦」として美濃の吉村氏に支援を求めたのである。このような家康の呼びかけは、本状にある家康家臣の水野藤助だけではなく、本多忠勝《ほんだただかつ》・石川数正《いしかわかずまさ》らの奔走もあって、美濃の佐藤六左衛門尉《さとうろくざえもんのじょう》や高木貞利《たかぎさだとし》らにもなされたことが確認できる。

ところが、本状が出された前日の六月十三日、摂津国と山城国の境に位置する山崎では、大きな戦い（山崎の戦い）が行われ、秀吉の軍勢によって明智光秀は倒されていた。そのため家康は、すぐに軍勢を返して、六月二十一日に浜松城へ戻った。その後、すぐさま七月三日、家康は浜松城を発ち、信長亡きあと、混乱に陥った甲斐・信濃方面の平定に赴いた。まさに家康による東国支配の開始を象徴する文書でもある。

024 天正十年七月十四日付け徳川家康判物

致道博物館所蔵

【釈文】 写真は33頁

一、信州十二郡棟別四分一、其外諸役不入手ニ出置事、」
一、従国引付候面々、可為其方計、付《つけたり》、信州無一篇間、奉公」
令退屈欠落候人、分国可相払、国衆内者、上下共同前事、」
一、国中一篇ニ納候上も、弐年本知令所務、其上者可被上、」
十二郡不納間者、本知相違有間敷候、国衆同心同前事、」
一、国衆同心在国之衆者、其方同前ニ可有走舞（廻）、信州」
一篇之間者、何も可令同心、少も於違乱之輩者、可加」
下知事、
一、信州若不和成、於有相違者、前々知行無異儀可申付、并国衆同心同前之事、

右条々、永不可有相違、縦先判雖在之、出置上者、一切不可有許容者也、仍如件、

天正拾年壬午

七月十四日　　家康（花押）

酒井左衛門（忠次）尉殿

●解説

天正十年（一五八二）三月十一日、武田勝頼は、信長の武将である滝川一益《たきがわかずます》や河尻秀隆《かわじりひでたか》らに追われて、天《てん》目山《もくざん》（山梨県甲州市）において、嫡子や夫人と共に自殺した（天目山の戦い）。ここに武田氏は滅亡し、織田・徳川連合による甲斐・信濃への支配が本格化するが、同年六月二日の本能寺の変、さらに山崎の戦いを経て、家康単独による甲斐・信濃方面の平定が開始された。

天正十年七月三日、家康は浜松城を発ち、駿河の田中《たなか》城（静岡県藤枝市）や江尻《えじり》（静岡市清水区）を経て、さらに富士川沿いに侵攻して甲斐国内へ入り、甲府に到着したのは七月九日である。家康は、翌十日、信濃伊那《いな》の知久頼氏《ちくよりうじ》に書状を送り、急遽自ら諏訪へ進出すること、先鋒隊にはこれを伝えたことを知らせ、知久にも参陣するよう命じた。こうして家康は、信長亡きあとの混乱した甲斐・信濃の平定に乗り出したが、ここに登場してきたのが上野国から南下した北条氏である。確かに七月十二日、北条氏直《うじなお》は信濃の上田（長野県上田市）に入り、城主の真田昌幸《さなだまさゆき》を自陣に招き入れた。

こうして徳川・北条の両勢力は、甲斐だけでなく、信濃にも及んだが、そのような時期に出されたのが本状である。家康は六月二十七日、酒井忠次《ただつぐ》を総指揮官として信濃に派遣し、信濃国諸将の懐柔など、信濃全域の攻略を命じた。忠次は、奥三河から伊那を経由して信濃国へ入っている。

本状によると、①信濃国の十二郡に棟別四分一および諸役を出すこと。②徳川家に対する奉公を怠る欠落者は分国から追放すること。③国中を平定しても、当初の二年間は各自の所領を徳川家直轄とし、その後、これを返還すること。④もしも国中を平定することができなければ、従来の知行をそのまま安堵すること、などを命じた。松尾《まつお》城（長野県飯田市）の小笠原信嶺《おがさわらのぶみね》らを懐柔するなどしたが、高島《たかしま》城（長野県諏訪市）の諏訪頼忠《すわよりただ》ら離反する者も出るなど、忠次の信濃平定は必ずしも成功したわけではない。

025　天正十年八月二十一日付け徳川家康朱印状　大阪城天守閣所蔵

【釈文】写真は34頁

甲斐国岩手郷弐百貫文分知共事、右為本領之由、言上之間、不可有相違、以此旨、可被抽戦忠之状、如件、

大久保新十郎（忠泰）

天正十年　　奉之

八月廿一日（家康朱印）

岩手入道殿

●解説

天正十年（一五八二）三月十一日、武田氏の滅亡後、六月二日の本能寺の変で、それまで信長の支配下にあった甲斐・信濃や上野国の状況が一変した。甲斐の河尻秀隆《かわじりひでたか》が殺され、上野に居た滝川一益《たきがわかずます》も、北条氏と戦って敗れ（神無川《かんながわ》の戦い）、畿内・近国へ逃げ帰ったからである。そこで同年六月半ば以降、家康は甲斐・信濃の平定に際し、まず家臣を現地に派遣し、七月九日には自身も甲府に入った。

こうして天正十年七月以降、甲斐・信濃両国の領有をめぐって、徳川氏と北条氏の抗争が激しくなった。徳川氏が、かつて武田勝頼が築城した新府《しんぷ》城（山梨県韮崎市）を抑えると、上野国方面から南下した北条氏は、若神子《わかみこ》（山梨県北杜市）に陣を構えた。そして八月十二日、黒駒《くろこま》（山梨県笛吹市）で戦いが起きた。軍勢の数では、圧倒的に北条氏のほうが多かったが、徳川氏の鳥居元忠《とりいもとただ》らが北条氏の軍勢を撃破するなど、この戦いは徳川氏の大勝利で終わった。

このような中で、岩手《いわて》氏という武田氏の旧臣に対して、従来の所領を家康が安堵したものが本状である。岩手氏は岩手郷（山梨県山梨市）の住人であり、同地は笛吹川《ふえふきがわ》の西岸に位置する山村である。岩手氏の

ような武田氏旧臣に与えられた家康の本領安堵状は、八月十三日から同月晦日までのものが二十三通確認される。

以後、北条氏の戦意が失われ、九月末には信濃上田城(長野県上田市)の真田昌幸《さなだまさゆき》も、徳川氏に与《くみ》することとなる。

026 (天正十年)九月十七日付け徳川家康書状
徳川美術館所蔵

【釈文】 写真は35頁

為蘆田人質、可
請取、小笠原掃部大夫（信嶺）
使者木曾へ指越候、
彼人質帰路
無異儀候様有馳走、
送以下可被申付之候、
恐々謹言、

九月十七日　家康(花押)

奥平九八郎（信昌）殿
鈴木喜三郎（重次）殿

●解説

天正十年(一五八二)六月二日、本能寺の変によって信長が急死すると、織田領国となっていた甲斐・信濃国内は混乱した。この混乱に乗じて当該地の平定に乗り出したのが家康である。七月九日、甲府へ入った家康は、武田氏旧臣らが信長から宛行われていた領知をすぐに安堵したが、同時に彼らが提出していた人質の確保を行ったのが本状である。

本状によると、家康は、蘆田《あしだ》(依田《よだ》)氏が確保する人質を木曾義昌《きそよしまさ》から受け取るため、義昌の許に小笠《おがさ》原信嶺《わらのぶみね》の使者を遣わし、奥平信昌《おくだいらのぶまさ》と鈴木重次《すずきしげつぐ》には、その人質が無事に蘆田氏へ届けられるよう警護を命じた。

本状の背景には、本能寺の変が起き、それまで関東や信濃に配されていた織田方の武将が次々と畿内・近国へ戻っていく中、その一人の滝川一益《たきがわかずます》が木曾諸将の人質を木曾義昌に託したとの事情がある。また、同年八月九日、家康は木曾義昌に対し、佐《さ》久《く》・小県《ちいさがた》両郡の人質を返還するよう求めて、信長以来の本領を安堵する条件を提示した。同年八月晦日付けで、家康は木曾義昌の本領を安堵しているので、これも本状に関するものと思われる。

本状にある蘆田(依田)氏は蘆田信蕃《のぶしげ》のことである。武田氏が滅亡した当時、信蕃は駿河の田中《たなか》城(静岡県藤枝市)に籠城し、家康と対峙していたが、家康の勧めに応じて徳川氏に仕えた。その後も信蕃は、家康の後援を得て、信濃の佐久地方を制圧したので、小《こ》諸《もろ》城代として信濃国佐久・諏訪《すわ》の二郡を与えられた。このような経歴からも、本状にある蘆田の「人質」は、この方面の諸将の人質であったことが推測されよう。

信濃松尾《まつお》城(長野県飯田市)の小笠原信嶺も、蘆田信蕃と同様、武田氏の旧臣であり、天正十年の信長軍の信濃高遠《たかとお》城攻めでは、その先導役を務めた。彼も、信長の死後は、そのまま家康に仕えて、特に家康の側近酒井忠次《さかいただつぐ》の配下として、甲斐・信濃の各地を転戦した。信嶺は、木曾や伊那《いな》の地域に詳しい人物でもあり、彼の家臣が使者として木曾義昌の許へ赴いたのも自然である。なお、この時の木曾義昌は、本領の木曾の地に居たようである。宛所の奥平信昌と鈴木重次は、共に三河以来の家康の家臣である。

027 天正十年九月二十八日付け徳川家康判物
真田宝物館所蔵

【釈文】 写真は36頁

上州長野一跡、於甲州
弐千貫文、諏訪郡弁当知
行之事、
右今度被遂一味《いちみをとげられ》、御忠信候間、所
進置、不可有相違、弥以此旨《いよいよこのむねをもって》、可被
抽軍功者也、仍如件、

天正十年
九月廿八日　家康(花押)
真田安房守（昌幸）殿

●解説

天正十年(一五八二)六月二日、本能寺の変後、家康は、六月十三日の山崎の戦いで秀吉が勝利したことを知ると、かつての織田領国であった甲斐・信濃の平定を開始した。七月三日、自らも遠江浜松城を発ち、駿河の富士川沿いに北上し、同年七月九日には甲府へ入った。ここで、上野国方面から南下し、甲斐・信濃両国の侵攻を開始した北条氏と抗争することになったが、八月十二日、黒駒《くろこま》(山梨県笛吹市)の戦いでは、鳥居元忠《とりいもとただ》らの活躍もあり、北条氏の大軍勢を撃破した。その直後から武田氏の旧臣に対して、次々と本領安堵状を出すなど、甲斐の平定に尽力している。

これ以後、武田氏旧臣であった蘆田《あしだ》(依田《よだ》)信蕃《のぶしげ》の奔走もあり、徳川氏の勢力は、信濃佐久《さく》地方にも及び、さらに上田城(長野県上田市)の真田昌幸《さなだまさゆき》も、徳川氏に従うようになった。以後、北条氏は甲斐・信濃から撤退し、真田氏は徳川氏の「一味」となった。このような動きに対して、真田昌幸に上野国の「長野一跡」並びに甲斐での二千貫文や、信濃諏訪《すわ》郡などの知行を認めたのが本状である。

ここでの「長野一跡」とは、上野国箕輪《みのわ》(群馬県箕郷町)城主の長野業盛《ながのなりもり》が滅亡した跡であり、真田氏の旧領知でもある。また、甲斐での二千貫文や信濃諏訪郡については、いまだに北条氏との抗争が続いており、この段階では、家康が完全に支配下に置いていたわけではない。

つまり、この家康による知行宛行状は、真田氏の旧領を安堵したに過ぎないものであるし、しかも「長野一跡」は、真田氏の本拠から遠く離れた場所である。家康の武田氏旧臣に対する本領安堵状には、このような内容のものが多いかもしれない。

なお、長野業盛とは、若くして家督を継ぎ、永禄九年(一五六六)に武田信玄の二万の軍勢を居城の箕輪城で迎え撃ち、そこで自刃した悲劇の武将である。享年二十三ともされる。

028 (天正十年)十月二十四日付け徳川家康自筆起請文　神奈川県立歴史博物館所蔵

【釈文】写真は37頁

(白山牛王裏書)

きせう(起請)文事

何事においても、氏のり(規)御しん(身)
たい(体)のき(儀)、ミはなし(見放)申間敷
候事、

右、此むねそむく(背)におゐてハ、
日本国中大小の神・ふし(富士)・白山・
天満天神・八満(幡)大ほさつ(菩薩)・あたこ(愛宕)
の御はつ(罰)とこむ(蒙)り、来世にてハ、一
こ(期)申、ねんふつ(念仏)む(無)になり可申
者也、仍如件、

三河守
十月廿四日　家康(花押)

ミのゝかミ(美濃守・北条氏規)殿
参

●解説

天正十年(一五八二)六月二日の本能寺の変によって、甲斐・信濃両国は突然、空白地帯となった。ここをいち早く掌握するために、七月三日、家康は遠江浜松城を発ち、富士川沿いに駿河から甲斐へ入り、七月九日に甲府へ到着した。この家康の動きに対応したのが北条氏で、上野国から南下して甲斐の若神子《わかみこ》(山梨県北杜市)に陣を構えた。ここに徳川・北条両氏は、甲斐で対陣することとなったが、八月十二日、大軍で臨んだ黒駒《くろこま》(山梨県笛吹市)の戦いで大敗するなど、北条氏には不利な戦況となった。そのため北条氏は、和議の使者として「ミのゝかミ(北条氏規《うじのり》)」を家康の陣に送ったが、これに対するものが本状である。

伊豆韮山《にらやま》(静岡県伊豆の国市)・相模三浦《みうら》(神奈川県三浦市)の両城主である氏規は、天文十四年(一五四五)の生まれで、すでに隠居した氏政《うじまさ》の弟であり、当主氏《うじ》直《なお》の叔父にあたる人物である。彼は、家康より三歳若いが、今川氏の人質時代から家康とは親しかったので、この使者に選ばれたとする記録もある。いずれにせよ、この交渉で家康と北条氏直は和睦したことになる。その結果、甲斐・信濃両国は家康が、上野国は北条氏が支配することとなった。また、家康の次女督姫《とくひめ》が氏直へ嫁し、それぞれから人質も提出された。

本状によると、家康は旧知の氏規に対し、自筆で「お前のことは決して見捨てることはない」と記すなど、極めて親しみを込めた内容である。しかも、大名間で交わされる公的な起請文ではなく、私的な起請文ともされる。さらには、徳川氏と北条氏の間で正式に和睦が成立したのは、五日後の十月二十九日

ともされる。したがって、本状をもって、和睦交渉の使者として北条氏が氏規を派遣したとするよりも、家康のほうから氏規を招き、彼を味方に引き入れようとしたとの見解も出ている。

029 天正十年十一月二十七日付け徳川家康朱印状

彦根城博物館所蔵

【釈文】写真は38頁

駿州上方蔵出三貫文、并
於甲州蔵出六貫文、駿州賀
嶋内長谷川名加地子拾五貫文、
甲州上石田・下石田・国玉戸嶋分共ニ
拾五貫文、月次俵指持三拾俵等之
事、
右、為本給之間、不可有相違之状、如件、
天正十年　　　　井伊兵部少輔（直政）
十一月廿七日（家康朱印）　奉之
丸山半右衛門尉殿

●解説

天正十年（一五八二）六月二日の本能寺の変以降、家康は、甲斐・信濃両国の平定を開始した、その際、丸山半右衛門尉《まるやまはんえもんのじょう》に与えた本領安堵状が、本状である。丸山の事績は未詳であるが、遠江の勝間田《かつまた》氏から出た一族で、武田氏に仕えた者の中に丸山氏がいて、その者が井伊《いい》氏の縁戚でもあるとの記録がある。本状が井伊家に伝来したことを考慮すると、この見解は有力なものかも知れない。

本状に見える「駿州賀嶋」とは、富士川河口部の地（静岡県富士市賀島）で、「上石田・下石田」は甲斐巨摩《こま》郡（山梨県甲府市）、「国玉《くだま》」は、甲斐山梨郡（甲府市）の郷名である。いずれも富士川に沿って駿河国から甲斐国へ入り、さらに甲府へ至る場所である。本状の末尾にある「月次俵指持」の意味は不明であるが、家康は、こうした本領安堵状を出して、武田氏旧臣との主従関係を明らかにしていったのである。

上野国方面から南下してきた北条氏に対し、抗争することになった家康であるが、天正十年八月十二日、黒駒《くろこま》（山梨県笛吹市）の戦いで大勝利を収めて優位な立場を確保した。しかし、北条氏との正式な和議が成立したのは十月二十九日であり、北条氏直《うじなお》が自らの軍勢を撤退させて小田原へ戻ったのは、十一月下旬である。そのような中で出されたのが本状であり、十月から十二月にかけて、このような本領安堵状は数多く発給されている。家康が居城である遠江浜松城へ戻ったのは、十二月十六日のことである。

本状は、家康による甲斐平定の実態を象徴する文書とも言えるものである。

030 天正十年十二月九日付け徳川家康朱印状

早稲田大学図書館所蔵

【釈文】写真は39頁

甲州河内之郷之内五拾貫文・
志田之内七貫五百文・小松屋敷所
五貫文、浅利之内夫壱人之事、
右、為本領之間、不可有相違之
状、如件、
天正十年　　　　本多弥八郎（正信）
十二月九日（家康朱印）高木九助（廣正）
奉之
長井又五郎（吉昌）殿

●解説

天正十年三月十一日、織田方の滝川一益《たきがわかずます》や河尻秀隆《かわじりひでたか》らに攻められた武田勝頼は、天目山《てんもくざん》（山梨県甲府市）の戦いに敗れて自刃した。ここに武田氏は滅亡したが、さらに六月二日に本能寺の変が起きると、織田方の武将らが撤退し、特に甲斐・信濃両国は政治的な空白地帯となった。ここに家康は甲斐・信濃の平定を開始したのである。

その後、北条氏の介入を退けた家康は、甲斐・信濃の平定を順調に進めた。特に同年十二月までには、甲斐の武田氏旧臣の数十名らに対して、本領を安堵する知行宛行状を発給し、彼らと主従関係を結ぶことができるようになった。本状もそうした事例の一つである。家康が北条氏と正式な和議を成立させたのが十月二十九日であり、これに応じて十一月下旬、北条氏直《うじなお》は小田原に撤兵したが、こうした動きの中で本状は出されたのである。

宛所の長井吉昌《ながいよしまさ》とは、武田信玄の近習衆であった人物で、典型的な武田氏の旧臣である。天正十年八月十六日、すでに吉昌は、本人の指出(申告)によって、甲斐河内郷のうちで五十貫文、志田(山梨県甲斐市)のうちで三十俵、小松屋敷所で五貫文、さらに信濃川中島(長野市)で五十貫文と、合計百五貫文三十俵の本領が安堵されていた。しかし、そのうち川中島の五十貫文を除き、志田のうちで安堵された三十俵を七貫五百文とし、今度、合計六十七貫文が与えられた。夫役も同じである。このうち、志田に近い竜王《りゅうおう》(山梨県甲斐市)という場所では、釜無川《かまなしがわ》の治水対策「信玄堤」が築かれるなど、信玄ゆかりの地でもあった。

さらに天正十一年閏正月十四日、家康は吉昌に対し、三度目の本領安堵状を発給したが、ここで吉昌は「甲州本領河内・志田」のうちだけで、合計六十貫文三十俵が安堵されるなど、かつて信濃にあった本領は安堵されていない。このことは家康による攻略の重点が、甲斐から信濃方面へと向かいつつあることを示しているとも言えよう。換言すれば、信玄の勢力拡大と共に、甲斐・信濃両国に本領を有した吉昌ではあったが、家康の登場によって再び甲斐の武将に戻ったとも言えるのである。

031　(天正十一年)正月十二日付け徳川家康自筆書状　彦根城博物館所蔵

【釈文】写真は40頁

急度以飛脚
申候、高藤(遠)口甲(押ヵ)
人数つかわし候、
その(方)はうの
同心の物主
つかわし候へと
申候や、忘候
間、飛脚
進候、申候は
つハ、清三郎(木俣守勝)か
(誰)たれにても、
つかわし候へく候、
　恐々
謹言、
　卯
正月十二日　家康(花押)
井伊兵部(直政)殿

●解説

天正十年(一五八二)三月十一日、天目山《てんもくざん》の戦いに敗れて武田勝頼らは自刃、武田氏は滅亡し、さらに同年六月二日の本能寺の変で信長が亡くなると、織田領国であった甲斐・信濃両国は一時的な空白地帯となった。これに乗じた家康は、上野国から南下してきた北条氏との抗争を経て、甲斐・信濃の平定を順調に進めていった。特に同年八月から十二月にかけて、甲斐国内には、数多くの本領を安堵する知行宛行状を発給し、武田氏の旧臣を自ら陣営に組み入れていった。こうして甲斐攻略が順調に進み、天正十一年に入ると、家康は、いよいよ信濃攻略を本格化させていった。

家康は自らの軍勢を動員し、信濃の高遠《たかとお》(長野県伊那市)の地を支配しようとしたが、その時に出されたのが本状である。本状によると、「飛脚を以って」とあり、家康は、井伊直政《いいなおまさ》に書状(本状)を送って、その家臣である「同心の物主(重臣)」の木俣守勝《きまたもりかつ》(清三郎)らと共に、高遠方面へ出陣することを命じた。

信濃上田城(長野県上田市)の真田昌幸《さなだまさゆき》は、すでに徳川氏に降っており、佐久《さく》地方も、武田氏旧臣の蘆田《あしだ》(依田《よだ》)信蕃《のぶしげ》らの動きから、家康の支配下に置かれつつあった。高遠を含む伊那《いな》地方も、信長軍の制圧があり、すでに武田氏らの影響力は少なかったが、本能寺の変後は、福与《ふくよ》城(長野県箕輪町)を拠点とする諏《す》訪《わ》氏の一族である藤沢頼親《ふじさわよりちか》が再び台頭した。しかし頼親は、家康の勢力が信濃国に及ぶと、すぐさま高遠城を奪還し、家康に臣従する動きを見せた。本状において、家康が井伊直政に対して高遠への出陣を命じたのは、井伊氏の本拠である遠江の井伊谷《いいのや》(静岡県浜松市北区)が、奥三河や信濃の伊那地方に近いことが主な理由であろう。したがって、その侵攻経路も、遠江から奥三河に入り、高遠のある伊那地方を目指したことと思われる。

なお、家康自筆の本状が、井伊氏家老の木俣氏の家に伝来したことから考えて、本状は直政から木俣守勝の許へ転送されたようである。

032 (天正十一年)正月二十七日付け徳川家康書状
名古屋市博物館所蔵

【釈文】写真は41頁

一条山地形之儀、
其国之諸侍相触、
普請可申付候、石垣積
近日可差遣候之間、油断
有間敷候、恐々謹言、

正月廿七日　家康(花押)

平岩(親吉)七助殿

●解説

天正十年(一五八二)三月の武田氏滅亡後、六月二日、本能寺の変によって信長が亡くなると、甲斐・信濃両国に、突然、政治的な空白時間が訪れた。この混乱に乗じた家康は、すぐさま七月以降、自ら出陣し、甲斐・信濃の平定に乗り出した。そして八月以降、甲斐における武田氏の旧臣を中心とし、本領安堵状を出して、彼らと主従関係の確認を行い、同年十二月十二日、家康は浜松城へ凱旋した。十二月二十一日、直臣の平岩親吉《ひらいわちかよし》を甲府城代に任じた。親吉を現地に置き、さらに武田氏の旧臣らを慰撫することを命じ、甲斐経営にあたらせたのである。

本状は、平岩親吉が家康から新たな城郭を設置することを命じられたものである。本状によると、築城の地として「一条山(一条小山)」が選ばれ、家康は、確かに親吉に築城命令を下した。その城を「石垣積」とし、そのため「石垣積」の技術を持つ職人衆を派遣することも述べた。しかし「石垣積」とは「穴太積《あのう》」とも称される西国系の先進技術であり、もし本状を天正十一年に比定すると、この城郭が極めて重要なものになる。

しかし、この「一条小山城」が本格的に普請された形跡はなく、現在の甲府城は、天正十八年に入封した羽柴秀勝《ひでかつ》・加藤光泰《かとうみつやす》といった豊臣系大名ら、特に文禄二年(一五九三)十一月に入封した浅野長吉《あさのながよし》が築城し、金箔瓦による城普請もなされた。そのため「一条小山城」を別の地とするだけではなく、本状の年代そのものを、家康の関東入国直前の天正十七年とする見解も出された。

なお武田信玄は、領国支配において、拠点とする地に城郭を設けたことはない。信玄の父信虎《のぶとら》も、躑躅《つつじ》ヶ崎《がさき》(山梨県甲府市)に居館を構えただけである(「古府」)。それに対して勝頼は、天正九年十二月二十四日、北巨摩《きたこま》郡中田村(山梨県韮崎市)に新たな城郭「新府《しんぷ》城」(韮崎市)を築城し、ここを拠点とした。この経緯からすると、「一条小山城」だけではなく、「新府城」にも、充分な画期的な意義を見出すべきである。いずれも城郭を拠点とし、一国単位の領国経営がなされたことが重要である。武田氏内において、明らかに信玄の段階よりも、新たな支配体制が確立されつつあった。

033 (天正十一年)二月十四日付け徳川家康書状
毛利博物館所蔵

【釈文】写真は42頁

就　公方様(足利義昭)御帰洛之儀、
預珍簡、殊信雄(織田)・羽柴(秀吉)・
其外家老之衆御請之書状、
被差添給候、即遂披見候、
拙者儀、各次第ニ候条、聊
無沙汰不存候、将亦、東国筋
御用之子細蒙仰、不可有
疎意候、恐々謹言、

二月十四日　三河守家康(花押)

謹上 毛利右馬頭(輝元)殿

●解説

天正十年(一五八二)末、本能寺の変以来対立を深めていた織田信雄《のぶかつ》・羽柴秀吉と織田信孝《のぶたか》・柴田勝家《しばたかついえ》は、軍事衝突に至った。

この中央政局の混乱に乗じ、再び上洛しようと図ったのが、毛利家の庇護下にいた足利義昭《よしあき》である。義昭は本能寺の変直後から、秀吉にも勝家にも御内書《ごないしょ》を送り、自身の帰洛への賛同を求め、同意を得ていた。そして、三河の家康の許にも、義昭から御内書が送られる。それに対する家康の返書が本状である。

義昭は、信雄・秀吉および織田家の家老らが自身の帰洛に同意したことを示す書状を御内書に付し、家康にも協力を求めたのである。これに対し、家康は信雄・秀吉らの意見に従うとして、助力の意思を見せている。また、関東への用がある際にも協力するとしている。

家康は義昭の帰洛について、信雄や秀吉の意向に沿うとしており、織田家中の対立に際し、信雄・秀吉方に味方をしていたことがわかる。しかし、この頃の家康は甲斐・信濃両国に兵を出しており、中央への積極的な関与は見せていないのである。

ところで、家康も、信雄や秀吉も、義昭への協力に賛同するかのような姿勢を見せているが、それは表向きのことだけであった。結局、義昭の帰洛が実現するのは、これより約五年後のこととなる。

034 （天正十一年）五月三日付け徳川家康書状

個人所蔵

【釈文】写真は43頁

於江北表、合戦之
模様幷絵図被差
越、即令披見、得其意候、
仍柴田討死之儀、方々
同説注進候、次勢州へ
在出陣之由、御辛労候、
尚期来音候、恐々謹言、

五月三日　家康(花押)

水野惣兵衛尉（忠重）殿

●解説

天正十年(一五八二)六月二日の本能寺の変後、一時混乱に陥った甲斐・信濃両国に対して、家康は素早い対応を見せた。自ら甲府に赴いて、同年十二月までの間に、まずは甲斐の武田氏旧臣らと主従関係を取り結んだ。天正十一年三月にも、家康は再び甲府へ赴き、諏訪《すわ》頼忠《よりただ》らに本領安堵状を出すなど、いよいよ信濃方面にも自らの勢力を伸ばした。

この間、畿内・近国での信長の後継者争いは、すぐさま明智光秀を討った秀吉を中心として行われた。その後も、天正十一年四月二十日、信長の三男信孝《のぶたか》を擁した柴田勝家《しばたかついえ》は、北近江の賤ヶ岳《しずがたけ》(滋賀県長浜市)で秀吉の軍勢に敗れた。

本状によると、家康は天正十一年三月末から五月初旬まで甲府にいたようで、その間、家康の家臣で三河刈谷《かりや》城(愛知県刈谷市)の水野忠重《みずのただしげ》(惣兵衛尉)は、北近江の戦況を書状と絵図をもって、甲府の家康へ報告した。その返書が本状であり、忠重の報告に対する労いが記された内容である。家康の許には、各所から勝家の敗戦と戦死を伝える報告が次々と届けられた。なお、勝家が越前北ノ庄《きたのしょう》城(福井市)で自害したのは、四月二十四日である。

本状によると、家康は、家臣に伊勢方面への出陣も命じている。これには、勝家が信孝を擁して秀吉に対抗したこと、その勝家の敗戦と共に、信孝も秀吉と連携した兄信雄《のぶかつ》から攻められ、五月に大御堂寺《おおみどうじ》(野間御坊《のまごぼう》、愛知県美浜町)で自害したこと、また、同じく勝家と連携した滝川一益《たきがわかずます》も降伏し、その旧領である北伊勢を信雄に占拠させたことが関連する。当初、秀吉と信雄の関係は良好であったが、次第に両者は距離を置くようになり、秀吉と対抗する家康とすれば、信雄と与《くみ》することも必要であった。すでに、翌天正十二年の小牧・長久手の戦いが予想されたのである。

035 （天正十一年）十一月十五日付け徳川家康書状写

個人所蔵

【釈文】写真は44頁

関東惣無事之儀ニ付而、従羽柴方
如此申来候、其趣先書申入候之間、
只今朝比奈弥太郎（泰勝）為持、為御披
見進之候、好々被遂御勘弁
御報可示預候、此通氏直江も可申達候
処、御在陣之儀ニ候条、不能其儀
候之条、様子御陣江被下（御脱ヵ）届、可
然之様、専要候、委細弥太郎
口上ニ申含候、恐々謹言、

十一月十五日　家康(花押)

北條左京太夫（氏直）殿

●**解説**

本状は、かつて「惣無事」の語句だけが注目され、天正十四年(一五八六)や十五年、あるいは天正十六年とも比定されたものである。

本状によると、秀吉は「関東が平和となる(関東惣無事)」を名目とし、北条氏直《うじなお》の上洛を催促しており、その調整を家康に命じている。特に「従羽柴方如此申来候」と表記されているのが重要である。天正十四年十月下旬、家康は上洛して謁見し、以後は秀吉のことを「関白様」と呼ぶようになるが、この時点で秀吉のことを尊大な態度で「羽柴方」と称するのは不自然である。また家康は、天正十年十月二十八日付けの書状写(『譜牒余録』巻五十九)でも、東国の戦乱がなくなることを「惣無事」という語句で表した。それゆえ本状は、秀吉に臣従する前の家康が出したものとして、天正十一年に比定すべきである。

天正十一年四月、柴田勝家《しばたかついえ》を越前北ノ庄《きたのしょう》城(福井市)に滅ぼした秀吉の許へ、五月二十一日、家康は重臣石川数正《いしかわかずまさ》を派遣した。これに対して、秀吉からの使者が八月六日に浜松を訪れるなど、両者の友好関係は保たれた。また家康は、前年に甲斐で抗争があった北条氏に対し、その後の講和交渉のみならず、この年の八月に次女督姫《とくひめ》を氏政の嫡子氏直へ嫁すなど友好関係を深めた。本状は、このような秀吉と北条氏の間にあった家康の立場を明らかにできる貴重なものである。

家康は、秀吉から関東が平和になることを名目とし、北条氏が臣従する手段として上洛するよう、その調整を命じられていたのである。

036 (天正十二年)三月九日付け徳川家康書状
徳川ミュージアム所蔵

【釈文】写真は45頁

急度注進申候、仍
此度羽柴(秀吉)、余恣之振
舞仕付而、三介殿(織田信雄)申合、
彼凶徒可討果覚悟
候而、令出馬候、上方治
候事、不可有程、於模
様可御心安候、尚追而
吉左右可申候、恐々謹言、

三月九日　家康(花押)

北條殿(氏直)

●**解説**

天正十二年(一五八四)正月、織田信雄《のぶかつ》の重臣津山義《つやまよし》冬《ふゆ》など三家老が、秀吉の懐柔作戦によって秀吉方に通じた。これを知った信雄は、同年三月六日に彼ら三家老を殺害した。この事件が契機となり、やがて小牧・長久手の戦いとなる。三月七日、家康は居城の浜松城を発ち、同十三日に尾張清須《きよす》城(愛知県清須市)で信雄と会見、連合して秀吉と対抗することを決めるので、本状はその途上で出されたものである。

本状によると、家康は、前年に娘婿となった北条氏直《うじなお》に対し、「秀吉がほしいままの行動をしており、そのために信雄と連携して、秀吉を討ち果たす覚悟をもって出陣する」とのことを報告した。畿内・近国が不安定な政治状況にあることも伝えて、秀吉討伐に対する根拠を明確にした。

この結果、天正十二年三月下旬、信雄・家康連合軍と秀吉の軍勢が尾張国小牧と長久手において対戦することになった。連合軍の軍勢は、秀吉軍の五分の一程度とも推測されるが、戦いの舞台は連合軍の地元であった。そのため家康は、信雄の居城である清須城に本陣を構えるよりは、小牧山のほうが有利と考えて、三月十五日にはここに陣を構えることとなった。対する秀吉は、三月二十一日に大坂城を発ち、岐阜城を経由して、三月二十七日に尾張犬山《いぬやま》の楽田《がくでん》(愛知県犬山市)に陣を構えた。しかし両軍が、互いに砦の修築や土塁の構築などを入念に行ったため、小競り合いが続くだけで、当初の戦況は全くの膠着状態となったのである。

037 (天正十二年)三月十九日付け徳川家康書状
大阪城天守閣所蔵

【釈文】写真は46頁

自是以飛脚
可申入之処、爰元

無案内之儀付、無
其儀候節、一章令
祝着候、殊鯉送給候、
令賞翫候、兼亦
其元無異儀被相
拘之由、無比類候、弥
此節候之条、対
信雄(織田)可被抽忠信候事、
専要候、然者御
身上之儀者、何篇ニも
請負可申候、委細者
榛(榊)原方可被申候、恐々
謹言、

三月十九日　家康(花押)

吉村又吉郎(氏吉)殿

●解説

本状は、小牧・長久手の戦いに関するものである。天正十二年(一五八四)三月十五日、家康は、尾張清須《きよす》城(愛知県清須市)から小牧山《こまきやま》城(愛知県小牧市)に入り、秀吉の軍勢が尾張犬山《いぬやま》の楽田《がくでん》(愛知県犬山市)に陣を構えたのが三月二十九日である。この間に出されたのが本状である。冒頭で「自是以飛脚可申入之処」と記すなど、家康は、美濃松ノ木《まつのき》城(岐阜県海津市)の吉村《よしむら》氏吉《うじよし》に書状を送ったが、これ以前にも、氏吉は家康や織田信雄《のぶかつ》と連絡を取り合っており、本状はその返書にあたる。

氏吉は、尾張出身の武将で、織田信長や信雄の家臣として各地を転戦した人物であり、南近江や美濃松ノ木城のある周辺に知行が与えられた。本状によると、氏吉が鯉を贈答として贈ったようで、家康は、信雄のために忠節を尽くすならば、氏吉の身上まで保証しようと記すなど大変な喜び様である。家康としては、秀吉との対決に臨み、より多くの武将を自己の陣営に招き入れたかったのであろう。このような家康の期待に違わず、氏吉は、この戦いでは、居城である松ノ木城の守備や周辺地域への秀吉方の侵攻を防ぐ役目を担い、さらには家康や信雄へ様々な情報提供なども行ったのではなかろうか。本状でも、家康自身が「爰元無案内之儀付」と述べており、氏吉には、当地における対秀吉勢力として重要な役割が期待されていたのであろう。

なお天正十八年の小田原攻めののち、秀吉の転封命令に従わなかった信雄が失脚すると、同時に氏吉も松ノ木城周辺の領知を失ってしまう。しかしその後、肥後熊本城主の加藤清正《かとうきよまさ》に仕え、その一員として朝鮮出兵での活躍などもあり、「清正十六将」の一人としても名を残した人物である。

038 (天正十二年)卯月十日付け徳川家康書状　大阪城天守閣所蔵

【釈文】写真は47頁

昨日、於岩崎之口
合戦之儀付、早々
飛脚令祝着候、
頓而可令上洛候間、弥
可被任存意候、於
其表、今度被抽
忠節之儀、無比類候、
尚以、無由断於有
馳走者、可為本懐候、
恐々謹言、

卯月十日　家康(花押)

吉村又吉郎(氏吉)殿

●解説

本状は、小牧・長久手の戦いに関するものである。天正十二年(一五八四)三月末日、尾張小牧山《こまきやま》城(愛知県小牧市)に家康・織田信雄《のぶかつ》の軍勢が入り、大坂からの秀吉の軍勢は尾張犬山《いぬやま》の楽田《がくでん》(愛知県犬山市)に陣を構えた。当初は多少の小競り合いがあったものの、両軍の睨み合いがしばらく続き、戦況は膠着状態に陥っていた。

そのような中の四月六日、秀吉は、家康を小牧山から引き出すために、池田恒興《いけだつねおき》・森長可《もりながよし》ら二万余りの軍勢に加え、堀秀政《ほりひでまさ》・長谷川秀一《はせがわひでかず》や別働隊として三好秀次《みよしひでつぐ》の軍勢も三河に向かわせた。この軍事行動をすでに察知していた家康方は、榊原康政《さかきばらやすまさ》らの軍勢を四月八日の夜には尾張小幡《おばた》城(名古屋市守山区)に入れて、翌四月九日の朝、まず秀次隊を急襲した。その後、長久手付近(岩崎口《いわさきぐち》)において秀吉方の軍勢を打ち破り、この結果、池田恒興・森長可の両人が敗死するに及んだ。本状にある「岩崎口合戦」である。

家康方の勝利となった岩崎合戦の知らせに接した吉村氏吉《よしむらうじよし》は、直ちに祝いの書状を家康へ送ったが、本状はこの返書でもある。本状によると、氏吉には、やがて織田信雄を奉じて上洛するので、一層の協力を頼んでいる。勝利に意気込む家康の心情を物語るものである。しかし、この秀吉方の敗戦から、家康は、秀吉方の攻撃目標が美濃方面になることを予想しており、美濃松ノ木《まつのき》城(岐阜県海津市)の氏吉に対して、「尚以無油断於有馳走者《なおもってゆだんなくちそうあるにおいては》、可為本懐候《ほんかいたるべくそうろう》」と記すなど、この勝利に驕ることなく、くれぐれも油断せず、慎重な対応をすることも求めた。その後、岩崎合戦で父親を失った池田輝政《てるまさ》は、確かに氏吉らの松ノ木城を攻略するため、今尾《いまお》(岐阜県海津市)に陣を構えて、氏吉方の脇田砦を襲撃した。

なお家康は、すぐさま四月九日付けで甲斐に配していた重臣の平岩親吉《ひらいわちかよし》・鳥居元忠《とりいもとただ》に宛てて「秀吉方の大将格の武将は悉く戦死した」と記した書状を出すなど、この戦勝を意図的に誇張して宣伝したようである。この秀吉方の敗戦が京都に伝わると、大きな反響があったようで、本状にある「頓而可令上洛候《やがてじょうらくせしむべくそうろう》」(やがて信雄を奉じて上洛する)との文言も、家康による頭脳的な作戦の一つだったのかもしれない。

039 (天正十二年)卯月二十一日付け徳川家康書状　大阪城天守閣所蔵

【釈文】写真は48・49頁

遠境之処、芳墨
殊為御音信黒鞭(駿)之馬
被差上給候、乗心・馬形等
勝候間、別而自愛不斜儀候、
真上洛之節候之間、祝着
無申事候、将亦、其表惣無事、
由良(国繁)・長尾(顕長)儀付而、先度中河
市助差越候キ、定可為参
着候間、不能重説候、次(従)去
九日及合戦、始池田父子・森
庄三(長可)・木下勘解由・同助左衛門(助休)、
大将之者共悉其外一万余
討取候、羽柴儀、使者如見聞之
地利へ引入在之間、一途遅
延之儀候、乍去、此度討留、無
異儀可令上洛候、於様子者、
可御心安候、尚使者口上相含候、
恐々謹言、

卯月廿一日　家康(花押)

皆川山城守(広照)殿

●解説

小牧・長久手の戦いにおける四月九日の岩崎合戦から約半月後、家康が下野長沼《ながぬま》城(栃木県真岡市)の皆川広照《みながわひろてる》へ宛てた返書が本状である。広照は、下野出身の武将で、宇都宮《うつのみや》氏に仕え、織田信長が関東へ侵攻すると、その武将である滝川一益《たきがわかずます》に仕えたが、信長死後は、家康と親交を深めた人物である。

天正十二年(一五八四)三月十二日、広照は家康家臣の本多正信《ほんだまさのぶ》に宛てた書状を出している。この書状の中で広照は、家康に対して、「関東惣無事」がいまだに実現していないので、実現するよう動いて欲しいこと、さらには由良《ゆら》・長尾《ながお》両氏の抗争を家康の威光によって解決して欲しいことを伝えた。

この頃の関東地方では、由良・長尾両氏が、北条氏の支配体制から離反する動きを見せるようになっていたが、人質を小田原に取られていたこともあり、その家中衆も複雑な動きをするしかなかった。この事態を打開するため、広照から家康へ書状が出されていた。確かに本状の前半からも、広照は下野方面の「惣無事」に関して、特に由良・長尾両氏の動向について、使者を介し、駿馬も贈りつつ、家康へ状況を報告したことが知れる。

また家康は、広照に対し、岩崎合戦の勝利について、秀吉方の池田恒興《いけだつねおき》・元助《もとすけ》父子や森長可《もりながよし》をはじめ、大将のほとんどが戦死し、秀吉方の「一万余」の軍勢を討ち取ったとも自慢している。しかし、秀吉方の大将らの多くが逃げ延びており、一万の戦死者数もはなはだ疑問な数字である。さらに本状によると、家康は、秀吉が「地形を利用して作った障害物」に引き籠っているので、決着が遅れていると記すが、そ

の後も、それほど家康方に有利に展開していたわけではない。本状でも「信雄を奉じて上洛を果たす」とのことを宣言しており、家康が岩崎合戦の戦勝を大々的に利用したことは明らかである。

しかし本状には、天正十二年という関東の状況、特に「関東惣無事」に関する家康の役割に加えて、小牧・長久手の戦いの戦況も同時に記されており、東国と西国の双方における政治状況について、家康の視点から伺うことができる貴重な文書である。

040 （天正十二年）五月五日付け徳川家康書状

三重県総合博物館所蔵

【釈文】写真は50頁

於今度勢州
生津・村松、敵数多
討捕之由、注進得
其意候、無比類事候、
各高名之者共、此内
可申候、弥無由断可相稼
儀、肝要候、恐々謹言、

五月五日　家康（花押）

小濱民部左衛門尉（景隆）殿
間宮造酒丞（信高）殿

●解説

本状は、天正十二年（一五八四）の小牧・長久手の戦いに関するものである。同年五月、小浜景隆《おはまかげたか》と間宮《まみや》信高《のぶたか》の両名が、伊勢国の生津《おいず》（三重県明和町大淀）と村松（三重県伊勢市）で戦功を挙げ、家康がそれを賞したのである。

すでに同年四月初旬、尾張小牧山《こまきやま》城（愛知県小牧市）に籠もる織田信雄《のぶかつ》・家康勢に対し、秀吉は、それを引き出すための作戦を取ったが、その結果、秀吉方の池田恒興《いけだつねおき》と森長可《もりながよし》が戦死する岩崎合戦が行われ、両陣営による本格的な戦いが開始された。しかし、本状のように、海上戦でも両者の戦いが繰り広げられていたのである。

本状によると、秀吉方の九鬼嘉隆《くきよしたか》は、出身である志摩国の鳥羽《とば》（三重県鳥羽市）から出撃し、信雄の所領がある伊勢国にも攻撃を加えた。これに対して家康は、水軍系の景隆と信高を出して対抗した。本状からは、伊勢の生津と村松のあたりで両陣営の戦いがあったことがわかるが、彼らは伊勢だけでなく、対岸の尾張・三河の沿岸部も警備したようである。家康は、この戦功を賞するだけでなく、一層の忠勤を励むことも命じた。

小浜景隆は志摩水軍の出身であるが、武田信玄に招かれて、その後は武田水軍の将として、伊豆・駿河両国において、数多くの戦闘に参加した武将である。景隆は、九鬼嘉隆に敗れたのち、信玄に招かれたとも言われている。一方の間宮信高は、北条氏の水軍ではあったが、北条氏から武田氏の家臣に転身して武田水軍の将となり、その後は家康に仕えた。

なお信高は、本状の翌六月、尾張に赴いて、信雄と共に蟹江《かにえ》城（愛知県蟹江町）を攻めて奮戦したが、秀吉方の滝川一益《たきがわかずます》の軍勢によって討たれている。

なお、家康の花押に比べて、宛所の「小濱民部左衛門尉」と「間宮造酒丞」の名前が小さく下方に書かれているのは、両者の地位関係が影響したものである。

041 （天正十二年）六月十三日付け徳川家康書状

大阪城天守閣所蔵

【釈文】写真は51頁

其表へ敵相動
之由候之間、昨日至当（清
須）地寄陣候、然而昨晩
其城へ取懸之処、
手負数十輩被
仕出、引退之旨
注進候、殊兼日無（緩脱カ）
堅固之由、其聞候つる、
如此之儀粉骨無
比類候、尚異子細
候者、可有御注進候、
恐々謹言、

六月十三日　家康（花押）

吉村又吉郎（氏吉）殿

●**解説**

天正十二年(一五八四)四月九日の岩崎合戦において、家康方に敗北を喫した秀吉は、その後、作戦を変更して織田信雄《のぶかつ》の領内を脅かし、小牧山《こまきやま》の家康を誘い出すことを考えた。

信雄が五月三日に伊勢長島《ながしま》城(三重県桑名市)へ戻ったので、秀吉は、まず細川忠興《ほそかわただおき》らを動員し、南美濃から伊勢長島方面の信雄領を攻略する作戦を進めた。そこで、木曾川沿いの諸城への攻撃を強めながら、五月七日、西岸の美濃加賀野井《かがのい》城(岐阜県羽島市)を攻略し、さらに六月十日には竹鼻《たけはな》城(羽島市)は水攻めにして開城させた。

このように加賀野井城や竹鼻城を次々と攻略した秀吉方の軍勢は、さらに南下し、長良川《ながらがわ》を渡って、脇田砦(岐阜県海津市)へ攻撃を加えるのだが、その時に家康から美濃松ノ木《まつのき》城(海津市)の吉村氏吉《よしむらうじよし》に出されたのが本状である。脇田砦とは、揖斐川《いびがわ》の東岸に位置する要害の地にあり、松ノ木城の支城でもあった。ここに信雄の家臣である氏吉が籠もり、秀吉方の池田輝政《いけだてるまさ》の軍勢と対峙することになった。輝政は、先の岩崎合戦で討ち死にした池田恒興《つねおき》の嫡子である。

本状にある「其表」とは脇田のことであり、氏吉から家康には、その戦況が報告されていた。本状はその返書でもある。家康は、小牧山《こまきやま》に酒井忠次《さかいただつぐ》を残して自ら出陣し、六月十二日、清須《きよす》城(愛知県清須市)に到着したことを知らせた。さらに、清須に来てから氏吉の活躍ぶりを知ったので、その戦功を称賛したのである。

042 (天正十二年)六月十八日付け徳川家康書状
大阪城天守閣所蔵

【釈文】写真は52頁

急度以飛脚
令啓之候、仍此
表之儀、外構迄
悉令放火、一城
計之躰候、落居
不可移時日候之間、
於様子心安可被
存候、然者其表之儀、
肝要候間、手置等
不可有由断候、人数者
入候者、何様にも可
差越候、恐々謹言、

六月十八日　家康(花押)

吉村又吉郎(氏吉)殿

●**解説**

天正十二年(一五八四)四月九日の岩崎合戦以降、秀吉は、南美濃や伊勢の織田信雄《のぶかつ》領を攻撃し、小牧山《こまきやま》の家康を誘い出す作戦へ変更した。五月三日に信雄が居城である伊勢長島《ながしま》城(三重県桑名市)へ戻っていたことも、この作戦変更に影響を与えたと思われる。

こうして秀吉方は、五月上旬以降、木曾川沿いにある美濃加賀野井《かがのい》城や竹鼻《たけはな》城(いずれも岐阜県羽島市)を攻略し、さらに南下しながら、信雄の籠もる伊勢長島城を目指した。これに応じて信雄の家臣である美濃松ノ木《まつのき》城(岐阜県海津市)の吉村氏吉《よしむらうじよし》は、家康などからの支援もあって、その支城の脇田砦に籠城していた。さらに六月十二日、家康は重臣の酒井忠次《さかいただつぐ》を小牧山の守備に残して、自身は尾張清須城(愛知県清須市)へと移った。脇田砦に籠もる氏吉を支援するためである。これに対して氏吉は、家康に逐一周囲の戦況を報告していた。

伊勢長島城の周囲は、木曾・揖斐川《いびがわ》などの河口部にあたる地であり、海上からも近い場所であった。特に海に臨む尾張蟹江《かにえ》城(愛知県蟹江町)という要地もあり、六月十日、竹鼻城を攻略した秀吉方は、さらに六月十六日、秀吉方の滝川一益《たきがわかずます》らがここを侵攻する動きを見せた。まさに、信雄への秀吉方の脅しが始まったのである。このような状況下、清須城に居た家康が脇田砦の氏吉に出したのが本状である。

本状によると、家康が長島方面に支援の兵を出して、蟹江城付近の「外構」を破ったので、何とか秀吉方の侵攻を防ぐことができたが、極めて危うい状態でもあった。また、家康は氏吉に対して、さらに脇田方面のことも尋ねて、その地は要衝の地であるので、くれぐれも油断せずに抗戦を続けるよう指示した。もし援軍の必要があれば、軍勢を送るとも述べている。なお翌日の十九日朝、秀吉方は、安宅船《あたけぶね》を擁した九鬼嘉隆《くきよしたか》の船団と滝川一益の軍勢が、海上からも信雄方の蟹江城を攻撃したため、同城は落城の寸前までいったが、その後、家康方の反撃もあり、七月に入っても決着は付かなかった。

043（天正十二年）七月十日付け徳川家康書状

大阪城天守閣所蔵

【釈文】写真は53頁

為爰許見廻
書状到来、怡悦候、
南辺深々令放火、
濱田普請申付候、
可御心安候、其元用
心以下不可有由断
事、専一候、恐々謹言、

七月十日　家康（花押）

吉村又吉郎（氏吉）殿

●**解説**

天正十二年（一五八四）六月十九日、安宅船《あたけぶね》を擁した秀吉方の九鬼嘉隆《くきよしたか》と滝川一益《たきがわかずます》の軍勢は、海上より織田信雄《のぶかつ》方の尾張蟹江《かにえ》城（愛知県蟹江町）を攻撃した。滝川一益らは蟹江城を守備していた信雄方の武将を自殺に追い込み、蟹江城も落城寸前までいった。

しかし、六月十二日以降、小牧山《こまきやま》から尾張清須《きよす》城に移っていた家康らの支援もあって、信雄・家康方に優位な戦況となり、家康らは、七月三日には蟹江城を奪還することができた。さらに家康は、その勢いで七月五日、信雄らと共に、伊勢の神戸《かんべ》・白子《しろこ》付近（いずれも三重県鈴鹿市）まで侵攻した。まさにこのような時、美濃松ノ木《まつのき》城（岐阜県海津市）の吉村氏吉《よしむらうじよし》からの見舞状に答えたものが本状である。

本状によると、家康らの軍勢は、秀吉方の滝川雄《かつ》利《とし》の守る伊勢浜田《はまだ》城（三重県四日市市）を「普請」するなどの勢いもあったが、七月十三日には伊勢を引き上げて、信雄は伊勢長島《ながしま》城（三重県桑名市）に入り、家康は尾張清須《きよす》城（愛知県清須市）へ戻った。その後も、松ノ木城の支城・脇田砦に籠もった氏吉は、秀吉方の動向について、清須城の家康に逐一報告したが、それに対して家康は、さらなる脇田の警備を命じた。

その後も家康・信雄と秀吉による戦いは続いたが、九月に入ると、和議の話が出るようになった。そして十月半ば以降、家康は三河岡崎城、信雄は伊勢長島城、秀吉は大坂城へと戻った。次第に秀吉方から信雄への工作が成功し始め、十一月十一日、信雄は秀吉の和議に応じてしまう。まさに両陣営の戦いは、外交戦へと移っていったのである。

044（天正十三年ヵ）七月十九日付け徳川家康書状

表千家不審菴所蔵

【釈文】写真は54頁

尚々、先度つほ（壺）差上
候之処、被入念候事、
祝着候、
石川伯耆守（数正）かたへ
来書披見候、仍
茶之湯之道具、以
馳走早々出来
祝着候、尚伯耆守
可申候、恐々謹言、

七月十九日　家康（花押）

宗易（千利休）

●**解説**

千宗易《せんのそうえき》（利休）が、家康の注文した茶の湯道具を早々に取り揃えたことについて石川数正《いしかわかずまさ》へ報告してきたのに対する返書が、本状である。したがって、本状の年代は、数正が家康の家臣でなければならないので、彼が家康の許から出奔する天正十三年（一五八五）十一月十三日以前でなければならない。

また、天正十一年五月、賤ヶ岳《しずがたけ》の戦いで、秀吉が柴田勝家《しばたかついえ》を討伐した直後、家康が数正を使者として、秀吉へ「初花肩衝茶入《はつはなかたつきちゃいれ》」を贈った記録があるので、これを家康による「茶の湯道具の贈答」の嚆矢とすれば、本状を天正十三年に比定することも可能である。しかし、これもそれ以上に確定できるものではなく、一応の目安と考えるべきかもしれない。

なお、天正十二年の小牧・長久手の戦いは、同年十一月十一日、ついに織田信雄《のぶかつ》が秀吉との和議に応じてしまい、秀吉に人質を提出し、北伊勢五郡を除く伊勢と伊賀を引き渡すこととなった。これに伴い家康も、十一月十六日には、三河岡崎城へ戻り、三月以来の戦闘が終わった。以後、すべて秀吉方の優位な状況となっていく中で、天正十三年正月、数正が使者として大坂城へ派遣され、宗易や津田宗及《つだそうきゅう》らとの茶会に参加した。ここで数正が宗易らと親しくなり、秀吉との交渉に対しても、茶の湯道具の贈答を活用することを家康に進言した可能性が全くないわけでもない。元来、家康は茶の湯に対する造詣は深くはないが、本状のような「茶の湯道具の贈答」などは、大名との交渉で必要となったとするならば、この時期に比定してもそれほど無理なことではなかろう。

045 （天正十三年）十一月二十八日付け徳川家康書状

高岡市立博物館所蔵

【釈文】 写真は55頁

去廿二日之御状、委
令披見候、仍石河
伯耆(数正)退出已後、
爰元手置等、弥
堅固申付候、上方之
儀、至于今、無殊子細候、
於時宜者、可御心安候、
将亦、御加勢之儀付而、
無□□□御心懸、
雖不始□□、欣悦
不少[　　　]、
一左右次第、先□□
可被[　　　]候、随而
真田(昌幸)方□被入御念、
御懇意祝着之至候、
委曲榊原小平太(康政)
可申入候、恐々謹言、

十一月廿八日　家康(花押)

北条美濃守(氏規)殿
□(御)報

●解説

天正十年(一五八二)三月の武田氏滅亡に加え、同六月には本能寺の変があり、関東の支配体制には、めまぐるしい変化があった。しかしこれに乗じた家康による甲斐・信濃両国の平定が行われ、信濃上田城(長野県上田市)の真田昌幸《さなだまさゆき》も、家康の支配体制に従う動きを見せた。しかし、天正十二年三月以来、小牧・長久手の戦いにおいて、家康が秀吉方と戦闘を交えると、真田昌幸の動きに変化が見え始め、ついに北条領国の上野国へ入り、沼田《ぬまた》城(群馬県沼田市)以下の八城を奪う動きを見せた。

家康が甲斐・信濃両国を平定する際、互いに抗争した北条氏との和議で、上野国は北条氏の領有となっていた。さらに、当主北条氏直《うじなお》と家康次女督姫《とくひめ》との婚姻も行われ、当時の徳川・北条両氏の関係は強固なものであった。

こうした真田昌幸の動きに対し、家康は厳重注意を促したが、この真田氏の動きの背後には、秀吉や上杉景勝《かげかつ》の存在もあった。このような中、天正十三年九月　家康は上田城の真田昌幸を攻撃したが、その際、北条氏の支援を受けた。本状はその礼状である。なお、北条氏は沼田城を攻撃したが、徳川・北条氏の両軍とも真田氏の反撃に遭い、退けられてしまう。

本状によると、冒頭において、石川数正《いしかわかずまさ》が出奔したあとは、その処置を厳重にしたとあり、また秀吉(「上方」)との関係も変わりはないので、安心して良いともある。これらの文面から、本状が発給されたのは、数正が家康の許を出奔し、秀吉に仕官した天正十三年十一月十三日以降となる。秀吉との関係についても記してあり、小牧・長久手の戦い後のものであることが推察できる。また家康は、北条氏の加勢も謝しており、ここからも天正十三年九月の家康による上田攻め以降の文書ということがわかる。

本状には虫損が多く、これ以上の内容を読みきることはできないが、榊原康政《さかきばらやすまさ》の名もあり、石川数正出奔後の徳川家における新たな家臣団の編成がなされつつあったことを窺わせるものである。さらに背後にある秀吉や上杉氏の動きなどを想定すると、極めて興味深いものとなる。特に天正十三年七月、秀吉が関白に就任し、これ以後、こうした地域の領有問題に本格的に介入していったことを見落とすことはできない。

046 （天正十五年）七月晦日付け徳川家康書状　徳川ミュージアム所蔵

【釈文】 写真は56頁

珍書喜悦候、将亦《はたまた》
東国惣（無脱ヵ）事儀、申《もうし》
曖《あつかう》 事候、一着勿論候間、
可為御心安候、尚大久保
治部少輔（忠隣）かたより可申候、
恐々謹言、

七月晦日　家康（花押）

塩谷弥七郎（義上）殿

●解説

本状は、東国の惣無事《そうぶじ》に関するものである。この文書に対し、大久保忠隣《おおくぼただちか》から塩谷義上《しおのやよしひさ》（弥七郎）宛てに出された副状《そえじょう》がある。宛所の塩谷義上（喜連川《きつれがわ》）は、塩谷氏の一族であり、同氏は宇都宮氏の一族・家臣の系統の武将であった。塩谷氏は、戦国期になると、嫡流の川崎塩谷氏に対し、庶流の喜連川塩谷氏や泉塩谷氏が台頭するようになっていた。特に天正十年（一五八二）頃から、川崎塩谷氏が宇都宮氏、喜連川塩谷・泉塩谷の両氏は那須氏に結びつくようになると、その対立は深いものになっていた。

こうした中で出された本状によると、家康は、義上からの書状が届いたことを喜んでいる。義上のほうから家康に書状が出されていたのであり、本状はこれに対する返書でもある。そこで家康は、義上に対し、「私が『東国惣事儀』を申し扱い、従来の紛争を裁定（「一着」）するので、どうぞ安心しなさい」と伝えたのである。この「東国惣事儀」とは、〝東国全般〟との意味のようにも解釈できるが、当時の塩谷氏の状況からすると、まずは義上のほうから、一族をめぐる紛争の解決について、家康に求めたのである。これに対して家康のほうも、秀吉に命じられた惣無事の調停の糸口ができて、誠に嬉しい状況となったのである。まさに本状の冒頭にある「珍書喜悦候」の気分である。こうして本状は、天正十年以降の関東惣無事に関するものと評することができよう。

しかし問題は、本状の発給年代である。近年の研究（竹井英文『織豊政権と東国社会』吉川弘文館、二〇一二年）によると、天正十五年における下野での那須資晴《なすすけはる》・喜連川塩谷義上と宇都宮国綱《くにつな》・川崎塩谷義綱《よしつな》の領土紛争が想定され、しかも大久保忠隣の「官位」（治部少輔）は、天正十五年の当該期に適応するようで、天正十五年と比定することが可能である。

このように考えると、前年の小牧・長久手の戦い後、秀吉に臣従した家康が、「関東惣無事のことを調停する」といった姿も、充分に想定することもできよう。本状は、これまで存在が知られていても、慶長五年（一六〇〇）と比定されたため、長らく慶長五年の関ヶ原の戦いに先立つ家康の上杉氏征討に関するものとされてきた。しかし、天正十五年と比定すると、全国平定に先立ち、秀吉が、臣従した家康に対して、関東惣無事の取次を委任された文書と理解できる貴重なものとなるのである。

047 天正十六年九月十日付け徳川家康自筆朱印状　浜松市博物館所蔵

【釈文】 写真は57頁

覚

一、九両　　天神瓦　拾三俵
一、六両　　拾弐俵
一、三両壱分 弐 二朱中 以上
右分請取候也、
天十六 九月十日（家康壺形朱印）
日下（日下部定好）
成せ（成瀬正一）

●解説

本状は、家康自筆による金子請取の覚書と思われる。しかし「天神瓦」の意味が不明であり、そのほかも金子の数量がわかるだけである。

なお、宛所の日下部定好《くさかべさだよし》は信長に仕えた武将ではあるが、早くから家康の家臣となり、特に天正十年（一五八二）の家康による甲斐・信濃平定以降、甲斐一国の奉行に任命された。成瀬正一《なるせまさかず》も、武田・北条氏に仕えた経歴があり、早くから家康に仕え、定好と同様、甲斐一国の奉行となった。この両人は、武田氏旧臣の本領安堵状を家康から取り付け、その取り込みを行うなど、甲斐を平定する際の実務を担当した人物である。

さらに天正十三年十一月、家康の重臣である石川《いしかわ》数正《かずまさ》が出奔し、秀吉の許で仕官すると、家康は、領国経営に対して従来の三河方式ではなく、武田氏の施策を積極的に取り入れるようになるが、このような実務を担ったのもこの両人とされる。両人に加えて、のちには、これまた武田氏の旧臣という経歴のある大久保長安《おおくぼながやす》も加わり、徳川領国の在地支配のあり方が大きな変貌を遂げたとされる。このようなことを想定すると、本状も、そうした家康の意図を含んだ貴重な文書かもしれない。

また、文書の形態は、「壺形印」の早い事例として注目すべきものであり、朱印の捺されている唯一ともされる。なお、「壺形黒印」の早い事例としては、天正十九年正月十九日付けがある(「徳川恒孝氏所蔵文書」)。

048 (天正十六年)十月二十六日付け徳川家康書状

仙台市博物館所蔵

【釈文】 写真は58頁

其表惣無事之儀、家康 可《もうし》
申 曖《あつかうべき》旨、従 殿下被仰
下候間、御請申、則《すなわち》以使者、
和与《わよ》之儀可申曖由存候処、
早速御無事之由、尤可然儀候、
殊義光之儀、御骨肉之事候間、
弥《いよいよ》向後互御入魂専要候、
将亦《はたまた》羽折一、無上茶三斤進之候、
委細玄越口上相含候、恐々
謹言、

十月廿六日　家康(花押)

伊達(政宗)左京大夫殿

●解説

本状は、徳川家康が、出羽米沢(山形県米沢市)の伊達政宗に対して送った書状である。

豊臣政権に服属したあとの家康は、豊臣政権内において、南奥羽を含む東国の「取次《とりつぎ》」として活動し、豊臣政権の東国に対する「惣無事《そうぶじ》」政策の執行者としての立場にあった。

秀吉が掲げた、戦国大名間の領土紛争を私戦と見なし、豊臣政権による裁定に委ねるという「惣無事」のうち、関東・南奥羽を対象とする、いわゆる「関東《かんとう》奥両国《おくりょうごく》惣無事」が発動された時期については、研究者間でも年代比定にばらつきがあって、東国情勢や惣無事の扱いを命じられた家康の豊臣政権服属(天正十四年十月二十七日)の時期との兼ね合いなどから、天正十四年(一五八六)・天正十五年・天正十六年の各説が唱えられており、検討の余地が残されている。また「惣無事」の概念やこの文書の位置づけをめぐっても、いまだに議論がある。

伊達家の許には、「関東奥両国惣無事」発動の時点で、重臣片倉景綱《かたくらかげつな》に対して、関東における「惣無事」執行を今度家康に命じたので、そのことを主君政宗に達すること、また、「惣無事」に違背する者は成敗を加えるので了解するように、という内容の書状が秀吉から送られており(天正十五年カ十二月三日付け豊臣秀吉判物、『豊臣秀吉の古文書』六九号文書)、秀吉が「惣無事」を推進していることについてはすでに知られていた。

この書状において家康は、秀吉から、政宗の勢力圏を含む南奥羽における「惣無事」の管掌を命じられたことを伝え、使者を派遣して「和与《わよ》」(和睦)の仲介に当たろうとしたところ、南奥羽が戦闘停止状態に入ったことを然るべきことと述べ、特に政宗とその伯父でありながら対立関係にあった出羽山形(山形市)の最上義光《もがみよしあき》の間については「御骨肉」の間柄として、今後懇意にすることが最も肝要のことであると述べている。家康が豊臣政権の「東国取次」として「惣無事」を推進する立場にあったことを示す文書の一つである。

049 (天正十七年)五月三日付け徳川家康書状

仙台市博物館所蔵

【釈文】 写真は59頁

幸便之条、染一翰《いっかんをそめ》候、仍

去秋源悦下候刻、委細
令申候ツ《もうぜしめそうらいつ》、然者其方義光御
間柄之儀候間、弥《いよいよ》以《もって》御入魂《ごじっこん》、
於家康も大慶不可過之《これにすぐべからず》候、
被対山形　殿下一段
御懇候之間、尚々無御別意、
被仰談専肝候、尚　具《つぶさに》　片倉
小十郎可申候、恐々謹言、

五月三日　家康(花押)

伊達左京(政宗)大夫殿

●**解説**

最上《もがみ》・佐竹《さたけ》・蘆名《あしな》・岩城《いわき》・相馬《そうま》・白川《しらかわ》・石川《いしかわ》・大崎《おおさき》らの南奥羽諸家と対立していた伊達政宗だったが、天正十六年(一五八八)七月上旬には政宗の従兄である岩城常隆《つねたか》と同じく叔父石川昭光《あきみつ》の斡旋により佐竹義重《よししげ》・蘆名義広《よしひろ》連合軍との対峙(郡山合戦)を和議に持ち込み、また、下旬には最上家出身の母義姫《よしひめ》の奔走によって、伯父最上義光《よしあき》との和議も整った。伊達家が提出した「貞享書上」によれば、これらはすべて家康が「惣無《そうぶ》事《じ》」の扱いを秀吉から委任され、その指図によって斡旋を試みようとしたとあるのだが、関東・奥羽の「惣無事」を目指す豊臣政権や関東・越後の動きを通奏低音としながら、いわば奥羽諸家の血縁・地縁関係による自律的な動きによって、南奥羽諸家の和睦状況が現出したのである。

一方、最上義光は、早くから家康と好《よしみ》を通じる間柄であり、天正十五年十月に奪取した日本海沿岸の庄内地方(山形県)領有についても、家康を通じて豊臣政権内において働きかけていたことが知られる(『最上家譜』東京大学史料編纂所所蔵)。家康は、天正十六年のものと見られる三月九日付けの義光宛て書状(『徳川家康文書の研究』上、七一六頁)において、政宗との「骨肉之御間」を指摘し入魂の関係となることを勧めている。つまり、家康は政宗・義光両者に対して、南奥羽の状況も踏まえつつ良好な関係を維持するよう勧めていたのである。

本状では、前年十月十六日付け書状に引き続き、義光との血縁関係を踏まえて、引き続き関係を維持していることを喜ぶと共に、最上は秀吉とも関係を結ぶ間柄であるとして、さらなる融和を求めている。「惣無事」発令以後、伊達家と豊臣政権との交渉は活発化し、政宗への出仕を求める政権側の働きかけは強まる一方だった。家康も「惣無事」を標榜する豊臣政権の東国取次の立場から、陸奥と出羽に影響力を持つ伊達・最上の融和を働きかけていたのである。

050 (天正十七年)九月十七日付け徳川家康書状　個人所蔵

【釈文】写真は60頁

追而申候、長丸(徳川秀忠)上洛之
儀、供者知行方
をも請取候之間、
少相延て不苦之由、
上意之旨候之由承候て、
少相延し申候、雖然やかて
可差上申候、□(尚々)御次も
候ハヽ、可然様被仰上
可給候、以上、

江州知行方之
儀付而、被成下
御朱印候、則《すなわち》
頂戴仕候、仍而
江州知行方之
儀、当年之事ハ
御代官被　仰付、
以物成可被下之
旨、得其意存候、
路次廻知行之
儀、被成御替之、
可被下之由、誠
被為入御念候而、
被　仰下候段、
忝次第難
申尽候、此旨
可然候様被仰上
可給候、恐々謹言、

九月十七日　家康(花押)

木下半介(吉隆)殿

長束大蔵大輔（正家）殿

●解説

天正十七年（一五八九）九月、小田原攻めを翌年に控えた秀吉は、諸大名に妻子を帯同して上洛することを命じた（『多聞院日記《たもんいんにっき》』天正十七年九月朔日条）。本状は、この上洛令に対する返書である。

本状によると、秀吉から上洛を命じられた家康であるが、それと共に、その経費を賄うための知行地が近江国内で与えられた。ところが本状には、「当年之事ハ御代官被仰付、以物成可被下之旨」とあり、家康は豊臣蔵入地《くらいりち》（政権の直轄領）の代官に任じられただけで、納入された代官所の年貢の中からしかるべきものを自身のものにすることが許されただけである。つまり、俸給を受けただけであり、自己の領知として与えられたものではない。「上洛中の経費は、これで賄いなさい」との秀吉側の意図であろう。さらに「路次廻りの知行については、替地が与えられる」ともあり、これも経費捻出のための知行宛行と推察される。これらは家康の本意とするところではなかろうが、当時の両者の関係を知る上では、興味深い事例である。上洛を前提とした知行宛行であったのではないだろうか。

そのことを物語るように、本状では、嫡子である秀忠が上洛することも話題となっていた。ここでの上洛とは、大名本人やその妻に限定されてはおらず、大名本人と「妻子」までを含めた上洛令であった。こうして大名らの上洛が義務づけられたが、それに大名は従うことで、秀吉を頂点とする主従関係の枠組みの中に位置づけられることになった。大名のほうでも、中央政権の権威を背景とし、一族・重臣との主従関係も明らかにしつつ、次第に領内支配を推進させることができ、小田原への参陣に対応できるようになった。

その後、朝鮮出兵が開始されて、文禄三年（一五九四）の伏見や大坂の城下が整備されると共に、大名・妻子の在京は常態化される。

秀吉の意思は、宛所の木下吉隆《きのしたよしたか》・長束正家《なつかまさいえ》らを介して家康へ伝えられた。家康のほうも、彼らを介して本状で秀吉に意思を伝えたが、知行宛行に関する朱印状は、秀吉から家康に直接下されたようである。家康が豊臣大名として、政権へ編成されていく実態をよく示すものが本状である。

051（天正十七年）十一月十日付け徳川家康書状
真田宝物館所蔵

【釈文】写真は61頁

来書披見候、然者、
なくるミ（名胡桃）の事
得其意候、左候へ者、
其許之様子京都之
両使被存候間《ぞんぜられそうろうあいだ》、
則彼《かの》両人迄
其方使者差上候、
定而披露可被申候、
将又菱喰《まさにまたひしくい》十
到来、令悦喜候、
猶榊原式部大輔
可申也、

十一月十日　家康（花押）

真田源三郎（信幸）殿

●解説

本状は、家康から、信濃上田（長野県上田市）城主真《さな》田昌幸《だまさゆき》の長男信幸《のぶゆき》（のち信之）からの書状に対する返信として送られたものである。信幸は、天正十年（一五八二）に昌幸が家康に従属した際に人質として駿府に送られ、同十四年には本多忠勝《ほんだただかつ》の娘で家康の養女小《こ》松姫《まつひめ》を娶っている。

「なくるミの事」とは、真田家と北条家との間で争われていた上野沼田《ぬまた》領帰属問題のうち、北条方が名《な》胡桃城《ぐるみ》（群馬県みなかみ町）を奪取した事件である。永禄三年（一五六〇）以降、上杉謙信が上野を支配下に置いていたが、天正六年に上杉家の内紛によって上野における上杉家の勢力は衰え、北条家と甲斐の武田家が争奪を繰り広げた。天正八年に当時武田家に属していた真田昌幸は北条方を追って名胡桃城を奪取した。

天正十六年八月、家康の斡旋に拠り、北条氏政《うじまさ》・氏直《うじなお》の使者として氏政の弟氏規《うじのり》が上洛、さらに沼田領問題に秀吉が調停を行い、①沼田領のうち三分の二と沼田城を真田が北条に割譲、②残り三分の一と名胡桃城は真田が保持、③真田が失う沼田領の替え地を家康が真田に引き渡す、という条件が成立し、翌年十二月の氏政出仕と引き換えに沼田領の割譲がなされることに話がまとまった(天正十七年十一月二十四日付け豊臣秀吉朱印状、真田家文書)。沼田城には武蔵鉢《はち》形《がた》城主北条氏邦《うじくに》の家臣猪俣《いのまた》憲直が入城したが、この猪俣が突如名胡桃を奪取したのである。

本状において家康は、名胡桃奪取を訴えた信幸に対し、事情を京都から沼田割譲のために派遣された使者である富田知信《とみたとものぶ》(一白《いっぱく》)と織田《つだ》(津田)信重《のぶしげ》に使者を送るよう促し、そのようにすれば必ず両人から秀吉に披露がなされるであろうと示唆している。併せて、信幸からの菱喰《ひしくい》(ガンカモ科の大形水鳥)十羽が進上されたことへの謝意も記されている。

北条家の動きは、秀吉の掲げる関東の「惣無事《そうぶじ》」に反するものと見なされた。秀吉は十一月二十一日付けの真田昌幸宛て朱印状(真田家文書)において、名胡桃奪取への怒りを表し、北条が出仕するならば名胡桃を攻撃した輩を成敗する必要があり、それがなければ赦免はなく、自ら出馬した上で成敗すると述べた。さらに、十一月二十四日付けで北条氏直に対して五箇条にわたる朱印状を発し、縷々これまでの経過を述べた上で、北条方の対応を非難し、来年を期して攻撃する旨を伝達した。

052 (天正十七年)十二月二十六日付け徳川家康書状写　東京大学史料編纂所所蔵謄写本

【釈文】写真は62頁

急度申候、仍長丸(徳川秀忠)上洛
付而、種々御馳走之由祝
着之至、難申尽候、弥《いよいよ》御心
付可為本望候、恐々謹言、
　十二月廿六日　　家康(花押)

　　羽田長門守(正親)殿

●解説

本状は、「角屋記録」中に見える、家康が「羽田長門守」に宛てて送った書状の写である。羽田長門守は羽田《はねだ》正親《まさちか》(氏は羽根田、刎田とも)。秀吉の弟、羽柴(豊臣)秀長《ひでなが》の家臣で、天正十三年(一五八五)に大和小泉《こいずみ》(奈良県大和郡山市)の城主となり、四万八千石を領していた人物である。

一方、文中に見える「長丸」とは、家康の三男秀忠《ひでただ》である。小田原攻め前の天正十七年十二月、上洛した家康は、その帰路、三河西尾《にしお》城(愛知県西尾市)から、井伊直政《いいなおまさ》・酒井忠世《さかいただよ》・内藤清成《ないとうきよなり》・青山忠成《あおやまただなり》らに書状を送り、秀忠の上洛を準備させた。秀吉からは幼少の者に遠路の旅をさせ難いと逆に上洛を止められたが、小田原攻め直前の秀忠上洛決行は、我が子をいわば「人質」として差し出すという意味を含んだものであって、豊臣政権に対する家康の態度表明であった(『武徳大成記』『続本朝通鑑』)。

本状は、秀忠上洛を前に、秀長の重臣である羽田が種々準備にあたっていることを、言葉で言い尽くせないほど満足に思うと伝え、さらに一層の配慮を依頼する内容のものである。

秀忠は翌天正十八年正月三日、井伊・酒井・内藤・青山を供に駿府を出立(『家忠日記』)。同月十三日に入洛し、十五日に聚楽第《じゅらくてい》において秀吉に謁見した(『御年譜』)。

『家忠日記』や『多聞院日記』によれば、秀忠の上洛にはもう一つの目的があった。『家忠日記』同年正月七日条には、秀忠の今度の上洛について、秀吉が織田信雄《のぶかつ》の娘を養女とし、秀忠と彼女の祝言について相談があったことが記されているし、『多聞院日記』では、記者の伝聞という形で、秀忠が二十一日、信雄の娘で秀吉養女の小姫君と婚儀を挙げた旨を記している。『御年譜』などは秀忠出京を十七日、また『家忠日記』などでは秀忠の駿府帰着を二十五日のこととしているが、『朝野旧聞裒藁』では『多聞院日記』の記述を採り、十七日の秀忠の出京を「誤固より論なし」とする。いずれにせよ、徳川家と豊臣家の姻戚関係を強めるための話が持たれていたことは確かなようである。

なお、この間、十四日には秀吉の妹で家康の正室朝日姫《あさひひめ》(南明院《なんめいいん》)が聚楽第で死去したが、秀吉は小田原攻めを前にしたこの時期の間合を考慮し、公表させなかった(『当代記』)。上洛中の秀忠にも伝えられず(『武徳編年集成』)、その出京後に公にされたという(『落穂集』)。

053 (天正十八年)二月十五日付け徳川家康判物

彦根城博物館所蔵

【釈文】 写真は63頁

急度如此
御朱印被下候、
可有披見候、早々
妻子被越尤候、
油断有間敷候也、

大納言
二月十五日 (家康花押)
井伊侍従(直政)とのへ

●**解説**

本状は、天正十八年(一五九〇)の小田原攻めに関するものである。天正十七年十二月十日、上洛した家康は、秀吉と小田原攻めの軍議を行った。これによると、家康は、約三万の軍勢を率いて東海道の先鋒を担当することとなった、そこで家康は、直ちに領内に対して出馬の準備を命じたが、実際に駿府《すんぷ》城(静岡市葵区)を発ったのは翌天正十八年二月十日のことである。

このように、家康は秀吉から小田原への出陣命令を受けたが、天正十八年二月吉日付けで、配下の武将に十五ヶ条からなる「軍法」を出した。本状もその時に出されたものと思われる。

本状によると、家康は、家臣に「妻子」を提出するよう命じたが、これは、家康自身も、天正十七年九月以降、秀吉から「妻子」と共に上洛するよう命じられたことが影響したものと推察される。この時期、秀吉は、すべての大名らに対して、「妻子」と共に在京するよう命じた。これは翌年に控えた小田原攻めを想定したものであったが、同時に家康が、本状のように領内の家臣に「妻子」を提出させたのは、家康を頂点とする強固な徳川軍団を編成するためでもあった。

小田原への出陣を契機として、秀吉は大名に上洛・在京を義務づけたが、大名のほうはこれに従うことで、秀吉を頂点とする主従関係の枠組みの中に位置づけられることを望んだ。換言すれば、大名のほうも、秀吉という中央政権の権威を背景とし、一族や重臣との主従関係を明確して、新たな領内支配のあり方を推進させようとしたのである。小田原への参陣のために、家康の家臣たちは、妻子と共に城下町・駿府へ集住することを余儀なくされたのである。本状と共に出された家康による十五ヶ条の「軍法」も、まさに家康に従う家臣団のあり方を成文化したものとも言える。

054 (天正十八年)三月十日付け徳川家康書状

宇杉昌史氏所蔵

【釈文】 写真は64頁

先書ニ言上仕候、
向山中付城之
事、従昨日普請
申付之処、各
有巡見、無所
詮地候之間、不可
然之旨候之条、
令黙止之候、此等之
趣、宜預御披露候、
恐々謹言、

三月十日 家康(花押)
浅野弾正少弼(長吉)殿

●**解説**

秀吉から小田原参陣の命を受けて、家康が駿府《すんぷ》城(静岡市葵区)を発ったのは、天正十八年二月十日である。同月二十四日には長久保《ながくぼ》(静岡県長泉町)に着陣したが、三月二十日、秀吉を迎えるために駿府へ戻り、再び二十二日に長久保へ戻って、二十七日、秀吉が駿河三枚橋《さんまいばし》城(静岡県沼津市)に到着すると、織田信雄《のぶかつ》らと共に、これを出迎えた。さらに翌日、秀吉と共に伊豆山中《やまなか》城(静岡県三島市)の地形を巡検し、二十九日には、豊臣秀次《ひでつぐ》を総大将とする山中城の攻略が行われた。山中城は、小田原城(神奈川県小田原市)の北条氏からすると、西方からの敵勢を防ぐ最大の城郭であり、ここを突破することなしに、小田原城への攻撃は有り得なかった。この時、家康は、小田原口の先鋒として、箱根の間道を進撃し、相模鷹ノ巣城《たかのすじょう》(神奈川県箱根町)を攻略して、小田原方面に入ったとされる。

このような日程からすると、本状が浅野長吉《あさのながよし》(のち長政《ながまさ》)へ出されたのは、家康が長久保に着陣中で、秀吉が到着する十七日も前のことである。北条氏の居城である小田原城を総攻撃するため、東海道を下った秀吉の軍勢は、すでに黄瀬川《きせがわ》周辺に集結していた。ところが本状によると、当時の家康は、山中城攻略のための「付城《つけじろ》」が命じられたが、秀吉奉行衆の巡見があり、普請した「付城」は有効的な場所ではないと判断されたので、それを中止せざるを得ない状況となった。本状で注目すべきことは、秀吉を取り巻く奉行衆の高圧的な態度が形成されつつあったことであり、それに対して家康は、浅野長吉を介して秀吉へ訴えたことである。この頃からすでに長吉を介した政治ルートがあり、家康は、こうして秀吉との関係を有したことになる。

なお、秀吉到着に先立つ三月十四日にも、家康の家臣は、家康の命令で、秀吉を出迎えるための陣屋を設けるために吉原《よしわら》(静岡県富士市)の地まで出向いている。当時の秀吉と豊臣大名の関係を知る上でも、興味深いものである。

055 (天正十八年ヵ)卯月二日付け徳川家康書状　米沢市上杉博物館所蔵

【釈文】写真は65頁

木下半介(吉隆)方迄
書状指越候処、
如《かくのごとき》此返札参候、為御
披見進候、此書状
先々早々御届可被
成候、恐々謹言、

卯月二日　家康(花押)

越後宰相(上杉景勝)殿

(貼札・異筆)
「家康公御書五通」
「天和四年御尋ニ付、大公儀江差上ル十弐通之内也、
文禄三年被下　御書　」

●**解説**

本状は、家康が「越後宰相」こと上杉景勝《かげかつ》に宛てた書状である。

景勝は天正十六年(一五八八)五月二十三日に参議《さんぎ》に任じられ、文禄三年(一五九四)八月十八日に権中納《ごんのちゅうな》言《ごん》に任じられるまでこの官にあった(『公卿補任』)。一方、文中に現れる木下半介《きのしたはんすけ》は、豊臣秀吉の家臣木下吉隆《よしたか》である。吉隆は秀吉に仕えて馬廻組の頭を務めていた人物で、文禄二年に豊後において二万五千三百石を領する大名に取り立てられ、文禄三年十月に叙任(従五位下大膳大夫)されている。文禄四年七月に一万石加増されたが、翌月発生した豊臣秀次《ひでつぐ》事件に連座して失脚し、島津義弘《しまづよしひろ》に預けられて、慶長三年(一五九八)三月二十日に薩摩の配所において自殺している。

本状の内容は、木下半介に書状を遣わしたところ返事が届けられたので、御目に掛けるため送付するとした上で、早々に半介の書状を次に届けて回覧するよう求めるものである。おそらく吉隆の書状には、景勝ばかりではなく、それ以外の武将に対する緊急の指示事項が含まれており、そのためにかかる文面となったのであろう。

江戸時代中期に米沢藩が編纂した『景勝公御年譜』巻十四、天正十八年四月二日条によれば、本状は同年の小田原攻めに関わるもので、松枝城《まつえだじょう》(松井田城《まついだじょう》、群馬県安中市)を攻略した景勝が、家康に軍事的な相談を持ち掛け、家康から木下吉隆にその旨を伝えたところ、吉隆は秀吉の意向を確認して戦に関する謀《はかりごと》を伝えてきた、そこで家康から景勝に書状が回送されると共に、この書状で披見ののち、諸将にも順次達するよう伝えたものだとしている。

ただし、四月七日付けで石田三成《いしだみつなり》に宛てた信濃上田(長野県上田市)城主の真田昌幸《さなだまさゆき》書状(『長国寺殿御事蹟稿』八所収)によれば、松井田城攻略が開始されたのは四月七日頃であり、同二十日頃に戦闘が終結した模様である(同年四月二十日付け石田三成・増田長盛宛て真田昌幸書状写、『百合叢誌』文書之部)。松枝城を攻略し、家康に軍議について内談を持ち掛けたとする『景勝公御年譜』の記述に疑問も生ずる。

家康の伝記編纂の材料として米沢藩が編み、江戸幕府に提出したいわゆる「貞享書上」においては、本状を文禄三年夏のものとし(貼札にも「文禄三年」とある)、

小田原攻めと関連づけてはいない。

このように考えれば、現在年代比定の根拠とされている「貞享書上」や『景勝公御年譜』が編纂された江戸時代には、本状の収受に関わる確たる史料は存在しない中で、類推して本状の年代比定や解釈がなされた可能性がある。

056 (天正十八年)六月七日付け徳川家康書状
神奈川県立歴史博物館所蔵

【釈文】 写真は66頁

態令啓《わざとけいせしめ》候、仍最前も
其元之儀、及異見
候之処ニ無承
引候へき、此上者
被任我等差図《われらさしずにまかせられ》、
兎角先有下城《まずげじょうあり》、
氏政父子之儀、御詫言
専一候、猶朝比奈弥太郎
口上相含候、恐々謹言、

六月七日　家康(花押)

北条美濃守(氏規)殿

●解説

天正十八年(一五九〇)三月二十七日、秀吉は駿河三《さん》枚橋《まいばし》城(静岡県沼津市)に到着するが、これを契機として、当地に集結していた秀吉方の軍勢は、同月二十九日、伊豆山中《やまなか》城(静岡県三島市)と韮山《にらやま》城(静岡県伊豆の国市)に総攻撃をかけた。このうち山中城は即日開城となり、四月以降、秀吉本隊による小田原城(神奈川県小田原市)の包囲が開始された。こうして小田原城が完全に包囲され、小田原城を見下ろす石垣山《いしがきやま》城(小田原市)も築かれた。包囲した秀吉方の軍勢は、二十万を超えたとも言われ、相模湾にも九鬼《くき》・毛利《もうり》・長宗我部《ちょうそかべ》らの水軍を配して、海上の封鎖も行われた。同時に関東各地にあった北条方の諸城も次々と攻略されていった。

一方で、山中城と同時に攻撃された韮山城は、この段階まで籠城を続けていた。そこで家康は、小田原城に籠城する北条氏政《うじまさ》(前当主)の弟で、韮山城に籠城する北条氏規《うじのり》へ書状を送った。それが本状である。本状によると、「先日もあなたに忠告したが、受け入れてもらえなかった。この上は、ともかくまずは韮山城から出て、あなたが氏政父子のことを懇願するのが重要である」と述べている。

本状で家康は、氏規を介して北条氏の降伏を勧めたが、家康と氏規の関係は、互いが今川氏の人質であった頃から親しかった。天正十年六月以降、徳川・北条両氏が甲斐国で激しく抗争した際、同年十月に和議の使者として家康の許を訪れたのも、この氏規である。さらに氏政の嫡子で当主氏直《うじなお》の妻は家康の娘督姫《とくひめ》である。

こうした関係もあって、家康が説得工作をしたのであるが、さらに北条氏の小田原籠城が続き、開城・降伏となったのは七月五日のことである。氏規による説得があって、この開城・降伏になったとも言われる。この結果、当主の氏直は高野山《こうやさん》に追放され、氏政・氏照《うじてる》らは切腹を命じられた。氏直は翌年に高野山で病死する。なお、韮山籠城は六月二十四日まで続いた。

小田原攻めのあと、氏規は氏直に従って高野山に赴くが、のちに秀吉に許されて、天正十九年と文禄三年(一五九四)に河内国内で領知が与えられ、その後も狭山《さやま》城(大阪狭山市)の城主として、その子孫は存続する。

057 (天正十八年)十一月十八日付け徳川家康書状
千秋文庫所蔵

【釈文】 写真は67頁

江戸相移付而、預使
札、殊馬弐疋(鹿毛 鴾毛)
被差上給《さしあげられたまい》候、祝着之至候、
然者此度奥州表に
長々御在陣之由、御辛労
令察《さっせしめ》候、将又如承意之《しょういのごとく》、
隣国之儀候条、向後可
申談候・委細河井備前守
雇口上《こうじょうにやとい》候、恐々謹言、

十一月十八日　家康(花押)

佐竹常陸介（義重）殿

●**解説**

本状は、天正十八年（一五九〇）八月、江戸に移った家康から、関東入国によって隣国となった常陸の佐《さ》竹《たけ》義重《よししげ》に宛てた書状である。義重は、永禄五年（一五六二）父義昭《よしあき》の退隠によって家督を継ぎ、南奥羽や下野に対する軍事的進出を積極的に図り、伊達・北条両家と長く対峙する一方、武田・上杉をはじめ、織豊政権とも好《よしみ》を通じるという外交的な手腕も巧みであった。義重は天正十七年、四十三歳の若さで嫡子義宣《よしのぶ》に家督を譲っているが、その後も佐竹家における軍事・外交の実権を保持していたと見られ、この年八月一日、秀吉から常陸・下野両国において二十一万七百五十貫文の地を領知すべき旨の朱印状を発給されている（「佐竹文書」五乾、東京大学史料編纂所所蔵）。

本状において家康は、関東入国・江戸入城を賀す義重の使者・書状に接し、さらに鹿毛《かげ》・鴾毛《つきげ》の馬を贈られたことを謝し、さらに義重が奥州に長らく在陣することを慰労している。義重が奥州に在陣しているのは、豊臣政権による奥羽仕置の軍事動員のためと思われる。天正十八年七月の小田原攻めによって北条家を滅亡させたのち、翌年九月の九戸《くのへ》一揆（九戸政実《まさざね》の乱）の討滅に至るまでの間、豊臣政権が、自らの体制を奥羽地方に浸透させようとした動きを「奥《お》羽《う》仕置《しおき》」と呼ぶ。この時期の「奥羽仕置」の展開は、服属した奥羽大名の領地を安堵し、妻子の在京・人質を強制し服属を確定する一方、「惣無事《そうぶじ》」の原則に反して会津などを奪取した伊達政宗からは同地などを奪い、「御礼」を遂げなかった領主の所領を没収、蒲生氏郷《がもううじさと》に会津などを与え、葛西《かさい》・大崎《おおさき》地方（宮城県）に木村吉清《きむらよしきよ》を新たに配置した。さらに、豊臣勢は奥羽において城郭破却、検地・刀狩を実施した。佐竹勢は所領である陸奥南郷《なんごう》（高野《たかの》郡、現在の福島県東白川郡など）において、城の破却などを実施している（小林清治『奥羽仕置と豊臣政権』）。

ただし、義重自身は、八月一日に秀吉から上洛を命じられ、一行の上洛については道中伝馬百匹・人足三十人の差出が命じられている（『武家事紀』巻三十）。十月四日付けで義重が京都から義宣に宛てた書状が残されている（『龍ヶ崎市史』中世史料編）ため、奥州表に「長々御在陣」という本状の記述とは齟齬がある。

本状の最後は、義重の意向通り隣国同士、種々相談し合おうと記している。家康から口上を託された「河合備前守」とは、佐竹家臣で義重側近の河井堅忠《かわいかたただ》で、佐竹家の外交を担っていた人物である。

058 （天正十八年）十二月八日付け徳川家康書状写　東京大学史料編纂所所蔵影写本

【釈文】写真は68頁

急度致言上候、
仍奥口之模様
浅野弾正少弼（長吉）所江
飛脚差遣申候
処、如此返状参
着申候、最前ニ
申上筋目者政宗
模様不見届之
由申来候条、驚
入存候処、無相違
旨被（披）露書面候
間、先以安堵仕候、
相替儀御座候者
重而可申上候、
此旨可然様可
預御披露候、恐々
謹言、

十二月八日　家康（花押）

津田隼人正（信重）殿
冨田左近将監（一白）殿

●**解説**

本状の宛所は連名で、「冨田左近将監」は富田一白《とみたかずあき》、「津田隼人正」は、信長の一族で、天正九年（一五八一）以来秀吉の家人である織田（津田《つだ》）信重《のぶしげ》（信勝《のぶかつ》）。いずれも豊臣家臣である。

本状の内容は、奥州方面の模様について、浅野長《あさのなが》吉《よし》に対して飛脚で書状を送り届けたところ返書が届いたこと、それによれば伊達政宗の態度については確認できない点があると述べられ驚いたところであるが、彼の態度には変わりがない旨が記され、まずは安堵している、変わったことがあればお知らせするので、この旨をよろしくご披露あるように、といったものである。

富田・津田の両人は、天正十七年の上野沼田《ぬまた》領引き渡しの上使を務めており、また富田は、東国の「惣無事」伝達・執行に関与したり、伊達政宗の豊臣政権服属に尽力するなど、東国との関わりを深く持っている人物である。

家康や浅野長吉も関わっていることから、この書状も天正十七年に政宗が会津を奪って以降、豊臣政権服属に至る過程の中で、政宗の動向を見定める中で出されたものと見なすことも可能だが、一方において、浅野に対して「奥口」の模様について飛脚を送り、返書の内容を、彼らを通じて秀吉に伝達するという流れを見れば、本状は、天正十八年の葛西《かさい》・大《おお》崎《さき》一揆鎮圧の過程で、政宗が秀吉に対する「別心」の疑いをかけられたことに関わるものとも考えられる。

葛西・大崎での一揆勃発の報を受けて、西上の途にあった浅野長吉は、駿府(静岡市葵区)で引き返し、陸奥に戻った。また、一揆鎮圧のため、結城秀康《ゆうきひでやす》・榊原康政《さかきばらやすまさ》ら関東衆が下向することが定まった(十一月十日付け蒲生氏郷《がもううじさと》書状、『福島県立博物館調査報告第38集　氏郷とその時代——蒲生氏郷基礎資料集成』)。そのような中、蒲生領岩瀬《いわせ》(福島県)に在城していた長吉の許に、大崎の鎮定を進めている蒲生氏郷から、「政宗心替」との知らせがもたらされ、長吉は駿府城主中村一氏《なかむらかずうじ》に家康と相談の上「早々御出陣」を促した(十一月二十八日付け浅野長吉書状、浅野家文書)。ところが氏郷は、十一月二十六日付けの京都への注進で、政宗に別心がないと報じたのである(十二月二十六日付け和久宗是《わくそうぜ》書状、伊達家文書)。このような状況下、家康は長吉に政宗の「模様」を確かめた上で、政宗に異心のないことを確信したようである。

059 (天正十八年)十二月二十四日付け徳川家康書状

仙台市博物館所蔵

【釈文】写真は69頁

関東在国付而、為祝
儀預使札《しさつにあずかり》、殊《ことに》見事之
若大鷹三居《もと》被差
上給候、遠境之処、
被入御念《ごねんをいれられ》候儀、弥《いよいよ》自愛
祝着之至候、当年其
表方々へ、鷹相求に
人を下候へ共、一円無之
罷帰候処、如此《かくのごとき》儀本
望候、将亦《はたまた》其表一揆
蜂起之処、早速被
遂御出陣付而、彼等令
敗北候、肝要候、寒天之
刻御辛労令察候、
尚小関大学助口上申
含候、恐々謹言、

十二月廿四日　家康(花押)

伊達左京大夫(政宗)殿

●解説

奥羽仕置において所領を没収された葛西晴信《かさいはるのぶ》・大《おお》崎義隆《さきよしたか》の旧領は、秀吉家臣の木村吉清《きむらよしきよ》に与えられたが、仕置勢が去ると、木村領では仕置への反発から、いわゆる「葛西・大崎一揆」が勃発するに至った。木村の居城佐沼《さぬま》城(宮城県登米市)が一揆勢に攻囲されたため、これを鎮圧するために、会津の領主となった蒲生氏郷《がもううじさと》と伊達政宗が葛西・大崎表に出馬することとなった。

ところが、政宗に出遅れて兵を出すことになった氏郷と政宗の間に亀裂が生じ、さらに政宗に恨みを抱く伊達家臣の須田伯耆《すだほうき》が、政宗が一揆加担していると氏郷に内報したため、十一月十五日の夜中に栗原郡の名生《みょう》城(宮城県大崎市)を落とした氏郷は、同城の守りを固めて立て籠もるに至る。

一方、政宗は名生が落城したため、栗原郡の宮沢《みやざわ》城(宮城県古川市)を攻撃、城主で元大崎家臣の岩崎讃岐義久が籠城した者の助命と引き換えに自分と三人の子息の切腹を申し出たのに対して、政宗は岩崎父子を含む籠城者全員を助命し、岩崎の子息二人を人質に取って開城させた。さらに政宗は、二十四日に佐沼を攻めて一揆勢を敗走させ、木村父子を救出した(『譜牒余録』巻第十三)。一方の氏郷は「おきあかり申儀不成」病と称して引き籠もり、合戦に参加しなかった(十一月二十四日付け蒲生氏郷書状、伊達家文書)。

本状は、宮沢落城、木村父子の救出を行ったのち、政宗が家康の関東転封・在国の祝儀として使者を派遣し、若大鷹三居《もと》を贈ったことに対する返書とされる書状で(『譜牒余録』巻第十三)、鷹を求めて陸奥に家臣を下したものの得られずにいたところ、政宗から鷹を贈られたことを喜び、その好意を謝すと共に、出陣した政宗に対して一揆の鎮圧を求める内容となっている。

060 (天正十八年)十二月二十九日付け徳川家康書状写　東京大学史料編纂所所蔵影写本

【釈文】写真は70頁

態御飛脚令得《そのいを》
其意《えせしめ》候、仍奥口《おくぐち》之
様子、政宗去十八日
浅弾(浅野長吉)於陣所参
会被申、悉《ことごとく》静謐
之由承届候、依之
出馬之儀延引申候、
先以可御心易《おこころやすかるべく》候、
然而御所労追日
御本腹(服)之由、肝要
至極存候、猶令《こう》
期後音《いんをごせしめ》候、恐々謹言、

十二月廿九日　家康(花押)

(豊臣秀長)
太和大納言殿

●**解説**

本状は、家康が、秀吉の弟で「太(大)和大納言」こと羽柴(豊臣)秀長《ひでなが》に宛てた書状である。

「奥口之様子《おくぐちのようす》」とは、陸奥のうち、奥郡の口、すなわち葛西《かさい》・大崎《おおさき》地方の状況である。これより先、一揆鎮圧をめぐって、蒲生氏郷《がもううじさと》から謀反との疑いをかけられた伊達政宗に対する疑惑が広がっていた。伊達家文書や伊達家提出の「貞享書上」や『貞山公治家記録《ていざんこうじけきろく》』の記述に拠れば、二本松《にほんまつ》(福島県二本松市)に入った浅野長吉《あさのながよし》は十二月十七日付けで政宗に書状を送り、政宗の上洛や葛西・大崎の状況について直接話し合いを持ちたいと、大森城《おおもり》(福島市)への来訪を要請し、

また、子息幸長《よしなが》の発案で、先に浅野が奥州から贈った大鷹を政宗からの献上物ということにして秀吉に献上したことを伝えた(伊達家文書)。豊臣政権における伊達家の「取次」である浅野父子は、豊臣政権内で政宗のために周旋の労をとったのである。

政宗はこの招請を受けて、葛西・大崎一揆鎮圧のために、当時滞在していた栗原郡《くりはら》の高清水城《たかしみず》(宮城県栗原市)から信夫郡《しのぶ》の杉目城《すぎのめ》(福島市)に入り、重臣の原田宗時《はらだむねとき》・浜田景隆《はまだかげたか》を使者として長吉の許に送り、覚書を提出して疑念への申し開きを行ったという。

おそらく、この点について、長吉から家康に報告があったのだろう。家康はこれを受けて、秀長に対し、政宗が長吉の陣所に赴いたため、事が解決の方向に向かい、自らの出馬も延引した旨を伝えている。

しかし、杉目城に入った政宗は、使者と書面のみを送ったのち、飯坂城《いいざか》(福島市)に移り、長吉との会見を避けた模様である。また、氏郷が政宗に対して人質を要求し、政宗が氏郷から指名された人質を送らないなどの動きもあって、長吉による政宗・氏郷に対する説得と周旋は、さらに続いていく。

なお後段、秀長が所労のため患っている旨が記されている。この年の初めから病床にあった秀長は、家康に日を追って本復に向かっていると報じたようで、家康はそれを受けてさらに養生に努めるよう伝えている。この家康の気遣いも空しく、秀長は翌年正月二十二日に死去している。

061 (天正十九年)正月十二日付け徳川家康書状　仙台市博物館所蔵

【釈文】写真は71頁

急度申入候、仍
御朱印参候間、則持進《すなわちもちすすめ》候、
然者今度御上洛之儀、
浅野弾正・我等両人
被相任、一刻も早々御《お》
上肝要至極《のぼりかんようしごくに》候、猶期《こう》
後音之時《いんのときをごし》候、恐々謹言、

正月十二日　家康(花押)

伊達左京大夫殿(政宗)

●解説

伊達政宗の葛西《かさい》・大崎《おおさき》一揆討伐に対する積極的な動きと、政宗に一揆勢の攻囲から救出された木村吉《きむらよし》清《きよ》の言明によって、政宗には秀吉に対する別心がないと認めざるを得なかった蒲生《がもう》氏郷《うじさと》であるが、政宗に対する不信感は続き、奥羽仕置で所領を追われた大崎義隆《よしたか》の旧居城名生《みょう》城(宮城県大崎市)に立て籠もり、政宗からの人質差し出しを要求した。政宗がそれに応じ、叔父の国分盛重《こくぶんもりしげ》と従弟の伊達成実《しげざね》を人質として差し出したことで、天正十九年(一五九一)元旦、氏郷は名生を出て軍を退いた(『譜牒余録』)。

政宗は、一揆を滅ぼすことが自らの身を立てる一番の弁明であると考えて、正月二十一日に米沢《よねざわ》(山形県米沢市)を出馬し、一揆を鎮圧するという意思を示したのであったが(正月十七日付け秋保弾正忠宛て伊達政宗書状写、『政宗君治家記録引証記』所収)、十九日になって秀吉から「政宗御上洛之儀ニ付而」(正月十三日付け片倉景《かたくらかげ》綱《つな》宛て家康書状、片倉文書)の内容を持つ朱印状が到来し、寒天の時期でもあり、一揆攻略を止め、時期を改めて今後一揆攻略のための軍勢派遣を行うこととし、政宗は何はさておき上洛するようにという意向が示された(閏正月朔日付け葛西晴信《はるのぶ》宛て政宗書状ほか。『政宗君治家記録引証記』所収)。

本状は、その秀吉の朱印状に添えて政宗の許に送られたものと考えられ、秀吉の朱印状が届けられたので使者に持たせて進上すること、秀吉から命じられた上洛については、自分と浅野長吉《あさのながよし》の両人に諸事任せて、政宗は一刻も早く秀吉の意向通り上洛することを求めた内容である。

家康は、これと同日付けで政宗の重臣片倉景綱にも書状を送り、政宗の上洛を急がせるように促し(片倉文書)、翌十三日付けにも、再度景綱に対し、政宗に上洛することが肝要である旨を諫言するように促す書状を送ったのである。

家康同様、浅野長吉も正月二十一日付けの書状で、政宗に対して上洛を「一日片時も御急尤ニ候」と述べ、同月二十六日にも「今月晦日ニ其許可有御立之旨尤候、片時も可被成御急候」と勧告した(伊達家文書)。政宗上洛の背景には、家康・長吉の強い働きかけもあったのである。

062 (天正十九年)閏正月二十六日付け徳川家康書状　仙台市博物館所蔵

【釈文】写真は72頁

度々預書状候、
祝着候、仍左京大夫《(伊達政宗)》殿
有同道《どうどうあって》、清須迄参
着之由承届、先以
肝要候、上様《(豊臣秀吉)》御
前之儀、少も無御別
義候、可御心安候《おこころやすかるべく》、万《よろず》
期面談之時《めんだんのときをきし》候間、
省略候、恐々謹言、

閏正月廿六日　家康(花押)

伊達左京大夫《(政宗)》殿

●解説

本状は、天正十九年(一五九一)、閏正月二十二日より在京中(『晴豊公記《はれとよこうき》』『光豊《みつとよ》公記』)の家康から、西上途中の伊達政宗に宛てた書状である。

豊臣秀吉は閏正月十日、鷹野のために尾張清須《きよす》(愛知県清須市)へ下向した。その実、秀吉の下向は、世間に広まる「伊達逆意」の風聞を強く意識したものであった。閏正月二十四日付けで国元の嫡子久保《ひさやす》に宛てた島津義弘《しまづよしひろ》書状(『薩藩旧記雑録後編』巻二十六)によれば、秀吉は鷹野の出先である清須から三枚橋《さんまいばし》(静岡県沼津市)に移ろうとしており、さらに「御陣道具」を尾張に送らせたとの風聞が立ち、万一の事態が発生し、秀吉が出馬した場合、義弘自身も出陣するよう石田三成《いしだみつなり》からの口上が伝えられたとある。「逆意」を抱いていると見られた政宗の上洛は、その実現が危ぶまれていたのである。

そのような中、政宗は正月三十日に米沢《よねざわ》(山形県米沢市)を発ち、閏正月四日に二本松《にほんまつ》(福島県二本松市)で浅野長吉《あさのながよし》と会見、その子息幸長《よしなが》(左京大夫)と同道して西上の途に就いた。この過程で政宗は、たびたび書状を家康に発した模様で、それに対する返書である本状は、政宗が清須まで参着する旨を聞き、秀吉に伺候しても差し障りはないので安心するようにと伝えている。家康は、秀吉の感触を何らかの形で知り、政宗にそれを示すことができたのである。

閏正月二十八日付けで政宗が国許の伊達成実《しげざね》に発したと見られる書状（『政宗君治家記録引証記』所収）によれば、政宗が清須に到着したのは、この手紙が発せられた翌日の二十七日のことであって、「清須迄参着之由」という本状の文面とは食い違いが生ずる。中村孝也氏は、西上途中の書状において、政宗は家康に旅程などを報じていたために、その予定に応じて本状が記されたのではないかと推測している（『徳川家康文書の研究』中巻、四九～五〇頁。ただし、中村氏は清須着を二十六日とするが、誤りである）。鷹野から戻った秀吉に翌朝謁見した政宗に対して、秀吉は政宗の「逆意」に関する風評を「雑説」とし、「今度雑説之義、毛頭実事ニ不思召」との見解を直接示してみせたのである。政宗の西上は、不穏な風評を打ち消すのに十分なものであったといってよい。

063 （天正十九年）卯月三日付け徳川家康書状

仙台市博物館所蔵

【釈文】 写真は73頁

来翰披見、本望
之至候、仍 関白様
宇治へ御成ニ付而、
御供候而、御仕合可
然之由、珍重存候、
将又《はたまた》今度在京
中、取紛故、為指《さして》
馳走不申候処、御懇《おねんごろ》
示給《しめしたまい》候、令祝着候、
于今御在京之由、
一入《ひとしお》御苦労察入候、
定而近日可為御
下国《げこく》之間、万事
其節可申承候条、
令省略候、恐々謹言、

卯月三日　家康（花押）

羽柴（伊達政宗）伊達侍従殿

●解説

本状は、家康が「羽柴伊達侍従《じじゅう》」こと伊達政宗に宛てた書状である。政宗は、天正十九年（一五九一）二月四日に千人余りの人数を率いて入洛し（『晴豊公記《はれとよこうき》』）、妙覚寺《みょうかくじ》（京都市上京区）を宿所とした（『兼見卿記《かねみきょうき》』）。同十二日には公家成《げなり》を許され、従四位下《じゅしいのげ》侍従に叙任された上（『晴豊公記』）、羽柴の姓も許された（同年五月二十日付け仙石曾繁書状、伊達家文書）。同月二十九日には秀吉の京都における邸宅、聚楽第《じゅらくてい》近傍に屋敷を与えられ、浅野長吉《あさのながよし》の家臣による普請が行われている（二月二十九日付け鈴木元信書状、伊達家文書）。

一方先に上洛していた家康は、三月十一日に京都を発し（『言継卿記《ときつぐきょうき》』）、二十一日に江戸に到着している（『家忠日記《いえただにっき》』）。

家康は政宗からの来翰に接し、秀吉（「関白様」）が宇治に赴いた際、政宗が供をするなどの厚遇を得たことを喜ぶと共に、在京中政宗の世話を見ることができなかったが、政宗からの丁寧な書状に満足したと伝えている。さらに、在京は苦労ばかりであろうことを察し、おそらく近日中であろう政宗の下国の折、委細話を聞く旨を記している。

文中で触れられた秀吉の宇治御成は、三月十五日から十七日に行われており（『時慶卿記《ときよしきょうき》』）、政宗は宇治で秀吉から茶を点ててもらうなど、懇篤な扱いを受けたことを浅野長吉に伝えている（三月二十一日付け伊達政宗書状、長倉文書）。

しかし、政宗の在京中、すべて良いこと尽くめであったわけではない。政宗は、秀吉から葛西《かさい》・大崎《おおさき》を与えられ、会津の近辺五郡を差し上げるよう命じられてもいる（天正十九年二月九日付け浅野長吉宛て伊達政宗書状、伊達家文書）。新たに領地に与えられる葛西・大崎の鎮撫の方策が伊達家にとっての大きな問題になったのである（三月八日付け伊達成実・湯目景康宛て伊達政宗書状写、『政宗君治家記録引証記』所収）。

四月二十一日付けの羽柴秀次《ひでつぐ》からの書状の中で、政宗に秀吉から下国の暇が与えられ、近日中に帰国することが記されている。結局、政宗の京都滞在は二ヶ月以上に及んだのである。

064 （年未詳）六月二十六日付け徳川家康書状 もりおか歴史文化館所蔵

【釈文】 写真は74頁

去年者為御音信《ごいんしんとして》
大鷹《おおたか》三遠路為上《のぼさせ》
給、一入《ひとしお》自愛此事候、
猶阿部伊与守（正勝）かたより
可申候条、不能具《つぶさにあたわず》候、恐々
謹言、

六月廿六日　家康（花押）

南部大膳大夫（信直）殿

●**解説**

本状は、家康から「南部大膳大夫」こと陸奥福岡《ふくおか》（岩手県二戸市）城主南部信直《なんぶのぶなお》に宛てたもので、昨年大鷹三連《もと》（連は鷹の数え方の単位。三羽以内は居《もと》の字を用い、三羽以上は連の字を用いる）を贈られたことに対する謝意を述べた礼状である。

宛所の南部信直は、南部一族の石川高信《いしかわたかのぶ》の子として生まれ、天正十年（一五八二）、従兄にあたる三戸（青森県三戸町）城主南部晴政《はるまさ》とその嫡子晴継《はるつぐ》が相次いで死去したため、本家を継いだ人物で、奥羽大名の中でもいち早く豊臣政権に接触、天正十八年七月二十七日付けの豊臣秀吉朱印状（もりおか歴史文化館所蔵）によって「南部内七郡」支配を保証された。翌年、奥羽各地の動きに誘発され、南部領内でも南部一族の九戸政実《くのへまさざね》らによる一揆が発生し、派遣された蒲生氏郷《がもううじさと》・浅野長吉《あさのながよし》、家康家臣の井伊直政《いいなおまさ》らの豊臣勢と共にこれを鎮圧し、居城を政実の本拠九戸城（岩手県二戸市）に移し、同地を福岡と改称している。

奏者の「阿部伊与（予）守」は、家康の家臣阿部正勝《あべまさかつ》である。正勝は、駿府《すんぷ》での人質時代から家康の近侍として仕え、その後多くの合戦に従軍、家康の秀吉従属後に従五位下伊予守に叙任され、関東入国後は、武蔵国足立郡鳩ヶ谷《はとがや》（埼玉県川口市）で五千石を知行していた。天正十三年の石川数正《いしかわかずまさ》出奔直後には、本多正信《ほんだまさのぶ》・大久保忠隣《おおくぼただちか》・牧野康成《まきのやすなり》と共に家中諸士の取りまとめを命じられるなど、家康の信頼が厚かった人物である（『寛永諸家系図伝』『寛政重修諸家譜』）。なお、彼からの副状《そえじょう》は、南部家文書（もりおか歴史文化館所蔵）中には伝存していない。

本状の年代について、中村孝也氏は、「南部家諸士系図」（東京大学史料編纂所所蔵）の信直譜の記載をもとに、信直の死去前年である慶長三年（一五九八）に比定した（『徳川家康文書の研究』中巻）。しかし、①本状を慶長三年とする年代比定の積極的な要素が、本状の記述自体に見当たらないこと、②さらに年代比定の根拠とされた「南部家諸士系図」では年不詳文書を歿年記載の前に配置、掲載する事例があって、信直譜の記載もそのように判断可能であること、③加えて、南部家文書中の記録や文書管理に関わる帳簿類に、本状の年代比定について積極的な根拠が見当たらないこと、以上三点から中村氏の説は採らなかった。

天正十八年に秀吉から「南部内七郡」の支配を許され豊臣大名となった信直が、政権への従属過程やその後の豊臣政権内における大名間交流の中で、政権の有力者であり、なおかつ「惣無事」執行に際して豊臣政権における関東・奥羽取次でもあった家康へ大鷹を贈り、それに対する返書として送られたのが本状である。年代は南部家が豊臣政権と接触して以降、信直が歿する慶長四年までの可能性があるが、取りあえず天正十九年の位置に収め、後考を俟ちたい。

065 （天正十九年）七月十三日付け徳川家康書状 駿府博物館所蔵

【釈文】 写真は75頁

来札披見本望候、
仍政宗（伊達）・浅野六右衛門尉（正勝）両
通之写状給候、被入
御念候事祝着之
至候、次岩付迄御越
之由承候、我へ出馬之
儀も差急申候、尚以面
可申候、恐々謹言、

七月十三日　家康（花押）

中村式部少輔（一氏）殿

●**解説**

本状は、葛西《かさい》・大崎《おおさき》一揆および九戸《くのへ》政実《まさざね》の乱の鎮圧に関するものである。天正十八年（一五九〇）八月、秀吉の会津入りを契機とし、その後、秀吉方の大名や奉行らによって新たな支配体制が導入されながら、奥羽地方の平定が行われていった。こうした奥羽仕《し》置《おき》を行った秀吉方の軍勢が、続々と領国へ戻っていった同年十月頃から、奥羽各地では、仕置に対する不満から、葛西・大崎一揆や仙北《せんぼく》一揆などの大規模な一揆が勃発した。

さらに翌天正十九年に入ると、南部《なんぶ》氏の一族である九戸政実の乱も勃発し、他地域でも一揆が勃発した。そこで同年六月二十日、秀吉方の軍編成が公表されて、奥羽への仕置軍が再度出撃することとなった。出羽米沢《よねざわ》城（山形県米沢市）の伊達政宗も軍勢を率い、六月二十五日に宮崎《みやざき》城（宮城県加美町）、七月三日には佐沼《さぬま》城（宮城県登米市）を攻略した。家康も豊臣秀《ひで》次《つぐ》と共に、この討伐軍に参加し、七月十九日に江戸城を発った。総大将は秀次であったが、それを支えるために家康も動員されたのである。

本状によると、家康・秀次隊の先鋒として奥羽へ出撃した駿府城（静岡市葵区）の中村一氏《なかむらかずうじ》は、武蔵岩付《いわつき》（さいたま市岩槻区）から、政宗や浅野正勝《あさのまさかつ》の動向を報告してきたが、これに対する返書が本状である。また家康は、同日付けで、会津若松《あいづわかまつ》城（福島県会津若松市）の蒲生氏郷《がもううじさと》にも、急ぎ出馬する旨の書状を出している。政宗と氏郷の軍勢が、この方面での主力部隊であったが、かつて葛西・大崎一揆の鎮圧をめぐって、両者の間には確執もあり、浅野長吉《ながよし》の重臣である正勝が政宗と行動を共にしていたのはそのためであったようである。

本状の五日後の七月十九日、家康は江戸城を発ち、八月六日、浅野長吉の駐屯する二本松《にほんまつ》城（福島県二本松市）に到着した。本状は、奥羽へ動員された家康の行動を具体的に示す貴重なものである。

066 （天正十九年）七月十四日付け徳川家康書状　仙台市博物館所蔵

【釈文】写真は76頁

御状之趣、委細遂披
閲候、仍至其表、早々
御出張之故、宮崎・佐沼
両地、即刻被乗崩《のりくずされ》、
悉《ことごとく》被討捕《うちとられ》、其上凶
徒等、無残所《のこすところなく》被相静《あいしずめらる》之
儀、都鄙之覚《とひのおぼえ》、不可有
其隠候、真御名誉候、
此由　殿下も珍重
可被思召候、将亦我々も、
近日其表令出馬《しゅつばせしめ》候条、
其節万事以面《めんえつをもって》謁可
申承候、恐々謹言、

七月十四日　家康（花押）

伊達侍従（政宗）殿

●**解説**

天正十八年（一五九一）八月、秀吉が浅野長吉《あさのながよし》に発した朱印状は、「撫切令」としてよく知られている（浅野家文書）。そこでは、仕置《しおき》を徹底し、抵抗者は一人も残さず、「一郷も二郷も」撫切に付すことが命じられている。

葛西・大崎一揆の鎮圧にあたった伊達政宗は、天正十九年六月二十五日に城主笠原民部以下が立て籠もっていた宮崎《みやざき》城（宮城県加美町）を、さらに七月三日には佐沼《さぬま》城（宮城県登米市）と二ヶ所の一揆の根拠地を相次いで陥落させた。そして、両城に籠城していた者は女子供に至るまで撫で斬りされた（六月二十六日付け伊達政宗書状、仙台市博物館所蔵、七月二十八日付け伊達政宗書状、伊達家文書）。「撫切令」における秀吉の言葉は、その大言壮語などではなく、額面通り、実際に実行に移されたのである。

本状は、「伊達侍従」こと政宗に宛てたもので、政宗から書状で通報された、宮崎・佐沼の落城や一揆を鎮静化させたことについて、日本国中に隠れなき手柄であり、名誉なことであるとした上で、知らせを聞けば秀吉も喜ぶであろうとし、近日自らも葛《か》西《さい》・大崎《おおさき》方面に出馬するので、その節面会の上、万事話あおうと伝えている。

秀吉は同年六月二十日付けの朱印状において、葛西・大崎一揆の鎮圧を念頭に置いた「奥州奥郡」を対象とする「御仕置」を実施し、家康・豊臣秀次《ひでつぐ》・上杉景《かげ》勝《かつ》・伊達政宗・蒲生氏郷《がもううじさと》・佐竹義宣《さたけよしのぶ》・宇都宮国綱《うつのみやくにつな》らを動員・編制して、太平洋沿いの相馬通、仙道地方を通過する二本松通・最上《もがみ》地方を通過する最上通の三方から進軍することを命じた(尊経閣文庫所蔵文書)。家康は、秀次と共に二本松通の進軍を命じられており、井伊直政《いいなおまさ》・榊原康政《さかきばらやすまさ》・本多忠勝《ほんだただかつ》・松平康元《まつだいらやすもと》らの諸将と共に、七月十九日に江戸を発し、奥州に赴いた。

067 (天正十九年)九月七日付け徳川家康書状

増上寺所蔵

【釈文】写真は77頁

此表出馬付而、預御
使僧候、遠路之条
一入《ひとしお》喜悦之至候、爰元
無異儀平均候、可御心
安候、頓而《やがて》令帰陣、以面
謁可申承候、委細者
彼口上相含候、恐々謹言、

九月七日　家康(花押)

増上寺

●**解説**

増上寺《ぞうじょうじ》は、明徳四年(一三九八)に武蔵豊島郡貝塚(東京都千代田区)にあった真言宗寺院の光明寺を浄土宗に改宗し、寺号を改めて再建した寺で、現在は東京都港区芝公園に所在する。

松平—徳川家は浄土宗を信仰しており、三河においては大樹寺《だいじゅじ》(愛知県岡崎市)を文明七年(一四七五)に創建し、菩提寺としていた。天正十八年(一五九〇)、家康が関東に入国すると、増上寺十二世の存応上人《ぞんおうしょうにん》と親交を結び、同寺を香華院に指定し(『徳川実紀』)、その後菩提所とするに至る。

本状は、増上寺に家康が宛てた書状である。大意は、この地に出馬したことにつき、遠くまで使者の僧を遣わしたことを喜び、このあたりも平定されたので安心されたい、近く戻ってお目にかかり話を伺えるだろう、委細は戻る使僧の口上に委ねるというものである。徳川義宣氏の考察によれば、家康が増上寺と関係を結んでから、九月上旬に家康が出馬し

「平均」の状況にまで至ったのは、天正十九年の奥州における仕置の完了以外にないことから、この年に比定することが可能とする(『新修徳川家康文書の研究』)。

天正十九年の奥羽再仕置に派遣された豊臣勢の帰還は、現地において指揮をとった家康・秀次《ひでつぐ》の指図によるとされ(九月十二日付け豊臣秀吉朱印状、「上杉古文書」十二、東京大学史料編纂所所蔵)、九戸《くのへ》一揆の掃討や南部領における仕置が済んだのち、秀次は「人数したひくり(次第繰り)に可被出旨」という意向を示した(九月二十二日付け大谷吉継書状、伊達家文書)。家康が在陣していた岩出山《いわでやま》(宮城県大崎市)を出立して江戸への帰路に就いたのは、伊達家が提出した「貞享書上」によれば十月二十七日とされるが(『譜牒余録《ふちょうよろく》』)、これは誤りであるようで、十月十六日付けで蒲生氏郷《がもううじさと》の妹婿で、氏郷に付せられた与力大名田丸直昌《たまるなおまさ》に宛てたと見られる家康書状(本書069号文書参照)によれば、家康は高倉《たかくら》(福島県郡山市)に滞在しているが、道中が混雑していた模様で道中の軍勢が空くまで、この地に逗留すると伝えている。道中の混雑と「したひくり」の様子がよくわかる。家康は下総古河《こが》(茨城県古河市)に十月二十七日に着き(『家忠日記』同日条)、のちの編纂物である『家忠日記増補追加』(東京大学史料編纂所所蔵)によれば、江戸に二十九日に到着したとされる。

068 (天正十九年)九月十日付け徳川家康書状

仙台市博物館所蔵

【釈文】写真は78頁

如芳札、近日者
普請取紛、無音《ぶいんに》
相過《あいすごし》、本望之外《ほんもうのほかに》候、
仍佐沼之儀も、人
数差遣候之間、
普請定軈《やがて》而可
為出来候、可御心安《おこころやすかるべく》候、
将又《はたまた》御煩気被得《おんわずらいけをえられ》、
少減之由、肝要存候、
無油断御養性
尤候、次三種送給候、
度々御芳情祝
着之至候、猶使者
申含候、恐々謹言、

九月十日　家康(花押)

羽柴侍従《（伊達政宗）》殿

●**解説**

この時期の奥羽は、「奥羽仕置」の中でも、「奥羽再仕置」と呼ばれる段階にあり、豊臣勢による大崎《おおさき》・葛西《かさい》一揆や九戸《くのへ》一揆の掃討戦によって、一揆方が壊滅する一方、政宗に大崎・葛西を与え、政宗旧領の置賜《おきたま》(山形県)・仙道《せんどう》諸郡(福島県)を会津の蒲生氏郷《がもううじさと》領に加えるという「郡分《ぐんわけ》」の実施、さらに検地や城郭の再配置と普請が実施されていた。豊臣秀吉が上杉景勝《かげかつ》に宛てた九月十二日付け朱印状で、景勝が「葛西之内柏山《かしわやま》」(岩手県金ケ崎町)に在陣し、同地柏山館の普請を行っている旨について言及し(「上杉古文書」十三、東京大学史料編纂所所蔵)、大谷吉継《おおたによしつぐ》が九月十日付け書状において水沢《みずさわ》(岩手県奥州市)・江刺《えさし》(岩谷堂《いわやどう》城か、奥州市)の城普請を行っていることを伊達政宗に伝え、また同月二十二日の書状で石田三成《いしだみつなり》が同様に気仙(場所不明)・大原《おおはら》(山吹《やまぶき》城、岩手県一関市)両城の普請について報じていたりすること、以上の点から、葛西・大崎領における城郭の再配置・普請に豊臣勢があたっていたことは明らかである(伊達家文書)。

秀吉から奥羽再仕置への派兵を命じられた家康は、八月十八日に岩手沢《いわてざわ》(宮城県大崎市)に入り、同地の実相寺《じっそうじ》に陣を置いた。着陣当日、榊原康政《さかきばらやすまさ》から、実相寺と逃散《ちょうさん》した近在の百姓・地下人に対し、軍勢の横暴停止を保証し、本所への還住を命じた下知状が出されている(『譜牒余録』巻第十三)。

本状は、岩手沢在陣中の家康から、当時高清水《たかしみず》城(宮城県栗原市)に在陣、病臥中であった伊達政宗に発した書状である。文中、政宗からの気遣いに感謝しつつ、養生に努めるよう記しているが、この書状で注目されるのは、家康が普請に取り紛れていること、佐沼《さぬま》(宮城県登米市)についても人数を遣わしているので間もなく普請が出来するであろうことと述べられている点である。

家康が取り紛れていたのは、岩手沢の城普請である。岩手沢には、中世に大崎家の家臣氏家《うじいえ》家が在城していたが、家康は、自ら縄張を行い、修築の指揮を執ったという。また政宗が力攻めで落城させた佐沼城についても縄張をして普請を行い、葛西・大崎地方の要衝である同地に伊達家の重臣を配置するように助言したという。なお、伊達領内ではこのほか、名取郡岩沼《いわぬま》城(宮城県岩沼市)も家康の縄張で普請が行われたとする説があると、伊達家提出の「貞享書上」において紹介されている(『貞山公治家記録』天正十九年九月十日条、『譜牒余録』巻第十三)。

九月二十三日、政宗は岩手沢城に移り、同城を米沢《よねざわ》城(山形県米沢市)に代わる新たな居城とした。岩手沢は岩手山《いわでやま》(岩出山)と改称している(『伊達政宗記録事蹟考記』十二、東京大学史料編纂所所蔵)。岩出山城は、仙台築城まで政宗が居城とし、領内統治の中心となったが、朝鮮派兵、豊臣秀次《ひでつぐ》事件の影響による長期間の在京、慶長五年(一六〇〇)の動乱などがあり、政宗が実際に在城した期間は一年にも満たないという(『日本歴史地名大系　宮城県の地名』)。

069 (天正十九年)十月十六日付け徳川家康書状
駿府博物館所蔵

【釈文】写真は79頁

昨日、以使者申入候之
処、御悦喜之由候て、
委細示給候、重而
御慇懃之至候、将亦《はたまた》
中納言《（豊臣秀次）》殿今日白川
迄、被成御立候由、得
其意候、然者我等為
着陣之、高倉掃地
等被仰付候由、是又
為悦候、乍去先年
差控候之間、人数
すき申候迄、先此地ニ
逗留可申候、節々被入
御念候儀、難申尽候、
尚期後音《こういんをごし》候、恐々謹言、

十月十六日　家康(花押)

田《（丸中務少輔殿・田丸忠昌）》□□□□□□

●**解説**

天正十九年（一五九一）六月、前年秋の葛西《かさい》・大崎《おおさき》一揆に続き、奥羽の地では九戸《くのへ》政実《まささね》の乱も勃発した。同年六月二十日、豊臣秀次《ひでつぐ》を総大将とし、これを家康らが補佐する秀吉軍の編成が公表された。七月十九日、家康は、自らの軍勢を率いて江戸城を発ち、同月二十九日、白河《しらかわ》（福島県白河市）に到着した。その後、家康は、八月七日、本営地である二本松《にほんまつ》（福島県二本松市）において、秀次や浅野長吉《あさのながよし》（長政《ながまさ》）らと会談した。家康自身は、九戸の現地まで行かなかったが、九月四日、政実の降伏によって、前年からの奥羽の反乱は終了したが、本状の内容からは、帰陣する軍勢の混雑ぶりが推測される。

宛所の田丸忠昌《たまるただまさ》は、伊勢北畠《きたばたけ》氏の一族で、代々、伊勢田丸城（三重県玉城町）周辺に居た武将である。蒲《がも》生《う》氏郷《うじさと》の妹婿であり、天正十二年以降、領知を安堵され、氏郷の与力として秀吉に仕えた。天正十八年、氏郷が会津若松城に入封すると、忠昌も三春《みはる》（福島県三春町）もしくは守山《もりやま》（福島県郡山市）の城主として配された。この時の奥羽平定の陣では、秀次の配下として奮戦したとの記録が残っている。

さて本状は、奥羽平定が終了して、家康や秀次隊が帰陣する様子が記された貴重なものである。本状には「今日、秀次は白川まで行ったが、家康のほうは、高倉という場所で検地をするよう命じられたので、しばらくはこの地に逗留する」とあり、秀次と家康の部隊は、決して同じような行動をしていたわけではない。このあと家康は、十月二十七日に下総古河《こが》（茨城県古河市）を経由し、同月二十九日に江戸城へ戻った。

なお、近年の研究（藤田恒春『豊臣秀次』吉川弘文館、二〇一五年）によると、このあと秀次は、十月十九日に下野宇都宮《うつのみや》（栃木県宇都宮市）に立ち寄り、足利学校の庠《しょう》主である三要元佶《さんようげんきつ》と会見したようである。これは足利学校の書籍を京都に持ち帰るためであるが、文化人・秀次の側面を示す貴重な事績でもある。

070 （天正十九年九月）徳川家康自筆書状

忍東照宮旧蔵

【釈文】写真は80頁

返々、文うれ
しく見ま
いらせ候、以上、
文給《ふみたまい》候、めつらしく
見まいらせ申候、こゝ
もとあつかひ《（曖）》になり
まいらせ候まゝ、やかて
かいちん《（凱陣）》候へく候、
心やすく候へく候、
かしく、
おはた
御返事　大納言

●**解説**

本状は、「大納言」こと家康が、「おはた」こと、長女で上野小幡《おばた》（群馬県甘楽町）城主奥平信昌《おくだいらのぶまさ》に嫁した亀《かめ》姫《ひめ》（加納御前）に宛てた自筆書状である。

大意は、亀姫からの文を好ましく拝見した、こちらのことは処理の段階になったので、やがて凱陣するので安心されたいと、記している。思いがけなく娘からの文を得て喜ぶ家康の姿が垣間見えるようである。

徳川義宣氏は、天正十八年（一五九〇）に亀姫が小幡に移り、家康が大納言の官から内大臣に昇進する慶長元年（一五九六）の期間中で、凱陣と記すに該当する事件は、天正十九年の「奥羽再仕置」（奥州奥郡御仕置）への出陣以外にないと考察を加えている（『新修徳川家康文書の研究』）。一応、ここでもそれに従う。

さて、家康も出陣した「奥州奥郡御仕置」の目的について、豊臣政権の奉行増田長盛《ましたながもり》が、天正十九年八月九日付けで羽柴（豊臣）秀次《ひでつぐ》の付家老で三河岡崎城（愛知県岡崎市）主の田中吉政《たなかよしまさ》らに送った書状（「武江創業録抄写」東京大学史料編纂所所蔵）では、秀次に、葛西《かさい》・大崎《おおさき》の一揆を平定し、蒲生《がもう》氏郷《うじさと》・伊達政宗の領境を確定させるなどの処置したのち帰陣せよという秀吉の命が出されたこと、また家康や関東衆にもこの旨の文書が送られたことが知られる。

また、秀次から陸奥大浦《おおうら》（青森県弘前市）城主津軽為《つがるため》信《のぶ》に宛てた八月九日付け書状（津軽家文書）によれば、為信が出兵する南部領の仕置を行うため、氏郷・浅《あさ》野《の》長吉《ながよし》・堀尾吉晴《ほりおよしはる》らの派遣が伝えられ、為信にも仕置への尽力が命じられている。秀吉が命じた軍事行動以上の展開がなされていることから、仕置実施の細部は現地における指揮官である秀次の裁量部分が大きく、南部領への派兵は、現地の状況を踏まえたものだったことが窺える。

これらから、「奥州奥郡御仕置」とは、葛西・大崎一揆を鎮圧し、旧葛西・大崎領を与えられ、旧領の多くを収公された伊達政宗と、その伊達旧領の多くを与えられた蒲生氏郷の領境確定などを主要目的とするもので、南部領で発生した九戸《くのへ》政実《まさざね》らによる一揆の鎮圧は、派生的なもので、現地で成り行きを把握していた秀次によって最終的に豊臣勢による軍事行動が指示されたと考えておきたい。

071 (天正二十年)正月二十三日付け徳川家康朱印状　埼玉県立文書館所蔵

【釈文】写真は81頁

修験中年行事
職之事、
右任聖護院門跡、
被定置先例、領
掌不可有相違者也、
仍如件、

天正廿年
正月廿三日(家康朱印)

不動院

●解説

本状は、家康が不動院《ふどういん》に対して、先例に従って関東の「修験中年行事職」を免許したものである。この不動院とは、武蔵国葛飾郡小渕《おぶち》村(埼玉県春日部市)にある修験道の寺院であり、京都聖護院門跡《しょうごいんもんぜき》の末寺でもある。

本状が出される前日、全阿弥《ぜんあみ》(内田正次)が関東の代官に宛てた書状があり、これによると、京都の聖護院から、従来と同じく「修験中行事職」を承認する朱印状が出されるので、それに従うようにと命じた。全阿弥とは、当時、家康の側近として領国内の寺社行政を統括した人物である。

なお、後世の記録(『新編武蔵風土記稿』)ではあるが、天正八年(一五八〇)正月十九日、北条氏政《うじまさ》が不動院に対し、聖護院門跡からの証文に従うことを条件として「東上州年行事職」を承諾している。また、家康領国となった天正十九年二月十八日、聖護院門跡が不動院玉瀧坊に宛てた書状によると、聖護院は関東全域の修験者が行う「諸年行事」を認める証文を出しており、本状にある「先例」とはこの証文のことかと思われる。家康が聖護院の申し入れを承認したのが、本状であるとも言えよう。

天正十八年七月、小田原攻めの結果、北条氏に代わって関東に移封された家康は、すぐさま新領国の経営に乗り出すが、同年十月以降、奥羽の一揆鎮圧の対応にあたり、さらに翌天正十九年も七月以降は、奥羽再仕置のために出陣し、江戸城に戻ったのは十月末日である。そのため、新領国内の寺社に対する寄進状《きしんじょう》の多くは、「天正十九年十一月日」の日付で出されており、これらには「如先規」とあって、北条氏の施策を踏襲した。しかし、本状のように個々の事例を検討すると、これらは決して新領国内で一斉に出されたわけではないのではなかろうか。

その後の家康と不動院との関係であるが、天正二十年三月以降、家康は朝鮮出兵のために肥前名護屋《なごや》(佐賀県唐津市)へ赴くが、これに対して不動院からは、陣中見舞いとして祈念の守札・下緒などが贈られた。それに対して家康は、同年十月十日付けで礼状を出している。まさに新領国の領主と寺社の関係である。

072 (天正二十年)六月四日付け徳川家康・前田利家連署状　永青文庫所蔵

【釈文】写真は82・83頁

今度御渡海之事、前後之随
兵悉被残置、以近侍之御人数、
既可有御出船、被相定畢、然某等
強不顧其憚、謹言上之、被出龍船
之後、后従之下輩、縦雖有疾風
急雨之難、待晴何遅留哉、競渡
之者、豈不忘前失後乎《あにぼうぜんしつごならずや》、此旨達
上聞、則先被遣甲兵、如被定置備、追々
可被着陣、継日可有　御動座者也、
先進之輩、莫絶粮道、旧穀未没、
新穀既升、若又否則令飛羽檄者、

達　賢聡（聴）、速可弁之、不宣謹言、

六月四日

加賀宰相（前田利家）（花押）

武蔵大納言（徳川家康）（花押）

丹後少将（細川忠興）殿

●**解説**

本状は、秀吉の朝鮮出兵に関するものである。天正二十年（一五九二）四月二十五日、秀吉は肥前名護屋《なごや》（佐賀県唐津市）へ到着したが、すでに朝鮮に上陸していた小西行長《こにしゆきなが》や加藤清正《かとうきよまさ》の軍勢からは、連戦連勝したとの報告があった。そこで秀吉は、自ら渡海し、全軍を指揮する方針を出した。さらに、その準備をさせたが、家康と利家が秀吉に建言し、これを中止させたというのが本状である。

本状によると、今回秀吉は渡海するが、その時、秀吉を警護する随兵すべてを残しておき、とりあえず近侍の人数だけを連れて渡海しようとするものであった。しかし、そのように秀吉だけが渡海すると、ほかの武将らは、そのままじっとしているわけにもいかず、我も我もと続く者が続出し、統制が取れなくなることを建言したようである。そこで、まずは先兵を送り、予定の陣営を配置し、それから追々と着陣し、それから秀吉の出陣とすべきとしたのである。さらに、先発隊は兵粮を絶やさないよう心掛け、特に去年の兵粮もまだ残っており、今年の兵粮もすぐに入手できるはずとの秀吉の意見もあるので、もしそのようにならないのであれば、すぐに申し出るようにしなさい、との内容である。

これについては、六月二日付けの秀吉朱印状があり、その副状《そえじょう》とも考えられる。秀吉朱印状によると、秀吉は馬廻・小姓を乗船させて渡海するつもりであったが、「家康・利家其外面々共、当月・来月之儀者、不時早風有之事ニ候之条、是非御渡海、御延引可被成旨」とあり、確かに両人やその他の武将が渡海を中止することを建言したとある。この時に秀吉の渡海を止めたのは浅野長吉《あさのながよし》という記録もあり、ここでは渡海するよりも、自らが指揮することを強調した秀吉なりのパフォーマンスだったのかもしれない。あるいは「不時早風」とし、船の航行を想定していたのかもしれない。

ただし、この秀吉朱印状には「高麗国御代官所、以絵図知被割付候、大明国際二分割合請取、政道・法度以下、如日本申付、百姓召置、年貢所当可取納候、然而大明へ道筋、御座所普請申付、其代官〳〵として在番可仕候」ともあり、本状にある兵粮の調達に関する指示を出すことにも力点を置いている。本状は、秀吉の無謀な出陣計画に対して、冷静な両人がそれを諫めたとの評価もあるが、それよりも本状が秀吉朱印状の副状だとすると、まず秀吉は、彼ら二人を介して、全軍の戦意を高めるための意思を表明したに過ぎないとの評価もできる。秀吉一流の作戦かもしれないのである。

073　天正二十年七月二十三日付け徳川家康・前田利家連署状　個人所蔵

【釈文】写真は84頁

坂井文助（利貞）人数廿弐人、加子四人、無相違可被通候、仍如件、

天廿

七月廿三日　　家康（壺形黒印）

路次御奉行　　利家（黒印）

●**解説**

本状は、家康と前田利家《まえだとしいえ》が連名して発行した通行手形である。秀吉家臣の坂井利貞《さかいとしさだ》配下の軍勢二十二人と水夫四人を、道中間違いなく通行させるよう、道中の奉行に依頼したものである。さらに、天正二十年（一五九二）七月という時期や、肥前名護屋《なごや》（佐賀県唐津市）に駐屯中の家康・利家を考慮すると、おそらく朝鮮出兵に関するものであろう。

この日付は、秀吉が危篤の母大政所《おおまんどころ》を見舞うため、肥前名護屋を発った翌日でもある。家康と利家に対して、秀吉が両人に名護屋の留守居役を命じたものと考えると、本状は極めて貴重なものとなる。

なお坂井利貞は、信長に仕えて道路・橋・水道などの整備で活躍した武将で、その後は、天正十八年（一五九〇）八月晦日、三河岡崎城主の田中吉政《たなかよしまさ》から領知を与えられ、秀吉からも領知が与えられた。主に三河・尾張に領知を有する秀吉の代官的な奉行人で

あった。しかし坂井は、主に街道整備や築城などの土木作業だけではなく、秀吉の時代では、三河・尾張において鷹場に関する業務を担当することが多かった。また、利貞の次男である利政《としまさ》は、江戸時代の尾張藩で船奉行を勤めているので、本状も、そうした業務をこなすために出されたのであろうか。

074 (天正二十年)九月十一日付け徳川家康黒印状
彦根城博物館所蔵

【釈文】 写真は85頁

追而其許普請
之絵図、被入念
被差越候間、見届祝
着候、已上、
其地之普請一
段被相稼之由、従
宰相(徳川秀忠)所申越候、祝
着被思食《おぼしめされ》候、留守
中之儀、万端可被入
精事、肝要候、謹言、

九月十一日(家康・壺形黒印)

井侍従(井伊直政)とのへ

●**解説**

本状は、豊臣政権下における家康の江戸城修築に関するものである。天正二十年(一五九二)四月以降、秀吉による朝鮮出兵のため、家康は肥前名護屋《なごや》(佐賀県唐津市)に在陣していた。

本状によると、同年九月、秀忠《ひでただ》から家康に対して城の普請が報告され、井伊直政《いいなおまさ》からはその絵図が送られた。江戸に秀忠が残り、江戸城の普請を行い、直政もその普請に関与していた。こうした江戸の状況が報告され、名護屋の家康が満足して、直政に留守居として任務に励むよう命じたのである。同日付けで、家康は、重臣の諏訪頼忠《すわよりただ》にも、ほぼ同様の内容を含む書状を出しているが、これには追而書の部分がないので、直政だけが家康に絵図を送るほど、この普請に深く関与したとも思える

直政は、遠江井伊谷《いいのや》(静岡県浜松市北区)出身の武将であり、三河以来の徳川旧臣ではないが、天正十二年の小牧・長久手の戦いでは、赤備えの部隊を率いて武功を挙げるなど、数々の戦功が認められた。天正十六年四月、三河以来の重臣よりも官位が上の「侍従」に任官され、徳川家臣団の中で最も高い格式の重臣となった。そして天正十八年、家康が江戸城に入ると、直政は上野の箕輪《みのわ》城(群馬県高崎市)に十二万石が与えられた。翌天正十九年の北奥羽における九戸政実《くのへまさざね》の乱でも、鎮圧軍の先鋒として多くの戦功を挙げており、家康の信頼も厚かった。

075 (天正二十年)十一月八日付け徳川家康書状
九州国立博物館保管

【釈文】 写真は86頁

御音信幷成世
伊賀かたへ之御状
令得其意《そのいをえせしめ》候、被
入御念 蒙 仰《おおせをこうむり》 候
事、喜悦之至候、
仍来春 太閤
御渡海之事候間、
以面談万端
可申承候、恐々謹言、

十一月十八日 家康(花押)

筑前侍従(小早川隆景)殿

●**解説**

天正二十年(文禄元、一五九二)、豊臣秀吉は大陸への出兵・平定という大願に着手する。すなわち、文禄の役の始まりである。

本状は、文禄の役が始まった天正二十年十一月に、家康から小早川隆景《こばやかわたかかげ》に送られた書状である。隆景からの音信に対して家康は謝意を述べ、また来春、太閤秀吉が渡海するので、万事は会った時に話を承るとしている。本状が交わされた時、家康は肥前名護《なご》屋《や》(佐賀県唐津市)に在陣中であり、隆景は朝鮮京畿道《キョンギド》開城《ケソン》におり、本状は海を越えて交わされたのである。

さて、秀吉は天正十九年十月に名護屋で築城を開始し、さらに壱岐勝本《かつもと》城(長崎県壱岐市氏)と対馬清水《しみず》

山《やま》城(長崎県対馬市)を「御座所」として整備しており、渡海の意思を強く持っていた。

しかし、当時の戦況がそれを許さなかった。六月には平壌《ピョンヤン》を攻略した日本軍であったが、明軍が援兵に来ると共に、朝鮮各所で抗日の義兵が起き、戦況は次第に悪化していた。さらに、李舜臣率いる朝鮮水軍の前に日本水軍が敗戦し、制海権も失いつつあった。こうした状況や母大政所《おおまんどころ》の病、家康と前《まえ》田利家《だとしいえ》の説得もあり、秀吉は渡海を取り止め、八月には大坂に戻った。同年十一月、秀吉は再び名護屋に在陣して越年している。家康もまた名護屋に在陣し続け、この間の動向は朝鮮在陣の諸将への陣中見舞いを行っているほかは判然としない。結局、秀吉も家康も翌年春には渡海することなく、文禄二年(一五九三)八月、秀頼《ひでより》が誕生したことによって、大坂へ戻ることとなる。

076 (天正二十年)十一月十八日付け徳川家康黒印状
彦根城博物館所蔵

【釈文】写真は87頁

節々飛脚
祝着被思食候、
猶中納言(徳川秀忠)殿若
気候間、万事可
被入精候、謹言、

十一月十八日(家康・壺形黒印)

井伊侍従(直政)とのへ

●解説

本状は、肥前名護屋《なごや》(佐賀県唐津市)の家康から江戸の井伊直政《いいなおまさ》へ宛てた黒印状である。

天正二十年(一五九二)二月二日、家康は江戸を発って上洛し、三月十七日、朝鮮出兵のために京都を発って肥前名護屋へ赴いた。四月二十八日には名護屋に到着したようで、そのまま翌文禄二年(一五九三)八月まで同地に駐屯した。

このような中、家康は、江戸城を発つ際、直政には、榊原康政《さかきばらやすまさ》と共に、江戸城に留まり、秀忠を助けて留守居の任に就くよう命じたとされる。本状でも、確かに直政は、たびたび飛脚を差し立て、江戸の状況を家康の許に報告していたことがわかる。それに対して、家康のほうも若い秀忠《ひでただ》を助けて、万事精を入れて、政務に励むことを申し送っている。若い嫡子を支える直政の姿が想像でき、これに対する家康の信頼の厚さも感じられる。

この時、直政は、上野箕輪《みのわ》城(群馬県高崎市)に配されて十二万石が与えられ、同じく秀忠を補佐していた榊原康政も、上野館林《たてばやし》城(群馬県館林市)に配されて十万石が与えられた。家康の留守中、この両人が中心となって、江戸城の修造をはじめ、天正十八年に移封したばかりの家康領国の経営が着手されていたのである。なお、この時の秀忠は十四歳である。

077 (文禄二年)正月七日付け徳川家康書状
岐阜県歴史資料館所蔵

【釈文】写真は88頁

年頭之為祝儀、
太刀一腰・馬一疋幷
鬣到来、祝着之
至候、大明国御懇
望申之由、被仰越候、
珍重不過之候、春者
可被成御渡海候之間、
万事其節可申承候、
恐々謹言、

正月七日　家康(花押)

藤堂佐渡守(高虎)殿

●解説

本状は、朝鮮出兵に関するものである。宛所の藤《とう》堂《どう》高虎《たかとら》は、天正二十年(一五九二)七月十五日、秀吉の指示で朝鮮へ渡海し、そのまま年内は朝鮮に居て、翌文禄二年(一五九三)の正月は、朝鮮の陣所で迎えた。その高虎から家康に年頭の祝儀品が送られたようで、それに対する礼状が本状である。

天正二十年四月、加藤清正《かとうきよまさ》と小西行長《こにしゆきなが》の軍勢が、先陣として釜山《プサン》に上陸すると共に、朝鮮での戦闘が開始された。しかし同年八月以降、明《ミン》の軍勢や朝鮮義兵の抗戦が本格的に開始されると、日本軍を取り巻く戦況は悪化する一方であった。

この状況はその後も続き、そのために秀吉は、同年秋以降、来春には自らが渡海して現在の戦況を打開することを宣言し、くれぐれも朝鮮の軍勢には軽卒な行動を戒めるようにとの指令を出した。さらに文禄二年正月に入ると、日本軍は平壌《ピョンヤン》の戦いや碧蹄館の戦いに敗れて、「秀吉の渡海によって朝鮮での戦況を打開する」との文言が記された朱印状が頻繁に出された。本状でも、春になってからの秀吉の渡海が話題にのぼり、大明国に関する内容も、文禄二年六月前後からの講和交渉に関することである。本状を文禄二年に比定するのは、このような経緯があるからである。

なお家康は、文禄二年六月十六日付けでも、高虎に対し、朝鮮の状況を心許なく思うので、使者を派遣して長い駐屯を労う書状を出した。その際、帷子《かたびら》を送り、早く帰国できることを願う旨も申し送っている。まさに日明両国の休戦に向けた交渉が行われ、朝鮮の日本軍の一部が帰国できる目途が付いた頃である。

078 (文禄二年)卯月二十一日付け徳川家康書状
仙台市博物館所蔵

【釈文】 写真は89頁

両度之御状、委
細令披見候、無相
違其地御渡海之
由、目出候、日夜之
御苦労共察入候、
雖不及申候《もうすにおよばずそうろうといえども》、
浅弾父子
万事御差引次
第被成候而尤存候、
其元頓而可被明《やがておげきあけ》
御《らるべく》隙候間、御帰朝
程有間敷候、事々《ことごと》
期後音之節《こういんのせつをごし》候、
恐々謹言、

卯月廿一日　家康(花押)

羽柴伊達侍従殿（伊達政宗）

●解説

本状は、豊臣秀吉による朝鮮侵略(文禄の役)の際、肥前名護屋《なごや》(佐賀県唐津市)在陣中の家康が、朝鮮半島に上陸した伊達政宗に宛てた書状である。

これより先、朝鮮への派兵に動員された政宗は、天正二十年(一五九二)正月に三千人の兵を率い居城岩《いわ》出山《でやま》(宮城県大崎市)を発ち上京、三月十七日に京都を出立したが、その時の伊達家中の様子が派手なもので(『成実記』)、それを見た京童《きょうわらべ》たちが「伊達者《だてもの》」と言い始めたことから、人前で派手に振る舞うことを「伊達」といい、派手好きでお洒落な者のことを「伊達者」という語源になったと、伊達家の「貞享書上」では主張する。しかし、室町後期にはすでに「だて」の用例があり(『日本国語大辞典　第二版』)、江戸時代後期に著された随筆『嬉遊笑覧《きゆうしょうらん》』によると、伊達とは、物事を立て通そうとする意味で、「立《たて》」の濁ったものだという。

その後、名護屋にあった政宗は、天正二十年正月に浅野《あさの》長吉《ながよし》・幸長《よしなが》父子らと共に渡海の命を受けた。三月十五日に出帆するべきところ、日和が思わしくなく、結局二十二日に名護屋から出船、途中壱岐の風本浦《かざもとうら》(長崎県壱岐市)、対馬において順風を待ったあと、四月十三日に釜山浦《プサンポ》に着岸し、その後、浅野父子と共に十八日には蔚山《ウルサン》を攻め、二十三日には梁山《ヤンサン》城に入っている(同年五月九日付け覚範寺虎哉宗乙宛て伊達政宗書状、伊達家文書)。

家康の書状は、このような時期に出されたものである。本状の内容を見ると、それまで政宗は家康に二度にわたって書状を送ったようで、それを披見したと述べたあと、無事に渡海したことを喜び、日夜の苦労を察するとし、「浅弾(浅野弾正少弼)」こと浅野父子の指図・差配次第に動くよう伝えた。

さらに、家康は、すぐに戦も止み、程なく帰朝することが可能だろうという観測も述べている。三月十五日に小西行長《こにしゆきなが》と明の沈惟敬の会談が始まり、戦場となっている朝鮮の頭越しに、日本と明の間で講和交渉が開始されていた。四月初旬には、加藤清正《かとうきよまさ》が捕えた朝鮮の二王子と家臣を朝鮮に帰すこと、日本軍から漢城《ハンソン》(ソウル)から釜山浦まで撤退させること、開城《ケソン》を守る明軍は日本軍の漢城撤退を見て明に帰国すること、その上で明側から和議使節を日本に送ることが取り決められた（北島万次『豊臣秀吉の朝鮮侵略』）。このような動きが家康の観測の根拠になったのであろう。

なお、家康は政宗と同日付けで、伊達家の重臣白《しろ》石宗実《いしむねざね》・片倉景綱《かたくらかげつな》・原田宗時《はらだむねとき》三人に宛てて書状を送り、浅野父子との関係を入魂に保つよう油断なく政宗に申し入れるようにと伝え、注意を促している（『譜牒余録』巻第十三）。

079 （文禄二年）七月十二日付け徳川家康書状
徳島市立徳島城博物館所蔵

【釈文】写真は90頁

乍幸便令啓《こうびんながらけいせしめ》候、
仍御煩之由承、無
御心元存候、一鷗軒
為　御意渡海之
事候条、無油断御
養生専一候、恐々謹言、

七月十二日　家康（花押）

蜂須賀阿波守《（家政）》殿

●解説

本状は、秀吉の朝鮮出兵に関するものである。本状によると、朝鮮に在陣中であった蜂須賀家政《はちすかいえまさ》が病気となったようで、これを家康が心配したのである。本状では、秀吉の指示によって「一鷗軒《いちおうけん》」という医師が派遣されている。朝鮮での戦闘も長期になると、疫病にも悩まされる武将もおり、本状のように医師が国内から派遣されるケースもあった。天正二十年（一五九二）九月、豊臣秀勝《ひでかつ》（秀次《ひでつぐ》の実弟）や毛利輝元《もうりてるもと》らが朝鮮で発病すると、秀吉が曲直瀬道三《まなせどうさん》を朝鮮へ派遣した事例もある。しかし、道三が到着する前に秀勝は病死してしまう。

八月一日付けで、秀吉は、蜂須賀家政に宛てた書状を出しており、そこで、秀吉は「其方之事、散々相煩釜山海ニ有之由、如何無心許候、能々可令養生候」と述べており、朝鮮にいる家政の病状を気遣い、静養することを勧めている。本状には、文禄二年（一五九三）五月の晋州城《チンジュソン》攻撃に関することも記されているので、文禄二年と比定すべきである。そのため、家政の病気と関連させて、本状も文禄二年としたのである。家政は、正勝《まさかつ》（蜂須賀小六）の嫡子であり、阿波徳島城主として朝鮮へ出撃した。しかし文禄二年四月以降、漢城《ハンソン》（ソウル）から軍勢を撤退させており、本状の当時は釜山《プサン》周辺にいて、同年十月頃、帰国したことが確認できる。

朝鮮へ派遣された「一鷗軒」という医師については未詳であるが、施薬院全宗《やくいんぜんそう》とする見解もある。比叡山の僧侶であった全宗は、織田信長の比叡山焼き討ち後、著名な医師である曲直瀬道三に医学を学び、その後、番医として秀吉に仕えた。天正十五年に発布された伴天連追放令は全宗の筆によるものとされる。また秀吉の関東・奥羽平定では、常陸の佐竹《さたけ》氏や伊達政宗との交渉に関与するなど、秀吉側近の奉行としても活躍した人物である。

080 （文禄三年）四月十日付け徳川家康書状
林原美術館所蔵

【釈文】写真は91頁

ふしん《（普請）》出来不申候ハヽ、相
延可申候、其御心得尤候、
此中の様子も無案内
ニ候間、いかゝと存候へ共、先々
思安候て、見可申候、その
内ニ普請出来候者、
自是御左右可申候、おの
〳〵へも其通被仰候て、
可給候、恐惶謹言、

四月十日　家康（花押）

●解説

本状は、伏見城および大坂城の普請に関するものである。文禄三年（一五九四）正月、秀吉は諸大名に対して、伏見・大坂城の普請に参加するよう命じた。そこで同年三月前後から、工事が開始された。このような時期、家康が長束正家《なつかまさいえ》に出したものが本状である。

この頃の家康は、文禄三年二月十二日に江戸城を発ち、二月二十四日に京都へ到着、三月二日、秀吉に従って多くの大名と公家らと共に、大和の吉野へ花見に出かけ、さらにその後も、豊臣大名の一員として在京していた。この頃の大名は、伏見・大坂城の普請に動員されるだけではなく、伏見や大坂にも屋敷を構え、妻子と共に集住を余儀なくされていた。本状によると、家康は、秀吉の奉行衆である正家に対し、「そのうち普請もできましたならば、こちらからお手紙で申し上げます」とあり、追而書部分でも「普請が完成しないようでしたら、延期して下さい。そのように心得ていただくことがよろしいでしょう」と述べているが、これは伏見や大坂に建築中の家康の屋敷のことと思われる。こうして家康は、政権の奉行衆らと共に連絡を密にし、秀吉による伏見や大坂の城下整備に関与した。豊臣大名として、当時の秀吉政治を支える家康の姿を如実に示す貴重な文書である。

文禄三年は、前年の講和交渉の結果、日明両国の間では休戦状態となったが、秀吉は諸大名に対し、巨大な城郭だけではなく、伏見や大坂に妻子らと共に集住することを命じた。家康の屋敷もそのためである。また同年秋以降、秀吉は、伏見や大坂において、多くの大名を随行させて、個々の大名屋敷を訪問することを行い、彼らとの主従関係を確認した。こうして各地の大名は、妻子と共に伏見や大坂に居住することが原則となったが、この結果、伏見・大坂を拠点とする体制が構築されて、秀吉による日本列島全域の支配も強化されたのである。文禄三年秋、畿内・近国において、政権による大規模な太閤検地が行われたのもその一環であろう。

081 (文禄三年ヵ)十一月十三日付け徳川家康・蒲生氏郷連署状　表千家不審菴所蔵

【釈文】写真は92頁

為　御意申
入候、貴所被召出
由、被仰出候間、
急可被罷立候、
為其申越候、恐悦〲、

十一月十三日　家康(花押)
氏郷(花押)

少庵老

●解説

本状は、蟄居中の千少庵《せんのしょうあん》が赦免されたものである。少庵は和泉堺の能役者の子であったが、実母が千利休に嫁したことに伴い、利休の養嗣子となった人物である。このような経歴を有する少庵は、天正十九年(一五九一)二月二十八日、養父の利休が秀吉の命で自刃させられたことで、その後、蒲生氏郷《がもううじさと》の城下・会津若松に蟄居させられた。この処置は、氏郷が利休の高弟であったからであるが、その後も氏郷は、徳川家康や前田利家《まえだとしいえ》らと共に、少庵を赦免するよう秀吉に願い出たようである。このような働きかけが秀吉に認められ、ようやく上洛できるようになった。本状によると、家康らは少庵に対し、秀吉の勘気が解けたことを祝し、早々に京都に戻ることを勧めたのである。

なお、家康と共に連署する蒲生氏郷は、文禄四年(一五九五)二月九日に伏見で病死しているので、本状はそれ以前で、利休の死後の天正十九年以降であることは疑いない。しかし、天正十九年や翌天正二十年および文禄二年という時期では、朝鮮出兵の準備やその後の戦況を考えると、秀吉が少庵を赦免する状況になるとは到底思えない。そこで、残る文禄三年に比定したが、その根拠となる史実もない。

しかし、文禄三年十月二十日、秀吉自らは牛車で、家康以下の諸大名が「衣冠」の装束をもって秀吉に供奉するなど、京都あるいは伏見や大坂において、秀吉を頂点とする領主階級の結合が編成されつつあった。このような時代背景からすると、本状を文禄三年に比定することも無理なことではない。ただし、当時の官位からすると、家康とほぼ同一の位置で氏郷が連署しており、さらに宛所の位置が連署者よりもかなり高いことなど、極めて興味深い文書である。

082 (文禄四年)卯月二十八日付け徳川家康書状　徳川美術館所蔵

【釈文】写真は93頁

如仰、御下国之時分者、
不存候て、御暇乞も
不申、于今御残多存候
折節、御状本望之
至候、我々事も御暇
被下候之間、近日罷下候、
将又《はたまた》鑓之柄板給候、
喜悦之至存候、何事も
頓而《やがて》可罷上候之条、
其節可申承候、恐々謹言、

卯月廿八日　家康（花押）

（切封）
「金森法印（長近・素玄）　家康」

●解説

本状は、家康が飛騨高山《たかやま》（岐阜県高山市）の城主金森《かなもり》長近《ながちか》に宛てた書状である。本状によると、長近は領国高山に下向したが、家康はこの帰国を知らず、挨拶もしなかったことが気がかりであったものの、下国した長近から挨拶の書状があり、大いに安心したとの内容である。

文禄四年（一五九五）の家康は、前年から長期にわたって在京し、正月は伏見で迎えた。その後も京都に赴くことはあったが、伏見の屋敷にいることが多かった。しかし同年三月二十八日には、京都の家康屋敷に秀吉の御成があった。この御成とは、秀吉が多くの大名を随行させて、個々の大名屋敷を訪問することである。秀吉は、諸大名との主従関係を確認するため文禄三年以降、この御成を頻繁に行ったが、多くの大名らが京都や伏見、あるいは大坂に自らの屋敷を有していたことの証しでもある。

さらに、文禄四年七月の起請文によると、家康や毛利輝元《もうりてるもと》は、秀吉の後継者である秀頼《ひでより》を支えるため、常に京都および伏見・大坂にいることが義務づけられた。また諸大名は、妻子らと共に、京都および伏見・大坂に集住することが命じられ、こうして万一、自らの領国へ戻る際は、家康か輝元の許可を得ることになっていた。この規定に関連すると、本状が出されたのは、単に家康と長近の親密さを示すものではないかもしれない。不用意に領国へ戻ってしまった長近に対し、家康は警告する書状を出したが、その返答があり、これに対するものが本状となったのかもしれない。

なお、本状を文禄四年と比定したのは、本状に「我々事も御暇被下候間、近日罷下候」とあり、家康も秀吉の許可をもらい、近日中にも江戸へ下向することが記されているからである。確かに当時の家康は、文禄四年五月三日までは京都にいて、その後、江戸に下ったことが確認される（『言経卿記《ときつねきょうき》』）。この頃の家康は、政務を担う奉行衆とは異なる位置にいて、毛利輝元らと同様、まさに大老として秀吉政治を支えていたのである。

083　（文禄四年）六月二十一日付け書状
前田育徳会所蔵

【釈文】写真は94頁

追而、中納言（徳川秀忠）所へ
節々御尋之由、忝
存候、万端御指南
頼入まいらせ候、
内々御床敷存候
砌、可竹ニ御状給候、
委細披見、本望
存候、仍竈千世殿之
様子、無心許存候
処、無御別儀之由
承、満足仕候、定可為
御同意候、将又大仏
之御普請被成之由、
炎天之時分、御苦
労被申事候、頓而《やがて》
可致上洛候之条、
万端期其節《そのせつをごし》候、恐々謹言、

六月廿一日　家康（花押）

「加々中納言殿（前田利家）　家康
御報　」

●**解説**

本状は、京都の前田利家《まえだとしいえ》が江戸の家康に対し、「無御別儀之由」との書状を出し、それに対する返書である。文禄四年(一五九五)二月七日、蒲生氏郷《がもううじさと》は伏見で病死したが、家康と利家の尽力で、氏郷の嫡子である鶴千世が氏郷の遺領を襲封することが決まった。しかしその後、蒲生家の家老衆に領知高を偽証する不正が発覚し、知行没収の秀吉の内意も出されていた。本状において、家康と利家の両人が不安であると記したのはこのことである。これに対して両人は、この内意を撤回させることに尽力し、互いに連絡を取り合っていたようである。このことは本状から、両人の進言が無事秀吉に聞き入れられたことがわかる。そのため家康は、本状において、利家の処置に対して満足であると感謝の意を表したのである。

さらに家康は、炎天下の中、京都の大仏造営工事に奔走する利家にも気遣い、さらに在京中の嫡子秀《ひで》忠《ただ》への厚誼にも感謝するなど、両人が極めて密接な関係にあったことも窺うことができる。こうした有力大名の結束については、政権中枢の政治運営の実見を掌握しつつある石田三成《いしだみつなり》ら奉行衆に対するものであり、政権の集権化が強化されたとの理解だけではなく、それによって政権の分裂を示唆する見解もある。これらは、秀吉政権の脆弱性を強調し、秀吉死後の後継者をめぐる抗争を想定するものでもある。しかし、このような見解を深化させるよりも、奉行衆らと共に、この両人も、領主階級の結集を強めていた秀吉政治を支えていたと理解することもできよう。

なお、本状で「可竹」とあるのは、越前敦賀《つるが》(福井県敦賀市)の城主で、長谷川秀一《はせがわひでかず》の父与次《よじ》のことである。文禄三年二月、秀一が朝鮮で病死したのち、越前の長谷川家の遺領を襲封していた。

084 (文禄四年ヵ)十七日付け徳川家康書状
早稲田大学図書館所蔵

【釈文】 写真は95頁

加々爪（政尚）所へ御捻披見申候、
仍明日聚楽へ可罷出候間、
如約束明朝了頓所まて
相越、それら御前へ可
罷出候、其分了頓かたへ
被仰出、尤存候、
かしく

十七日

(端裏書)

「〆 浅弾正殿（浅野長吉） 家康」

●**解説**

本状は、家康が、明日京都の聚楽第《じゅらくてい》へ行く用事があるから、その際、浅野長吉《あさのながよし》に面会を申し出たものである。しかし、日付のみの書状では年代を比定することは容易でない。本状に登場する加々爪政尚《かがつめまさなお》は、文禄五年(一五九六)閏七月十三日の伏見大地震で圧死しており、聚楽第も、文禄四年七月の秀次《ひでつぐ》事件直後に破壊されたので、本状はそれ以前ということになる。また「了頓」という人物は不詳であるが、家康の上洛時期や京都での浅野長吉との交流、さらに伏見城の普請をはじめ、城下整備のことなどを考えると、文禄三年か文禄四年の前半期となろう。

なお加々爪政尚は、扇谷《おうぎがやつ》上杉氏の末裔であり、武蔵高坂《たかさか》(埼玉県東松山市)城主という経歴を有する関東武士であるが、若くして家康に仕え、天正十二年(一五八四)の小牧・長久手の戦いでは戦功を挙げた。その後も、家康と共に多くの戦陣に従軍している。天正十八年七月、家康が関東へ移封すると、家康の近習として仕えて武蔵・相模両国で三千石を領した。

本状の冒頭でも、長吉から政尚へ書状が出され、それを家康が読んだとあるので、家康と政尚の間に主従関係があったことが窺われる。このような大名間の交流においても、互いの家臣が介在することがあったのである。本状を、当該期における京都および伏見・大坂に集住した大名らの交流を示す事例とすれば、貴重なものである。

085 文禄四年七月付け豊臣氏三大老連署起請文前書案
毛利博物館所蔵

【釈文】 写真は96・97頁

敬白天罰霊社起請文前書事

一、御ひろい（秀頼）様へ対し奉り、聊《いささかも》表裏別心を
不存、もりたてまつるへき事
一、諸事大閤（太）様御法度・御置目之通、
無相違様に可相守候事、
一、御ひろい様之儀、疎略を存、幷大閤（太）様
御置目等相背輩於在之者、縦雖為
縁者・親類・知音、ひいきへんはなく、糾明之
上を以、成敗之儀可申付候事、
一、坂東法度・置目・公事篇、順路憲法之上を
もつて、家康可申付候事、坂西之儀者、輝元幷
隆景可申付候事、
一、不断致在京、御ひろい様へ御奉行（公）可
申候、自然用所候て、下国之時者、家康・輝元、
かハり〳〵に御暇申上、可罷下事、
右条々、若私曲偽於御座候者、此霊社上巻之
起請文御罰、深厚罷蒙、今生にてハ、白癩・
黒癩之重病をうけ、弓箭之冥加七代迄尽果、
於来世者、阿鼻無間地獄ニ堕罪し、未来永功（劫）
浮事、不可有之者也、仍起請文前書如件、

文禄四年七月

羽柴前宰相
隆景
羽柴安芸中納言
輝元
羽柴武蔵大納言
家康

●解説

文禄四年（一五九五）七月、関白秀次《ひでつぐ》が謀叛の容疑で自刃する事件が起きたが、これを受けて秀吉が有力大名から血判を捺した起請文を提出させたのが、本状である。毛利《もうり》家に本状が伝来していることから、家康・毛利輝元《てるもと》・小早川隆景《こばやかわたかかげ》の連署で提出したものの控えと思われる。

本状によると、第一条で秀吉実子の秀頼《ひでより》への忠誠を尽くすこと。さらに第二・三条では、秀吉の定めた法度への服従を誓約させて、秀頼に対する忠誠も同様とすることを命じた。第四条では、「坂東（東国）」の政務は家康が、「坂西（西国）」については輝元と隆景が担当するとある。各地の大名支配は家康と輝元・隆景に委ねて、それらを秀吉が総覧する体制を構築した。個々の大名を序列化することによって、秀吉の位置づけを明確にしたとも言えよう。さらに第五条では、常に在京し、秀頼に奉公し、もしも自領に戻る時には家康と輝元のいずれかが京に残ることが記されるなど、秀吉の死後も、後継者の秀頼を中心とし、秀吉政治が継承されることが確認された。

文禄二年秋以降、すでに朝鮮出兵の長期化に踏切った秀吉は、文禄三年に入って、伏見・大坂の城下を整備するだけではなく、両地に大名・直臣を集住させ、大名邸への御成や公家・武家も供奉した吉野の花見も行うなど、自らを頂点とする領主間の主従関係を確認した。これに対する大名らも、互いに領主階級として連携することを意識するようになった。これらは、長引く朝鮮駐屯の日本軍への処置でもあるが、秀吉を頂点とする領主階級結集の地として設定されつつあった。第五条にある、常に「在京」とはこのことであり、自領に戻るのも、大名同士での許可制にしたのである。

こうした秀吉独裁の政権下において、石田三成《いしだみつなり》ら特定の奉行衆のみならず、家康らの有力大名も政権中枢の運営に参画するようになっていた。さらに、秀吉政治の後継者問題が出現し、秀吉在世中は実子秀頼がそれに指名されたが、政治的な力量に欠けた関白秀次が指名されなかったように、秀吉の死後、その力量をめぐる抗争が起きたのも当然である。

086 文禄四年八月三日付け豊臣氏六大老連署状
大阪城天守閣所蔵

【釈文】写真は98・99頁

御掟
一、諸大名縁辺之儀、得 御意、
以其上、可申定事、
一、大名・小名深重令契約、誓
紙等堅御停止事、
一、自然於喧嘩・口論者、致堪忍
輩可属理運之事、
一、無実儀申上輩在之者、双方
召寄、堅可被遂御糾明事、
一、乗物御赦免之衆、家康・利家・
景勝・輝元・隆景、幷古公家・
長老・出世衆、此外雖為大名、若
年衆者、可為騎馬、年齢五十
以後之衆者、路次及一里者、駕籠

儀可被成御免候、於当病者、是又
駕籠之儀御免事、
右条々、於違犯輩者、可被処
厳科者也、
文禄四年八月三日　　隆景(花押)
輝元(花押)
利家(花押)
景勝(花押)
秀家(花押)
家康(花押)

●解説

文禄四年(一五九五)七月、関白秀次《ひでつぐ》が謀叛の容疑で自刃する事件が行った。その直後、家康ら有力大名が連署して出した取り決めが本状である。秀吉の指示による政権運営に関する確認事項と考えられる。

第一条では、大名家の縁組には秀吉の許可を得ること。さらに第二条で、大名同士の盟約を禁止することなど、第三条は、大名同士の抗争を禁じており、第四条は、大名同士の抗争は秀吉自らが裁くとの内容である。第五条は、家康・利家・景勝・輝元・隆景・秀家の有力大名らの地位を明確化しつつ、大名の序列化を促進したのである。いずれも秀吉が大名を統制するための五ヶ条である。

このような内容については、すでに秀吉が諸大名に対し、文禄三年以降、伏見・大坂城の普請および同地に大名屋敷の建設を命じており、その妻子らと共に集住することを強いた。ほかにも秀吉は、文禄三年以降、多くの大名を正装で随行させて、個々の大名屋敷を訪問する御成も頻繁に実施するなど、大名とは主従関係の確認だけではなく、その序列化も図っていたので、本状はこれらを成文化したものとも言えよう。

なお、本状の日付である文禄四年八月三日とは、関白秀次の妻子らが京都三条河原で処刑された翌日である。本状は、連署のメンバーだけではなく、他大名にも伝来しているので、数多くの大名家に出されたものであるが、連署者が上杉景勝を含めた六人のものであり、多少の語句の異同もある。まさに緊急事態の中で作成されたもののようである。「御掟追加」との表題で、同様の連署状もある。

087 (文禄五年)五月三日付け徳川家康書状　酒井忠和氏所蔵

【釈文】写真は100頁

御折紙令披見候、仍
御拾(秀頼)様、就御参
内、来八日・九日・十日、
三日中御上洛之由、
令得其意候、殊可
致御供様子、是又
相心得存候、恐々謹言、

五月三日　　家康(花押)

民部卿法印(前田玄以)
増田右衛門尉(長盛)
長束大蔵大輔(正家)
石田治部少輔(三成)

●解説

家康は、文禄四年(一五九五)に引き続き、文禄五年も正月を伏見で迎えた。大坂に滞在することもあったが、その多くは伏見の地で過ごしていた。しかし同年五月九日、家康は、秀吉・秀頼《ひでより》に随行して上洛した。それに先立って出されたのが本状である。秀頼にとっては初の上洛・参内であり、当時四歳である。

本状によると、秀頼の参内日程が三日間のうち、いずれかで上洛することと、家康がその参内に同行することも、宛所の石田ら奉行衆から通達された。秀吉指示の下、秀頼参内という実務は、石田三成《みつなり》ら奉行衆が統括し、その指示によって家康は行動していたのである。

また、上洛した当日の五月九日、伏見城から京都までの行程を、諸大名が騎馬で随行し、家康は牛車で、前田利家《まえだとしいえ》と五名ほどの大名は、輿に乗って参列したことが記録されている(『言経卿記《ときつねきょうき》』)。五月十三日、この参内は行われたが、秀吉は、この参内に合わせるかのように家康を大納言から内大臣に、前田利家を中納言から大納言へと昇進させていた。

その意味では、文禄四年の秀次《ひでつぐ》事件後、秀吉政治の後継者としての秀頼、さらに政権運営の実務を担う奉行衆の動き、それを支える家康や利家ら有力大名の存在も定着させるなど、これらの体制構築を朝廷側へ明示することが、この参内の主目的であった。官位の授与だけではなく、正装した武家が行列で参内することで、朝廷には軍事制圧を加える一方、大名にはその序列化の実態を示した。まさに、秀吉を頂点とする領主階級の結束を強化させて、後継者・秀頼の存在をアピールすることによって、その継続も印象づけたのである。そして同月十七日、秀吉・秀頼と共に家康も伏見へ戻った。

088 (文禄五年)六月三日付け徳川家康・前田利家連署状　大阪青山歴史文学博物館所蔵

【釈文】写真は101頁

今日者、御番御
大儀共ニ候、然者、
主計(加藤清正)使佐野甚左衛門尉、
帰朝仕候、彼口上之
様子、被聞召届由候、
御気色御うかゝい
候て、様子卒度
被仰上、尤ニ候、主計も
一両日之内、可有帰
朝との事候、今日
御透も無之候ハヽ、
明日筑前御番
事候間、可申上候、
おなしくハ、急
御耳ニ入申度候間、
御透ニ被仰上、
尤ニ候、恐々謹言、

六月三日　利家(花押)
家康(花押)

冨田左近(一白)殿

●**解説**

本状は、家康と前田利家《まえだとしいえ》から御伽衆《おとぎしゅう》の富田一白《とみたいっぱく》に宛てた書状である。家康と利家の両人が、加藤清正《かとうきよまさ》本人の帰国に先立ち、弁明する使者が伏見に到着し、それを受けて一白に出されたものである。文禄五年(一五九六)、日明の講和交渉を妨害したとのことで、秀吉の怒りを買い、清正は日本に呼び戻された。

本状によると、家康と利家は、この日、秀吉近侍の当番であった一白を介して、秀吉のご機嫌を見計らい、使者が弁明する様子を知らせて欲しいとの依頼をした。家康らは、ほかにも秀吉に伝えたいことがあるから、秀吉の暇な時間を見つけて、そのことも伝えて欲しいとも懇願している。本状から約二ヶ月後の文禄五年閏七月十二日深夜、伏見で大地震が起きるが、いち早く秀吉の許に参上したのが清正である。このことから本状を文禄五年と比定した。

宛所の富田一白(信広・水西)は、近江出身の武将で織田信長に仕えたが、本能寺の変後、秀吉に仕えた。その後も、小牧・長久手の戦いでの織田信雄《のぶかつ》・家康との交渉、あるいは北条氏との交渉にも使者として赴くなど、数多くの使者の経験を積んで秀吉の信任が厚かった。さらに、茶の湯にも造詣が深く、たびたび家康との間を仲介する役割も担うなど、御伽衆としても、秀吉の側近としても信頼された人物である。このような一白の経歴からすると、本状で家康らが清正の釈明のために一白を頼ったのも自然である。

朝鮮に駐屯中であった清正が、日本に召還された背景として、小西行長《こにしゆきなが》を支援する石田三成《いしだみつなり》らの画策があり、それに対抗する役割を期待されたのが家康・利家であったとの見解がある。三成と一白が不仲であったともされるが、本状で明らかなことは、すでに秀吉を頂点とする秀吉政治ができており、その実務は奉行衆が担ったが、本状のように大名統制の根幹を揺るがし、政権運営の支障をきたす場合には、家康ら有力大名らが乗り出したのである。

家康・利家もこの体制を支えた有力なメンバーであったと考えるべきであり、ここで最も注目すべきことは、家康らも、すでに秀吉に直接陳情することができないようになっていた。秀吉の地位の高さと共に、秀吉の側に仕えていた武将の存在にも留意すべきである。

089 (文禄五年)閏七月十九日付け徳川家康・前田利家連署状　個人所蔵

【釈文】写真は102頁

おそれなから致言上候、
一、たう《（当）》城御ふしん《（普請）》そこね《（損）》申候、御山
御ふしん《（普請）》も、きう《（急）》にハ、いてき《（出来）》
申ましく候間、御城出来候内、まづ
秀頼様大坂へうつし被参候て、
御尤たるへき哉之事、
一、たう《（当）》城御ふしん《（普請）》を仰つけられ候
とも、ミづ《（水）》なともよく〳〵御らんし《（覧じ）》、
とゝ《（届）》けられ、可被仰付哉事、
一、しよさむらい《（諸侍）》・下々家なとも、そん《（損）》し
申、とてもつくりなをし《（造り直し）》候ハてハ、
かな《（叶）》い不申候間、何かたにても、御こゝろ
まゝの所に御座所を仰つけ
らるへき哉之事、
後七月十九日　大納言（利家花押）
内府（家康花押）
ちやあ
まいる

●解説

文禄五年（一五九六）閏七月十二日深夜から翌十三日未明、伏見周辺で大地震があったが、それから約一週間後に出されたのが本状である。「閏七月十九日」という日付からも文禄五年と比定できるもので、単に内容だけではなく、大地震の直後という時期からも、貴重な文書である。さらに家康と前田利家《まえだとしいえ》は、本状の内容をもって、秀吉に直接意見するつもりであったが、これを憚ったのか侍女宛てになったとも評される珍しいものでもある。

内容については、第一条で、秀頼を大坂へ移した上で、伏見に新たな城を築城すること。また第二条では、倒壊した城を復興するのなら、水の流れをよく確認すること。そして第三条では、旧来の城下は復旧が困難であり、秀吉の判断で秀吉の「御座所」を決めるべきであるとの内容が盛り込まれている。明らかに侍女に宛てた内容ではなく、秀吉への意見書である。

なお、政権の政務は、本来、秀吉の意思を伝達する形で奉行衆が実務を行ったが、このような緊急時には、両人は奉行衆を介さず、直接秀吉に進言し、このような政務を関わろうとしたのである。当時の両人は、奉行衆の役割とは異なる位置にいて、秀吉を頂点とする政治を支えていたのである。当時の秀吉政治のあり方は、まず秀吉の意思が優先され、その下で石田三成《いしだみつなり》ら特定の奉行衆の実務を担当するようになったが、その政権運営を傍から支える家康らの存在もあった。このような政権中枢の拠点として伏見や大坂の城下が形成されていたが、ここを襲った大地震であったからこそ、当時の危機感は計り知れないものがあったと思われる。

090 （文禄五年閏七月か八月）徳川家康自筆書状　徳川記念財団所蔵

【釈文】写真は104頁

返々何事
なく候まゝ、御心
安おほしめし
候べく候、
大ぢしん《（地震）》により、
御ふみ《（文）》給候、うれしく
見まいらせ候、
おやこ《（親子）》何事も候ハす候
まゝ、御心安おほし
めし候べく候、
やかてくだり《（下り）》
まいらせ候べく候まゝ、
御けんさん《（研鑽）》にて
申まいらせ候べく候、
かしく、

（切封）
「御屋しき《（お江の方カ）》　返事　内府」

●解説

文禄五年（一五九六）閏七月十二日深夜もしくは十三日の未明、伏見周辺で大地震が発生した。そのため、伏見城をはじめ、城下の多くの建造物も倒壊した。特に新たな城下町として形成されつつあった伏見では、大名屋敷や町人地への被害も甚大なものがあった。家康の伏見邸の一部も倒壊し、家康直臣の加々《かが》爪政尚《つめまさなお》など、犠牲となった家臣もいたのである。

本状によると、家康は、宛所の「御屋しき」と称する女性らしき人物から、見舞いの手紙を受け取った

ようであり、本状はその返書である。本状は家康の自筆で記されており、彼女の配慮に礼を述べて、自分と秀忠《ひでただ》も無事なので安心するよう述べている。本状には日付がないが、この内容によると、地震直後の時期として、閏七月中か八月上旬と推測されよう。

宛所の女性については、文面からすると、家康の身内に近い人物と思われ、秀忠の妻であった「お江の方」とする見解がある。文禄三年以降、秀吉から各地の大名とその妻子は在京するよう命じられていた。家康も文禄三年から文禄四・五年にかけて、ほぼ伏見を拠点とした「在京」生活を送っていた。それゆえ、嫡子秀忠と共に「お江の方」が伏見にいた可能性が高いのである。

残る人物としては、例えば家康の実母である「伝《でん》通院《つういん》」とする可能性もあるが、それを断定する根拠があるわけではない。しかし、家康が「御屋しき」と称する女性がそれほど多くはないことも事実である。なお家康は、同年九月五日に伏見を発ち、江戸へ赴いて、十月十二日に江戸にいたことが確認できる。しかし十二月十五日、江戸を発ち、再び伏見へ戻っている。

091 （慶長二年）八月十五日付け徳川家康書状

個人所蔵

【釈文】 写真は105頁

猶々、其元、日夜
御苦労共察入候、
弥《いよいよ》各被仰談、無御
油断義、専要候、
今度於其表、番
船被討捕之由承、
誠無比類御動(働)、無
其隠候、於我等太(大)
慶此事候、猶帰
朝之上、以面可申候間、
不能具《つぶさにあたわず》候、恐々謹言、
八月十五日　家康(花押)
脇坂中務少輔(安治)殿

●解説

慶長二年（一五九七）七月十五日、脇坂安治・藤堂高虎・加藤嘉明ら日本水軍は、数百艘の船団で、巨済島付近の海戦において、島津義弘らの軍勢とも連携しながら、元均の率いる朝鮮水軍を逆襲して壊滅させた。この戦功をあげた安治に対し、秀吉は八月十日付けで感状を出した。これによると、安治らは「敵船数百艘」に対して果敢に戦ったようであるが、その一方で「其方人数も少々相損候」ともあり、脇坂勢にも損傷はあった。本状も冒頭で「今回、そちらで敵船を討ち取られたと聞きました」とあり、家康も安治らの戦功を讃えた。さらに家康は、藤堂高虎にも、本状と同じ書状を出したが、これには「上様(秀吉)一段之御機嫌にて被成御朱印候、於我々大慶此事候」（『宗国史』）とある。つまり家康は、秀吉からこの勝利を聞いたようであり、「このことは自分たちにとっても極めて目出たいことである」と喜んでいた。ここでも本状と同じく、家康は、秀吉政治を傍から支える大老として、諸大名らに配慮した労いの書状を出していたのである。本状は、勝利を讃えた感状でもあるが、その一方で、長期にわたる朝鮮在陣を気遣い、帰国した際の面会なども申し出るなど、きめ細かい配慮のある内容も有している。単に儀礼的なものであったとも評されるが、秀吉とは異なる位置にあって、当時の大名支配に配慮していたと考えることもできよう。まさに家康は秀吉を補佐する役割を担っていたのであろう。

慶長二年もまた、家康は、正月から伏見にいたが、その後も伏見にいることが多く、秀吉の行動に応じた日常生活を送っていた。そのような中、政権の大老として家康は、朝鮮の脇坂安治へ書状を送った。家康は、奉行衆らは異なる立場ではあったが、秀吉を頂点とする政権運営の一翼を担っていた。

092 （慶長三年）正月二十一日付け徳川家康書状

奈良県立美術館所蔵

【釈文】 写真は106頁

就御普請之儀、
上意之段被仰下候、委
細存其旨候、然者如
御下知半役人数、三月

朔日以前京着之事、
聊不存由断候、此旨
可然之様、御取成頼入候、
尚近々令上洛候之間、
不能一二候、恐々謹言、

正月廿一日　家康（花押）

徳善院（前田玄以）
増田右衛門尉（長盛）殿
石田治部少輔（三成）殿
長束大蔵（正家）殿

●**解説**

本状は、家康が前田玄以《まえだげんい》ら秀吉の奉行衆に対して、ある普請のために秀吉から命じられた「半役人数」を三月朔日までに京都へ到着させるので、その執り成しを依頼したものである。この普請が奉行衆の指導によって行われ、家康も、豊臣大名として人足の提出を命じられていたのである。

さらに、本状の内容を詳細にするためには、本状の年代比定が必要となるが、宛所の徳善院《とくぜんいん》の呼称に注目すると、文禄五年（一五九六）五月以降となる。そこで慶長二年（一五九七）か同三年となるが、家康は、慶長二年の正月は伏見で迎えており（『舜旧記《しゅんきゅうき》』『言経《ときつね》卿記《きょうき》』）、慶長三年の正月は江戸にいて、二月あるいは三月頃に江戸を発ち、上洛したことが確認できる（『言経卿記』）。このように考えると、本状の「近々令上洛候」の文言に注目して、やはり慶長三年と比定するほうが自然である。

このように本状は慶長三年と比定できたが、秀吉のほうから命じられた「普請」を醍醐寺《だいごじ》の普請とする見解もある。しかし、前田玄以らの奉行衆は、（慶長二年）十二月七日、上坂正信に対し、「来年其方御普請役之事、当年之役半分弐十壱人召寄、於大坂、初之三月朔日ゟ、堀普請可被仰付旨候」（上坂家文書）とあり、同じく十二月十二日にも、真田信之《さなだのぶゆき》に「来年三月朔日ゟ九月迄御普請ニ候間、二月中ニ京着候様ニ可被仰付候事」（真田家文書）とも命じた。これらはいずれも、秀吉による伏見城や大坂城の普請に関する大名の人足動員数に関するものである。したがって、本状で家康が秀吉から命じられた「普請」とは、文禄三年以降、継続されていた伏見城や大坂城の普請と考えても良いのではなかろうか。なお、慶長三年八月十八日の秀吉死後も、大坂城の普請および城下の整備は継続されている。

093　慶長三年八月十日付け豊臣氏四大老連署契状案　毛利博物館所蔵

【釈文】釈文は107頁

条々
一、上様（秀吉）長々御煩付而、御失念も在之様ニ
御座候間、御知行方其外御仕置等
之事、最前被　仰定ことくたるへき事、
一、自今以後之儀者、如何様之儀被　仰
出候共、御請ハ先申上、以御本復之上、慥《たしかに》
得御諚、可随其之事、
一、御知行方幷御仕置等之事、今度
重畳被　仰出、以誓帋相定候通、
不可有相違候事、
以上、

慶長三
八月十日　輝元
秀家
利家
家康

●**解説**

本状は、豊臣秀吉が死歿する慶長三年（一五九八）八月十八日直前に作成された、いわゆる五大老の連署契状である。端裏書には「ひかへ」とあり、毛利家において作成された案文が同家に伝来したものであることがわかる。

「上様」は秀吉を指し、病状悪化によって政務の執行が困難となった秀吉に代わって、五大老が臨時的に掌ることになったことを示すものである。なお、五大老のうち、上杉景勝《うえすぎかげかつ》については、この年の三月に帰国を許され、国許の会津にいたため、この契状には連署していない。

契状の内容のうち、「御知行方」と「御仕置」について、これ以前に秀吉が命じた通りにすることとされている点に注目したい。五大老の発給文書について考察した堀越祐一氏によると、計百十一通のうち、

知行宛行状が四十二通を占めているが、宛行状といってもそのほとんどは安堵状であり、五大老には領地加増の権限はほとんどなかったとされる。

本契状において、知行宛行は「御知行方」と記されており、秀吉の命令（「仰定」「仰出」）によって、五大老の知行宛行権に制約が加えられていたことがわかる。秀吉の命令が彼自身の発案によるものか、石田三成《いしだみつなり》ら奉行衆の発案に基づくものかは定かでないが、いずれにせよ、本契状は、五大老には訴訟・算用などの政務における主体的な関与を認められていなかったとする堀越氏や谷徹也氏の見解を裏づけるものと言えよう。

094 （慶長三年）八月二十八日付け豊臣氏四大老連署状

福岡市博物館所蔵

【釈文】写真は108頁

以上、
其表御無事之
上を以可被打入之旨、
御朱印幷覚書、
徳永式部卿法印・宮木
長次口上ニも被相含、被
差渡候、然者被打入候刻、
舟以下も可入哉と
上様被　仰付候、新艘其外
諸浦之船、追々差渡候、
其上至博多、安芸宰相殿（毛利秀元）・
浅野弾正少弼（長政）・石田治部少輔（三成）
被罷越候間、其方一左右
次第、急度令渡海可
及相談候条、可被得其
意候、恐々謹言、

八月廿八日　輝元（花押）
秀家（花押）
利家（花押）
家康（花押）

黒田甲斐守殿

●解説

本状は、朝鮮からの撤兵に関する文書であり、宛所の「黒田甲斐守」は、豊前国中津（大分県中津市）を居城とする黒田長政《くろだながまさ》のことである。

秀吉の死歿によって、朝鮮侵略戦争の継続は困難となり、朝鮮との和議を模索した豊臣政権は、徳永寿昌《とくながながまさ》・宮木《みやぎ》（宮城）豊盛《とよもり》の両名を朝鮮に派遣した。その際に、秀吉朱印状と共に発給されたのが本状である。その当時、長政のほか、加藤清正《かとうきよまさ》・鍋島直茂《なべしまなおしげ》・毛利吉成《もうりよしなり》・小西行長《こにしゆきなが》・島津義弘《しまづよしひろ》・黒田長政・寺沢正成《てらざわ》（のちの広高《ひろたか》）・相良頼房《さがらよりふさ》や筑後衆・日向衆・肥前衆など九州の大名が朝鮮半島に駐留しており、彼らを無事に帰還させることが、家康らに課せられた急務だったのである。

本状中に「打入」とあるが、これは朝鮮への渡海ではなく、日本への帰還を指す。「舟以下も可入」とは帰還兵を乗せるための船舶を準備することが課題となっていたことを示している。

また、毛利秀元《もうりひでもと》（「安芸宰相」）・浅野長政《あさのながまさ》・石田三成《いしだみつなり》の三名が博多へ下向して、帰還の指揮にあたることとなっているが、九月五日付け黒田長政宛て四大老連署状（黒田家文書）には「内府・輝元・秀家、博多に至り下向候て、おのおの帰朝の儀、申し付くべきの由候ところ、人数入らざるの由、申し止められ候間、まず遠慮候」とあり、家康も毛利輝元《てるもと》・宇喜多秀家《うきたひでいえ》と共に博多へ下向する予定であったところ、多くの兵は必要ないとして、秀元ら三名に変更したとされている。

兵の帰還のような重要な任務は、大老層が直接担うべきものであったが、秀吉死歿の結果、大老層が上方《かみがた》を離れることはできない。しかし、同日付けの秀吉朱印状の発給や、本状においても秀吉の命令に基づくとされていること（「上様被　仰付」）が示す通り、秀吉の死歿は秘匿されていた。このため、「人数入らざるの由」というような理由によって説明しようとしたのであろう。

095 （慶長三年）十月二日付け徳川家康書状

米沢市上杉博物館所蔵

【釈文】写真は109頁

御折紙之通、具《つぶさに》

令披見候、乃御仕
置等被仰付、早速
御上洛之段、御大
儀共候、何様《なにさま》御上《おのぼり》之《の》
時可申承候間、令
省略候、恐々謹言、

十月二日　家康(花押)

会津中納言(上杉景勝)殿

●**解説**

上杉景勝《かげかつ》は、慶長三年(一五九八)正月十日、秀吉から、蒲生秀行《がもうひでゆき》が領していた会津(福島県)への国替を命じられた(上杉家文書)。旧領のうち、越後一国と北信濃は召し上げられる一方、新たに蒲生家の旧領である会津・仙道《せんどう》諸郡(福島県・宮城県)の七十四万石、出羽長井《ながい》(置賜)郡(山形県)十八万石に加えて、旧領である佐渡一国(新潟県)十四万石と出羽庄内《しょうない》三郡(山形県)十四万石を合わせて、所領は約百二十万石とされる。景勝には同日付けで、新たに領することになった会津へは家臣のほか、中間《ちゅうげん》・小者《こもの》に至る武家に奉公する者を残らず召し連れると共に、田畑を所有し年貢を負担することを命じ検地帳に記載されている百姓は召し連れることを禁じるという趣旨の秀吉の朱印状(上杉家文書)が発給されており、秀吉の兵農分離政策を明確に示す史料として注目される。

景勝は、三月に入って上方《かみがた》を出立、同月十九日に会津へ入った。下向の際、秀吉から、往還に便宜を図るため、街道の道橋普請を実施することを命じられると共に、三ヶ年の参勤を免除された(『景勝公御年譜』巻之二十)。

秀吉罹病の報に接した景勝は、八月二十三日、京都の留守居千坂対馬守に書状を送り、石田三成《いしだみつなり》と増田《ました》長盛《ながもり》に病状を問う書状を届けること、また家康にも同様の措置を取ること、また近日中に上洛することを伝えている(前同書)。上杉家の「貞享書上」によれば、家康には九月に上洛の旨を申し送ったようで、それに対する返書が本状であるという(前同書)。景勝からの折紙をつぶさに披見したこと、新領の処置などを命じて急ぎ上洛する景勝を慰労し、委細については上洛後に譲るとしている。

江戸時代に上杉家が編んだ『景勝公御年譜』によれば、景勝は千坂から伝えられた秀吉死去の情報に接し、十月五日、急遽会津を出立、二十八日に伏見屋敷に入ったとされるが、上杉家文書には九月十九日に景勝が大田原《おおたわら》(栃木県大田原市)まで到着した旨を記した、同月二十九日付けの増田長盛書状も残されていることから、中村孝也氏は、『徳川家康文書の研究』において、上杉家に所蔵されていた『越後故実聞書』(東京大学史料編纂所所蔵)に記されている九月十七日会津発・十月七日京都着という説を採っている(同書中巻)。

096 (慶長三年)十月七日付け徳川家康書状

福岡市博物館所蔵

【釈文】写真は110頁

其元長々御苦
労、察入存候、仍《よって》大明
人数少々罷出由、
主計(加藤清正)注進被申候、
無御心元《おこころもとなく》存候、万
事主計申渡候間、
御談合被成《なさるる》儀、専一
存候、定《さだめて》大納言(前田利家)も
可被申候間、令省略《しょうりゃくせしめ》候、
恐々謹言、

十月七日　家康(花押)

黒田甲斐守(長政)殿

●**解説**

本状は、黒田《くろだ》家に伝来した家康発給文書としては最も古いものと考えられている。つまり、家康と黒田氏の間での直接的な文書のやり取りが明確に確認できるようになるのは、秀吉が歿した慶長三年(一五九八)八月十八日以降ということになる。

内容を見てみると、まず黒田長政《ながまさ》の長期の朝鮮在陣をねぎらい、次いで明軍が出撃してきたとの加藤《かとう》清正《きよまさ》からの報告を聞いて心許なく思っていること、対応策は清正に申し渡したので彼と相談して欲しいことを伝える。そして最後に、前田利家《まえだとしいえ》からも長政へ連絡があるだろうことを述べている。

明・朝鮮軍は秀吉死去の少し前から南下を開始しており、九月頃には各方面の日本軍に攻撃を仕掛けていた。この情報が京都の家康たちの許にもたらされたのは、遅れて十月の初めのことであり、本状もこの情報を得て出されたものと考えられる。しかし最前線では、十月一日に泗川《サチョン》で島津軍が明の大軍を破ったことにより、日本軍への圧迫は緩和されていたから(本書098号文書)、実際の戦況と京都の認識には大きなズレがあったことがわかる。ちなみに、長政からの連絡は家康の許になかなか届かなかったようで、家康は十月十九日付けで催促の書状を発している。長政から無事であるとの連絡が届いたのは二十七日のことだったようで、家康は同日付けでひとまず安堵した旨を返信している(黒田家文書)。

また、家康と前田利家は五大老の中でも別格の地位にあった二人として知られているが、彼らは秀吉が健在な文禄頃からすでに二人一組で政務に関与しており、本状から窺える二人の連携した活動もその延長線上に位置づけられよう。また二人の関係は、秀吉死後に権勢を強める家康と、その抑制を期待される利家というように、対立的に捉えられることが多いが、少なくとも朝鮮撤兵問題に関しては、本状に見えるように二人は連携して対応する姿勢を示していたと考えられよう。

097 （慶長三年）十月十五日付け豊臣氏五大老連署状

福岡市博物館所蔵

【釈文】 写真は111頁

急度以早舟令申《きっとはやぶねをもってもうさしめ》候、
一、順天城へ大明人取懸之由候、
然者後詰之儀、各如被存知《おのおのぞんじせらるるごとく》、
陸地之儀者大河節所候間、
以舟手可被及行《ふなてをもってだてにおよばるべき》事、
一、そてん（泗川）・こせう（固城）両城之儀、
からしま（唐島）へ引執、順天之一着
迄可被在陣《ざいじんせらるべき》事、
一、ちやわん（昌原）の城引払、竹島一所ニ
相加、可被在陣事、
一、大明人於引執者《ひきとるにおいては》、最前徳永（寿昌）・
宮木（豊盛）両人ニ如被仰含候《おおせふくめられそうろうごとく》、諸城
引払、釜山海へ相集、其より可
有帰朝事、
一、うるさん（蔚山）於執巻者《とりまくにおいては》、西生浦之儀
うるさん一着之間、堅固可《あい》
被相拘《かかえらるべく》候、若《もし》不慮於有之者、
早々釜山浦へ可被引執《ひきとらるべき》事、
一、最前如被仰遣候《おおせつかわされそうろうごとく》、安芸宰相（毛利秀元）・
浅野弾正（長政）・石田治部少輔（三成）至博多
在陣候間、一左右次第ニ可有
渡海之由被仰付候、其外中国
人数、并舟手四国衆・九鬼
大隅（嘉隆）・脇坂中務少輔（安治）・堀内
安房守（氏善）・菅平右衛門尉（道長）以下、大
あたけ（安宅）小あたけ数百艘
被仰付候条、早速可令渡海候、
猶使者可申候、恐々謹言、

十月十五日　輝元（毛利）(花押)
景勝（上杉）(花押)
秀家（宇喜多）(花押)
利家（前田）(花押)
家康(花押)

黒田甲斐守（長政）殿

●解説

明・朝鮮軍は、慶長三年(一五九八)九月頃から各地の日本軍に攻撃を開始していたが、その情報が京都に達したのは十月の初めのことであった(本書096号文書)。この危機への対応を迫られた五大老が発したのが本状で、「早舟」で送られていることからは、素早い対応を目指す五大老の姿勢が窺える。しかしその内容は、十月中旬時点の実際の戦況とズレを生じている部分もある。

まず第一条は、順天城救援に関する指示であり、陸路では大河や難所(節所)が多いので、水軍を使って救援するよう命じている。小西行長《こにしゆきなが》らの拠る順天城が攻撃を受けたのは九月中旬頃からであったが、十月上旬には明軍はすでに撤退していた。

第二条には泗川《サチョン》・固城《コソン》両城の将兵は唐島(巨済島)まで、第三条では昌原《チャンウォン》城の将兵は竹島《チュクド》まで後退するようにとある。なお、泗川では十月一日に島津軍が

明の大軍を破っていたが、五大老がそれを知るのは十一月二日頃のことである(本書098号文書)。

第四条に見える徳永《とくなが》・宮木《みやぎ》は、秀吉死去直後の八月下旬、講和・撤退を実現すべく朝鮮に派遣された使者であった。本条では彼らが携えた命令、すなわち明軍が撤退したら諸城を引き払って釜山に集合し、帰国するようにという命令が再確認されている。

第五条では、蔚山《ウルサン》城が明軍に包囲された場合はその南の西生浦《ソセンポ》を固めるように命じている。蔚山では九月下旬頃から戦いが起こっていたが、十月上旬には明軍は撤退していた。

第六条では、毛利秀元《もうりひでもと》・浅野長政《あさのながまさ》・石田三成《いしだみつなり》が博多に待機し、安宅船《あたけぶね》(軍船)数百艘も準備を調えているから、朝鮮の日本軍から要請があれば直ちに渡海できる旨を伝えている。毛利らは、八月末頃に京都から博多へ向けて派遣されていた(本書094号文書)。

こうして見ると、基本的な方針に関する指令(第四条など)はともかく、個別の戦闘に関する指令(第一条など)は、前線と京都で通信している間に有効性を失う場合があったことがわかる。この意味でも、朝鮮撤兵は困難を極めたのである。

098 (慶長三年)十一月三日付け豊臣氏五大老連署状　東京大学史料編纂所所蔵

【釈文】写真は112頁

去月二日龍伯(島津義久)へ御注進状
昨日到来、令披見候、然而其表
大明人九月十九日ニ罷出、晋州ニ
陣取、去月朔日其城(泗川新城)へ取懸候処、
大鉄炮にて被打立、其上被及《いっせんに》
一戦《およばれ》、即時ニ伐崩、晋州河際
迄追詰、悉被討果之由《ことごとくうちはたさるるのよし》候、残
党等晋州大河へ被追入、無《のこす》
残所御働《ところなきおはたらき》、誠以御手柄無比類
次第候、殊江南大将九人、合
人数弐十万騎有之処、如此《かくのごとき》
之儀無申計《もうすはかりなく》候、幷《ならびに》御父子(島津義弘・忠恒)自
身被砕手《てをくだかれ》、数多被討捕之由《あまたうちとらるるのよし》、
無是非儀候、因茲《これにより》御家中衆
手柄之由、令察《さっせしめ》候、然者蔚山表・
順天へ罷出候敵、右之仕合候間、
定可為敗北《さだめてはいぼくたるべく》候、雖然《しかりといえども》先度小西(行長)
寺沢(正成)依注進《ちゅうしんにより》、此方御人数舟
手以下追々可令渡海之旨被
仰出候、随而徳永法印(寿昌)・宮木
長次(豊盛)を以如申遣《もうしつかわしそうろうごとく》候、敵於引退者《ひきのくにおいては》、
各被遂相談《おのおのそうだんをとげられ》、諸城釜山浦へ被
引取、其より可有御帰朝候、恐々
謹言、

十一月三日　輝元(毛利)(花押)
景勝(上杉)(花押)
秀家(宇喜多)(花押)
利家(前田)(花押)
家康(花押)

羽柴兵庫頭(島津義弘)殿
嶋津又八郎(忠恒)殿

●**解説**

明・朝鮮軍は秀吉死去の少し前から南下を開始し、日本軍への攻勢を強めていた。島津義弘《しまづよしひろ》・忠恒《ただつね》父子が拠る泗川《サチョン》新城にも明軍が迫り、九月中旬には晋《チン》州《ジュ》に董一元の率いる大軍が着陣、十月一日に攻撃を仕掛けてきた。しかし島津軍は奮闘して明軍を撃退、討ち取った明兵三万八千余人とも言われる大勝を収めた。

この戦勝を受けて出されたのが本状である。これによると、義弘・忠恒が戦いの翌日に発した捷報は、一ヶ月後の十一月二日に京都に達した。この時に報じられた内容は、島津軍が「大鉄炮」を駆使しつつ明の二十万騎の大軍を破ったこと、義弘・忠恒も自ら武器を取って戦ったことなどであった。この報を受けて五大老は、義弘・忠恒の戦功を比類なきものと讃えると共に、この勝利によって蔚山《ウルサン》や順天に展開している敵軍も退却するだろうとの見通しを述べている。すなわち泗川の戦勝は、一つの方面での勝利としてだけではなく、他方面の日本軍に対する圧迫を弱めるものとしても歓迎されたのである。秀吉歿後の大規模な加増があまり行われない時期に、島津氏は泗川の戦功により五万石を加増されているが(『薩藩旧記雑録』)、このことはこの戦勝が高く評価されていたことをよく物語っている。

一方で本状では、八月末に徳永寿昌《とくながながまさ》・宮木豊盛《みやぎとよもり》を

派遣して伝えた、敵が退却したら釜山《プサン》まで後退して帰国するという方針(本書094号・097号文書)も再確認されている。大勝を喜びつつも撤退方針の再確認を忘れていないことからは、当時五大老が日本軍を無事に撤退させることに、いかに神経を尖らせていたかが窺えよう。

099 (慶長三年)十一月十六日付け徳川家康書状
福岡市博物館所蔵

【釈文】写真は113頁

井伊兵部少輔(直政)所迄
御折紙、令披見候、
至其地御上之由候、
随而高麗表之儀、
御人数頓而《やがて》帰朝之
由候之間、御満足推
量申候、猶此地御上
之節、以面《めんをもって》可申承候、
恐々謹言、
十一月十六日　家康(花押)
小寺如水(黒田孝高)

●解説

これより先、黒田孝高《くろだよしたか》は家康の家臣井伊直政《いいなおまさ》に宛てて「折紙」(上下二つ折りにした紙に書かれた文書。この場合は書状だろう)を送っていた。この折紙は、直政を通して家康に披露されたようで、家康から孝高に宛てた返書が作成された。それが本状にあたる。

本状で家康は、孝高に対し、「朝鮮の日本軍は間もなく帰国するようなので、満足されていることだろう。なお、こちらに来られた際には、直接会ってお話ししよう」と述べている。孝高の子長政《ながまさ》が朝鮮に長期間在陣してきたことを踏まえ、その帰国が近いことを祝う文面である。また面会を期する文言が見えるが、実際に十一月二十五日付けの長政宛て家康書状(黒田家文書)から、この頃、孝高が上洛して家康と会談を遂げていたことが確認できる(この頃、家康は伏見にいた)。この時、何が話し合われたかは不明だが、秀吉死後の政権のあり方などが話題になった

可能性もあろう。なお右の書状には「委細井伊兵部少輔可申候」とあり、こののち黒田氏宛ての家康書状には家康の意を伝達するものとして井伊直政が頻出するようになる。直政を介した家康と黒田氏の交渉ルートが形成され始めたのも、本状の頃からと考えてよいのだろう。

ところで、黒田氏はかつて仕えていた播磨御着《ごちゃく》(兵庫県姫路市)の城主小寺《こでら》氏から小寺名字を与えられていたが、小寺氏が没落したあとの天正八年(一五八〇)頃以降は、孝高は黒田名字に戻している。にもかかわらず、本状で家康は宛所を小寺としている。その理由ははっきりしないが、例えば孝高の叔父休夢は文禄頃に小寺名字であることが確認できるから(『宗湛日記《そうたんにっき》』)、交渉の初期段階では家康は孝高も小寺名字であると誤解していたのかもしれない。

ちなみに、(慶長五年)九月二十八日付けで孝高に宛てた家康書状(本書141号文書)では、宛所は「黒田如水」になっている。

100 (慶長三年)十一月二十五日付け豊臣氏五大老連署状
東京大学史料編纂所所蔵

【釈文】写真は114頁

其表大明人幷番船
罷出候由候間、藤堂佐渡守(高虎)
被差渡候、敵於在陣《ざいじんつかまつる》
仕者《においては》、在番衆之船手
各被遂相談《おのおのそうだんをとげられ》、可成程《なるべきほど》
可被及行《てだてにおよばるべく》候、其方一左右
次第ニ、九州表へ被遣置《つかわしおかれ》候
船手之衆、其外何も
御人数急度可被差渡候、
敵於退散者《たいさんにおいては》、最前
徳永法印(寿昌)・宮木長次(豊盛)ニ
如被仰含候《おおせふくめられそうろうごとく》、諸城早々釜山
浦へ被引取、従其《それより》可有帰
朝候、万端藤堂ニ被相含《あいふくめらるる》間、
佐渡次第可有覚悟
事専一候、恐々謹言、
十一月廿五日　輝元(毛利)(花押)
景勝(上杉)(花押)

秀家《(宇喜多)》(花押)
利家《(前田)》(花押)
家康(花押)

羽柴薩摩侍従《(島津義弘)》殿
嶋津又八郎《(忠恒)》殿

●解説

慶長三年(一五九八)十一月下旬、明軍とその軍船が進出してきたとの報を受け、五大老たちは対応のために藤堂高虎《とうどうたかとら》を朝鮮に派遣する。その際に発せられたのが本状である。そこに見える対応策の骨子は、①敵が在陣を続けた場合は、在朝鮮の日本水軍で相談して軍事行動に及ぶように、必要なら九州に集結させている水軍を派遣する、②敵が退散した場合は、釜山《プサン》まで後退してそこから帰国するように、というものであった。②は八月下旬の徳永《とくなが》・宮木《みやき》派遣の時に命じられ、以来たびたび確認されてきたものであり(本書097号文書)、朝鮮撤退に際しての基本方針であった。

五大老たちは十一月二日頃に、朝鮮で島津軍が明・朝鮮軍を大破したとの報を得ており(本書098号文書)、十一月半ば頃までは「高麗表敵敗北」という認識を持ち、彼らが発する撤兵命令からも緊迫した様子はさほど感じられなくなっていた(浅野家文書)。ところが十一月下旬に届いた報告によって、一転して緊張感のある本状が出されたのである。

朝鮮半島南西部では、十一月初めから明・朝鮮の水軍が進出し、順天の小西行長《こにしゆきなが》は撤兵できなくなっていた。十一月下旬に五大老たちが知ったのは、このような戦況であろう。十一月十八日には、小西を救援すべく出撃した日本水軍が、明・朝鮮水軍と露梁《ノリャン》海峡で激突、大きな被害を出している。しかし、乱戦の中で小西は順天から脱出し、また朝鮮水軍も名将李舜臣が戦死するという打撃を受けた。そのため、この戦いのあとは、順次撤兵が進んでいくことになる。

ただし本状が出された段階で、七日前の露梁海戦の報が京都に達していたとは考えにくい。順次撤兵が進んでいる状況を五大老たちが把握できたのは十二月上旬のようで、遠く離れた朝鮮からの報告に一喜一憂する日々は、ここにようやく終わりを告げたのである。

101 (慶長四年)正月十四日付け徳川家康書状 福岡市博物館所蔵

【釈文】写真は115頁

虎頭送給候、
祝着之至候、此方
御上之由候間、以面《めんをもって》
可申承候、猶井伊
兵部少輔《(直政)》可申候、恐々
謹言、

正月十四日　家康(花押)

黒田甲斐守《(長政)》殿

●解説

本状で家康は、黒田長政《くろだながまさ》から虎の頭を贈られたことを喜ぶと共に、長政が上洛すると聞いているので直接会って話をしようと言っている。また、井伊直政《いいなおまさ》からも長政に連絡する旨を伝えている。朝鮮侵略中、日本軍はたびたび虎狩りを行っているので、「虎頭」はその獲物であろう。また、長政は慶長三年(一五九八)末に朝鮮から帰国しており、この頃、家康のいる伏見に赴く予定だったのであろう。なお直政は、この少し前から家康と黒田氏の交渉の窓口となっていた(本書099号文書)。

ここで、黒田氏と家康の関係を整理してみると、慶長三年十月頃から長政は家康と連絡を取り合うようになっており(本書096号文書)、同年十一月には黒田孝高《よしたか》が家康と会談している(本書099号文書)。これらのことからは、秀吉死去直後より黒田氏が家康への接近を開始している様子が窺えるが、その動きは慶長三年十二月末に明確になる。すなわち、長政は十二月二十五日付けで直政宛ての起請文を作成、家康に特に親しくしてもらっていることを踏まえつつ、直政に対して無沙汰をしないことを誓約している(黒田家文書)。早くもこの時点で黒田氏は、秀吉死後の政局の中で家康を支持していくことを決断していたと見てよかろう。

そして本状は、右の起請文が提出された直後の黒田氏宛て家康書状ということになる。その文面には起請文のことなど全く現れてこないが、それだけに本状を認めた家康や、受け取った長政の内心がどのようなものであったか、想像が膨らむようでもある。

102 （慶長四年）三月十三日付け徳川家康書状
大阪城天守閣所蔵

【釈文】写真は116頁

一書申入候、大納言殿（前田利家）
御煩御見廻ニ参候之処、
大坂迄預御使者、本
望之至候、大納言殿
御験気ニ候て、緩々と
申談候、此地御上之
節、以面可申承候、
委細井伊（直政）兵部少輔可
申候間、不能具《つぶさにあたわず》候、恐々
謹言、

三月十三日　家康（花押）

（京極高次）
大津宰相殿

●解説

本状は、慶長四年（一五九九）三月十三日、前田利家《まえだとしいえ》の病状を大坂に見舞った家康が、その様子を近江大《おお》津《つ》（滋賀県大津市）の城主京極高次《きょうごくたかつぐ》に報告したものである。

これより先の慶長四年二月二十九日、大坂にいた前田利家は、病気をおして伏見の家康を訪ねた。それに対する答礼として、三月十一日、家康が利家を見舞ったが、本状はその時の様子を伝えたものである。

慶長三年八月十八日、秀吉は死去したが、その後も、後継者である秀頼《ひでより》を中心とし、家康ら大老と奉行衆が互いの職務を担当しつつ、従来の政治を継続させた。これは文禄四年（一五九五）七月と八月、秀吉の在世中に定めた通りである。ところが、次第に大老と奉行衆の関係が悪化したので、慶長四年正月、双方が誓紙を交換する事態となった。それに利家の病状悪化という要素も加わり、家康の存在が大きくなると、家康と奉行衆の関係は一層悪化していった。こうした中での家康と利家の会談とは、当時の政局の成り行きを考える上で重要なものになった。家康としても、豊臣氏と縁深く、要衝の大津城主京極高次に対し、会見の経緯をいち早く知らせることで、自らの陣営に組み込もうとしていたのである。

なお、高次の妻お初《はつ》の方（常高院）は、秀頼の母である淀《よど》の方の妹で、秀忠の妻お江《ごう》の方の姉でもある。秀吉の側室松の丸（龍子）は高次の妹である。さらに、京極氏は近江の大名浅井《あざい》氏の主筋にあたる名門の大名でもある。

103 （慶長四年）四月朔日付け豊臣氏五大老連署状
立花家史料館所蔵

【釈文】写真は117頁

態令申《わざともうせしめ》候、相守
時分柄、自然下々
はばん（八幡）ニ罷渡族可
有之候間、堅可被
停止候、若背御法度、
罷越候儀、重而聞
付候者、其身之事者
不及申、一類悉《ことごとく》可被
加御成敗候、其上
御手前可為御越度候、
恐々謹言、

四月朔日　利長（前田）（花押）
輝元（毛利）（花押）
景勝（上杉）（花押）
秀家（宇喜多）（花押）
家康（花押）

（立花宗茂）
羽柴柳川侍従殿

●解説

本状は、海賊船が海上で他商船の荷物を略奪し、秘かに取引をすることを禁じたものである。このような海賊行為は、秀吉も、天正十六年（一五八八）前後から禁じ、国内統一の進展と共に、政権による貿易制限策として徹底した。秀吉の死後も、本状のような五大老連署状だけでなく、五奉行連署状の形態でも、この施策は継承されていたのである。

本状では、立花《たちばな》氏をはじめ、島津《しまづ》氏・松浦《まつら》氏らに対しても、「下々」が海賊行為をしないよう、責任をもって厳重に取り締まることを命じた。いずれも九州の大名を対象として、領内での密貿易を取り締まることを命じたものである。本状で「時分柄」とあるのは、ようやく朝鮮出兵の撤兵が終了した時期との意味が含まれている。「下々」に違犯者はもちろん、その関係者一同すべてを処分するとあり、秀吉の死後という不安定な政治時期を狙い、周辺諸国との交易を目指す勢力が台頭する可能性があり、特に領国支配を安定させる上でも、中央政権としては、当該の諸大名には徹底させる必要があったと思われる。このような法令が五大老連署状と五奉行連署状によって出されていることから見ても、秀吉政治は継承されており、五大老と五奉行による政権運営がなされていたのである。また、前田利家《まえだとしいえ》に代わって、嫡子の利長《としなが》が署名しているのは、慶長四年(一五九九)閏三月三日、利家が病死したからである。

こうした「下々」の海賊行為は、九州地方では頻繁に起きていたようで、同年八月二十日付けで、本状とほぼ同様の五大老連署状が出されている。その後も、肥後加藤清正《かとうきよまさ》の領国で、その形跡が見られる。

104 (慶長四年)卯月二日付け徳川家康書状
石川武美記念図書館成簣堂文庫所蔵

【釈文】写真は118頁

右近かた迄之御折
紙、披見申候、仍
大修理(大野治長)御代官所之
儀、池備後(池田重成)方へ被相
渡候由尤候、将又《はたまた》
浅利儀、承候、相心
得申候、猶面之節、
可申承候条、不能
具候、恐々謹言、

卯月二日　家康(花押)

片桐市正(且元)殿

●解説

本状のほかに、閏三月二十六日付けの片桐且元《かたぎりかつもと》宛ての家康書状(「長尾文書」『徳川家康文書の研究』中巻)があり、それによると且元は、大野治長《おおのはるなが》の代官所の件に関することを家康に問い合わせたが、それに対して家康は、浅野長政《あさのながまさ》・増田長盛《ましたながもり》・長束正家《なつかまさいえ》(五奉行)や中《なか》村一氏《むらかずうじ》・堀尾吉晴《ほりおよしはる》(中老)にも通達したと答えている。「閏三月」との表記から慶長四年(一五九九)と比定することができるが、同時に、その内容を受けた本状も慶長四年と比定することができよう。

本状によると、豊臣氏の重臣である片桐且元は、大野治長の代官所を池田重成《いけだしげなり》へ渡すこと、浅利《あさり》事件の処理に関することの政務を処理して、それを家康に報告した。この報告を受けた家康は、了承したことを本状によって且元に伝えた。

大野治長は豊臣氏の重臣であるが、その代官所を他者に渡すこととなれば、とても豊臣氏の家政に関する問題とは思えない。すでに慶長四年閏三月三日、池田重成への替地知行宛行状は五大老連署状の形態で出されているので、これも国政の職務と見るのが自然である。

一方の浅利事件とは、秀吉が全国を統一したのち、出羽の大名秋田《あきた》氏への軍役金未納問題が発生し、秋田氏と浅利氏の間で抗争が生じた事件である。その裁定は秀吉のところにまで持ち込まれたが、大坂に召還された浅利頼平《よりひら》が急死し、この問題はうやむやに終わってしまった。頼平に子がなかったため、浅利氏の嫡流は断絶した。秀吉在世中に起こった浅利事件であるが、当初から且元が関与していたといっても、この事件は豊臣氏の家政にとどまるものではなく、国政に関わるものである。

且元からすれば、秀吉の死後、政権運営を支えていた前田利家《まえだとしいえ》が先月の閏三月三日に病死したので、担当していた政務の遂行を家康に報告をすることしかなかったのであろう。この時期、本状のような政務は五奉行が行うはずである。且元が関与した理由としては、豊臣氏支配の代官所に関するものであったからであり、五奉行への報告もあったから、五奉行制は機能していた。しかし、政権の直轄領支配に対する五奉行制が機能していたにもかかわらず、家康がこのような政務を且元に処理させたのは、家康による巧妙な作戦とも考えられる。いずれにせよ、利家の死後、次第に家康単独の政治運営がなされていき、且元もこの動きに巻き込まれていったのである。

105 （慶長四年）卯月六日付け徳川家康書状

石川武美記念図書館成簣堂文庫所蔵

【釈文】　写真は119頁

先度者、預御状候、
仍浅利儀出入候間、
其元隙入候共、一
夜帰申候、可有御出候、
猶以面、可申承候間、
令省略候、恐々謹言、
卯月六日　家康（花押）
片桐市正（且元）殿

●**解説**

片桐且元《かたぎりかつもと》が大野治長《おおのはるなが》の代官所の件について家康へ問い合わせ、それに対して浅野長政《あさのながまさ》・増田長盛《ましたながもり》・長束《なつか》正家《まさいえ》（五奉行）や中村一氏《なかむらかずうじ》・堀尾吉晴《ほりおよしはる》（中老）にも通達したと答えた閏三月二十六日付けの且元宛ての家康書状（「長尾文書」『徳川家康文書の研究』中巻）がある。「閏三月」との表記から、この書状を慶長四年（一五九九）と比定することができ、さらに卯月二日付けの且元宛ての家康書状（本書104号文書）もあり、これは且元が、大野治長の代官所を池田重成《いけだしげなり》へ渡すこと、浅利事件の処理に関することの二点の政務を処理し、この報告を受けた家康が了承したことを伝えたものである。本状も、先の家康書状に関するものと思われるので、慶長四年と比定した。

本状によると、家康は、豊臣氏の重臣片桐且元に対し、浅利《あさり》事件を処理するよう命じた。これは、秀吉が奥羽平定を遂行する中で起きた、出羽の大名秋《あき》田《た》氏への軍役金未納問題に絡む事件である。本来、浅利氏と同等の秋田氏は、いち早く秀吉との主従関係を結んだので、当該地の大名権力を保証された。そのため、浅利氏が秋田氏の臣下となったことから起きた抗争でもある。この抗争が長引き、その裁定は秀吉のところにまで持ち込まれたが、大坂に召還された浅利頼平《よりひら》が急死し、この問題はうやむやに終わっていた。しかし秀吉の死後も、この事件が政権の内部にまで及び、さらに内儀衆や秀頼《ひでより》までをも巻き込んでいく気配があったため、家康や前田利家《まえだとしいえ》は、秀吉在世中からこの事件に関与した且元に処理させたようである。本状によって、伏見の家康が、大坂城の且元に直接政務の遂行を指示したことがわかるが、閏三月三日に利家が病死すると、閏三月十三日、家康は伏見城に入り、政務を統括するようになっていた。慶長五年九月の関ヶ原の戦いの前年における、家康の動向を知る上での貴重な文書である。

106 （慶長四年）七月十六日付け徳川家康書状

東京大学史料編纂所所蔵

【釈文】　写真は120頁

六月廿四日之御状、
一昨十四日参着、令《その》
得其意《いをえしめ》候、源二郎（伊集院忠真）
先手之者籠置候
城即時責破、数百
人被討捕《うちとらるる》之由、誠以
潔儀共候、弥《いよいよ》無御《ごゆだ》
油断《んなき》御行《おてだて》尤候、定《さだめて》
源二郎居城程有
間敷存候、乍去《さりながら》人
数等不損様被仰
付可然候、猶重而御
吉左右《きっそう》待入候、恐々
謹言、
七月十六日　家康（花押）
薩摩少将（島津忠恒）殿

●**解説**

本状は、庄内《しょうない》の乱と呼ばれる、慶長期に薩摩島《しま》津《づ》家で発生した内紛に関係する文書である。

天正十五年（一五八七）の豊臣政権服属以降、島津家では筆頭家老の伊集院忠棟《いじゅういんただむね》が権勢を強め、豊臣政権の奉行石田三成《いしだみつなり》らと連携して領国改革を推進していた。しかし、急激な改革には不満を持つ者も多く、秀吉歿後にこの矛盾は爆発する。すなわち慶長四年（一五九九）三月、伏見の島津家屋敷において、世嗣の島津忠恒《ただつね》自らが忠棟を手討ちにしてしまうのである。そしてこれをきっかけに、忠棟の子忠真《ただざね》は自領である日向庄内地方の都城《みやこのじょう》(宮崎県都城市)に籠城、主家に対する抵抗を開始する。これが庄内の乱である。

この内紛に際し、家康は島津氏を積極的に支援した。まず、忠棟殺害後に謹慎していた忠恒の復帰を取り計らい、忠真征伐のために帰国することを許している。また、九州の諸大名に島津氏援助のため出陣するようにも命じている。積極的支援の理由は様々に推測されており、島津家内の石田三成と結びつく勢力に打撃を与えて島津氏を家康方に引き込もうとした、来たるべき大乱に備えて大名を動員する予行演習の意味合いがあったなどといった説が出されている。

さて、鹿児島に帰った忠恒は、六月から都城に向けて進軍を開始し、二十三日に忠真方の山田《やまだ》城(都城市)を攻め落としている。本状に見える「六月廿四日之御状」とは、忠恒が家康にこの戦勝を報じたものだったのだろう。この報を得た家康は本状を発し、数百人を討ち取った忠恒の戦功を讃える一方、油断ない軍事行動を勧めており、忠真の居城は長くは持ち堪えられないだろうが、忠恒軍に損害が出ないように指揮するのがよいと注意している。しかし現実には、七月以降は忠真方の抵抗を受けて、忠恒方は苦戦を続けることになる。

年が改まった頃からは、ようやく征伐が進み、慶長五年三月に家康の家臣山口直友《やまぐちなおとも》の仲介によって忠真が降伏するが、乱鎮圧の過程ではかなりの損害を出すこととなってしまった。これが関ヶ原の戦いの際に島津氏が多くの軍勢を動員できなかった一因とも考えられている。

107 (慶長四年)八月十二日付け徳川家康書状 善光寺大本願所蔵

【釈文】写真は121頁

御書拝見候、仍善光寺
本尊之儀、依為官領之地、被
対当 御門主(聖護院道澄)従親王御方(八条宮智仁親王カ)
尊翰、跪而致拝読候、然而被
差下 勅使并綸旨、尤過分
至極候、叡慮之趣令存知候、様子
日野亜相(輝資)可被申入候、重而御左右次第、可
奉応 勅諚候、聊以不存疎意候、
淵底前相国(秀吉)御存之前候之間、可被仰
越之由、宜《よろしく》令披露給候、恐々謹言、

八月十二日　家康(花押)

岩坊

●**解説**

長野善光寺《ぜんこうじ》(長野市)の本尊如来像は、永禄七年(一五六四)、武田信玄《たけだしんげん》がこれを甲斐に移して、ここに善光寺を建立した時から、その後、移動する運命を辿ることとなった。

天正十年(一五八二)三月、武田氏が滅亡すると、織田信長はこれを美濃へ移したが、さらに同年六月二日、本能寺の変で信長が死去すると、翌年六月、再び甲斐に戻した。その後、文禄五年(一五九六)閏七月十三日の大地震によって、京都方広寺《ほうこうじ》大仏殿が大破したが、その時に見た霊夢から秀吉は、翌慶長二年(一五九七)七月に善光寺如来像を方広寺大仏殿に安置させた。しかし、翌三年八月十八日に秀吉は死去した。こうして翌四年八月、今度は当初の長野善光寺に如来像が送還されることとなり、その際に出されたのが本状である。

本状によると、宛所の岩坊から家康に書状が出されていた。これは聖護院門跡道澄《しょうごいんもんぜきどうちょう》(太政大臣近衛稙家《このえたねいえ》の子で、秀吉の信任が厚い僧侶)に対して出されたもので、如来像送還の件に関して申し入れた書状が添付されていたようである。家康はこれを跪いて読んだとあり、さらに感激のほども表し、全面的に天皇だけではなく、日野輝資《ひのてるすけ》ら公家との調整に奔走することを約束している。

なお本状の末尾にある「すでに前相国(秀吉)も了解しているので、公表しても大丈夫である」との文言にこだわると、慶長三年の可能性もあるが、この当時は、秀吉の病状悪化が秘されていたので、慶長四年に比定するほうが自然であろう。おそらく、秀吉の一周忌を考えての処置と思われる。

108 (慶長四年)九月十四日付け徳川家康書状
米沢市上杉博物館所蔵

【釈文】写真は122頁

内々自是可申入
処、遠路御札、本
望之至候、路次中《ろじちゅう》
無何事御下国之
儀、珍重候、然者、此間
大坂へ罷下、仕置等
申付候、無相替儀候条、
可御心安《おこころやすかるべく》候、猶期後《こういんを》
音《ごし》候間、令省略候、
恐々謹言、

九月十四日　家康(花押)

会津中納言(上杉景勝)殿

(貼札・異筆)
「天和四年御尋ニて大公儀江写ニて差上ル十弐通之内なり、
慶長三年上洛之上、翌年八月中
会津江御下り、其上以書面申上候返翰、」

●**解説**

慶長四年(一五九九)秋、前年秋から大坂に上っていた上杉景勝《かげかつ》は、八月上旬に伏見で家康と会見、さらに大坂で豊臣秀頼《ひでより》に暇を乞い、領国会津へと帰国した(『景勝公御年譜』巻二十一)。

本状は、書状に貼付された貼札から、上洛していた景勝が帰国したのちに発せられた書状とされている。景勝からの書状を得た家康からの返書で、こちらから申し入れるべきところ、先んじて書状で挨拶があったことに謝意を示し、道中無事に景勝が帰国したことを喜ぶと共に、自らは大坂に入って政務を執り始めたことを伝え、変わったこともなく過ぎているので安心されたいと述べている。

実際のところは、変わったことがないどころか、重陽の節句のために伏見から大坂へ下り、初め石田《いしだ》三成《みつなり》の明屋敷に入った家康は、翌九日の秀頼への謁見のために登城したが、毛利《もうり》家家臣内藤隆春《ないとうたかはる》の十月朔日付け書状(『萩藩閥閲録』巻九十九)によれば、それは「押入」ったというほどのものであった。家康が毛利家に申し送ったこととして、内藤が伝えるところに拠れば、豊臣秀吉の側室淀殿《よどどの》と豊臣家臣の大野治長《おおのはるなが》の密通の噂や、若衆の伺候《しこう》など大坂城中に風儀の乱れがあり、それに対処するため家康・輝元が大坂にあり、伏見には家康次男の結城秀康《ゆうきひでやす》と輝元の養子である秀元《ひでもと》を置こうとしたのだという。家康の行動は「下々之衆御祝之由」と世人に歓迎されるものだったらしい。家康は、十二日に城内にある三成の兄正継《まさつぐ》の屋敷に移って当座の居所とし、さらに北政所《きたのまんどころ》(高台院《だいいん》)の配慮で、家康は西丸に、北政所は京都の秀吉旧邸に移る(『板坂卜斎覚書』)。矢継ぎ早な家康の行動について、島津義久《しまづよしひさ》は、弟義弘《よしひろ》に送った十月六日付けの書状(『旧記雑録後編』巻四十七)の中で「国家之置目」を行うものとして認識していた。

一方、会津に帰国した景勝は、領内において城普請・道普請を開始する。家康の重臣鳥居元忠《とりいもとただ》の婿、出羽角館《かくのだて》(秋田県仙北市)の領主である戸沢政盛《とざわまさもり》は、これを不穏な動きと見て家康に使者を送って通報、十一月二十日付けで家康からそれを了解する旨の返書が送られた(『譜牒余録』巻第四十五)。さらに景勝は、翌年に入ると若松(福島県会津若松市)郊外の神指原《こうざしはら》に築城を始める。この結果、家康・景勝両者の関係は決定的に悪化し、四月には家康が景勝の上洛を要求、その行動に対する説明を要求するに至る。

貼札から、この書状は天和四年(貞享元、一六八四)に、大公儀(幕府)に写しを提出した十四通に含まれていることがわかる。これは家康の伝記編纂材料として、幕府が提出を求めた「貞享書上」のことを指す。

109 (慶長五年)正月七日付け徳川家康書状
もりおか歴史文化館所蔵

【釈文】写真は123頁

為大坂相移祝
儀使者、殊《ことに》大鷹
五居《もと》并馬三疋、
遠路到来、祝
着候、猶本多佐渡守(正信)
可申候、謹言、

正月七日　家康(花押)

110 慶長五年七月七日付け徳川家康軍法

徳川記念財団所蔵

【釈文】写真は124・125頁

軍法事

一、喧嘩口論堅令停止畢《ちょうじせしめおわんぬ》、若《もし》違背之輩ニおひてハ、
不論理非、双方可令成敗、其上或傍輩、或知音
之好」
を以、令荷担者、本人より為曲事《くせごと》之間、急度可
成敗、」
若令用捨者、縦雖後日相聞、其主人可為曲事事、
一、味方之地にをひて、放火濫妨狼籍仕ニをひてハ
可加」
成敗之事、付、於敵地男女不可乱取事、
一、味方之地、作毛を取散し、田畠の中に陣取義堅
停止之事、」
一、先手へことハらすして、物見を出儀堅令停止
事、」
一、先手を差越、縦雖令高名背軍法之上者、可成敗
事、」
一、子細なくして他の備へ相交輩有之者、武具馬共
に」
可取之、然ニ其主人及異儀者、共以可為曲事、
但於有」
用所者、其備へあひことハり可通之事、
一、人数押之時、わき道すへからさる由、堅可申付、
若」
みたりに通ニ付而者、可加成敗事、
一、諸事奉行人之差図を違背せしめは、可令成敗事、
一、時の使としていかやうの人を雖差遣《さしつかわすといえども》、不可
違背、若右」
之旨を背にをひてハ、可為曲事之事、
一、持鑓者軍役之外たるの間、長柄を差をきもたす
る事」
堅停止之、但、長柄之外もたしめハ、主人馬廻
ニ可為忘丁事、」
一、於陣取、馬を取はなす儀、可為曲事事、
一、小荷駄押之儀、兼日可相触之条、軍勢ニあひ
不交様ニ堅可申付、若みたりに相交ハ、可成敗
事、」
一、諸商売押買狼籍堅令停止畢、若於違
犯之族者、見あひに可成敗事、

南部信濃（利直）守殿

●解説

本状は、家康から「南部信濃守」こと陸奥福岡《ふくおか》（岩手県二戸市）城主南部利直《なんぶとしなお》に宛てたもので、慶長四年（一五九九）九月に家康が大坂へ移った祝儀として、遠路使者を派し、大鷹五居《もと》と馬三頭を贈ったことを謝す礼状である。奏者の「本多佐渡守」は、家康の重臣本《ほん》多正信《だまさのぶ》である。

家康は、「惣無事」体制下、豊臣政権の対東国取次だったが、南部家を含む北奥羽大名の「取次」行為は、史料上確認できない。家康が天正十九年（一五九一）の「奥州再仕置」に動員された際、南部家が馬・兵糧を献上したとする南部家提出「貞享書上」の記述が事実なら、両者関係の発端として注目される。ただし、献上がなされた場所「岩手津」は、書上が比定する南部家の居城の地盛岡《もりおか》（岩手県盛岡市）ではなく、家康が陣を置いた岩手沢《いわてさわ》（宮城県大崎市）のことで、この点は南部家側が意識的に記述したものだろう。九月の九戸《くのへ》一揆掃討戦には、家康は直接参戦せず、井伊《いい》直政《なおまさ》が現地に赴いた（同年十月五日付け豊臣秀吉朱印状、井伊家文書）。

天正二十年、南部信直は、家康指揮の下、肥前名《な》護屋《ごや》（佐賀県唐津市）に赴いた（『家忠日記』同年四月七日条）。彼の地で、戦国争乱の中で深く対立した北奥羽の南部信直《のぶなお》・秋田実季《あきたさねすえ》・津《つ》軽為信《がるためのぶ》三者の関係修復が図られる。同年十二月晦日付け信直の書状写によれば、為信の依頼で、家康は、豊臣政権で南部家の「取次」を務めていた前田利家《まえだとしいえ》と協議したが、利家から為信の人格に注意を喚起された（『宝翰類聚』坤、岩手県立図書館所蔵）。家康・利家が関与したこの工作は、その後の関係を見る限り失敗に終わっている。

古くから南部は馬産地、名馬の輩出地として知られた。一方、奥羽は逸物の鷹の産地でもあり、鷹買・鷹献上の行われた地域でもある。南部領から鷹・馬を得るにあたって家康・秀忠《ひでただ》から信直・利直に書状が度々送られており、また、「御鷹・御馬御用」の役人も派遣された（南部家文書、『譜牒余録』巻第三十八など）。

豊臣政権下における大名同士の交流を通じ、鷹・馬の獲得に便宜を図ったところから、家康と南部家の関係が深まっていったのだろう。

一、於陣中人返之儀、一切令停止事、
一、無下知して於陣払仕者、可為曲事事、
右条々於違背之輩者、無用捨可加成敗者也、
慶長五年七月七日(家康朱印)

●解説

慶長五年(一六〇〇)五月末、会津に帰国していた大老上杉景勝《かげかつ》の上洛拒否を秀頼《ひでより》に対する謀叛と見なして、家康は会津征討を決定した。六月一日付け森忠《もりただ》政《まさ》宛て徳川秀忠書状写(『森家先代実録』)に、「今月上旬内府下国たるべくと申し来り候」とあり、すでに江戸の秀忠の許へも家康下向の情報は伝わっている。秀忠の得た情報では、家康の下向は六月上旬とのことだったが、実際には十六日に大坂を出発して、伏見に到着した(『言経卿記《ときつねきょうき》』)。その後、十八日に伏見を出発して(『義演准后日記《ぎえんじゅごうにっき》』)、七月二日に江戸に到着したとされる(『当代記《とうだいき》』)。このため、この軍令書は江戸において発せられたものである。

また、家康は大坂出発に先立つ六月初頭、本多《ほんだ》康《やす》重《しげ》・松平家信《まつだいらいえのぶ》・小笠原広勝《おがさわらひろかつ》ら譜代家臣に対して、七月下旬に会津へ出陣する旨を通知している(『譜牒余録』など)が、この軍令書は譜代家臣のみならず、加《か》藤貞泰《とうさだやす》(大洲加藤文書)ら豊臣系諸将に対しても発せられている。

なぜ、家康は自分の家臣ではない大名に対して軍律を命じることができたのであろうか。それは、会津征討が家康個人の決定に基づくものではなく、豊臣政権の機関決定だったからである。また、矢部健太郎氏が論証した通り、会津に出兵しようとした家康に対して、朝廷は「御使」を派遣しており(『御湯殿《おゆどのの》上《うえの》日記《にっき》』)、会津征討は朝敵討伐の威容を伴うものだったからである。

111 (慶長五年)七月十九日付け徳川家康書状写
京都大学総合博物館所蔵

【釈文】写真は126頁

早々其迄御出陣御苦労共ニ候、上方雑説申候間、
人数之儀者被上、御自身者是迄御越可被成候、
委細黒田甲斐・徳永法印可被申候間、不能具候、
恐々謹言、
七月十九日　家康
清須侍従(福島正則)殿

●解説

宛所の「清須侍従」は尾張国清須《きよす》(愛知県清須市)を居城とする福島正則《ふくしままさのり》である。

本状は写しであるが、ほぼ同文言で日付の異なる二通の写し(七月九日付け「京都大学所蔵福島文書」、七月二十四日付け『武徳編年集成』所収)が残されている。

従来の通説では二十四日付けが正しいと考えられ、石田三成《いしだみつなり》らの決起の報に接した家康が二十四日付け書状で福島正則を呼び、二十五日に下野国小山《おやま》(栃木県小山市)において豊臣系諸将らと軍議、いわゆる小山評定を開き、正則や黒田長政《くろだながまさ》らの三成への憎悪心を利用して、三成らの征討を決定したとされてきた。

近年、光成準治氏は、小山評定を三成や大谷吉継《おおたによしつぐ》ら限られた勢力による決起への対応を協議したものとした笠谷和比古氏の見解を踏まえ、正則書状は十九日付けが正しく、東軍の西上は主に、①三成らの決起に対応する長政らの第一弾、②毛利輝元《もうりてるもと》決起に対応する細川忠興《ほそかわただおき》らの第二弾、③三奉行参画に対応する家康らの第三弾の三段階に分かれていたとする新説を提起した。また白峰旬氏は、『武徳編年集成』所収の家康書状は、日付と内容が改竄されたものであり、小山評定自体がフィクションではないかとした。

これに対して、七月二十五日に小山評定が行われたとする通説を一次史料に基づき正しいとする本多隆成氏の見解、評定を談合と読み替えた上で本多氏の見解を首肯する高橋明氏の見解、松平忠吉《まつだいらただよし》や東海道方面諸将の動向を検討した下村信博氏の論稿など、新説に見直しを迫る研究も続々と発表されている。

小山評定およびその前後の東軍諸将の西上過程について、さらなる研究の深化を期待したい。

112 (慶長五年)七月二十四日付け徳川家康書状
真田宝物館所蔵

【釈文】写真は127頁

今度安房守(真田昌幸)被

罷帰候処、日比
之儀を不相違
被立候事、寄特
千万候、猶本多佐渡守（正信）
可申候間、不能具《つぶさにあたわず》候、
恐々謹言、

七月廿四日　家康（花押）

真田伊豆守（信幸）殿

●解説

宛所の「真田伊豆守」は真田昌幸《まさゆき》の嫡男で、上野国沼田《ぬまた》（群馬県沼田市）を居城とする真田信幸《のぶゆき》である。

家康の主導した会津征討に際して、信濃国上田（長野県上田市）を居城とする真田昌幸は、信幸や次男の信繁《のぶしげ》（幸村《ゆきむら》）と共に七月上旬に出陣して、秀忠《ひでただ》勢に合流するため移動中の七月二十一日、下野国犬伏《いぬぶし》（栃木県佐野市）において、石田三成《いしだみつなり》の密使が到着したとされる。通説では、父子は三人で去就を話し合い、昌幸・信繁は西軍に味方することを決めて、上田へ引き返したが、家を分けて、双方に賭けておきさえすれば、いずれが勝利しても真田家は存続するという判断だったとされているが、真実であろうか。

会津征討に参加していた大名のうち、会津征討軍から離脱したことが明白であるのは昌幸のみであり、その行動にはかなりの危険が伴った。多くの大名は家康に従う姿勢を見せたが、それは当面の対応であり、情勢によっては家康から離反することを視野に入れていた大名もあったと考えられる。昌幸にもそのような対応は可能であった。

にもかかわらず、昌幸（「安房守」）は旗幟を鮮明にした。その理由は、石田三成との親密な関係、信繁の室が三成の盟友大谷吉継《おおたによしつぐ》の娘であるといった積極的な要因に求めるべきではなかろうか。

一方の信幸は、その室が家康の重臣本多忠勝《ほんだただかつ》の娘であったことに加え、次のような要因により、父と別れて家康に与したものと考えられる。

天正十八年（一五九〇）に比定される七月二十九日付け黒田孝高《くろだよしたか》・水野忠重《みずのただしげ》宛て家康覚書（水野文書）に「真田儀、重ねて成瀬伊賀守をもって仰せ下さる御諚、忝く存じ奉り候事」とある。これは、真田氏領のうち、沼田領については信幸に給与して、家康配下とすることを意味しているとされる。事実上、徳川氏家臣であった信幸が家康に与《くみ》したのは当然のことだったのである。

113　慶長五年七月二十六日付け徳川家康朱印状　柳川古文書館所蔵

【釈文】写真は128頁

就今度佐和山江
相働、彼表在々地下
人等、如前々不可有
相違之条、山入之者共
早速可還住之旨可
被申付候、仍如件、

慶長五年七月廿六日（家康朱印）

田中兵部太輔（吉政）殿

●解説

宛所の「田中兵部太輔」は三河国岡崎（愛知県岡崎市）・西尾《にしお》（愛知県西尾市）を居城とする田中吉政《たなかよしまさ》。吉政は近江国浅井郡三川村（滋賀県長浜市）において出生したとされる。『続武家閑談』など後年の編纂物によると、その出自を百姓層とするが、実際には土豪層であった蓋然性が高い。当初は、近江国の戦国大名浅《あざ》井《い》氏の家臣宮部継潤《みやべけいじゅん》に仕えていた。継潤が秀吉の誘いに応じて、織田氏に服属したのち、しばらくの間は宮部家に仕えていたと考えられるが、天正十三年（一五八五）までには、秀吉の甥秀次《ひでつぐ》の家臣となり、天正十八年の家康の関東移封に伴い、秀次付宿老として、家康の出生地岡崎（秀次失脚後に西尾を加増された）を領有することとなった。

吉政とその嫡子吉次《よしつぐ》の会津征討から関ヶ原の戦いまでの動向については、中野等氏や下村信博氏による研究に詳しい。簡単にまとめておくと、会津征討に参加するため、吉次は六月下旬頃、領国を出発して、七月一日頃に遠江国白須賀《しらすか》（静岡県湖西市）に着陣した。父吉政は吉次に後行して東下したと考えられる。

その後の小山評定への参加については見解が分か

れる。七月二十九日付け家康書状(本書117号文書とほぼ同文)を根拠に、二十九日の時点で、西上の途次にあったことがわかるが、西上開始時期は確定できない。

本状には、二十九日付け書状に見られる「先度御上以後」の文言が見られないことから、この時点において吉政は西上を開始していないとも考えられる。

しかしながら、本状には若干の疑問も残る。関ヶ原の戦いに関連する吉政宛て家康文書のうち、この一通のみが朱印状形式で、残る文書は書状形式である。また、内容面においても、西上開始前の段階で、石田三成《いしだみつなり》の居城佐和山《さわやま》(滋賀県彦根市)攻撃や、周辺の治安維持を命じていることは不自然に感じられる。偽文書、日付の遡及の可能性も含め、さらなる検討を要する史料である。

114 (慶長五年)七月二十六日付け徳川家康書状
丸亀市立資料館所蔵

【釈文】 写真は129頁

従今日廿六日御人数
差上候、我等事も
急度令上洛候間、
御手前之儀、弥《いよいよ》堅固ニ
可被仰付事肝要候、
則《すなわち》 修理殿(京極高知)先手ニ
相加候間、早速可為
御参会候、為使山城
宮内(忠久)差越候へ共、先以
飛脚申候、恐々謹言、

七月廿六日　家康(花押)

大津宰相殿(京極高次)

●解説

宛所の「大津宰相」は近江国大津《おおつ》(滋賀県大津市)を居城とする京極高次《きょうごくたかつぐ》。高次の正室は浅井長政《あざいながまさ》の次女初《はつ》。長政の三女江《ごう》が徳川秀忠《ひでただ》の正室であるため、高次と秀忠は義兄弟にあたる。

高次は会津征討に従軍していなかったため、西軍に属することとなったが、早くから家康に誼《よしみ》を通じていた。七月晦日付け細川氏家臣松井康之《まついやすゆき》・有吉立行《ありよしたつゆき》連署状(松井家文書)には「大津宰相殿、内府様御味方一通に付き、これもおさえ置き候て、勢田へ罷り通る旨候事」とあり、高次が家康と通交して、西軍から離反しようと企てていたことは九州にまで伝わっている。しかし、その動きを察知され、高次の離反を抑えるために、毛利勢によって瀬田《せた》(滋賀県大津市)に防衛拠点が作られ、また、高次も動きを封じられて、八月になると、大谷吉継《おおたによしつぐ》の指揮の下、北国口に派遣されたのである。

また、文中の「修理殿」は高次の弟で、信濃国飯田《いいだ》(長野県飯田市)を居城とする京極高知《たかとも》。高知は会津征討に参加していたため、「先手ニ相加候」とは、七月二十六日に家康勢に先立ち西上した先手衆の一員に高知が加えられていたことを指す。

「早速可為御参会候」とは、高知らの西上時に合わせて、高次が西軍から離反するという計画を示したものと考えられる。

実際に、九月三日に帰国した高次は、強引に大津城へ入城して、西軍から離反しており、家康の作戦は成功した。しかし、西軍に包囲された高次は、結局、関ヶ原の戦いの当日九月十五日の朝に大津城を開城するのであるが、大津城攻撃軍の関ヶ原への参戦を妨げることには成功したのである。

115 慶長五年七月二十七日付け徳川家康判物
真田宝物館所蔵

【釈文】 写真は130頁

今度安房守(真田昌幸)別心
之処、其方被致忠節
儀、誠神妙候、然者、
小県《ちいさがた》之事者親之跡候
間、無違儀遣候、其上
身上何分ニ茂可取
立之条、以其旨、弥《いよいよ》如
在被存間敷候、仍如件、

慶長五年
七月廿七日　家康(花押)
真田伊豆守(信幸)殿

●**解説**

本書112号の家康書状において、真田信幸《さなだのぶゆき》は父昌幸《まさゆき》が西軍に与《くみ》して会津征討軍から離脱したにもかかわらず、家康に与したことを賞されていたが、本状は、その三日後に家康が、恩賞として父昌幸の所領である信濃国小県《ちいさがた》郡を給与することを約束したものである。

文書様式を比較すると、112号の文書は書止文言が「恐々謹言」で、年次記載はない。一方、本状は書止文言が「仍如件」で、年次記載がある。この相違は、前者が書状、後者が宛行状という種別に基づくものである。

一方で、譜代家臣に対する家康宛行状を見ると、関東入部直後の天正十九年(一五九一)五月三日付けにおいては、書止文言は「仍如件」で、本状と同様であるが、日下に家康の朱印のみが据えられており、署名＋花押という本状とは異なる。豊臣政権の大老として、田丸直昌《たまるなおまさ》に対して慶長五年(一六〇〇)二月一日付けで発給した宛行状においては、書止文言が「状如件」、署名＋花押となっており、本状と類似している。

このような文書様式は、信幸は実質的には徳川氏家臣であったものの、形式的には徳川氏から独立した大名であったことを窺わせるものである。

116 (慶長五年)七月二十八日付け徳川家康書状

茨城県立歴史館所蔵

【釈文】写真は131頁

使札披見、祝着
之至候、其許御出
陣之由、尤候、此方も
小山令在陣、将亦《はたまた》
上方之儀、実儀之由、
申来候、猶本多佐渡守(正純)
可申候、恐々謹言、

七月廿八日　家康(花押)

蘆名平四郎(盛広)殿

●**解説**

本状は、出陣を報告する蘆名盛広《あしなもりひろ》の書状に答えた返書である。蘆名盛広は、常陸を領する佐竹義宣《さたけよしのぶ》の弟で、当時、常陸国江戸崎《えどさき》領四万五千石を領していた。本状には明記されていないが、盛広は家康の命によって仙道口《せんどうぐち》に向かって出陣した。その報告に対して家康は、自分が下野国小山《おやま》(栃木県小山市)に在陣していること、上方で石田三成《いしだみつなり》らが挙兵したことは事実であると報告が来た旨を伝えている。

本書111号文書の解説でも述べたように、七月二十五日に行われたとされる「小山評定」はなかった、という白峰旬氏の論考があり、議論になっている。家康の行動を見ると、七月二十一日に江戸城を発して会津に向かい、鳩ヶ谷《はとがや》(埼玉県川口市)、岩槻《いわつき》(さいたま市岩槻区)と宿泊した。ここで上方から石田三成の挙兵を知らせる書状を受け取る。しかし、家康はさらに北上し、二十三日に古河《こが》(茨城県古河市)へ宿泊、二十四日に小山に着陣した。諸将が家康の触で小山に集められたことは、宮部長熙《みやべながひろ》書上(『愛知県史』資料編13、一〇九三号)に見え、二十六日には、家康が堀秀治《ほりひではる》に「上方人衆、今日廿六日　悉《ことごとく》　登申候」と書き送っている(前田氏所蔵文書)ので、二十五日に諸将の間で西上の合意が形成されたことは確かである。その後、家康は、八月五日まで小山に在陣している。これは自身の西上にあたって会津の上杉景勝《かげかつ》への備えを固めるための措置で、本状はその指示の一環と位置づけられるものである。中村孝也氏は、「この前後の他の書状とちがひ、自分の方の行動に触れてゐないのは、佐竹義宣に対する警戒心のためかも知れない」と推測している。

117 (慶長五年)七月二十九日付け徳川家康書状

福岡市博物館所蔵

【釈文】写真は132頁

先度御上以後、大坂
奉行衆別心之由申
来候間、重可令相談与
存候処、御上故、無其
儀候、委細之様子、
羽三左(池田輝政)へ申渡候之間、
能様《よきよう》可被相談候、猶

山本新五左衛門尉・犬塚平右衛門尉
可申候、恐々謹言、

七月廿九日　家康（花押）

黒田甲斐守（長政）殿

●解説

本状は、小山評定に関連する文書である。

笠谷和比古氏は本状について、「小山評定を経て豊臣系武将たちが東海道に向かい始めたのち、増田長盛ら大坂の豊臣奉行衆たちもまた反家康の挙兵に荷担している旨が伝えられたので、それを踏まえて再度の相談を致そうと考えたが、すでに長政は進発してしまったのでそれも叶わない」と意訳している。すなわち、笠谷説によると、家康は小山評定の時点において、反家康の決起が石田三成《いしだみつなり》・大谷吉継《おおたによしつぐ》らに限定されており、豊臣奉行衆は荷担していないと認識していたことになる。

光成準治氏は、八月一日付け下二介（吉川氏家臣）書状を用いて、黒田長政《くろだながまさ》が七月二十八日頃に駿河国府中《ちゅう》（静岡市葵区）まで到達していたと考えられること、長政が小山評定に参加したとすると、小山を出発するのは早くても二十六日であり、二十八日頃に府《ふ》中に到着することは不可能であるため、長政は小山評定に参加していない蓋然性が高いこと、長政の西上は、三成・吉継の決起情報に対応するためのものであること、などの新たな見解を提起した。

これに対して本多隆成氏は、下二介書状に記されている下作三（吉川氏家臣）が府中で出会った人物は長政ではないとして光成説を否定し、豊臣系諸将は二十六日以降に順次西上したとした。

情勢が刻一刻と変化したのに対して、現存する史料は断片的であり、また、当事者のみに理解できる表現が用いられているケースが多く、その内容を正確に理解するのは難しい。日本の歴史上、最も有名な戦争の一つである関ヶ原の戦いでさえ、まだまだ謎は残されているのである。

118　（慶長五年）八月朔日付け徳川家康書状　個人所蔵

【釈文】写真は133頁

山岡道阿弥（景友）所へ
之書状披見、懇意
之趣祝着候、就上
方忩劇、従路次
被罷帰之由尤候、弥《いよいよ》
父子有相談、堅
固之手置肝要候、
近日令上洛之条、
於様子者可御心安候、
猶城織部佑可申候
条、令省略候、恐々謹言、

八月朔日　家康（花押）

脇坂淡路守（安元）殿

●解説

宛所の「脇坂淡路守」は淡路国洲本《すもと》（兵庫県洲本市）を居城とする脇坂安治《わきさかやすはる》の嫡子安元《やすもと》で、脇坂氏は近江国脇坂庄（滋賀県長浜市）を本拠とする土豪層である。安治は、天正十一年（一五八三）の賤ヶ岳《しずがたけ》の戦いにおける七本鑓の一人とされ、また、小田原攻めや朝鮮侵略の際には船手衆として活動した。

『脇坂家伝記』によると、安治は安元を会津征討に参加させることとして出発させたが、石田三成《いしだみつなり》らの挙兵によって中途で行軍を遮られ、やむなく大坂へ帰ったとされる。本状の内容を反映した記述であるが、安治父子の真意については疑問も残る。

脇坂氏よりさらに西に所領を有する黒田長政《くろだながまさ》は、『黒田家譜』によると七月五日に伏見を出発したとされており、脇坂安元の出発はかなり遅れた時期であった。単に準備が調わなかった可能性もあるが、家康指揮下に入ることを逡巡していた可能性も否定できない。

一方、本状において、安元が書状を送ったとされる山岡道阿弥《やまおかどうあみ》（景友《かげとも》）は、どのような役割を担っていたのであろうか。道阿弥は秀吉の御伽衆《おとぎしゅう》であったが、秀吉死歿後に家康へ接近し、会津征討にも従軍していた。甲賀《こうか》衆を指揮していたとされ、諜報活動に秀でた能力を有していたようである。脇坂氏のほか、山崎家盛《やまざきいえもり》・宮木豊盛《みやぎとよもり》(七月二十三日付け家康書状)、桑《くわ》山重晴《やましげはる》・一晴《かずはる》(七月二十九日付け家康書状)といった西軍諸将との交渉に携わっており、家康は道阿弥を通じて西軍諸将への調略活動を進めていたのである。

冒頭にある「山岡道阿弥所へ之書状」以前に、家康から道阿弥を通じて、脇坂氏への調略活動が行われ、それに対する返事が「山岡道阿弥所へ之書状」だったのではなかろうか。

本状の時点で、脇坂氏が家康への与同を決断していたと断定することはできないが、最終的に、関ヶ原において安治は西軍を裏切るのである。

119 (慶長五年)八月朔日付け徳川家康書状
徳川記念財団所蔵

【釈文】写真は134頁

急度申候、仍山岡
道(景友)阿弥、備前衆
差添、あの(安濃)ゝ津へ遣
候之間、其許船丈
夫被申付、可被渡
海候、委細道阿弥
可申候、恐々謹言、

八月朔日　家康(花押)

田中兵部(吉政)太輔殿

●解説

本状は、慶長五年(一六〇〇)、上杉討伐軍として関東地方を進軍中の家康が、石田三成《いしだみつなり》らの上方《かみがた》での挙兵を知って下野国小山《おやま》(栃木県小山市)から出した書状である。

宛所である三河岡崎(愛知県岡崎市)の城主田中吉政《たなかよしまさ》は、すでに上方勢の挙兵を知っており、七月二十六日に小山を発ち、先発隊として福島正則《ふくしままさのり》・藤堂高虎《とうどうたかとら》・池田輝政《いけだてるまさ》と共に東海道を西上していた。前日の七月晦日にも、家康は彼ら先発隊に対し、道路の普請以下、万事処理することを命じ、情勢次第には自らも上洛することを伝えていた。このような動きに対する家康の指示が本状である。

本状によると、家康は、伊勢安濃津《あのつ》(三重県津市)に派遣する直臣の山岡景友《やまおかかげとも》と「備前衆」のために、渡海用の船を手配するよう命じた。このような指示も、吉政が対岸の岡崎城や西尾《にしお》城(愛知県西尾市)の城主であったからである。家康は、三成ら上方勢との戦闘に備えて、伊勢湾沿岸の要地を掌握することが必要であると考えていたのかもしれない。なお「備前衆」については、宇喜多秀家《うきたひでいえ》の配下の者でなく、伊勢湾沿岸の諸勢力かと推測される。しかし実際には、伊勢長島《ながしま》城(三重県桑名市)の守備が主な任務であったようである。

また山岡景友は、家康と共に上杉討伐軍に参加していたが、急遽、このような作戦にも加わった。ほかに、関ヶ原の戦いにおける小早川秀秋《こばやかわひであき》への寝返り工作にも関与した人物である。

120 (慶長五年)八月二日付け徳川家康朱印状
天理大学附属天理図書館所蔵

【釈文】写真は135頁

覚

一、大坂奉行中相違付而、従駿州尾州
清須迄、城々人衆《じんしゅう》を入置、家中人賃(質)等
迄、堅仕置申付事、
一、中納言(徳川秀忠)此地ニ差置候条、万事可有
御相談事、
一、其表行様子之事、
付《つけたり》、口上之事、
已上、

八月二日　(家康朱印)

●解説

家康の会津攻めに呼応すべく、国許に戻った伊達政宗は、七月十二日に北目《きため》城(宮城県仙台市太白区)に入り、二十一日に上杉領の白石《しろいし》城(宮城県白石市)に向けて出陣、同二十五日には同城を陥落させた。これとは別に、駒ヶ嶺《こまがみね》城(福島県新地町)にあって上杉との領境を固めていた伊達家の重臣桜田玄蕃元親《さくらだげんばもとちか》は、上杉領である陸奥伊達郡に侵攻、河俣《かわまた》城(福島県川俣町)を占拠した。政宗は上杉攻めの緒戦において、伊

達・信夫《しのぶ》口で積極的な軍事行動を開始していたのである（『譜牒余録』）。

一方、七月二十四日に下野小山《おやま》（栃木県小山市）に入った家康は、伏見城の鳥居元忠《とりいもとただ》からの使者によって石田三成《いしだみつなり》挙兵、伏見城攻囲を知らされた。二十五日は有名な「小山評定」が開かれたとされる日で、会津攻めはいったん中止され、上方に戻り石田三成を攻めることが決定された。また、遠江懸川《かけがわ》（静岡県掛川市）城主山内一豊《やまうちかつとよ》の提議により、東海道筋の諸城主は自己の城を家康に明け渡す誓約がなされた、さっそく福島正則《ふくしままさのり》らは西上し、家康も八月四日に小山を発ち、翌五日に江戸へ戻った。

この覚書は、八月二日に家康が政宗に発したものであり、使者が伝達する要点をまとめた文書である。内容は、①三成をはじめとする奉行衆との間で相違が生じたことにより、駿河・遠江・尾張、清須《きよす》（愛知県清須市）に至る東海道筋の諸城には、城番として徳川家の軍勢が入り、家中の者から人質もとったこと、②「中納言」こと徳川秀忠を残すので、万事相談の上で行動すること、③政宗の伊達・信夫口での状況、様子についての三点について記し、口上によってさらに言上されることが付け加えられている。本状では、覚書という文書の性質上、詳しくは使者の口上に委ねられており、おそらく今後の軍事戦略上の話が口上に含まれていたのであろうが、本状の文面には詳細な指示・伝達の内容は記されない。

なお、笠谷和比古氏は、大坂の奉行衆たちが、三成の挙兵に与《くみ》して、むしろ前田玄以《まえだげんい》・増田長盛《ましたながもり》・長束《なつか》正家《まさいえ》らが家康弾劾を主導する立場に就いたことを七月二十九日頃に知り、その時期を境として、本状に見られるように、伊達・最上《もがみ》ら奥羽諸大名に宛てた書状にも上方の奉行たちが三成に与したと明確に記すようになっていくことを指摘している（『戦争の日本史17　関ヶ原合戦と大坂の陣』）。

121 （慶長五年）八月四日付け徳川家康書状

永青文庫所蔵

【釈文】写真は136頁

急度申候、仍今度為
先勢、井伊兵部少輔（直政）
差遣候条、行等之儀、
我等出馬以前者、何
様ニも彼指図次第ニ
被仰談候者、可為本
望候、猶井伊兵部少輔
可申候、恐々謹言、
八月四日　家康（花押）
丹後宰相殿（細川忠興）
加藤左馬助殿（嘉明）
金森出雲守殿（可重）

●**解説**

宛所の「丹後宰相」は細川忠興《ほそかわただおき》、「加藤左馬助」は加藤茂勝《しげかつ》（のちの嘉明《よしあき》）、「金森出雲守」は金森長近《かなもりながちか》の嫡子可重《よししげ》である。このうち、加藤茂勝は伊予国松前《まつまえ》（愛媛県松前町）を居城とする豊臣氏家臣で、賤ヶ岳《しずがたけ》七本鑓の一人とされる。

同日付けで同内容の家康書状として、浅野幸長《あさのよしなが》、福島正則《ふくしままさのり》、福島正頼《まさより》（正則弟）、中村一栄《かずしげ》（駿河国府中を居城とする中村一氏《かずうじ》の弟、一氏は直前に死歿している）宛て、および池田照政《いけだてるまさ》（のちの輝政）・池田長吉《ながよし》（照政弟）・九鬼守《くきもり》隆《たか》連名、市橋長勝《いちはしながかつ》・横井時泰《よこいときやす》・中村元勝《もとかつ》・天野雄光《あまのかつみつ》・西《にし》尾光教《おみつのり》・一柳直盛《ひとつやなぎなおもり》・川口宗勝《かわぐちむねかつ》・丹羽氏次《にわうじつぐ》・生駒《いこま》甚久斎・生駒利豊《としとよ》連名宛ての六通が確認される。

忠興は、慶長四年（一五九九）閏三月に石田三成《いしだみつなり》を襲撃した七将の一人で、三成と対立関係にあった。また、林千寿氏によると、大名として存続することを第一の目的としてきた細川家にとって、現状下の実力者に傾倒することは極めて自然な行動であり、早い段階から家康味方を表明したとされる。会津征討に際しても、六月二十七日に丹後国宮津《みやづ》（京都府宮津市）を出発して、七月十六日には下野国宇都宮《うつのみや》（栃木県宇都宮市）付近に着陣していた。その後、西軍決起の情報に接して、反転西上した。江戸出発は八月一日とされ、本状の時点においては、江戸より西にあったことになるが、その位置を特定することはできない。

一方で、同日付け書状の宛所である池田照政は田《た》中吉政《なかよしまさ》の子吉次《よしつぐ》に対して、八月六日付け書状写（田中文書）において「内府より仰せ越さる儀も候条、路次に御待ちなさるべく候」と書き送っており、吉次の先行が窺える。中野等氏によると、西上する諸大名はいくつかの組に編制されていたとされる。本状や同日付け書状のうち、連名のものについては、その編制を反映しているのではなかろうか。

また、井伊直政《いいなおまさ》を派遣して、家康出陣以前には直政の指示に従うよう命じていることから、家康が豊臣系諸将を統制下に置こうとしていたことがわかる。

122 (慶長五年)八月八日付け徳川家康書状
吉川史料館所蔵

【釈文】写真は137頁

従吉川殿之書状、
具《つぶさに》令披見候、御断
之段、一々令得其意《そのいをえせしめ》候、
輝元如兄弟申合候
間、不審存候処、無御
存知儀共之由承、致
満足候、此節候之間、
能様被仰遣尤候、恐々
謹言、

八月八日　家康(花押)

黒田甲斐守(長政)殿

●**解説**

文中の「吉川殿」は毛利元就《もうりもとなり》次男吉川元春《きっかわもとはる》の三男で、毛利氏家臣の吉川広家《ひろいえ》である。石田三成《いしだみつなり》が七将襲撃事件によって失脚した直後の慶長四年(一五九九)閏三月二十三日、広家は黒田長政《くろだながまさ》と起請文を交換している。その内容には「何事についても申し談ずるとおり、表裏仕るまじき事」とある(黒田家文書)。広家は毛利氏家臣でありながら、三成と親密な関係にあった毛利氏当主輝元《てるもと》とは異なり、三成を襲撃しようとした親家康派の豊臣系大名黒田長政と盟約を結び、家康への接近を図っていた。

慶長五年七月の三成挙兵に際しても、広家は家康に対して挙兵の企てを知らせると共に、輝元が関与していないことを弁明する書状を、七月十四日付けで作成した。結局、その書状は発送されていないが、関ヶ原の戦い後になって広家は「輝元が上坂してしまったので十四日の書状は発しなかったが、広家と黒田家は父如水以来、息長政とも長年親しい間柄なので知らせないのは水臭いと思い、輝元は決起に関与しておらず、安国寺恵瓊《あんこくじえけい》の独断であった旨を知らせた」と回顧している。

光成準治氏によると、広家が七月二十五日前後に発した長政宛ての書状を、駿河国府中《ふちゅう》(静岡市葵区)において七月二十八日前後に受け取った長政が、その書状を江戸の家康の許へ送ったとされる。広家の書状を読んだ家康から長政への返書が本状である。

本状を受け取った長政は、八月十七日付けで広家に対して書状(吉川家文書)を発した。その内容には「御内意の通り、内府公へ申し上げ候えば、拙者所へ御書なされ候」「今度の一義、輝元義は御存知なされまじく候、安国寺一人の才覚と内府公も思し召され候、然る上は輝元へ御内儀よくよく仰せ入られ、内府公御入魂に成り候様に御才覚専用に存じ候」とあり、長政が広家への調略を図ったことがわかる。家康の調略は長政を通じて、西軍の総大将格毛利氏にまで及んでいたのである。

123 (慶長五年)八月十二日付け徳川家康書状
永青文庫所蔵

【釈文】写真は138頁

今度上方鉾楯
付而、無二被仰合候
儀、祝着存候、然者
丹後之儀者不及申候、
但馬一国無異儀
進置候、猶金森法印(長近)・
津田小平次(秀政)可被申候間、
不能具《つぶさにあたわず》候、恐々謹言、

八月十二日　家康(花押)

丹後宰相(細川忠興)殿

●**解説**

林千寿氏によると、細川忠興《ほそかわただおき》(「丹後宰相」)は八月十三日に尾張国清須《きよす》(愛知県清須市)へ到着して、二十三日に岐阜《ぎふ》城(岐阜市)攻撃を開始したとされる。したがって、忠興は本状を清須において受け取ったと考えられる。

本状の内容は、秀吉から給与されていた丹後国に加えて、隣国の但馬国を給与するという家康の約束である。しかしながら、この約束は関ヶ原の戦い後、実現しなかった。細川氏には丹後一国に代えて、豊前一国と豊後国国東《くにさき》・速見《はやみ》郡が給与されたのである。これに対して、忠興の嫡子忠隆《ただたか》は「思いのほか遠国の事に候」という感想を漏らしており(松井家文書)、畿内周辺部から九州へと国替えされたことが、細川氏にとって必ずしも歓迎すべきものでなかったことを窺わせる。

細川氏が当初の約束とは異なり、九州へ国替えされたのはなぜであろうか。

林千寿氏によると、本状には、丹後田辺《たなべ》城(京都府舞鶴市)に籠城して、西軍の兵力を分散させることに成功している忠興の父幽斎《ゆうさい》を中心とした丹後の細川勢を奮起させる効果があったものとする。しかし、九月十三日の勅命講和により、田辺城を守り抜くことに失敗した。このため忠興は、関ヶ原の戦い後、田辺城攻撃軍の主力であった小野木《おのぎ》公郷《きみさと》(重勝《しげかつ》)への報復として、丹波国へ侵攻、公郷の居城福知山《ふくちやま》城(京都府福知山市)を攻略した。

稲葉継陽氏によると、家康は自分に味方した大名が近隣の敵方所領を占拠した場合には、その事実を前提に当該所領を給与することを約束していたが、忠興が但馬国へ侵攻しなかったため、本状の約束は実現しなかったとされる。

細川氏は豊臣系大名の中でも親徳川派の代表格であったが、二国を領有する大大名として畿内周辺部に置くことを家康は警戒、細川氏が但馬国を占領できなかったことを理由として、九州へ国替えしたのではなかろうか。

124 (慶長五年)八月十三日付け徳川家康書状
岡山大学附属図書館池田家文庫所蔵

【釈文】 写真は139頁

其元模様承度候而

以村越茂助(直吉)申候、御談

合候而可被仰越候、

出馬之儀者油断無

之候、可御心安候、委細

口上申候、恐々謹言、

八月十三日　家康(花押)

吉田侍従(池田照政)殿

池田備中守(長吉)殿

九鬼長門守(守隆)殿

●**解説**

宛所の「吉田侍従」は三河国吉田《よしだ》(愛知県豊橋市)を居城とする池田《いけだ》照政《てるまさ》(のちの輝政)、「池田備中守」は照政の弟長吉《ながよし》、「九鬼長門守」は志摩国鳥羽《とば》(三重県鳥羽市)を居城とする九鬼《くき》守隆《もりたか》である。

同日付けで同内容の書状として、細川《ほそかわ》忠興《ただおき》・加藤《かとう》茂勝《しげかつ》連名宛て、一柳《ひとつやなぎ》直盛《なおもり》・西尾《にしお》光教《みつもり》・市橋《いちはし》長勝《ながかつ》・横井《よこい》時泰《ときやす》連名宛て、福島《ふくしま》正頼《まさより》・稲葉《いなば》道通《みちとお》・古田《ふるた》重勝《しげかつ》連名宛て、宮部《みやべ》長熙《ながひろ》・木下《きのした》重堅《しげかた》・垣屋《かきや》恒総《つねふさ》・田中《たなか》吉政《よしまさ》連名宛て、堀尾《ほりお》忠氏《ただうじ》・山内《やまうち》一豊《かつとよ》・有馬《ありま》豊氏《とようじ》・松下《まつした》重綱《しげつな》連名宛て、および浅野幸長宛てなどが確認される。

池田照政・長吉、九鬼守隆の八月十三日時点における位置は不明であるが、加藤茂勝については、十一日付け田中吉次《よしつぐ》(吉政の子)宛て書状写(田中文書)に「今日ちりう迄罷り通り候」「苦しからず候わば、その御城下道を罷り通りたく候」とあり、十一日の時点で、尾張国清須《きよす》(愛知県清須市)へ向けて、三河国岡崎(愛知県岡崎市)を通り、池鯉鮒《ちりゅう》(愛知県知立市)まで移動する予定であったことがわかる。

下村信博氏によると、東海道沿いに居城を持つ諸将は、最終の集結地である清須城主福島正則《ふくしままさのり》を除いて、徳川在番衆に居城を引き継いでから西上する必要があったとされる。八月十一日時点において、岡崎城には田中吉次が在城しており、池田照政の居城吉田城についても徳川在番衆への引き継ぎには時間を要したと推測される。

また、八月十九日以降に清須へ到着したとされる井伊《いい》直政《なおまさ》ら徳川先勢の動向について、家康は把握していたと考えられるが、本状において、村越《むらこし》直吉《なおよし》を派遣していることは何を意味するのか。

それは、家康自身が豊臣系諸将や徳川先勢の西上時点において、明確な作戦を決定できておらず、慎重に情勢を見極めようとしていたこと、直吉からの報告を待って、自らの行動を決定しようと考えていたことを示しているのではなかろうか。

125　（慶長五年）八月十六日付け徳川家康書状

徳川記念財団所蔵

【釈文】写真は140頁

羽左太（福島正則）より注進状
令披見候、仍出馬之儀、
油断無之候、夫馬等も
先様三嶋迄指遣候間、
可御心安候、其元万
事無油断左太と
御談合尤候、恐々謹言、

八月十六日　家康（花押）

羽柴越中守（細川忠興）殿
黒田甲斐守（長政）殿
藤堂佐渡守（高虎）殿

●**解説**

宛所の「羽柴越中守」は細川忠興《ほそかわただおき》、「黒田甲斐守」は黒田長政《くろだながまさ》、「藤堂佐渡守」は伊予国板島《いたじま》（愛媛県宇和島市）を居城とする藤堂高虎《とうどうたかとら》である。

三名共、慶長四年（一五九九）閏三月に石田三成《いしだみつなり》襲撃を企てた七将とされ、反三成の代表格であった。このため、東軍に属した豊臣系諸将の中でも、家康に近い存在であったと考えられる。

冒頭の「羽左太」は福島正則《ふくしままさのり》。注進状の内容は不明であるが、江戸に留まったままで西上を開始しない家康の真意を探る意図も含まれていたと推測される。

これに対して家康は、「夫馬」（人夫と馬）を伊豆国三《み》嶋《しま》（静岡県三島市）まで送っているという情報を知らせて、自らの西上が近いことを示唆すると共に、家康に近い三名の諸将を通じて、正則が暴走しないように統制することを狙ったと考えられる。

しかし、夫馬を先行させたという点については、家康の出陣を前提とした夫馬とは考えられない。家康が実際に江戸を出発するのは九月一日であり、かつ、八月末に岐《ぎ》阜《ふ》城（岐阜市）攻略の情報を受け取ったのちに出発を決断したと考えられるからである。

家康は味方にさえ虚実織り交ぜた情報を流して、諸将を鼓舞、あるいはその反応を窺っていたのではなかろうか。

126　（慶長五年）八月二十一日付け徳川家康書状

真田宝物館所蔵

【釈文】写真は141頁

書状披見祝着
之至候、仍信州口、会
津口境目手置等丈
夫被申付之由尤候、将又《はたまた》
其表之儀、委細
本多佐渡守（正信）申付遣
候之条、能々可被相
談候、恐々謹言、

八月廿一日　家康（花押）

真田伊豆守（信幸）殿

●**解説**

会津征討を中止した家康は、八月五日に江戸へ帰城したが、秀忠《ひでただ》については、七月晦日付け伊達政宗宛て秀忠書状（伊達家文書）に「当月廿五日の御状、今晦日到着、宇都宮において披閲せしめ候」とあり、家康が引き返したあとも、下野国宇《う》都宮《つのみや》（栃木県宇都宮市）に留まっていた。

続く八月十二日付け政宗宛て秀忠書状（伊達家文書）には「我等事、此表仕置き致すと存じ候て、宇都宮にある事に候、爰元いよいよ丈夫に申し付け候」とあり、秀忠残留の理由は、上杉勢が関東方面へ進攻した場合に備えて、関東北部の防備を強化するためであったことがわかる。

本状の発せられた二日後になると、秀忠は「明日廿四日にこの地を罷り立ち、ちいさ形（小県）へ相動き候条、その分御心得候て、かの表へ御出張あるべく候」と記しており（真田家文書、八月二十三日付け信幸宛て秀忠書状）、秀忠勢の西上開始日は八月二十四日とされた。

一方、八月二十三日付け書状に「かの表へ御出張あるべく」とあることから、信幸は宇都宮ではなく、上野国沼田《ぬまた》(群馬県沼田市)へ帰城していたことがわかる。また、本状には「信州口」とあり、家康が信州方面からの敵軍進攻も警戒していたことを窺わせる。家康が、江戸帰城後も上杉勢の動向を注視していたことを示す史料である。

127 (慶長五年)八月二十一日付け徳川家康書状 東北大学附属図書館所蔵

【釈文】 写真は142頁

使札披見、祝着
之至候、仍先書田中
所より可申遣候、上方《かみがた》
鉾楯《ほうじゅんに》付而令上洛候、
各先々被罷帰、従
此方重而左右《そう》次第
迄可有在国候、猶
西尾隠岐守《(吉次)》可申候、恐々
謹言、

八月廿一日　家康(花押)

秋田藤太郎《(実季)》殿

●解説

本状は、家康が出羽湊《みなと》(秋田市)の城主秋田実季《あきたさねすえ》に宛てて送った書状であり、大意は、上方《かみがた》での戦いのために上洛する、まずは国許に戻って、指示があるまで在国するようにとの旨である。

慶長五年(一六〇〇)七月七日、家康は、北奥羽諸将による上杉景勝《かげかつ》包囲の部署を定めた。米沢方面からの攻め口には南部利直《なんぶとしなお》・秋田実季、さらに「仙北衆《せんぼくしゅう》」と呼ばれた出羽仙北郡(秋田県)の中小領主らが最上《もがみ》義光《よしあき》と共に配置され、出羽由利《ゆり》郡(秋田県)の中小領主たちは上杉領庄内の押さえとされた。家康の軍略は、前田利長《まえだとしなが》ら北国勢を米沢口の軍勢と合流させ(中村孝也『徳川家康文書の研究』中、五〇七~五〇九頁)、その会津進攻時に義光を先鋒とし、南部・秋田・仙北衆は押さえにあてるというものだった(「書上古文書」東京大学史料編纂所所蔵、『御当家紀年録』巻三)。

ところが家康の東国下向後、上方情勢は西軍の挙兵など大きく転換し、着々と家康討伐計画が進められた。奥羽にもその影響は波及しつつあり、実季や仙北衆の小野寺義道《おのでらよしみち》の許にも、七月十七日付けで前《まえ》田玄以《だげんい》・増田長盛《ましたながもり》・長束正家《なつかまさいえ》の三奉行から「内府ちがいの条々」が送付されている(秋田家文書・神戸小野寺文書)。

上方の動きを知った家康は、会津攻めを中断し、軍勢は上方にとって返すことになった。家康はその戦略を変え、利直には八月十九日付け書状(「南部家諸士系図」一、東京大学史料編纂所所蔵)によって、また実季、義道、六郷政乗《ろくごうまさのり》、仁賀保挙誠《にかほたかのぶ》、赤尾津孫次郎には八月二十一日付け書状で、北奥羽大名に米沢口からの帰国待機を命じている(『徳川家康文書の研究』中、五九五~六〇〇頁)。このような家康の判断は、上方での異変が奥羽に伝わり動揺を誘う可能性があると判断したことによると言える。

128 慶長五年八月二十二日付け徳川家康判物 仙台市博物館所蔵

【釈文】 写真は143頁

覚
一、苅田《かった》　一、伊達《だて》　一、信夫《しのぶ》　一、二本松《にほんまつ》
一、塩松《しおのまつ》　一、田村《たむら》　一、長井《ながい》
右七ヶ所、御本領之事候之間、
御家老衆中へ為可被宛行《あてがわるべきため》、進之候、
仍如件、

慶長五年八月廿二日　家康(花押)

大崎少将《(伊達政宗)》殿

●解説

本状は、徳川家康が「大崎少将」こと伊達政宗に与えた領知宛行に関する判物で、「百万石の御墨付」として知られる文書である。

刈田《かった》・伊達《だて》・信夫《しのぶ》・二本松《にほんまつ》・塩松《しおのまつ》・田村《たむら》・長井《ながい》は、それぞれ陸奥・出羽両国に当時所在した郡名である。刈田は現在の宮城県南西部、伊達・信夫・二本松・塩松・田村は現在の福島県中通り地域、長井は現在の山形県南部、置賜《おきたま》地方を指す慣用郡名である。これらの地域は、伊達という家名の起こりとなった伊達郡や、長らく伊達家が本拠としていた米沢城(山形県

米沢市）が所在する長井郡といった伊達家の父祖相伝の地を含み、また政宗にとっては戦国末期に領土拡張を果たした地で、家康が言及するように伊達家の「御本領」と呼ぶべき地であった。

豊臣秀吉による奥羽再仕置（天正十九年、一五九一）の過程において、これらの地は蒲生氏郷《がもううじさと》の所領となり、政宗には一揆鎮圧後の葛西《かさい》・大崎《おおさき》旧領が新たに領地に加えられた。一方、慶長三年（一五九八）の上杉景勝《かげかつ》の会津転封後、これらの地は上杉領となっていた。

慶長五年の動乱において徳川方に属した政宗に対し、家康は、「御本領」の大部分を伊達家の重臣たち（「御家老衆中」）に給与すべき地として政宗に宛行う旨をこの文書によって約したのである。この覚書には知行目録が添えられ（伊達家文書）、それによれば政宗に与えられるべき「御本領」の高は、都合四十九万五千八百二十二石九斗三升にのぼっており、これに当時の伊達領の高（『慶長三年大名帳』〈『続群書類従』巻七百八〉によれば六十万九千石）を加えると百万石を超過することから、この覚書が「百万石の御墨付」と俗称されるのである。

しかし、動乱中の和賀《わが》・稗貫《ひえぬき》一揆の扇動について最上義光《もがみよしあき》から家康に通報されるなど、政宗の行動が家康の疑念に繋がったため（『譜牒余録』巻第十四）、戦後覚書の約定は履行されず、政宗に加増されたのは、実際に政宗が上杉領から奪取した刈田一郡のみにとどまった。

なお、元和八年（一六二二）九月、この覚書を盾に取り、政宗は幕府年寄本多正純《ほんだまさずみ》に対し、「御墨付五十万石計ノ所」の加封履行を働きかけようとしている（『貞山公治家記録』巻之二十九）。政宗の「御本領」に対する執念が窺える。

129 （慶長五年）八月二十七日付け徳川家康書状　林原美術館所蔵

【釈文】写真は144頁

於今度其表被成
先手、別而被入精、殊《ことに》
自身御高名、早速
岐阜被乗崩儀、
難書中申候、（徳川秀忠）中納言
先中山道可押上由
申付候、我等者従此口
出馬可申候、弥《いよいよ》無聊爾《ようじなき》
様ニ御働尤候、恐々謹言、

八月廿七日　家康（花押）

池田（長吉）備中守殿

●解説

本状は、西軍に属した織田秀信《ひでのぶ》の居城岐阜《ぎふ》城落城の情報を受け取った家康が、池田長吉《いけだながよし》に対して戦功を賞するために送った書状である。

岐阜城攻撃に至る経緯に関する通説は、板坂卜斎《いたさかぼくさい》の『慶長年中記』における記述の影響が強かった。すなわち、尾張国清須《きよす》に到着した家康からの使者村越《むらこし》直吉《なおよし》に対して、福島正則《ふくしままさのり》がいまだに西上しない家康の存念を尋ねたところ、直吉は「清洲に集結している諸将が攻勢に出ないため、家康は西上しないのであり、諸将が攻勢に出れば、すぐに出陣する」と言ったため、挑発された正則が攻勢に出ることを決意したとされる。

しかしながら、下村信博氏によると、八月十九日頃の軍議によって、尾張国犬山《いぬやま》城（愛知県犬山市）を攻略するための押さえの城を築くことが、徳川関係者を抜きに決定されており、正則ら諸将は攻勢を予定していた。また、豊臣系諸将が家康の指示に基づかない作戦行動を決定したことによって、家康の主導権が揺らぐ事態に至っていたとされる。

直吉の到着により、犬山方面への進出という消極的な策は覆された。木曾川を渡河して、西軍主力の存在する美濃国に進出するという積極策へ転換させることによって、家康は方針決定の主導権を取り戻したのである。

このような経緯を踏まえると、家康の主導権が揺らいだという不都合な事実を隠蔽するために、『慶長年中記』の記述は捏造されたと蓋然性が高いとされている。

130 （慶長五年）九月朔日付け徳川家康書状　真田宝物館所蔵

【釈文】写真は145頁

急度申候、仍大柿、治部(石田
三成)少輔・嶋津(義弘)・備前中納言(宇喜多秀家)・
小西摂津守(行長)籠居候、
即《すなわち》 取巻可成水責
とて、早速令出馬候、
坂戸へ敵於相働者、
無油断加勢尤ニ候、切々
飛脚を遣、被添力
事肝要候、恐々謹言、

九月朔日　家康(花押)

真田伊豆守(信幸)殿

●解説

一ヶ月近く江戸に留まっていた家康は、八月二十三日に東軍豊臣系諸将らによって岐阜《ぎふ》城(岐阜市)が落城して、東軍諸勢が石田三成《いしだみつなり》(「治部少輔」)・島津義《しまづよし》弘《ひろ》(「嶋津」)・宇喜多秀家《うきたひでいえ》(「備前中納言」)・小西行長《こにしゆきなが》(「小西摂津守」)らが在城していた美濃国大垣《おおがき》(「大柿」)城(岐阜県大垣市)方面にまで進出しているという情報に接して、ようやく西上を開始する。本状に「早速令出馬」とある通り、家康の江戸出発は九月一日であった。

家康出馬の理由について、笠谷和比古氏は次のような見解を提起されている。「東軍豊臣諸将のめざましい戦功によって、彼らに対する疑念が払拭されたということもさることながら、むしろ彼らの予想を超えた凄まじい戦果の方に、より多くの問題があったと思われる。もし、家康ぬきで、家康が江戸にとどまったままで、この東西決戦の決着がついてしまうならば、(中略)家康の武将としての威信は失墜し、戦後政治における発言力も指導力も喪失してしまうことは明白ではないか。」

一方、秀忠《ひでただ》勢は真田昌幸《さなだまさゆき》討伐に向かう途中であったが、家康は信幸《のぶゆき》に対して越後国坂戸《さかど》(新潟県南魚沼市)に上杉勢が進出した際には、救援に向かうよう指示しており、上杉勢の越後方面から上野国沼田《ぬまた》(群馬県沼田市)への進攻を警戒していたことを示している。

131 (慶長五年)九月朔日付け徳川家康書状
岡山大学附属図書館池田家文庫所蔵

【釈文】写真は146頁

態《わざともって》 以加藤源太郎(成之)申候、
今日朔日至神奈川
出馬申候、中納言(徳川秀忠)使
罷帰候趣、具《つぶさに》 承候、
樽井御陣取尤候、今
迄之御手柄共、難申
尽存候、此上者、我等
父子を御待付候而、
御働尤候、委細口上
申候条、不能具《つぶさにあたわず》候、恐々
謹言、

九月朔日　家康(花押)

清須侍従(福島正則)殿
吉田侍従(池田照政)殿

●解説

本状は、岐阜《ぎふ》城(岐阜市)攻略後、美濃国樽井《たるい》(岐阜県垂井町)へ布陣した豊臣系諸将に対して、家康および東山道を西上する秀忠《ひでただ》の到着まで、勝手に軍事行動を起こさないよう命じたものであり、この日に家康が江戸を出発して西上を開始した要因として、豊臣系諸将主導の戦果を警戒したためとする笠谷和比古氏の見解を裏づけるものである。

笠谷氏の見解に加えて、家康の西上開始には次のような背景もあったのではなかろうか。

宛所の福島正則《ふくしままさのり》(「清須侍従」)と池田照政《いけだてるまさ》(「吉田侍従」)。のちの輝政)は、八月二十二日付け井伊直政《いいなおまさ》書状写(伊達家文書)に「羽左衛門大夫殿(正則)組」「羽三左衛門尉殿(照政)組」と記されていることが示す通り、尾張清《きよ》須《す》に集結していた豊臣系諸将を二つに分けた組編制の、それぞれの指揮官である。同書状写によると、正則組には、加藤茂勝《かとうしげかつ》・細川忠興《ほそかわただおき》・黒田長政《くろだながまさ》・藤堂高《とうどうたか》虎《とら》・田中吉政《たなかよしまさ》・本多俊政《ほんだとしまさ》・生駒一正《いこまかずまさ》・京極高知《きょうごくたかとも》・筒井定《つついさだ》次《つぐ》・松倉重政《まつくらしげまさ》など、照政組には、浅野幸長《あさのよしなが》・山内一《やまうちかつ》豊《とよ》・松下重綱《まつしたしげつな》・池田長吉《ながよし》・有馬豊氏《ありまとようじ》・堀尾忠氏《ほりおただうじ》・一柳直《ひとつやなぎなお》盛《もり》が属していた。

岐阜城攻撃においても、正則組が大手軍、照政組が搦手軍《からめて》となり、両組が競い合って岐阜城攻略に成功したが、正則と照政の関係は良好とは言えなかった。豊臣系諸将は一丸とは言えず、家康による統制がない場合、内部崩壊する危険性もあった。正則と照政が功名心に駆られて独走するのを抑えるためには、家康自身の西上が必要とされた可能性も考えられる。

なお、冒頭の「加藤源太郎」とは、家康の近臣で奏者も務めた加藤成之である。

132 (慶長五年)九月二日付け徳川家康書状　林原美術館所蔵

【釈文】写真は147頁

早々鼻おひたゝ
敷持給、上下万民
悦入候、今日二日至
藤澤着陣候、武蔵守(徳川秀忠)
昨日朔日大門迄出
張之由候、此方之儀 聊《いささかも》
無油断候、委細口上
申候、恐々謹言、

九月二日　家康(花押)

吉田(池田照政)侍従殿

●解説

本状は、九月一日に江戸を出発して、翌日、相模国藤沢《ふじさわ》(神奈川県藤沢市)に到着した家康が、池田照政《いけだてるまさ》(のちの輝政)に対して発した書状である。

秀忠(「武蔵守」)の動向について照政へ知らせており、家康・秀忠間において緊密な連絡をとっていたことが窺える。

秀忠勢は、八月二十四日に下野国宇都宮《うつのみや》(栃木県宇都宮市)を出発して、二十八日には上野国松井田《まついだ》(群馬県安中市)に着陣した。松井田は上野・信濃国境の碓《う》氷峠《すいとうげ》の東方に位置する。その後、九月一日には軽《かる》井沢《いざわ》へ到着して、二日には仙石秀久《せんごくひでひさ》が追分《おいわけ》において出迎えて、秀久の居城小諸《こもろ》(長野県小諸市)に入ったとされる(『但馬出石仙石家譜』)。

しかし、本状において秀忠が到着したとされている「大門」とは、小諸より西へ進んだ信濃国小県《ちいさがた》郡大門《だいもん》(長野県長和町)を指す。したがって秀忠勢は、一日の時点で真田昌幸《さなだまさゆき》の居城上田(長野県上田市)の南方にまで達していたのであり、江戸期に編纂された家譜類の記述が、検討を要するものであることを示す一例と言えよう。

その後、九月五日付け浅野長政《あさのながまさ》宛て秀忠書状(浅野家文書)に「真田安房守(昌幸)事、最前は身命相助くる様にと、真田伊豆守(信幸)をもって種々詫言申し候つる処、只今に至り存分を申し候間、赦免能わず、今日上田表順見のため相動き候処、と石の城あけ退き申し候間、則真田伊豆守をかの城へ入れ置き申し候」とあり、真田昌幸は降伏を装って時間を稼いだのち、抗戦の姿勢を明らかにしたため、改めて秀忠が上田城攻撃を決定したこと、それに対して、真田勢は砥石《といし》城(長野県上田市)を開城して再び降伏の姿勢を見せたことがわかる。

こののち、昌幸は上田城に籠って再度抗戦に転じたため、九月六日、上田合戦が起こったのであるが、昌幸の老練な作戦により、秀忠は翻弄された挙句、関ヶ原の戦いに間に合わないという失態を招く結果となるのである。

133 (慶長五年)九月三日付け徳川家康書状　関ケ原町歴史民俗資料館所蔵

【釈文】写真は148頁

両通之書状令
披見候、然者前廉
首尾無相違忠節
之段、感悦之至候、
今日三日、至小田原
令出馬候、急速其
表可為着陣候、弥《いよいよ》
其元可被入精儀
肝要候、恐々謹言、

九月三日　家康(花押)

加藤(真泰)左衛門尉殿
竹中(重門)丹後守殿

●**解説**

宛所の「加藤左衛門尉」は美濃国黒野《くろの》（岐阜市）を居城とする加藤貞泰《かとうさだやす》である。父光泰《みつやす》が文禄二年（一五九三）、朝鮮において死歿したが、貞泰が若年であったため、文禄四年に甲斐国を収公され、黒野へ減封となった。会津征討に向けて家康が下向したのち、石田三成《いしだみつなり》らの挙兵の噂があるため、下向を延期する旨、家康へ報じたところ、家康から「一段に懇ろに申され」（大洲加藤文書）、さらに、弟光直《みつなお》を家康の許に送るなど、早くから家康に誼《よしみ》を通じていた。一方で、貞泰自身は西軍に属して、尾張国犬山城《いぬやま》（愛知県犬山市）の守備にあたっており、家康との通交の真意は定かでない。

次いで「竹中丹後守」は美濃国岩手《いわで》（岐阜県垂井町）を居城とする竹中重門《たけなかしげかど》。父は秀吉軍師として著名な竹中重治《しげはる》（半兵衛《はんべえ》）。加藤貞泰らと共に、犬山城の守備にあたっていた。

八月二十三日に岐阜城《ぎふ》（岐阜市）が落城すると、貞泰・重門らは犬山城主石川貞清《いしかわさだきよ》を説得して、犬山城を開城させたとされる。その経緯は詳らかでないが、九月五日付け貞泰宛て家康書状（大洲加藤文書）に「犬山の儀その方才覚を以て、早々相済み候事、満足せしめ候」とあり、貞泰が犬山城開城に尽力したことがわかる。

貞泰が一貫して家康与党であったかは定かでないが、岐阜城落城は、西軍に属していた諸将に大きな動揺を与え、貞泰が西軍から離反することを最終決断させる要因になったと考えられる。

134 （慶長五年）九月十三日付け徳川家康書状

早稲田大学図書館所蔵

【釈文】 写真は149頁

御懇札委細令得其意候、
加賀中納言（前田利長）与御同意可被成
之由、満足存候、即《すなわち》中越候間、
早々御入魂被成、越前表へ
御手合尤候、今日十三日、岐阜へ
着陣申候、頓而《やがて》凶徒等可討
果候間、可御心易《おこころやすかるべく》候、恐々謹言、

九月十三日　家康（花押）

小松宰相殿（丹羽長重）

●**解説**

宛所の「小松宰相」は加賀国小松《こまつ》（石川県小松市）を居城とする丹羽長重《にわながしげ》で、長重の父は織田信長重臣の丹羽長秀《ながひで》である。長秀は豊臣政権の樹立に協力的であったが、天正十三年（一五八五）の長秀死歿によって家督相続した長重は、秀吉に冷遇され、減封された。

文中の「加賀中納言」は前田利長《まえだとしなが》。父利家《としいえ》は五大老の一人であり、慶長四年（一五九九）三月に利家が死歿したのち、利長が父の跡を継ぎ、大老の職責を果たしていた。ところが、同年九月に家康暗殺計画の風聞があり、利長の関与が疑われたことから、利長は母芳春院《ほうしゅんいん》を江戸へ送って、家康に屈服した。

利長は西軍の挙兵に際して、「公儀に対して毛頭疎意無き覚悟に候、然ると雖も老母江戸へ遣わし候間、内府へ疎略無き分の躰にまずいたし候間、連々公儀如在存ぜず候条、おのおの御得心候て給い候え」（真田家文書）として、表面上は家康に与《くみ》することを弁明したが、その後は軍事行動を開始して、八月三日には西軍に与した加賀国大聖寺《だいしょうじ》（石川県加賀市）の山口宗永《やまぐちむねなが》・修弘《ながひろ》と交戦した。ところが、大聖寺城攻略後は、金沢への撤兵を始め、その中途の浅井畷《あさいなわて》（石川県小松市）において、丹羽勢との戦闘になったのである。

長重が明確に西軍方として行動したのか定かではない。長重にせよ、利長にせよ、全国の混乱状況に乗じて、自領の拡大を図る意図があったのではなかろうか。

本状において家康は、長重と利長との和解（「加賀中納言与同意」）と記しており、長重が降伏したとは認識していない。両者の紛争を調停することにより、丹羽勢・前田勢共に、西軍に与する大名の多い越前国へ侵攻することを期待したのである。

結局、長重・利長共に関ヶ原の戦いには参戦しなかった。長重は一旦改易されたものの、丹羽氏は間もなく大名として再興されており、家康への明確な敵対がなかったことを考慮されたものと推測される。

なお、家康はこの日（九月十三日）、岐阜に到着した。関ヶ原の戦いの二日前である。

135 （慶長五年）九月十五日付け徳川家康書状
天理大学附属天理図書館所蔵

【釈文】写真は150頁

今十五日午刻、
於濃州山中及
一戦、備前中納言（宇喜多秀家）、
嶋津（義弘）、小西（行長）、石治部（石田三成）
人衆《じんしゅう》悉《ことごとく》討捕《うちとり》候、直ニ
佐和山迄、今日着馬候、
大柿（垣）も今日則捕《そくとり》候、
可御心安《おこころやすかるべく》候、弥《いよいよ》其表之
様子、弥御仕置等尤候、
恐々謹言、
九月十五日　家康（花押）
大崎少将（伊達政宗）殿

●解説

慶長五年（一六〇〇）九月十五日、美濃関ヶ原（岐阜県関ヶ原町）での戦いを終えたばかりの家康が、奥羽で上杉景勝《かげかつ》と睨み合いを続けている伊達政宗に対し、合戦の首尾を伝えた書状である。家康が関ヶ原の戦い当日のうちに戦勝を伝えたのは、本状以外には江戸の留守を任せていた家臣石川家成《いしかわいえなり》に送ったもの（写が榊原家所蔵文書〈国立公文書館所蔵〉所収）のみが確認されている。

本状には、この日午の刻（午後十二時の前後二時間程）から美濃の山中村《やまなか》（関ヶ原町）で戦い、宇喜多秀家《うきたひでいえ》（「備前中納言」）・島津義弘《しまづよしひろ》・小西行長《こにしゆきなが》・石田三成《いしだみつなり》（「石治部」）らの軍勢をことごとく討ち取り、直ちに三成の居城佐《さ》和山《わやま》（滋賀県彦根市）まで一挙に軍を進めたこと、さらに大垣城《おおがき》（岐阜県大垣市）もその手に落ちたと記されている。

意外なことに、関ヶ原の戦いについての文献史料は、当事者による当日のものが余り存在せず、信頼の置ける史料でも、日をおいて書かれたり、伝聞が交わっていたり、後世の編纂に拠るものが多い。一方、本状の記述においても、誇大に記されている点もある。家康が容易に軍勢を進め得たわけではなく、近江（滋賀県）に入り、三成の居城、佐和山城の攻囲を開始したのが翌十六日、落城が十七日のことである（『板坂卜斎覚書《いたざかぼくさいおぼえがき》』『言継卿記《ときつねきょうき》』など）。また大垣落城は十七日から十八日にかけてのことである（『相良氏歴代参考』「水野勝成覚書」など）。本状の記述は、遠方にいる味方に対し、自軍有利を強調した情報戦略の下で記されたものなのである。

仙台藩編纂の『貞山公治家記録《ていざんこうじけきろく》』によると、家康の許に政宗が派遣していた中間《ちゅうげん》が飛脚となり、当時北目《きため》城（宮城県仙台市太白区）にいた政宗の許にこの書状をもたらしたのは九月晦日のことで、家康の側近で政宗と昵懇な今井宗薫《いまいそうくん》の書状も併せて届けられた。

政宗は、本状と宗薫書状の写を作成し、自らの書状と共に、上杉勢に攻め込まれて山形で苦戦中の伯父最上義光《もがみよしあき》に同日亥の刻（午後九時から午後十一時にかけての時刻）急使を発している。また、山形に加勢として派遣した叔父留守政景《るすまさかげ》をはじめとする家臣、上杉方から奪取した白石城《しろいし》（宮城県白石市）を守備していた同じく叔父の石川昭光《いしかわあきみつ》・義宗《よしむね》親子、亘理《わたり》城（宮城県亘理町）の片倉景綱《かたくらかげつな》にも書状を送り、この知らせを伝えている（『伊達政宗卿伝記史料』）。

関ヶ原の戦場から遠く離れた奥羽の徳川方大名にとって、本状は、味方勝利の貴重な情報源となったのである。

136 （慶長五年）九月十九日付け徳川家康朱印状
関ケ原町歴史民俗資料館所蔵

【釈文】写真は151頁

小西摂津守（行長）召捕
給候、被入精段、祝
着之至候、猶期後《こういんを》
音《ごし》候、恐々謹言、
九月十九日　家康（朱印）
竹中丹後守（重門）殿

●解説

本状は、西軍に属した肥後国宇土《うと》（熊本県宇土市）を居城とする小西行長《こにしゆきなが》を、竹中重門《たけなかしげかど》が捕縛したことについて、家康がその功を賞したものである。

『慶長年中記』によると、関ヶ原の年寄林蔵主に発見された行長は、キリシタンであるため自害できないので、自分を家康の許へ連行して褒美をもらうように言って、捕縛されたという。

真相は不明であるが、尾張犬山《いぬやま》城（愛知県犬山市）の開城時に西軍から東軍へ転じた重門には、特筆すべき手柄を立てる必要があったことから推測すると、関ヶ原周辺を領有しており、地理に精通しているという特性を活かして、逃走した西軍方武将の捜索にあたっていた蓋然性が高いと考えられる。

文書様式の面において注目すべき点として、朱印が据えられている点を挙げることができる。関ヶ原の戦い前後における豊臣系諸将宛て家康文書を見ると、当初から家康に与《くみ》した大名に対するものは花押を据えた書状形式となっている。また、本書133号の加藤貞泰《かとうさだやす》・竹中重門連名宛て文書においても、花押を据えた書状形式となっている。

関ヶ原の戦いに勝利したとはいえ、形式的には家康も豊臣政権の一員に過ぎないため、豊臣系諸将は対等な立場にあり、戦い後においても原則として、朱印状を用いることはできなかったと推測される。例外的に、重門のような中途から家康に与したという負い目のある大名に対してのみ、関ヶ原の戦い後になると、比較的薄礼な文書様式を用いることが可能となったのではなかろうか。

137 （慶長五年）九月二十二日付け徳川家康書状

柳川古文書館所蔵

【釈文】写真は152頁

治部少輔（石田三成）小者一人ニ而、
越前通罷除候由
承候、従此方八瀬・
大原・鞍馬・丹波へも
申遣候、日夜之御苦
労共察入候、二三日
中其地ニ而休息候而
可有御越候、又、中嶋
宗左衛門尉父子被生
捕候由、大慶候、恐々謹言、

九月廿二日　家康（花押）

田中兵部大輔（吉政）殿

●解説

九月十五日の関ヶ原の戦いにおいて勝利した家康は、関ヶ原において西軍から離反して東軍に与《くみ》した小早川秀秋《こばやかわひであき》・朽木元綱《くつきもとつな》・脇坂安治《わきさかやすはる》・小川祐忠《おがわすけただ》に加えて、田中吉政《たなかよしまさ》・宮部長熙《みやべながひろ》に対して、石田三成《いしだみつなり》の居城佐和《さわ》山《やま》（滋賀県彦根市）攻略を命じた。また、吉政には関ヶ原から逃走した西軍諸将の捜索も併せて命じられた。

九月十九日付け吉政宛て家康書状（早稲田大学図書館所蔵文書）に「三人の者の儀、如何様とも才覚あり、搦め取る様もっともに候」とある。同日付けの吉政宛て村越直吉《むらこしなおよし》書状（早稲田大学図書館所蔵文書）によると、「三人の者」とは、石田三成のほか、宇喜多秀家《うきたひでいえ》と島《しま》津《づ》義弘《よしひろ》である。

家康に敵対していたという失地を挽回させるために、小早川秀秋らに佐和山攻略を命じたことは当然と言えるが、なぜ、吉政および、吉政と同組に編制されていた長熙に対して、佐和山攻略が命じられたのか。

中野等氏によると、吉政に対する佐和山攻略命令は、単に偶然とか土地勘があったからといったことだけでは説明が付かず、関ヶ原の戦いに先立って囁かれていた吉政の三成への同心という噂は、根拠のないこととも言い切れないとされる。

吉政は家康に与して西軍との前哨戦に参加しながらも、西軍への与同という選択肢も残していた。ところが、関ヶ原における戦闘がわずか一日で終結した結果、吉政は早急に身の証を立てる必要性に迫られ、家康も吉政の心理を戦後処理に利用した。

このようにして、吉政は佐和山攻略に加えて、三成ら西軍諸将の捜索に力を傾注し、九月二十一日、三成の捕縛に成功したのである。

138 （慶長五年）九月二十四日付け徳川家康書状

個人所蔵

【釈文】写真は153頁

今度於関ヶ原
御忠節之儀、誠感
悦之至候、従最前之
筋目無相違儀、
別而祝着存候、向後
武蔵守（徳川秀忠）同前ニ存、不

可有疎略候、委細者
井伊兵部少輔（直政）可申入候、
恐々謹言、

九月廿四日　家康（花押）

筑前中納言（小早川秀秋）殿

●**解説**

宛所の「筑前中納言」は筑前国名島《なじま》（福岡市東区）を居城とする小早川秀秋《こばやかわひであき》である。秀秋は秀吉の正室　北政所《きたのまんどころ》（おね）の甥（木下家定《きのしたいえさだ》五男）で、秀吉の養子となっていたが、文禄三年（一五九四）、毛利元就《もうりもとなり》三男で筑前国名島城主となっていた小早川隆景《たかかげ》の養子となり、翌年、領国を継承した。

会津征討時における秀秋の動向については定かでないが、石田三成《いしだみつなり》らが挙兵して、西軍諸勢による伏見城攻撃が行われた際には、小早川勢も参加しており、当初から家康に通じていたことを明確に物語る史料は確認できない。

一方で、八月になると、秀秋に対する調略が進められている。八月二十八日付け秀秋宛て黒田長政《くろだながまさ》・浅野幸長《あさのよしなが》連署状（桑原羊次郎氏所蔵文書）に「貴様何方に御座候とも、この度御忠節肝要に候、二三日中に内府公御着に候条、それ以前に御分別この節に候、政所様へ相つづき、御馳走申さず候わでは、叶わざる両人に候間、かくの如くに候、はや御返事待ち奉り候」とあり、調略に携わったのは、黒田長政と浅野幸長であった。実際には江戸を出発していない家康が、二、三日中に到着するという偽情報を知らせて、家康到着以前に西軍からの離反を明確にするよう迫っていることから推測すると、調略は二十八日以前から実施されていたが、秀秋が決断を逡巡していたものと考えられる。

秀秋が西軍からの離反をいつ決断したかは明確でないが、関ヶ原の戦い中に家康が秀秋に威嚇射撃を行ったことで最終決断したという説は近年、矢部健太郎氏や白峰旬氏によって否定されている。

いずれにせよ、関ヶ原における小早川勢の行動が東軍勝利の要因となったことは間違いなく、ゆえに、家康は秀秋に対して、今後は嫡子秀忠と同様に思う（「向後武蔵守同前ニ存」）という最大級の謝辞を送ったのである。

139 （慶長五年）九月二十四日付け徳川家康書状
福岡市博物館所蔵

【釈文】写真は154頁
書状之通令得其
意候、先書如申候、早々
はか行候様、尤存候、
西丸へ羽左衛門大夫（福島正則）殿
被移候儀尤候、何様
之儀も今迄之事候間、
法度以下被仰付尤候、
恐々謹言、

九月廿四日　家康（花押）

黒田甲斐守（長政）殿

●**解説**

関ヶ原の戦いにおける西軍の総大将格毛利輝元《もうりてるもと》は、十六日の戦闘終了後も大坂城西の丸にあり、また、南宮山《なんぐうさん》から撤退した毛利勢も無傷で大坂の町中に駐屯していた。仮に輝元が毛利勢などを率いて大坂城に立て籠った場合、その攻略には多大な労力を要することは明らかであり、家康にとって、輝元を大坂城から退去させて、毛利勢を武装解除することが急務とされた。

そこで、家康は甘言をもって大坂城からの退去を働きかけた。九月十七日付け福島正則《ふくしままさのり》・黒田長政《くろだながまさ》連署状（毛利家文書）に「今度奉行ども逆心の相構えに付いて、内府公濃州表御出馬に付いて、吉川殿・福原、輝元御家御大切に存ぜらるに付き、両人まで御内存、則、内府公へ申し上げ候ところ、輝元に対し少しも御如在無きの儀候間、御忠節においては、いよいよこれ以後も仰せ談ぜらるべきの旨、両人より申し入るべきの御意に候」とあり、正則・長政は輝元との良好な関係を望む家康の意向を伝えた。

家康の出した条件は、毛利氏に対する所領安堵と引き換えに、大坂城から退去することであった。九月二十二日付け本多忠勝《ほんだただかつ》・井伊直政《いいなおまさ》宛て輝元起請文案（毛利家文書）に「この上においては西丸の儀渡し申すべく候」とあり、輝元が条件を受諾したことがわかる。

笠谷和比古氏が主張されているように、関ヶ原の戦い直後の政権構造は、家康が最大の権力者とはいえ、関ヶ原における勝利に貢献した豊臣系諸将の発言権も大きく、連立政権的な性格を有していた。ゆえに、この講和も毛利氏と徳川氏の講和ではなく、毛利氏と東軍の講和であった。その証拠として、九月二十五日、池田照政《いけだてるまさ》・福島正則・黒田長政・浅野幸長《あさのよしなが》・藤堂高虎《とうどうたかとら》が連署して輝元に起請文を提出し(毛利家文書)、所領安堵を約束した直政・忠勝起請文が偽りでないことなどを誓っている。このように二重三重の保証を得た上で、輝元は二十五日頃、大坂城を退去して、木津《きづ》(大阪市浪速区)の毛利屋敷に入り、西の丸には福島正則(「羽左衛門大夫殿」)が入城したのである。

140 (慶長五年)九月二十八日付け徳川家康朱印状

松浦史料博物館所蔵

【釈文】写真は155頁

今度上方衆逆心
之刻、不被致同心
儀、忠節之段祝着候、
然者向後為寺澤
志摩守(正成)取次一手在之、
万事可被相談候也、

慶長五年
九月廿八日(家康朱印)
松浦式部卿法印(鎮信)

●**解説**

宛所の「松浦式部卿法印」は、肥前国平戸《ひらど》(長崎県平戸市)を居城とする松浦鎮信《まつらしげのぶ》で、戦国大名松浦隆信《たかのぶ》の嫡子である。鎮信は、朝鮮侵略にあたり、天正二十年(一五九二)、慶長二年(一五九七)いずれの渡海においても、ほかの肥前衆(大村喜前《おおむらよしあき》、五島純玄《ごとうすみはる》、有馬晴信《ありまはるのぶ》)や対馬の宗義智《そうよしとし》と共に、小西行長《こにしゆきなが》を指揮官とする組に編制されており、また、行長は松浦氏らの「取次」(諸大名へ秀吉の命令を伝達し、諸大名を後見する機能を果たす職)であったとされる。

「取次」とその対象である大名との関係は緊密であり、関ヶ原における諸大名の動向にも「取次」が影響を及ぼしていたと考えられる。例えば、当初は石田《いしだ》三成《みつなり》、のちに行長が「取次」を務めた肥後国人吉《ひとよし》(熊本県人吉市)を居城とする相良頼房《さがらよりふさ》の場合、関ヶ原の戦いの際には西軍に属して、美濃大垣城《おおがき》(岐阜県大垣市)を守備していた(関ヶ原において西軍が敗れたのちに離反)。

ところが、松浦氏など肥前衆については、在国したままで、行動を起こした形跡はない。本朱印状に、上方衆に同心しなかったとあることから、家康に与《くみ》したとまでは言えず、中立を保ったものと推測される。

中途から家康に与した竹中重門《たけなかしげかど》に対する文書では、本朱印状と同様に家康の朱印が据えられているが(本書136号文書)、本朱印状においては、重門宛てとは異なり、家康の署名が省略されており、より薄礼である。このような相違は、松浦氏が最後まで中立の立場を保ったことを反映しているものと考えられる。

なお、これ以降の「取次」を命じられている「寺澤志摩守」とは寺沢《てらざわ》正成のことである。正成は朝鮮侵略が始まる頃から、九州「取次」として動いており、本朱印状において家康が正成を対松浦氏「取次」として通知したことは、家康が豊臣政権の正統な代表者であることを示す効果があったとされる。

141 (慶長五年)九月二十八日付け徳川家康書状

福岡市博物館所蔵

【釈文】写真は156頁

猶以今度甲斐守(黒田長政)
万事被入精《せいにいれられ》候儀、無
比類候、可心安《こころやすかるべく》候、
今度大友(吉統)其地へ
相働候之処、被及
一戦、数多《あまた》被討捕、
殊《ことに》大友被生捕之由《いけどらるるのよし》、
誠感悦之至候、然者
毛利壱岐守(吉成)所へ可成
程被相働、可被申付候、
猶井伊兵部少輔(直政)可申候、
恐々謹言、

九月廿八日　家康（花押）

黒田如水（孝高）

●**解説**

豊後の大名大友吉統《おおともよしむね》は、朝鮮での臆病な行動を秀吉に咎められて文禄二年（一五九三）五月に改易となり、毛利輝元《もうりてるもと》、次いで佐竹義宣《さたけよしのぶ》に預けられていたが、秀吉死後には赦免されて上方に滞在していた。慶長五年七月に石田三成《いしだみつなり》が挙兵すると、吉統は大名への復活を賭けてこれに応じ、九月九日には旧領豊後に下向して旧臣を集め、細川《ほそかわ》氏（東軍）の豊後木付《きつき》城（大分県杵築市）を攻撃している。

一方、家康に与《くみ》する豊前中津の黒田孝高《くろだよしたか》は九月九日に出陣、垣見一直《かきみかずなお》（西軍）の豊後富来《とみく》城（大分県国東市）を包囲していたが、吉統の木付襲撃を聞き付けて細川氏救援に向かった。両軍は九月十三日に石垣原《いしがきばる》（大分県別府市）で激突、黒田・細川軍が勝利を収め、吉統は十五日に降伏している。

本状は、この九州での争乱を受けて発給されたものである。ここで家康は黒田孝高に対し、まず大友軍を破って吉統を捕らえたことを讃え、次いで豊前小倉《こくら》（福岡県北九州市）の毛利吉成《もうりよしなり》（西軍）を攻撃するよう要請している。また、黒田長政《ながまさ》が家康の下でよく働いている旨を伝え、親の孝高を安堵させる気遣いも見せている。

なお、孝高は石垣原での合戦後も、肥後熊本《くまもと》の加《か》藤清正《とうきよまさ》らと連携して軍事行動を拡大しており、本状で要請された小倉城についても十月十九日以前に接収している。孝高は九月十六日付けの書状の中で、今回清正と自身が奪い取った所領については、家康を通じて豊臣秀頼《ひでより》から拝領したいという意向を示しており（『高山公実録《こうざんこうじつろく》』）、この軍事行動は自領の拡大を目指してのものであった。これに対して家康からは、八月下旬の段階で軍事行動を許可、本状で小倉城攻めを要請し、本書144号文書で島津領国侵攻をとどめているように、多少の規制を加えているが、基本的には自律的な軍事行動を認めていたようである。

142　慶長五年十月十日付け徳川家康起請文　毛利博物館所蔵

【釈文】　写真は157頁

敬白起請文前書之事

一、周防・長門両国進置候事、

一、御父子身命異儀在間敷事、

一、虚説等在之付而者、可遂糺明事、

右条々若於偽者、

梵天、帝釈、四大天王、惣而日本国中六十余州、

大小神祇、別而伊豆箱根両所権現、三嶋大明神、

八幡大菩薩、天満大自在天神、可蒙御罸者也、

仍起請文如件、

慶長五年

十月十日　家康（花押）

安芸中納言（毛利輝元）殿

毛利藤七郎（秀就）殿

●**解説**

本状の宛所「安芸中納言」は毛利輝元《もうりてるもと》、「毛利藤七郎」は輝元嫡子の秀就《ひでなり》である。

輝元の大坂城退去前においては、領国安堵を約束していた家康であったが、結局、毛利氏は周防・長門二国に減封された。

この間の経緯について、岩国《いわくに》藩（吉川《きっかわ》家）が編纂した『吉川家譜』には次のように記されている。

家康は当初、輝元は西軍の一味として大坂城西の丸に入城し、諸大名に対する西軍参加要請書状に在判している上、四国へも出兵しており許し難いが、吉川広家《ひろいえ》は律儀であるので中国地方において一・二ヶ国を給与するとした。この方針を聞いた広家は、福島正則《ふくしままさのり》と黒田長政《くろだながまさ》に対して、輝元は西軍の首謀者ではないことを弁明すると共に、広家自身が大名となることは本意ではないとして、あくまでも毛利家の存続を求めた。その結果、本起請文の通り、防長二国への減封で決着したとされている。

しかしながら、『吉川家譜』に収録されている、右記の経緯を示す文書は、原本が吉川家に伝来しておらず、それらの文書が偽文書である可能性を示している。

したがって、家康が輝元からすべての所領を没収、広家に給与するとの方針を示したことは虚説である

と考えられ、家康は当初から毛利氏減封で落着させる方針だったのではなかろうか。毛利氏所領安堵の起請文を提出する際、井伊直政《いいなおまさ》・本多忠勝《ほんだただかつ》や黒田長政・福島正則らに署名させており、家康自身は署名していない。家康は用意周到に毛利氏減封を企んでいたのである。

一方で、減封処分を起請文形式で行っていることは、大大名毛利氏に対する配慮であると考えられ、萩《はぎ》藩において、この起請文は毛利家の存続を保証するものとして大切に保管されることとなった。

143 (慶長五年)十月十五日付け徳川家康書状
天理大学附属天理図書館所蔵

【釈文】 写真は158頁

書状令披見候、仍
此表之儀、国割申
付、各国々へ指下候、
可御心安《おこころやすかるべく》候、会津之
儀者、来春令出
馬、可致成敗候、其内
無聊爾様《りょうじなきよう》、御分別
専一候、雖然最上
表有加勢、無異儀
様被仰付尤候、委細
山岡志摩守口上ニ
申候条、令省略候、
恐々謹言、

十月十五日　家康(花押)

大崎少将(伊達政宗)殿

●解説

本状は、九月二十七日に大坂へ入った家康が伊達政宗に発した書状で、政宗の書状に対する返書として記されたものである。家康は政宗に対して、諸大名に対する知行配分・宛行作業＝国割《くにわり》を行い、それぞれの者が新領に下ったことを伝えると共に、会津の上杉景勝《かげかつ》については来春出馬して成敗するので、それまで軽挙妄動を避けること、また政宗が、山形に援軍を送ったことについて、上杉勢に攻められている最上《もがみ》表へ加勢することは当然との認識を示している。

十月十五日の知行配分は、政宗の書状にあるのみならず、『義演准后日記《ぎえんじゅごうにっき》』同日条にも「諸大名知行分在之云々」と見える。ただし、十月晦日付けで下野黒羽《くろばね》(栃木県大田原市)の大関資増《おおぜきすけます》宛てに榊原康政《さかきばらやすまさ》配下の久代景備《くしろかげはる》が送った書状(『譜牒余録』)には、①毛利輝《もうりてる》元《もと》は所領を差し上げ周防・長門のみを与えられること、②安芸・備後両国は福島正則《ふくしままさのり》に与えられること、③豊前と豊後の一部が細川忠興《ほそかわただおき》に与えられること、④山内一豊《やまうちかつとよ》は伊予を宛行われること(実際には土佐一国を与えられた)、⑤前田利長《まえだとしなが》には加賀において二郡が加えられ、これにより加賀一国を一円に知行すること、⑥その他の国割はいまだ途中であること、以上の各点が触れられているし、『板坂卜斎覚書《いたざかぼくさいおぼえがき》』でも、十一月に西国大名に対する知行割がなされた旨が記されており、合戦の戦後処理である国割は、十月十五日一日で決着したものではなく、その前後にわたって行われたもののようである。

文中の「山岡志摩守」は、政宗の家臣で名を重長《しげなが》といい、伊達家において奉行職を務めた人物である。政宗が上杉攻めを開始した際、家康から今井宗薫《いまいそうくん》が使者として派遣されていたが、帰途に就く際、家康の碁の相手を務め、懇意な仲であった重長が政宗から派遣され、途中、宇都宮《うつのみや》在陣中の徳川秀忠《ひでただ》に対して伊達・信夫《しのぶ》口の戦況を伝えた(『譜牒余録』)。八月二日付けの朱印覚書の中で、家康は対上杉の戦略について秀忠と政宗が相談を遂げるよう指示しているが、その指示は守られているのである。結果として、上方まで家康に随行した重長は口上を伝えられ、この書状と共に政宗の許に戻ったのである。

144 (慶長五年)十一月十二日付け徳川家康書状
福岡市博物館所蔵

【釈文】 写真は159頁

度々注進之旨
得其意候、柳河
儀、質物請取、
立花(宗茂)召連、至
薩摩表、加主計(加藤主計頭清正)・
鍋島(直茂)加賀守相

談、被相働之由《あいはたらかるるのよし》、
及寒気候之間、
先《まず》年内者其元
被在付《ありつかれ》候様尤候、
猶井伊兵部（直政）少輔
可申候、恐々謹言、

十一月十二日　家康（花押）

黒田知水（孝高）軒

●**解説**

九州北部にあって家康に与《くみ》していた黒田孝高《くろだよしたか》は、慶長五年（一六〇〇）九月九日から軍事行動を開始し、十三日には豊後石垣原《いしがきばる》（大分県別府市）で大友吉統《おおともよしむね》を破ったが（本書141号文書）、彼はその後も行動を拡大しており、早くも九月中には豊後一国をほぼ平定、豊前・筑後へ軍を進めている。十月中旬には、上方から帰国した立花宗茂《たちばなむねしげ》が籠もる筑後柳川《やながわ》城（福岡県柳川市）を、加藤清正《かとうきよまさ》・鍋島直茂《なべしまなおしげ》らと共に包囲した。ちなみに直茂は、子息勝茂《かつしげ》が西軍に与同した失点の挽回を期しての参加であった。十月二十四日に宗茂が降伏すると、次なる目標は薩摩島津《しまづ》氏攻撃と定まり、十一月には孝高も肥後を南下していたと考えられる。

以上のような情勢の中で発給されたのが本状である。これによると、この頃、孝高からの報告が届き、柳川城が陥落したこと、孝高・清正・直茂が宗茂を連れて薩摩へ侵攻することが、家康の知るところとなった。「度々注進」とあるので、孝高からはこれ以前にも戦線拡大の状況が頻りに報告されていたのだろう。

この報告を受けて家康は、寒冷な季節となることを理由に、年内の軍事行動をとどめている。家康は九月末の時点では、秀忠《ひでただ》を派遣しての薩摩攻めを呼号していた（毛利家文書）。十月二十七日に宗茂が島津氏に出仕を勧告した際にも、秀忠が出陣する前に島津氏から使者を出すよう勧めており（島津家文書）、この時点でも秀忠出馬・薩摩侵攻は現実的なものとして受け止められていた。しかし本状により、薩摩侵攻は凍結されたのである。現地でも、十一月二十二日には孝高が島津氏に対して書状を発し、家康に対して弁明する用意がある旨を承知したので、軍事行動をとどめると通告している（島津家文書）。こうして、家康と島津氏との間で交渉が展開していくこととなるのである（本書147・148号文書）。

145 （慶長五年）十二月十四日付け徳川家康書状　一関市博物館所蔵

【釈文】写真は160頁

鈴木七右衛門下候
条令啓《けいせしめ》候、仍其表
之様子幷一書之
通披見、得其意候、
然者来春仙道口《せんどうぐち》へ
可被行《おこなわるべき》之旨尤ニ候、無越
度様肝要候、委曲
彼口上可申候、恐々謹言、

十二月十四日　家康（花押）

大崎少将（伊達政宗）殿

●**解説**

本状は、伊達政宗に対して徳川家康が宛てた書状である。この書状は、伊達家提出の「貞享書上」はもちろん、伊達家の正史である『貞山公治家記録《ていざんこうじけきろく》』や、治家記録に採用された史料を網羅している『伊達政宗記録事蹟考記』（東京大学史料編纂所所蔵）にも採録されていない史料である。

最上《もがみ》領に攻め込んでいた直江兼続《なおえかねつぐ》率いる上杉勢が撤兵したのは十月三日のことで、同じ日に政宗は陣を置いていた北目《きため》（宮城県仙台市太白区）城を発して、五日には上杉領内の伊達郡国見山《くにみやま》（厚樫山《あつかしやま》、福島県国見町）に着陣、福島近くまで攻め込んだものの、七日に政宗は撤兵した（『譜牒余録』）。十月十五日付けの書状において家康は、会津に来春出馬し、それまでの軽挙妄動を避けることを政宗に伝達している。一方、この年の冬、政宗は佐竹義宣《さたけよしのぶ》に対して、家康が来春、会津攻略に乗り出す際には、家康に加勢するよう勧めてもいる（『貞山公治家記録』巻二十之下）。政宗は上杉勢との合戦についてあり得るものと想定していたと見られる。

そのような中で、政宗に宛てて送られたこの書状の内容は、家康の許に遣わされていた伊達家重臣の鈴木七右衛門元信の下向の機会に、来春、仙道口《せんどうぐち》(福島県中通地方)への進攻について、手落ちなく行われるようにという考えを伝えている。基本的に、来春まで上杉領への侵攻を止めた家康の方針に沿った形での政宗の対応を了とするものである。

翌年二月十七日に政宗が、家臣の軍役人数改めを命じているのもそのような準備の一環として捉えることが可能だろうし、三月には福島・梁川《やながわ》付近で合戦も行われており(『貞山公治家記録』巻之二十二)、政宗の企図した仙道口侵攻は、家康の承認を得て行われたものであったと言える。

一方、上杉方では、慶長五年(一六〇〇)十二月の段階で、本多正信《ほんだまさのぶ》・本多忠勝《ただかつ》・榊原康政《さかきばらやすまさ》などからの降伏を勧める意向を受けて、上杉景勝《かげかつ》が家康との講和を決断し、使者として重臣の本庄繁長《ほんじょうしげなが》を派遣した(『景勝公御書』十三〈米沢市上杉博物館所蔵〉、慶長五年十二月二十三日付け上杉景勝書状写)。和議は翌年六月の段階で整い(『歴代古案』巻六〈米沢市上杉博物館所蔵〉慶長六年六月五日付け直江兼続書状写)、景勝は七月一日に会津を出立、二十四日に伏見に到着し(『当代記』)、八月十六日に米沢三十万石への減封が決定した。

146 慶長六年十月日付け徳川家康回章写

金地院所蔵

【釈文】写真は161頁

日本国　源家康　回章《ルソンこく》

呂宋国郎巴難至昔高提腰《ドンフランシスコテリョ》足下《そっかにかいしょうす》、

旧年於

貴国之海辺、大明・弊邦悪徒作賊《ぞくをなす》之輩、可刑者《けいすべきものをば》

刑之《これをけいす》、明人者異域民也、」

不及刑之《これをけいするにおよばず》、令帰于本国《ほんごくにかえさしむ》、定知《さだめてしる》、於大明《だいみんにおいて》

被誅罰《ちゅうばつせられんことを》、如本邦者《ほんぽうのごときは》、去歳凶徒雖作反《はんぎゃくをなすと》」

逆《いえども》、一月之間無遺余《いよなく》誅戮之《これをちゅうりくす》、故海陸安静、国家

康寧、自《ほん》」

本朝所発《ちょうよりはっするところ》之商船、不可用多者《おおくをもちうべからざること》、可随来意《らいいにしたがうべし》、他

日本邦之船到其地則以此《そのちにいたるときんば》」

書所押之印可表信《しんをあらわすべし》、印之外者不可許焉《ゆるすべからず》、弊邦

与濃毘数般《ノビスパンと》欲修《りんこうをしゅう》」

鄰好《せんとほっす》、非貴国年々往来之人則《きこくねんねんおうらいのひとにあらざるときんば》海路難通《つうじがたし》、所希《けく》

求者《するところは》、依《そっか》」

足下指示《のしじによって》、舟人船子時々令往返《おうへんせしめんことを》、」

貴邦土宜納受之《これをのうじゅす》、遠方之信、厚意難謝《しゃしがたし》、孟冬漸《ようやく》

寒、順序保嗇、」

慶長六年辛丑冬十月　日

御印

●**解説**

家康は、秀吉死去直後の慶長三年(一五九八)十二月には、早くもスペイン領ルソンに使節を送り、スペイン船の招致を試みている。これに答えたルソン総督ドン・フランシスコ・テリョの書状が慶長六年頃に届いたので、家康は返書(回章)を認めた。それが本状である。

その内容は、①先年ルソンに現れた明・日本の海賊を処分したこと、②去年日本で「反逆」(石田三成《いしだみつなり》の挙兵)があったが鎮圧したこと、③今後「印」により日本—ルソン間の通交を統制すること、④ノビスパンと修好したいこと、の四つに分かれている。

この内④は、「日本としてはノビスパンと修好したいのだが、年々往来しているルソンの人々でなければ、ノビスパンまで渡航することは難しい。そこで、ルソン総督のあなたの指図の下で商船を往還させたい」という依頼である。秀忠《ひでただ》期以降の制限化とは対照的に、家康の時代には貿易相手の拡大が目指されていた(本書157号文書)。ノビスパン(メキシコ)との交易も家康の目標の一つで、彼は数年後にもノビスパンとの交易を試みている(本書158号文書)。

一方③は、「今後日本の船がルソンに赴く際には、本状に押した印により信を表すので、印を持たない船は受け入れないで欲しい」というものである。これは、家康発給の朱印状を持つ商船のみに貿易を認める、いわゆる朱印船制度の導入を意味している。ただ注意したいのは、これが「日本の商船を多くは受け入れたくない」というルソンからの「来意」に、家康が応じたものであることである。ここからは、家康の熱意にもかかわらず、スペイン側は日本との交易をそれほど強く望んではいないことが読み取れる。日本とスペインとの関係は秀忠期に断絶するが、その端緒は早くも交渉の最初期から窺うことができると言えよう。

147 (慶長七年)卯月十一日付け徳川家康起請文案　東京大学史料編纂所所蔵

【釈文】写真は162頁

両度使者祝着候、然者薩摩・
大隅・諸県《もろかた》之儀、此間被相拘《あいかかえられ》候分
相違有間敷候、少将（島津忠恒）事、其□
跡被相譲《あいゆずらるる》事候間、不可有別《べつぎあるべか》
儀《らず》候、兵庫頭（島津義弘）儀者、竜伯（島津義久）ニ無
等閑候間、異儀有間敷候、
日本国大小神祇、別而八幡
大菩薩、毛頭不可有表裏《ひょうりあるべからざる》者也、

内大臣（徳川家康）
卯月十一日　御在判
竜伯（島津義久）

●解説

島津《しまづ》義弘《よしひろ》は、敵中突破して戦線を離脱した「島津の退き口」でよく知られているように、関ヶ原の戦いでは西軍に属していた。そのため島津氏の処遇は、家康にとって戦後の大きな課題の一つとなる。本状は、この課題に関わる文書の一つである。

家康と島津氏の交渉は、戦いの十三日後の九月二十八日付けで、国元にあった島津義久《よしひさ》・忠恒《ただつね》が義弘に同意していたかどうかを詰問する寺沢《てらざわ》正成・山口《やまぐち》直友《なおとも》連署状(島津家文書)から始まった。たびたび使者を派遣して出仕を要求する家康に対し、島津氏は対応を決めかね、ひとまず翌慶長六年(一六〇一)七月に重臣の鎌田政近《かまたまさちか》を上方《かみがた》に派遣、様子を窺った。これに対して家康側は、義久の上洛を要求すると共に、義久・忠恒に宛てて本多正信《ほんだまさのぶ》・山口直友連署の起請文(島津家文書)を与えている。この起請文では、義久・忠恒の身命と島津領国を保障する旨と、義弘に咎めなきよう執り成す旨が誓約されている。ところが島津氏は、なおも不安を抱き、義久の上洛を見送って、代わりに十月に重臣の島津忠長《ただなが》を派遣する。

本状は、このような状況を打開すべく作成されたものである。慶長六年十月に一旦帰国していた家康は、翌七年二月に上洛すると、再度義久の上洛を催促する。その際、今度は家康本人が本状のような起請文を与えたのである。ここで誓約されているのは、現状の島津領国(薩摩国・大隅国・日向国諸県郡《もろかた》)の安堵と忠恒・義弘の身上保障で、先述の本多・山口起請文と趣旨は同じである。しかし、家臣ではなく家康本人がこれを誓約したことに意味があり、家康方としては最大限の誠意を見せたことになる。これは島津氏に対する家康の譲歩とも言えようが、もしこれでも上洛しないとなれば、島津氏の不義理は明確になるだろう。つまり本状は、島津氏に早急な対応を強要する効果をも持っているのであり、家康の巧みな交渉術を窺うことができるのである。

148 (慶長七年)十一月九日付け徳川家康書状　東京大学史料編纂所所蔵

【釈文】写真は163頁

至于大坂《おおさかにいたり》上着
之由尤候、頓而《やがて》
可上洛之間、期《その》
其節《せつをきし》候、猶本多
佐渡守（正信）可申候、謹言、

十一月九日(家康黒印)

薩摩少将（島津忠恒）殿

●解説

関ヶ原の戦い後、家康との交渉を進める中で家康本人の起請文(本書147号文書)まで入手した島津《しまづ》氏だったが、出仕まではなお曲折があった。そもそも交渉の当初から、島津家では出仕か抵抗かで意見が割れていたが、家康起請文を得てもなお、島津義久《よしひさ》の上洛に反対する意見は根強く、当の義久本人も反対派だったようなのである。加えて、伊集院忠棟《いじゅういんただむね》暗殺や庄内《しょうない》の乱で威勢を失っていた伊集院一族(本書106号文書)が、この頃義久・義弘《よしひろ》・忠恒《ただつね》の離間を図る動きを見せていたらしく、三者の間には緊張が走っていた。

しかし、ここで上洛しなければ、島津家の存続はあり得ない。そう考えた忠恒は、義久の反対を押し切り、伊集院一族を成敗して後顧の憂いを絶ちつつ、八月に上洛の途に就いた。そして慶長七年(一六〇二)十月、ついに大坂へ到着したのである。

一方、家康は忠恒と入れ違いで十月二日に帰国していたが、十一月九日頃に忠恒上坂を聞き、忠恒に宛てて本状を認めた。ここで家康は、忠恒の上坂をもっともなことであるとし、自身も近く上洛するのでその際に面会しようと言っている。差出書は黒印のみで宛所の位置も低く、尊大な形式が印象的である(関ヶ原の戦い前の本書106号文書と比較されたい)。実際、家康は十二月に上洛し、二十八日に忠恒と対面した。ここに関ヶ原の戦いの戦後処理は完了し、翌年二月には家康は征夷大将軍に任じられるのである。

なお、毛利輝元《もうりてるもと》が戦後、百二十万石から三十七万石へ大減封となったように、西軍諸大名のほとんどが減封・改易の憂き目に遭う中、島津氏は六十万石の領国をそのまま安堵されている。関ヶ原で勝利したとはいえ、依然豊臣家大老を越える立場とはなり得ていない家康にとって、九州南部まで遠征を行うリスクは大きく、島津氏は攻め滅ぼすよりも服属させるのが得策と見ていたのであろう。

149 (慶長八年)二月二十八日付け徳川家康御内書

福岡市博物館所蔵

【釈文】写真は164頁

異国へはゝむ(ばはん・八幡)

船相渡事、雖《ちょうじ》

令停止《せしむといえども》、猶以堅

可被申付候、若於《もし》

違背之輩者、其

一在所可被加御

成敗者也、

二月廿八日　家康(黒印)

黒田甲斐守(長政)殿

●解説

本状は、家康が黒田長政《くろだながまさ》に対し、以前から禁じていた領内での密貿易を再び停止するよう指示した御内書である。万一、違犯する者がいた場合は、その地域全域を処罰するとも明記されている。

領内において、政権に許可なく異国との交易を禁じた内容であるが、まず問題となるのは本状の年代であろう。長政が「甲斐守」と称したのは、慶長八年(一六〇三)三月二十五日に「筑前守」に叙任される以前のことであるので、本状はそれ以前となる。また、本状以前の「ばはん禁令」としては、慶長四年四月朔日付けで出された五大老・五奉行の連署状があり、同年八月二十日付けでも、五大老・五奉行連署に「バハン禁令」が出されている。したがって本状の発給年代は、慶長五年から八年の間となる。

慶長七年八月、加藤清正《かとうきよまさ》の治める肥後領内では、ばはん行為に及んだ者が処罰されており、翌八年六月にも、肥後の近海には唐船が漂着するなどの状況が見られた。おそらくこの時期において、島津氏や黒田氏といった九州大名の領国でも、このような状況となっていたのである。しかし、慶長五年九月の関ヶ原の戦いに勝利し、たとえ当時の覇権を掌握した家康といえども、その直後に単独で、大名領内において異国との交易を禁ずる旨を指示することは困難かと思われる。このように考えると、慶長五年はもちろんのこと、関ヶ原の戦い後の慶長六年や同七年であっても、本状が出されたとは考え難い。

慶長八年の正月を伏見城で迎えた家康は、大坂城に秀頼《ひでより》がいるものの、諸大名や公家からも年賀の挨拶を受けた。そして二月十二日、征夷大将軍に補されるなど、家康の政治的地位が高まっていた。そのような中、家康は、外交に関する権限も強化しようとして、本状を出したのではなかろうか。

150 慶長八年三月九日付け徳川家康伝馬朱印状

神宮徴古館所蔵

【釈文】写真は165頁

(伝馬朱印)京よりゑと(江戸)まて、伝馬三疋・

人そく二人、以上、

慶長八年三月九日

●解説

慶長八年(一六〇三)三月九日、家康は伊勢の慶光院《けいこういん》に対して、京都から江戸までの各宿に、伝馬三疋、人足二人を出すことを命じた。その伝馬手形が本状である。同年四月六日にも家康は、江戸から伏見までの各宿に伝馬三疋を出すよう命じた伝馬手形を出している。

慶光院とは、伊勢山田《やまだ》(三重県伊勢市)にあって、代々伊勢神宮に奉仕する由緒ある臨済宗の尼寺である。慶長年間に宇治《うじ》(京都府宇治市)へ僧房を構えた際、三世清順《せいじゅん》が居室に許された「慶光院」の号を正式な寺の名とし、主に朝廷や将軍家などの依頼で祈禱を行った。特に清順は、長らく途絶えていた伊勢神宮の正遷宮復興のために、多くの戦国大名などへ働きかけ、永禄六年(一五六三)には外宮《げくう》の正遷宮を百二十九年ぶりに実現し、四世の周養《しゅうよう》も清順の意志を継ぎ、続いて内宮《ないくう》の正遷宮を行うことを目指し、織田信長の援助を受け、信長死後は豊臣秀吉の援助を得て、ようやく天正十三年(一五八五)、内宮と外宮を同時に遷宮させることができた。

そして、慶長五年(一六〇〇)九月の関ヶ原の戦いで覇権を掌握した家康は、早くも慶長六年三月二日、大坂から伊勢山田までの宿々に対し、伝馬六疋を慶光院のために出すことを命じた伝馬手形を出した。そこには、慶長六年正月日付けで、家康が東海道の各宿場に対し、数多くの伝馬朱印状を出したことが背景にある。また、同年三月二十日にも、中山道の各宿場に対し、側近の大久保長安《おおくぼながやす》を介して、家康は伝馬朱印状を出しており、それらも本状に関係すると思われる。

なお慶長八年当時、慶光院では五世周清《しゅせい》が院主となっていたが、この年は正遷宮が予定されており、家康から遷宮朱印状が慶光院に下されるなど、徳川氏も神宮・慶光院と密接な関係にあった。

慶長八年正月、伏見で正月を迎えた家康は、正月二日、諸大名から年頭の礼、同月十六日には公家衆の諸礼を受けた。さらに同月二十一日、勅使の広橋《ひろはし》兼勝《かねかつ》の訪問を受けて、将軍任官の内意が伝えられた。そして二月十二日、家康の将軍宣下が実現した。こうして本状の出された頃、家康は主に伏見にいて、伏見城の「将軍」家康から、この伝馬手形が出されたのである。

151 (慶長十一年)五月五日付け徳川家康御内書

神戸大学文学部所蔵

【釈文】写真は166頁

其地(江戸)普請出来之由、石川八左衛門(重次)尉中候、昼夜依入精、早速出来之儀、将軍(徳川秀忠)可為満足候、於此方も同前之儀候也、

五月五日(家康黒印)

中川修理亮(秀成)とのへ

●解説

本状は、慶長十一年(一六〇六)、諸大名の助役によって竣工した江戸城改修の普請に対する礼状である。当時の家康は、まだ伏見にいたが、同文の文書を数多くの大名へ出しており、その意味でも、これが公儀普請(天下普請)として行われたことがわかる。

江戸城の普請は、まず家康による将軍任官直後の慶長八年三月から江戸市街地の大拡張工事として行われ、外様の有力大名だけでなく、一門・譜代の大名も動員された。さらに家康は、江戸城の大改築を計画するが、これには江戸城を将軍の居城に相応しいものにする意図があった。そこで慶長九年八月、家康は、西国の外様大名を中心とし、石材運搬のための石綱船の建造を命じた。

慶長十年四月十六日、家康は将軍職を辞退することを申し出て、秀忠《ひでただ》が二代将軍に任じられた。本状の出された慶長十一年に入る頃、江戸城普請の助役を命じられた大名は、ほとんどが江戸に集結し、江戸城の普請に関するものだけでなく、家臣を伊豆国に遣わして石材を切り出し、江戸に搬送する作業を行った。このような中、同年三月朔日から江戸城の普請が開始され、五月頃にはほぼ完成しつつあった。なお石川重次《いしかわしげつぐ》とは、徳川氏の船手頭《ふなてがしら》を務めた武将で、彼の奔走ぶりが本状で記されていることからも、伊豆からの石材調達は重要な作業の一つであった。寛永年間(一六二四〜四四)、重次が隅田川河口の鎧島《よろいじま》を領して島内に屋敷を構えたことから、この島は「石川島」(東京都中央区佃周辺)と称されることとなった。

また、江戸城の普請が開始された直後の三月十五日、家康は江戸を発ち、同月二十日、家康は駿府《すんぷ》(静岡市葵区)に到着した。この時、家康が駿府に赴いたのは、当時駿府城主であった内藤信成《ないとうのぶなり》を、近江長《なが》

浜《はま》(滋賀県長浜市)に移封させて、駿府城を自らの居城とするためである。家康は、江戸城に引き続き、すでに駿府城を改築することも想定していたのである。

本状では、秀忠のことを「将軍」と称し、「秀忠は、江戸城の普請を大変に満足している」ともあるが、これなども、今後自らの拠点とする駿府城の普請のことを示唆しているとすれば、極めて興味深いものになる。

152 (慶長十二年)三月十一日付け徳川家康自筆書状

徳川美術館所蔵

【釈文】写真は167頁

返々、いつミ(小笠原吉次)知行
高を御き ゝ候て、
かへ(替え)いたし尤候、

御状令拝見候、
いつミ儀尤候、
知行事
きうめい(糾明)候て、
かへちつかわし(替地)
尤候、清須ニ
むさと御座候まゝ、
そのしをき(仕置)申
可付候、恐々謹言、
三十一　家康
将くん(徳川秀忠)まいる

●解説

本状は、江戸城から駿府《すんぷ》城(静岡市葵区)に戻った家康が、江戸城の将軍秀忠《ひでただ》へ送った自筆の書状である。

慶長十二年(一六〇七)二月二十九日、家康は江戸城を発ち、武蔵中原《なかはら》(神奈川県川崎市中原区)周辺で鷹狩をしながら、そのまま駿府へ戻る途中の三月五日、尾張清須《きよす》(愛知県清須市)の城主で、家康の四男松平忠吉《まつだいらただよし》が江戸で病死したことを知らされた。

一方の秀忠は、三月七日付けで、家康の側近本多《ほんだ》正純《まさずみ》へ宛てて書状を出したが、これは忠吉の重臣小《お》笠原吉次《がさわらよしつぐ》に下総佐倉《さくら》(千葉県佐倉市)において知行を与えるが、それに対する家康の意見を聞きたいとの内容である。

この秀忠書状に対する家康の回答が本状である。

小笠原吉次とは、忠吉が幼少の頃からの家臣であり、忠吉の死に伴う殉死を思い留まらせた経緯もある。本状には「清須に無為にしても仕方ないので」とあり、家康も、忠吉の領国尾張ではなく、他地へ替地をすることに賛成した。こうして吉次には、下総佐倉二万八千石が与えられた。さらに慶長十三年十二月に加増されて、常陸笠間《かさま》(茨城県笠間市)城主として三万石を領することになる。しかし翌慶長十四年、忠吉の旧臣から尾張時代の「専横」のことで訴えられ、家康の糾明によって、三月二十六日、吉次は改易されてしまう。

なお、本状が出された直後から、家康は駿府城の普請を開始し、駿府を拠点とした政務を本格化させた。その意味では、家康政治における画期となる文書かもしれない。

153 (慶長十二年)十月四日付け徳川家康御内書

毛利博物館所蔵

【釈文】写真は168頁

今度駿府普
請付而、其方入
念堅申付故、差
越候者共入精、早
速出来、感悦
思食《おぼしめし》候也、
十月四日(家康黒印)
毛利藤七郎(秀就)とのへ

●解説

秀忠《ひでただ》に将軍職を譲ったのち、家康は江戸から駿府《すんぷ》(静岡市葵区)へ居所を移すこととした。当初は新たに築城する予定であったが、結局、従来の城郭を改修して普請を行うこととされた。

『当代記』によると、慶長十二年(一六〇七)一月、越前・美濃・尾張・三河・遠江衆らに普請が命じられ、二月十七日に着工したとされる。

本御内書は、宛所の毛利秀就《もうりひでなり》を藩主とする毛利氏が駿府城普請に携わったことを示すものである。なお、秀就は原則として在江戸であり、在国していた父輝元《てるもと》(宗瑞《そうずい》)が対内的には当主としての役割を果たしていた。

家康が諸大名に課したいわゆる御手伝普請について、毛利氏の場合を見ると、その初見は慶長八年三月に始まった江戸市街地の拡張工事である。その後、慶長十一年には江戸城の改築にも携わっている。

駿府城普請について、輝元が家臣益田元祥《ますだもとよし》に宛てた書状(毛利家文庫「譜録」)を見ると、「この御普請は公儀向きの事にて候」「羽三左(池田輝政)・伊達(政宗)など用意才覚の趣立ち聞き申し越され候」(四月二十日付け)、「福左太(福島正則)・羽三左人数追々差し上げらるの由もっともに存じ候」(閏四月十二日付け)などとあり、公儀普請であるため動員に応じたこと、ほかの有力外様大名の動向を注視していたことがわかる。

公儀普請であることについては、穴井綾香氏によって、普請役の動員が公儀普請奉行衆の連署奉書で発令されたことが明らかにされているが、穴井氏は、慶長十四年の丹波篠山《ささやま》城(兵庫県篠山市)普請と駿府城普請とを比較して、篠山城普請において大名自身の現地出向が命じられている点に、画期性を認めている。換言すると、駿府城普請の時点においては、徳川政権の強権性には限界があったと言えよう。

154 (慶長十二年ヵ)十月四日付け徳川家康御内書　國學院大學所蔵

【釈文】写真は169頁

今度於多武
峯祈念候処、
早々御平癒之
儀、奇特被思
召候、具《つぶさに》本多
上野介(正純)可申候也、

十月四日　家康(花押)

吉田左兵衛尉(兼治)とのへ

●**解説**

本状は、家康が吉田兼治《よしだかねはる》へ宛てた書状である。本状によると、家康は、兼治が大和多武峰《とうのみね》(多武峰神社、談山神社、奈良県桜井市)に赴き、ある人物の病気の祈禱をし、それによって回復したことに満足している。この兼治とは吉田兼見《かねみ》の嫡男である。兼見は『兼見《かねみ》卿記《きょうき》』の著者として、あるいは実弟の梵舜《ぼんしゅん》は家康の側近として著名な人物である。吉田家は、京都吉田神社の神職を務めた家柄でもある。

さて本状の内容であるが、病気であった人物に注目すべきである。家康が病気の祈禱を依頼した際、わざわざ「御平癒」との敬語を用いており、さらに慶長十二年(一六〇七)九月、後陽成《ごようぜい》天皇が病状に伏していることを考え合わせると、本状の発給年代を慶長十二年と推測することができよう。翌慶長十三年に豊臣秀頼《ひでより》も疱瘡を煩っているが、これは二月から三月の時期であるので、本状の内容には馴染まない。

したがって、朝廷からの命を受けて兼治は、後陽成天皇の平癒を祈禱したが、その患いも癒えたので、それを家康へ報告したのではなかろうか。それに対する返書が本状かと思われる。

155 慶長十二年十月六日付け徳川家康異国渡海朱印状　個人所蔵

【釈文】写真は170頁

自日本到
東埔寨《カンボジア》舟也、
右
慶長拾弐年丁未十月初六日
(朱印)

●**解説**

本状は異国渡海朱印状と総称される史料の一つで、商船の東埔寨《カンボジア》への渡海を許可すると共に、渡航先の政権にその船の安全を求める内容である。異国渡海朱印状は、使用後は幕府に返却することになっており、受給者側に現物が残らない場合がほとんどだが、何らかの理由で返却がなされず現物が伝存する場合もある。本状は、その稀な事例の一つである。

家康の異国渡海朱印状には、形式に決まりがあった。すなわち、朱印状本体には大高檀紙《おおたかだんし》を用い、右端を三寸(九㎝)ほど空けて書き出す。国名・年号・印も書き出しと同じ高さに配するが、「右」のみは一字下げとする。こうしてできあがった朱印状は、まず大高檀紙一枚で包み、その上から杉原紙《すいばらがみ》二枚で包む。

この包紙に仮名で渡航先を記し、その下に朱印状申請者名を書くのである(『異国御朱印帳』)。本状も、この形式に従って書かれている。

一方、本状の包紙は残っていないが、添書があり、そこから発給の経緯を窺うことができる。それによると、本状は島津義弘《しまづよしひろ》が家康に申請して拝領し、大迫吉之丞に与えたもので、筆者は西笑承兌《さいしょうじょうたい》であった。なお、大迫氏は薩摩山川《やまがわ》(鹿児島県指宿市)を拠点に海外渡航も含めた海上活動に従事した一族、承兌は秀吉・家康の下で外交文書作成に携わった僧である。

ところで、島津氏に発給された異国渡海朱印状は十一点が確認されているが、このうち十点は島津家《いえ》久《ひさ》が拝領したもので、義弘が拝領したとされるのは本状だけである。このことについては、添書の義弘を家久の誤りと見る説や、義弘は貿易に積極的に関与しており、家久に与えられた朱印状も実際には義弘が主導したものだと考える説がある(清水有子「島津義弘の東南アジア貿易」など)。このように、本状は重大な論点を含んだ注目すべき史料なのである。

156 (慶長十三年)八月十日付け徳川家康御内書
神戸大学文学部所蔵

【釈文】 写真は171頁

就火事、風呂・
釜共五厳到
来、喜悦候也、

八月十日(家康黒印)

中川修理亮(秀成)とのへ

●解説

慶長十二年(一六〇七)十二月二十三日、普請中の駿《すん》府《ぶ》城(静岡市葵区)が焼失した。すぐに家康は、諸大名に復興を命じたので、翌十三年八月には駿府城は竣工した。これを機とし、家康は八月十日付けで、それまでに贈答された見舞品に対する礼状を一斉に出した。本状も数多く発給された礼状の一つである。

本状の「風呂・釜」とは、茶の湯で用いられるもので、「風爐」と「釜・罐」である。「厳」は「飾り」の正式な読み方で、中川秀成《なかがわひでしげ》は、茶の湯道具一式(五種で一式)を家康に贈ったのである。

なお駿府城普請は、慶長十二年の三月頃から本格化したようで、当初は越前・美濃・尾張・三河・遠江に領知を有する大名の助力で普請が始まったが、続いて畿内五ヶ国や丹波・備中・近江・伊勢の大名も続き、ほかに薩摩・加賀などの大大名も普請に参画する公儀普請(「天下普請」)となった。七月三日には天守台が完成し、一部の殿舎も完成したので、同日から家康は、新たな駿府城に移ったとされる。こうして駿府城普請は、本丸・二の丸・三の丸と異例のスピードで進んだが、ほぼ竣工に近い十二月に火災に遭うのである。

火災後、本状が出された慶長十三年八月に駿府城は竣工するが、諸大名からの贈答、それに対する礼状も、政治的な意味のあるものであった。

157 慶長十四年七月二十五日付け徳川家康朱印状
オランダ国立中央文書館所蔵

【釈文】 写真は172頁

おらんた船日本江渡海之時、何之
浦ニ雖為着岸《ちゃくがんたりといえども》、不可有相違候、
向後守此旨《このむねをまもり》、無異儀可被往来《おうらいせらるべし》、
聊《いささかも》 疎意有間敷候也、仍如件《よってくだんのごとし》、

慶長拾四年七月廿五日
(朱印)

ちやくすくるうんへいけ

●解説

十六世紀から十七世紀初め頃、明《ミン》では経済拡大と軍費増大から銀の需要が、日本では兵具や衣類にするための生糸の需要が高まっていた。そのため石見《いわみ》銀山《ぎんざん》などで量産される日本の銀と、中国の生糸を交換するのが、当時東アジア貿易の主流をなしていた。この貿易ルートは、マカオに拠点を持つポルトガルが独占的に掌握していたから、日本としてはポルトガルの地位の相対化が課題となっていた。そのため家康は、ポルトガル以外の諸外国との関係形成に努めている。

このうち、オランダとの関係構築は、慶長五年

（一六〇〇）三月のオランダ船リーフデ号の豊後漂着を端緒とする。同船に乗っていたオランダ人ヤン・ヨーステンやイギリス人ウィリアム・アダムスは家康に仕え、母国と日本の交渉に貢献していくことになる。その後、慶長十年、家康はパタニ（マレー半島東岸の港市）のオランダ商館に朱印状を送り、オランダ船を招致した。これに応じて慶長十四年には、オランダ船が平戸《ひらど》（長崎県平戸市）に来航、国書を届けている。

これに対して家康は、慶長十四年七月二十五日付けで返書を認め、今後の日蘭貿易の実施を約した。また、商館を建てる地や着船のための港を、オランダの意向通りに与えると伝えている。さらに同日付けで、どこの港でも着岸を許可する朱印状を四通発行し、積極的にオランダ船を招いたのであった。江戸時代を通して継続されていくこととなる日本とオランダの外交関係は、こうして始まったのである。

本状は、この時発行された朱印状の中の一通で、パタニの住人ヤコブ・フルーネウェーヘンに宛てたものである。ちなみに残り三通は、ジャワの住人に宛てられている（『異国日記』）。

158 慶長十四年十二月二十八日付け徳川家康朱印状
インディアス公文書館所蔵

【釈文】写真は173頁

ゑすはんや　とふけいていれるま　申給へ
のひすはんやより日本江黒船可
被渡由、前呂宋国主被申越候、
於日本何之湊へ雖為着岸《ちゃくがんたりといえども》、少も
疎意在之間敷候、委細此伴天連《ばてれん》
ふらいるいすそてろ可申候、

慶長拾四年十二月廿八日
（朱印）

●解説

慶長三年（一五九八）十二月、家康はスペイン領ルソンへ使節を派遣してスペインとの交渉を開始すると、慶長六年十月にはルソン総督に書状を送り、日本—ルソン間で朱印船貿易を行うことと、ノビスパン（メキシコ）と貿易したい旨を報じている（本書146号文書）。

家康は慶長七年にもノビスパンとの貿易を二度打診しており、スペインとの貿易に非常に積極的であった。

そのような中、慶長十四年、前ルソン総督ビベロ・ドン・ロドリゴがノビスパンに向かう途中、房総沖で遭難した。家康はこの機会を捉えて、ビベロと貿易などについて交渉した上で、彼をノビスパンまで送り届けている。その際には、京都商人の田中《たなか》勝介《しょうすけ》らを同行させて、貿易の可能性を探らせることも忘れなかった。

そして、ビベロを送り届ける際に託されたのが本状である。宛所は「イスパニア　ドケ・デ・レルマ」、すなわち当時のスペインの宰相レルマ公で、本状は彼を通じてスペイン国王に披露される性格のものであった。

その内容は、「ノビスパンから日本へ商船を派遣したいと、前ルソン国主（ビベロのこと）から申し出があった。そこで商船が日本のどの港に着岸しても、丁重に扱うことを約束しよう」というものである。ここでも、家康はスペインとの貿易に積極的な姿勢を見せている。なお、詳細を伝える使者とされているフライ・ルイス・ソテロは、家康との交渉に尽力したフランシスコ会の宣教師である。

一方、スペイン側からは、ビベロ保護の返礼のため、慶長十六年にビスカイノが派遣されている。しかし、彼が来日した大きな目的は、当時日本付近にあると信じられていた金銀島の探索にあり、日本との関係活発化を至上命題としての来航ではなかった。日本とスペインの間には、このような微妙な温度差があったのである（本書146号文書も参照）。

159 （慶長十五年）二月二十五日付け徳川家康自筆書状
大阪城天守閣所蔵

【釈文】写真は174頁

いさい（委細）たん（段）、心得候、
そこもと（其元）しおき（仕置）
申付、来廿二・三日比、下
可申、尤候、其時可申候、
謹言、
　二月廿五日

●**解説**

本状が保存されていた箱には「紀州徳川家旧蔵」とあるので、家康が我が子頼宣《よりのぶ》(十男)に与えたものと思われる(中村孝也『新訂 徳川家康文書の研究』下巻の二)。こうして本状が、もし家康父子の間で交わされたものと考えると、自署も宛所も記されていない本状の形態が納得できよう。また本状は、家康の自筆書状と思われる。

本状の内容では、「そこもと（其元）しおき（仕置）申付」の部分に注目すべきである。本状において、家康が頼宣に治政を命じたことになるし、ここから発給された時期を推定することができるからである。その時期としては、慶長十四年(一六〇九)十二月、家康は当時、水戸に領知があった頼宣(当時八歳)に対し、駿河・遠江両国で五十万石を与えた。その代わりに、弟頼房《よりふさ》(当時七歳。十一男)には水戸城主として二十五万石を与えたとの事例がある。こうして頼宣が駿府城主五十万石、頼房は水戸城主の二十五万石となった。ただし、頼宣や頼房が幼少なこともあり、いずれも家康の支配下となっていた。

本状が出された頃、家康は、幼い我が子を遠江横《よこ》須賀《すか》城(静岡県掛川市)に移すことを決意したようである。横須賀城には大須賀忠次《おおすがただつぐ》(榊端康政《さかきばらやすまさ》の長男)がいたが、慶長十二年九月に病死したため、幼少の頼宣を配したのである。しかし、実際には付家老として安《あん》藤直次《とうなおつぐ》を起用している。これらの処置には、慶長十二年三月、尾張清須《きよす》城(愛知県清須市)の松平忠吉《まつだいらただよし》が死去したあと、尾張国は家康の九男義直《よしなお》が継承したが、その義直もまだ幼く、そのため家康家臣による支配が行われたことも関係したと思われる。本状でも家康は、幼い我が子が城主として自立するよう訓戒を与える一方で、「来廿二・三日比、下可申、尤候」とあり、すぐに駿府へ戻ってくることも了承した。尾張と同様、遠江も、家康および直臣による領国運営がなされていたのである。

160 慶長十六年正月吉日付け徳川家康自筆小物成皆済状

東京大学史料編纂所所蔵

【釈文】 写真は175頁

尾州西皆済事

右分小物也（成）相済也、

仍如件、

慶長十六　正月吉

石黒善九郎（重成）

●**解説**

本状には「尾州酉(慶長十四年)皆済事」とあるので、本状は慶長十四年(一六〇九)分の皆済状とも思われる。しかも本状は「小物也(成)」とあり、米年貢だけではなく、すでに小物成の徴収が行われていた。それも皆済されたのである。

尾張国は、慶長十二年三月に松平忠吉《まつだいらただよし》が死去したあとは、家康の九男義直《よしなお》が継承したが、その義直がまだ幼く、駿府《すんぷ》(静岡市葵区)で家康と共に日常を送っている状況であった。そのため、家康家臣による直接支配が行われ、年貢徴収なども、家康の承認を得ることになっていた。宛所の石黒重成とは、尾張出身で、天正十二年(一五八四)の小牧・長久手の戦いを機に家康に仕えた武将である。慶長五年九月の関ヶ原の戦い後、松平忠吉が尾張清須《きよす》(愛知県清須市)に入封すると、その配下になった。さらに忠吉の死後は、義直に仕えて領内の代官を務めたが、ほかの史料には「慶長十六年正月、随恒例、赴駿府、賀歳首留府下請計会所監租税之事、(略)乃御手自筆租税皆済ノ証書以賜之ニ、且把御頭巾賜之」(「士林泝洄」)ともある。本状が、家康の自筆で駿府において出されたことも確認できる。

本状が出された時、家康は駿府にいたが、三月六日には駿府城を発ち、後陽成《ごようぜい》天皇譲位のために上洛、同月十七日に京都二条《にじょう》城に入った。さらに同月二十三日に参内し、二十八日には二条城で豊臣秀頼《ひでより》と会見した。したがって本状は、来たる豊臣方との戦闘に備え、その前線ともなるべく伊勢湾周辺である尾張の支配を強化したと評することもできないわけではない。

ちなみに、家康自筆による年貢皆済状には、慶長十六年二月二十八日付けの猪狩光治(近江野洲郡代官)宛てや慶長十六年二月二十八日付けの楢村監物(大和の代官)宛てなどもあるが、猪狩宛ては「卯(慶長八年)より酉(慶長十四)まで七年」分で、楢村宛ては「丑之年(慶長六年)より酉(慶長十四年)まで九年」分と明記されている。家康は、上洛あるいは秀頼との会見前、当該地域において、数年間にわたる年貢を一気に収納させたのである。

161 （慶長十六年）三月二十九日付け徳川家康自筆書状
東京国立博物館所蔵

【釈文】写真は176頁

猶々、さう〳〵
御ふミ(文)かたしけなく
奉存候、
御書かたしけなく
見まいらせ候、こゝ
元ふしん(普請)申付、
やかて罷下、
御礼可申上候、めてたく、
かしく
三月廿九日
大婦(内府・家康)
はりま殿(播磨・督姫)
御ひろう(披露)

●**解説**

慶長十六年(一六一一)三月六日、家康は、まだ幼い義直《よしなお》と頼宣《よりのぶ》を伴い、駿府《すんぷ》(静岡市葵区)を発って、途中、尾張名古屋城の普請を視察してから、同月十七日、京都二条《にじょう》城に到着した。実に六年ぶりの上洛である。この間、後陽成《ごようぜい》天皇の譲位に立ち会い、さらに二十八日には秀頼《ひでより》との対面も果たすなどの極めて重要な行事をこなした翌日、他家へ嫁いだ娘(督姫《とくひめ》)へ送ったのが本状である。

本状にある「ふしん(普請)申付」とは、同年三月、家康が、京都・駿府・江戸・大坂・在国の諸大名や五百石以上の武将に対して、禁裏修造の課役を命じたものであり、同月二十九日には、自らも仙洞御料《せんとうごりょう》として二千石を献上した。本状によると、いまだ普請を命じ終えていないが、これが終わって駿府へ戻る前に、是非会いたいとの父親の心境が記されている。一方の督姫も、父親である家康には、たびたび手紙で近況を知らせていたことが、本状から知ることができる。極めて父子の愛情溢れる内容である。

なお督姫は、将軍秀忠《ひでただ》より十四歳年長の姉である。文禄三年(一五九四)に秀吉の仲介で、池田輝政《いけだてるまさ》に嫁していた。輝政は、関ヶ原の戦いでは、加藤清正《かとうきよまさ》らと共に東軍に属したので、この時期では、有力な徳川系の大名であった。慶長十二年四月二十一日、彼女が産んだ次女振姫《ふりひめ》は、本状が出された慶長十六年の四月、伊達政宗の嫡子忠宗《ただむね》との婚姻を済ませた。わずか五歳である。

こうして秀頼との二条城での会見を済ませた家康は、いよいよ豊臣氏との対決に臨むことになるのだが、本状のような人間臭い書状を出す一方で、娘や孫娘を介して、諸大名との縁戚関係を強化していたのである。

162 （慶長十六年・月日未詳）徳川家康自筆書状
徳川美術館所蔵

【釈文】写真は177頁

返〳〵めてたく
思まいらせ候、
さいせう(宰相・義直)いよ〳〵
よく候よし、めて
たくうれしさ
御すもし候べく候、
かるかるといてき
候へは、心やすく
めてたくうれしく
候こと、御すもし
候べく候、めてたく
かしく
家
おかめ(於亀の方)
あちや(阿茶局)

●**解説**

本状は、息子の義直《よしなお》(尾張名古屋城主、当時十二歳)が病気に罹り、それを見舞うために家康が出した自筆の書状である。すでに義直の病状も快方に向かっており、家康が、軽症であったことに安心した様子がよくわかる内容である。

慶長十六年(一六一一)十月下旬、家康は、江戸を発ち、十一月前半には川越《かわごえ》(埼玉県川越市)・忍《おし》(埼玉県行田市)方面で鷹狩をしていたが、十一月十二日、忍で駿府《すんぷ》(静岡市葵区)の義直が疱瘡を患ったことを聞いた。そして急遽駿府へ戻ったようであるが、本状はまさにこのような状況で出されたのである。

宛所の「おかめ」とは於亀の方のことであり、義直の生母である。「あちゃ」は阿茶局《あちゃのつぼね》で、家康の側室である。内容からすると、本来、生母である「おかめ」だけに宛てれば良いと思うが、わざわざ二人に宛てて書状を出したのは、「阿茶局」が、駿府城の「大奥」を差配していたからかもしれない。

「あちゃ」は夫の死後、早くから家康に見出された側室であり、何度も家康に供奉して戦場にも赴き、小牧・長久手の戦いの陣中で懐妊するも流産し、家康との間に子供はなかったとされる。しかしその後、秀忠《ひでただ》や松平忠吉《まつだいらただよし》を養育し、才知にも長けていたようで、奥向きの諸事一切を家康より任された。大坂の陣の際には和議の使者も務めている。家康の死後は、遺命で剃髪をしなかった唯一の側室でもある。秀忠からの信任も厚く、徳川和子《まさこ》入内の際に守役を務めたため、後水尾《ごみずのお》天皇から「従一位民部卿」を賜った女性である。本状も、家康の「あちゃ」に対する信任度の高さを示すものであろうか。

163 慶長十七年五月三日付け徳川家康判物写

増上寺所蔵

【釈文】写真は178頁

武蔵国橘樹郡池辺村之内参百石・
師岡村之内弐百石・巣鴨村百三
拾壱石・中里村三百六拾九石、合千
石、全可有寺納、幷境内山林竹
木、為守護不入、令寄附上者、永代
不可有相違者也、仍如件、

慶長十七年五月三日　御判

普光観智国師（源誉存応）

●解説

増上寺《ぞうじょうじ》は、関東十八檀林（学問所）の筆頭として、武蔵国豊島郷貝塚《かいづか》（千代田区平河町から麹町周辺）の地に建立された寺院である。宛所の存応《ぞんのう》は、相模玉縄《たまなわ》城（神奈川県鎌倉市）付近にある北条氏と関係の深い大長《だいちょう》寺《じ》の住持で、天正十二年（一五八四）に増上寺へ移り、増上寺の発展に尽力した。そして天正十八年の家康の関東入国後、特に家康や秀忠《ひでただ》の信頼を得ることができたのである。

慶長三年（一五九八）、江戸城や江戸の都市整備に伴い、貝塚から芝の地（現在地。港区芝）に移転したが、これには存応の尽力もあったようである。慶長十年、家康は増上寺の本堂・三門・回廊・経蔵・表門などを建立し、同時に千石の知行と「一切経」の寄進をした。慶長十三年には、存応は江戸だけでなく、駿府《すんぷ》周辺の僧侶まで引き連れて、駿府城で家康の前で法談をするようになっていた。さらに慶長十五年五月、家康は国師《こくし》号下賜のことを朝廷に申請するほどであった。

こうして徳川氏による増上寺への保護は続き、すでに慶長十五年十二月十五日付けで、土井利勝《どいとしかつ》・安《あん》藤重信《どうしげのぶ》・青山成重《あおやまなりしげ》・大久保長安《おおくぼながやす》の連署による寺領目録が出され、改めて本状によってこれが了承されたのである。巣鴨《すがも》村（豊島区巣鴨）と中里《なかざと》村（北区中里）は、江戸郊外の農村であり、一方の池辺《いこのべ》村と師岡《もろおか》村は、いずれも現在の横浜市郊外の地であるが、その後、これらの村々は増上寺領として支配を受けた。

164 （慶長十八年ヵ）徳川家康自筆道中宿付

徳川ミュージアム所蔵

【釈文】写真は179頁

廿九　清水
十大
一　善徳
四　三嶋
六　小田原
八　原（中原）
十一　府中
十二　わらひ（蕨）
十七　河越
廿二　忍し
十一
二　岩付
三　越谷
十二　かさい（葛西）
十五　江戸

●解説

家康が鷹狩を好んだことはつとに知られているが、

その鷹狩に際して宿泊予定地を記したものが本状である。すなわち、二十九日に清水《しみず》(静岡市清水区)、十月一日には善徳寺《ぜんとくじ》(静岡県富士市)、四日には三嶋《みしま》(静岡県三島市)……といった具合に続くものである。また、本状は家康自筆のものとされており、こういった道中宿付は十余点の現存が確認されている。

さて、本状はいつのものか、ということが問題になってくるわけだが、本状と全く一致する行動を家康がとっていたことは確認ができない。そこで、似通った行動をとっている年を探すと、慶長十八年(一六一三)が該当する。この年、家康は一月から九月十六日までは駿府《すんぷ》(静岡市葵区)におり(『駿府記』)、十七日に鷹狩をしつつ駿府から清水に移座、十八・十九日に善徳寺、二十日に三嶋、二十一日に小田原《おだわら》(神奈川県小田原市)に滞在し、藤沢《ふじさわ》(神奈川県藤沢市)・中原《なかはら》(神奈川県川崎市中原区)・を経て二十七日に江戸へ入っている。さらに十月中は、葛西《かさい》(江戸川区葛西)・浦和《うらわ》(さいたま市浦和区)・川越《かわごえ》(埼玉県川越市)・忍《おし》(埼玉県行田市)・岩《いわ》付《つき》(さいたま市岩槻区)・越谷《こしがや》(埼玉県越谷市)などでの鷹狩が確認される(『駿府記』『当代記』)。

また、本状と同様の日程を持つ宿付が三通あり、そのうち「越前松平家文書」に残るものは、本状とほぼ一致を見る。他二通は慶長十七年のものと比定されていることから、本状に記されている場所は、鷹場としてよく利用されていたものと言えよう。すなわち、本状は家康の居所(あくまで予定地だが)を示すだけでなく、江戸幕府における鷹場の制定過程を見る上でも興味深い文書と言えよう。

165 (慶長十八年ヵ)徳川家康自筆鷹匠給銀覚書

徳川ミュージアム所蔵

【釈文】写真は180頁

(前略)

九七五	清《八分》三郎	十一
	□□□	
五四七	半《九分》平	七
七九四	勘《八分下》十郎	九
五七四	五《八分上》兵衛	七
六六五四	伝《八分》七	八
四五四	久《八分》二郎	七
七五四	善《九分下》六	十
七十五	は《九分》きわら	九
七十五	六《九分》兵衛	九
七五七	喜《九分》兵衛	九
七十七	文《八分》蔵	九
五七四	九《九分》郎右衛門尉	九
七九四	野《九分下》辺	九
五十四	兵《九分下》蔵	九
七五四	七《八分上》蔵	九

●解説

本状は家康から鷹匠への給銀を記したものと考えられている文書である。上部の数字部分が家康の筆とされている。

本状は三通に分かれており、写真はその三通目の部分となる。鷹狩関係史料と考えられている根拠は、文書中に「鶴取せう」「大しろ」「御わかたか」と記されていることにある。これらは、オオタカの特徴によって区別された呼称である。「せう」とは「兄」と書き、雄の鷹のことである。つまり、「鶴取せう」とは鶴を捕るために訓練された、雄の鷹である。「鶴取」とされているのは、鷹は獲物によって調教の仕方が違うため、特に鶴を獲るよう調養されたものをこのように呼び習わしている。また、「大」とは「弟」とも書き、雌の鷹を示す。これは、鷹は雌のほうが体型が大きく、狩猟能力にも優れているためであろう。

さて、本状は三通に分かれるとしたが、写真の部分に見える「勘十郎」や「半平」は、一通目と二通目にもその名前が確認できる。これは、鷹狩が三日間に渡り行われたためであると考えられる。通常、鷹狩は早朝に始まり、午前中には終わる。というのも、鷹は一日に何度も獲物を追撃し、補足することが困難なためである。また、鷹狩はオオタカのほかにハイタカやハヤブサを巧みに組み合わせて獲物を追わせるため、一度の鷹狩でも多くの鷹匠を必要とするのである。なお、鷹飼の集団は、鷹匠頭―鷹匠―犬飼―鳥見―餌差の様に組織されるため、本状に記されている人名すべてが鷹匠であるとは言い切れない。

本状に書かれていることからは、詳細は不明とせざるを得ないが、鷹狩に関わった多くの人間と家康との関係を想起させる史料として、興味深いものであると言えよう。

166 （慶長十九年）五月二十七日付け徳川家康御内書　天理大学附属天理図書館所蔵

【釈文】　写真は181頁

其許就普請、
昼夜被入精《せいをいれらるる》之
段、悦《よろこびに》思召候也、

五月廿七日（家康黒印）

大崎少将（伊達政宗）殿

●解説

本状は、家康が「大崎少将」こと仙台城主伊達政宗に送った御内書である。内容自体はそれほどのものではなく、その地の普請を、昼夜を分かたず熱心に行っているとのこと、喜ばしく思うというものである。

本状自体に深い内容が記されているわけではないので、本状について考察するためには、普請が行われている「其地」について特定する必要がある。伊達家が提出した「貞享書上」によれば、本状は慶長十九年（一六一四）に年代比定され、越後高田《たかだ》城（新潟県上越市本城町）の普請を命じられた際、家康から政宗に下された黒印状であると記されている。

家康の六男松平忠輝《まつだいらただてる》は、慶長十五年に越後一国を与えられて以来、福島《ふくしま》城（新潟県上越市港町）を居城としていたが、水害に見舞われる場所でもあり、家康は高田の地に城を移すこととし、政宗をはじめ、前田利常《まえだとしつね》（加賀金沢城主）・上杉景勝《かげかつ》（出羽米沢城主）・蒲生《がもう》忠郷《たださと》（会津若松城主）・最上家親《もがみいえちか》（出羽山形藩主）・真田信之《さなだのぶゆき》（信濃上田城主）・村上義明《むらかみよしあきら》（越後村上城主）・溝口宣勝（越後新発田《しばた》城主）・仙石秀久《せんごくひでひさ》（信濃小諸《こもろ》城主）・佐竹義宣《さたけよしのぶ》（出羽久保《くぼ》田《た》城主）・南部利直《なんぶとしなお》（陸奥福岡城主）といった北国・信濃・奥羽の大名に手伝普請を賦課した（『慶長年録』）。

忠輝は政宗の娘婿にあたる。忠輝と政宗の長女五《い》郎《ろ》八姫《はひめ》は、関ヶ原の戦い前に婚約を結び、物議を醸したことはよく知られている。五郎八姫は慶長十一年十二月に忠輝に嫁した。そのようなこともあってか、政宗は、幕府が「国持等者自身罷登ニ不及」（『譜牒余録』巻第十五）と達し、大名自身は赴く必要はなく、役人のみの派遣で良いとされていた（『政宗君治家記録引証記』）にもかかわらず、江戸に立ち寄ったのち、高田の普請場に入って監督にあたっている。そのような政宗を慰労するため、本状が送られたのである。

普請は三月十五日から始まった（『当代記』）。非常に大規模に行われたようで、役夫は一日に一万人ずつ作業し、このうち会津からは一日に六千人ずつが差し出され、北国・奥州からも人足が出されたという（『異本塔寺長帳』八）。普請は七月五日に完了し、政宗は二十八日に仙台へ帰着している（『譜牒余録』巻第十五）。

167 （慶長十九年）十月七日付け徳川家康御内書　石川武美記念図書館成簣堂文庫所蔵

【釈文】　写真は182頁

今度倭人之族、
種々就致申事、
其方事一入案《ひとしおあんじ》
思召之処、無異儀、
茨木迄被立還之由、
御満足思召候、猶
本多上野介（正純）可申也、

十月七日（家康花押）

片桐市正（且元）とのへ

●解説

慶長十九年（一六一四）八月二十三日、家康が京都方《ほう》広寺《こうじ》大仏殿の鐘銘にクレームをつけたので、弁明のために、豊臣氏は重臣の片桐且元《かたぎりかつもと》を駿府《すんぷ》（静岡市葵区）に派遣した。しかし、九月十八日に大坂に戻ってきた且元が豊臣氏に提示したのは、

①豊臣氏が大坂城を明け渡して国替えをすること。
②豊臣氏は他大名と同様、江戸に屋敷を持ち居住すること。
③さらに、これらの条件が不可能ならば、母親の淀殿《よどどの》を出すこと。

との「三ヶ条」である。

これに対して秀頼《ひでより》・淀殿らは不快に思い、その結果、大野治長《おおのはるなが》らの勢力が台頭、秀頼の指令によって且元の殺害が計画された。九月二十三日、且元は殺害計画を知ると、病と称して大坂城内の屋敷に閉じ

籠もるが、一方の治長らは、これを討とうして片桐邸を取り囲む。これに対して且元も応戦したが、秀頼に敵対するものではないと表明したこともあり、秀頼や七手組《ななてぐみ》(秀頼の親衛隊)らの調停で、且元らが城を出て高野山で出家するということで、この紛争は解決した。こうして十月朔日、且元らは大坂城を立ち去ったが、四千人の家臣はすべて武装しており、いつでも戦闘できるような態勢をもって、玉造門《たまつくりもん》から摂津の茨木《いばらき》城(大阪府茨木市)へ立ち退いたとされる。

このような経過があって、家康は本状を且元に出したのである。本状の「倭人之族、種々就致申事、其方事一入案思召之処」とは、大野治長ら主戦派のメンバーのことであり、前述した様々なことに対する家康からの労いの書状である。そして、且元が無事に大坂城を脱することができたことを喜んだ。こうして和平派である且元を労いつつも、家康の本意は、豊臣氏と戦闘を交えることであった。何とも皮肉な書状でもある。

こうして且元が大坂城から退いたあと、豊臣氏はいよいよ守城の意思を固め、莫大な資金を用いて、大坂周辺の米を購入し、武具などを城内に配備するだけでなく、大坂の城下も周辺を壁で覆うなど、町全体をもって籠城の準備に取りかかった。その上で、十月六、七日頃には、真田信繁《さなだのぶしげ》(幸村《ゆきむら》)ら名のある牢人たちが続々と大坂城に入ったのである。

168 慶長十九年十一月二日付け徳川家康禁制写
大阪歴史博物館所蔵

【釈文】写真は183頁

河内国渋川郡

禁制　　久宝寺

一、軍勢甲乙人等濫妨
　狼藉之事、
一、放火之事、
一、苅取田畠作毛之事、
右於違犯之輩者、速可
処厳科者也、仍如件、
慶長拾九年十一月二日
(貼紙)
「御朱印　長金さし=而弐寸九分
亘　同　弐寸八分」

●解説

久宝寺《きゅうほうじ》は、浄土真宗本願寺派顕證寺《けんしょうじ》(大阪府八尾市)のことで、本状は、慶長十九年(一六一四)十一月、大坂冬の陣の際に、徳川方から当寺へ出された禁制の写である。

本禁制が発給されたことで、久宝寺は戦闘から逃れることが保証された。かつて久宝寺は寺内町として繁栄し、八尾街道や大和川も通り、大和方面と大坂の地を結ぶ要衝の地であった。大坂の陣では主戦場となる可能性が高い場所である。このような徳川方の禁制は、慶長十九年十月以降、京都の板倉勝重《いたくらかつしげ》が山城国内に下した禁制が数多く、さらに十月中旬から十一月にかけて、大和・河内・摂津・近江まで広範囲に及んだ。

十一月五日、京都の二条《にじょう》城にいた家康は、大坂城への攻撃を命じた。同月十五日、秀忠は伏見を発ち、淀川に沿って河内の枚方《ひらかた》(大阪府枚方市)を経由し、大坂城南方の平野《ひらの》(大阪市平野区)の地を目指した。一方、京都の家康は南下し、奈良や法隆寺を経由して、同じく大坂城南方の住吉《すみよし》(大阪市住吉区)の地に赴いた。同月十八日、家康と秀忠《ひでただ》は、茶臼山《ちゃうすやま》(大阪市天王寺区)で合流し、大坂城攻撃を開始した。このような軍勢の動きが、前述の広範囲に禁制が出された理由でもある。

一方、大坂方も禁制を出しており、その範囲は、大坂湾の支配に関する西宮《にしのみや》(兵庫県西宮市)方面だけではなく、和泉槇尾寺《まきおでら》(大阪府和泉市)や河内平野(大阪市)など、大和方面から進撃する徳川方の軍勢に対するものもあった。

169 (慶長十九年)十二月二十四日徳川家康感状写
徳島県立文書館所蔵

【釈文】写真は184頁

従
権現様被為下候、
御感状写紙引合

今度於大坂表
穢多弁伯楽渕

謁粉骨之条、
阿波守（蜂須賀至鎮）達
高聞、御感思召候也、

十二月廿四日　御判

森甚五兵衛（村重）とのへ

●**解説**

本状は、慶長十九年（一六一四）の大坂冬の陣における、戦功を賞して発給された感状の写である。宛所の森甚五兵衛《もりじんごべえ》は実名を村重《むらしげ》といい、阿波徳島藩蜂須《はちす》賀《か》家の中老である。村重は仙石村吉《せんごくむらよし》の嫡子であったが、叔父森志摩守村春《むらはる》の養子になり森家を相続している。永禄九年（一五六六）に生まれ、天正十五年（一五八七）の九州攻め、同十八年の小田原攻め、文禄・慶長の役などで戦功を挙げている。そして、村重は大坂の陣に蜂須賀至鎮《よししげ》の下で活躍し、家康から感状を得たのである。

内容は、「穢多」（穢多崎《えたがさき》）と「伯楽渕」（博労ヶ淵《ばくろうがふち》）という木津川沿岸での戦いにおける戦功を、蜂須賀至鎮が家康に伝え、家康がそれを賞したものである。どちらの戦いも、冬の陣における緒戦である。

さて、徳島藩の正史『阿淡年表秘録』には、冬の陣において蜂須賀家家臣が徳川家康から七通、徳川秀忠《ひでただ》から七通の感状を受け取ったと記されている。すなわち、稲田宗植・稲田植次・山田宗登・樋口正長・岩田光長・森氏純、そして本状の森村重の七名である。これらの感状は「阿波の七感状」とも呼ばれ、蜂須賀家では非常に大切にされた。そのため、蜂須賀家ではこれらの感状の写が作成され、徳島県立文書館に寄託されている「蜂須賀家文書」に現存している。本状もその中の一通である。

ところで、文書の端に書かれている部分は、当初の感状には記されておらず、写が作られた時に書かれたものである。「蜂須賀家文書」中に残るほかの感状にも同様の書き込みを確認することができ、正文の紙を知ることができる。本状の場合「引合」となっており、正文が引合紙という皺のない檀紙《だんし》に書かれていたということがわかるのである。

170（元和元年十月頃ヵ）徳川家康自筆書状
東京国立博物館所蔵

【釈文】写真は185頁

返く、御わつらひ（煩い）、
あんし（案）まいらせ候、
めてたく、
御わつらひ（煩い）、御心もと
なくおもひ（思い）候て、藤九郎
まいらせ候、何と御いり
候や、くわしく承
候べく候、くわしく
藤九郎申しまいらせ
候べく候、

（切封墨引）
「ち□（よ）ほ申給へ　大婦（家康）」

●**解説**

本状は、慶長二十（元和元年、一六一五）年五月、大坂夏の陣で、落城する大坂城から助け出された家康の孫娘千姫《せんひめ》の具合を案じた家康の自筆書状である。

本状によると、大坂城から救助されたのち、千姫の体調および精神面は思わしくなかったようである。本状には、家康が藤九郎を使者とし、切々と孫娘を気遣う気持ちが込められている。宛所にある「ちよほ（ちょぼ）」とは千姫の侍女である。その下に「申給へ」とあるのは、この書状の内容を千姫に伝えて欲しいとの意味であろう。こうした配慮にも、孫娘に対する愛情一杯の家康の気持ちが込められている。

本状には日付が記されてないが、元和二年（一六一六）正月以降、家康は発病し、四月十七日に死去するので、その前年の秋頃と推測される。まさに家康の最晩年の自筆書状である。大坂落城の中、夫秀頼《ひでより》と別れてきた千姫の心情、さらにそれに対する家康の心情を合わせて考えると、何とも悲劇的な書状である。長きにわたる家康の生涯を集大成したような書状と言えなくもない。

なお、宛所の「ちよほ（ちょぼ）」は、千代保・松坂局とも称した女性で、秀頼に嫁ぐ千姫の遊び相手や話し相手をする小性として、千姫の乳母刑部卿局と共に大坂城へ入ったが、大坂夏の陣における大坂落城の際、千姫や刑部卿局らと共に逃げた。それから数ヶ月を経たあとのものが本状であるが、ここでも「ちよほ(ちょぼ)」は、千姫の許にいたことが確認できよう。

その後、千姫は播磨姫路藩主の本多《ほんだ》忠政《ただまさ》の嫡男忠《ただ》刻《とき》に嫁ぐが、「ちよほ(ちょぼ)」も刑部卿局らと行動を共にしたようである。寛永三年(一六二六)、忠刻が病死すると、彼女も千姫と共に江戸へ戻ったが、その後も千姫に仕えた。

史料所蔵者・所蔵機関、写真提供機関一覧

史料の通番、所蔵者・写真提供者を示すと共に、必要に応じて文書群名、掲載許諾番号などを示した。

掲載をご承諾いただいた所蔵者、図版をご提供いただいた方々のご高配ご協力に衷心より感謝申し上げます。

001 高隆寺所蔵
002 法蔵寺所蔵（岡崎市指定文化財）、岡崎市教育委員会写真提供
003 名古屋市博物館所蔵戸田家資料
004 致道博物館所蔵
005 名古屋市博物館所蔵戸田家資料
006 京都市歴史資料館所蔵和田家文書
007 名古屋市博物館所蔵戸田家資料
008 名古屋市博物館所蔵戸田家資料
009 早稲田大学図書館所蔵荻野研究室収集文書
010 米沢市上杉博物館所蔵上杉家文書
011 米沢市上杉博物館所蔵上杉家文書
012 米沢市上杉博物館所蔵上杉家文書
013 沼津市歴史民俗資料館所蔵久次見家文書
014 徳川美術館所蔵、©徳川美術館イメージアーカイブ／DNPartcom
015 米沢市上杉博物館所蔵上杉家文書
016 米沢市上杉博物館所蔵『歴代古案』巻十七、上越市公文書センター写真提供
017 東京大学史料編纂所所蔵影写本伊佐早謙採集文書
018 徳川ミュージアム所蔵、©徳川ミュージアム・イメージアーカイブ／DNPartcom
019 新居関所史料館所蔵関所文書
020 大阪城天守閣所蔵
021 大阪城天守閣所蔵
022 仙台市博物館所蔵伊達家文書
023 大阪城天守閣所蔵
024 致道博物館所蔵
025 大阪城天守閣所蔵
026 徳川美術館所蔵、©徳川美術館イメージアーカイブ／DNPartcom
027 真田宝物館所蔵矢沢誠敏氏旧蔵文書
028 神奈川県立歴史博物館所蔵
029 彦根城博物館所蔵彦根藩井伊家文書
030 早稲田大学図書館所蔵荻野研究室収集文書
031 彦根城博物館所蔵木俣清左衛門家文書
032 名古屋市博物館所蔵森川コレクション
033 毛利博物館所蔵毛利家文書
034 個人所蔵、下総水野家文書、茨城県立歴史館寄託
035 個人所蔵、持田家文書、埼玉県立文書館写真提供
036 徳川ミュージアム所蔵、©徳川ミュージアム・イメージアーカイブ／DNPartcom
037 大阪城天守閣所蔵
038 大阪城天守閣所蔵
039 大阪城天守閣所蔵
040 三重県総合博物館所蔵
041 大阪城天守閣所蔵
042 大阪城天守閣所蔵
043 大阪城天守閣所蔵
044 表千家不審菴所蔵
045 高岡市立博物館所蔵
046 徳川ミュージアム所蔵、©徳川ミュージアム・イメージアーカイブ／DNPartcom

047 浜松市博物館所蔵
048 仙台市博物館所蔵伊達家文書
049 仙台市博物館所蔵伊達家文書
050 個人所蔵
051 真田宝物館所蔵真田家文書
052 東京大学史料編纂所所蔵謄写本角屋記録
053 彦根城博物館所蔵彦根藩井伊家文書
054 宇杉昌史氏所蔵、大阪城天守閣写真提供
055 米沢市上杉博物館所蔵上杉家文書
056 神奈川県立歴史博物館所蔵
057 一般財団法人千秋文庫所蔵佐竹古文書、東京大学史料編纂所写真提供
058 東京大学史料編纂所所蔵影写本伊達文書
059 仙台市博物館所蔵伊達家文書
060 東京大学史料編纂所所蔵影写本沼田文書
061 仙台市博物館所蔵伊達家文書
062 仙台市博物館所蔵伊達家文書
063 仙台市博物館所蔵伊達家文書
064 もりおか歴史文化館所蔵南部家文書
065 公益財団法人静岡新聞・静岡放送文化福祉事業団駿府博物館所蔵
066 仙台市博物館所蔵伊達家文書
067 増上寺所蔵
068 仙台市博物館所蔵伊達家文書
069 公益財団法人静岡新聞・静岡放送文化福祉事業団駿府博物館所蔵
070 忍東照宮旧蔵
071 埼玉県立文書館所蔵金子家（旧不動院）文書
072 公益財団法人永青文庫所蔵細川家文書
073 個人所蔵
074 彦根城博物館所蔵彦根藩井伊家文書
075 九州国立博物館保管小早川家文書
076 彦根城博物館所蔵彦根藩井伊家文書
077 岐阜県歴史資料館所蔵谷家文書
078 仙台市博物館所蔵伊達家文書
079 徳島市立徳島城博物館所蔵
080 一般財団法人林原美術館所蔵
081 表千家不審菴所蔵
082 徳川美術館所蔵、©徳川美術館イメージアーカイブ／DNPartcom
083 公益財団法人前田育徳会尊経閣文庫所蔵
084 早稲田大学図書館所蔵荻野研究室収集文書
085 毛利博物館所蔵毛利家文書
086 大阪城天守閣所蔵
087 酒井忠和氏所蔵、福井県立若狭歴史博物館写真提供
088 大阪青山歴史文学博物館所蔵
089 個人所蔵
090 公益財団法人徳川記念財団所蔵
091 個人所蔵、大阪城天守閣写真提供
092 奈良県立美術館所蔵
093 毛利博物館所蔵毛利家文書
094 福岡市博物館所蔵黒田家文書
095 米沢市上杉博物館所蔵上杉家文書
096 福岡市博物館所蔵黒田家文書
097 福岡市博物館所蔵黒田家文書
098 東京大学史料編纂所所蔵島津家文書
099 福岡市博物館所蔵黒田家文書

100 東京大学史料編纂所所蔵島津家文書
101 福岡市博物館所蔵黒田家文書
102 大阪城天守閣所蔵
103 公益財団法人立花財団立花家史料館所蔵立花家文書、柳川古文書館寄託
104 一般財団法人石川武美記念図書館成簣堂文庫所蔵片桐文書
105 一般財団法人石川武美記念図書館成簣堂文庫所蔵片桐文書
106 東京大学史料編纂所所蔵島津家文書
107 善光寺大本願所蔵聖護院文書（長野市指定文化財）
108 米沢市上杉博物館所蔵上杉家文書
109 もりおか歴史文化館所蔵南部家文書
110 公益財団法人徳川記念財団所蔵
111 京都大学総合博物館所蔵福嶋家文書
112 真田宝物館所蔵真田家文書
113 柳川古文書館所蔵田中家文書
114 丸亀市立資料館所蔵
115 真田宝物館所蔵真田家文書
116 茨城県立歴史館所蔵関沢賢家文書
117 福岡市博物館所蔵黒田家文書
118 個人所蔵、大阪城天守閣写真提供
119 公益財団法人徳川記念財団所蔵
120 天理大学附属天理図書館所蔵伊達家文書
121 公益財団法人永青文庫所蔵細川家文書
122 吉川史料館所蔵吉川家文書
123 公益財団法人永青文庫所蔵細川家文書
124 岡山大学附属図書館池田家文庫所蔵池田家文書
125 公益財団法人徳川記念財団所蔵
126 真田宝物館所蔵真田家文書
127 東北大学附属図書館所蔵秋田家文書
128 仙台市博物館所蔵伊達家文書
129 一般財団法人林原美術館所蔵
130 真田宝物館所蔵真田家文書
131 岡山大学附属図書館池田家文庫所蔵池田家文書
132 一般財団法人林原美術館所蔵
133 関ケ原町歴史民俗資料館所蔵竹中文書
134 早稲田大学図書館所蔵荻野研究室収集文書
135 天理大学附属天理図書館所蔵伊達家文書
136 関ケ原町歴史民俗資料館所蔵竹中文書
137 柳川古文書館所蔵田中家文書
138 個人所蔵
139 福岡市博物館所蔵黒田家文書
140 松浦史料博物館所蔵松浦家文書
141 福岡市博物館所蔵黒田家文書
142 毛利博物館所蔵毛利家文書
143 天理大学附属天理図書館所蔵伊達家文書
144 福岡市博物館所蔵黒田家文書
145 一関市博物館所蔵田村家文書
146 金地院所蔵、『異国日記』より転載
147 東京大学史料編纂所所蔵島津家文書
148 東京大学史料編纂所所蔵島津家文書
149 福岡市博物館所蔵黒田家文書
150 神宮徴古館所蔵慶光院文書
151 神戸大学文学部所蔵中川家文書、神戸大学附属図書館写真提供
152 徳川美術館所蔵、©徳川美術館イメージアーカイブ／DNPartcom

153 毛利博物館所蔵毛利家文書
154 國學院大學所蔵吉田家文書
155 個人所蔵、鹿児島県立歴史資料センター黎明館写真提供
156 神戸大学文学部所蔵中川家文書、神戸大学附属図書館写真提供
157 オランダ国立中央文書館所蔵、平戸市文化交流課写真提供
158 インディアス公文書館所蔵
159 大阪城天守閣所蔵
160 東京大学史料編纂所所蔵
161 東京国立博物館所蔵、Image：TNM Image Archives
162 徳川美術館所蔵、©徳川美術館イメージアーカイブ／DNPartcom
163 増上寺所蔵
164 徳川ミュージアム所蔵、©徳川ミュージアム・イメージアーカイブ／DNPartcom
165 徳川ミュージアム所蔵、©徳川ミュージアム・イメージアーカイブ／DNPartcom
166 天理大学附属天理図書館所蔵伊達家文書
167 一般財団法人石川武美記念図書館成簣堂文庫所蔵片桐文書
168 大阪歴史博物館所蔵安井家文書
169 徳川県立文書館所蔵蜂須賀家文書
170 東京国立博物館所蔵、Image：TNM Image Archives

参考文献

本書の執筆にあたっては、以下に掲げたもの以外に、各自治体史の解説も参考とさせていただいた。

【研究書・研究論文（筆者名五十音順）】

相田文三「徳川家康の居所と行動（天正10年6月以降）」（藤井譲治編『織豊期主要人物居所集成』思文閣出版、二〇一一年）
跡部信「秀吉独裁制の権力構造」（『大阪城天守閣紀要』三七号、二〇〇九年）
穴井綾香「慶長14年丹波篠山城普請の意義」（『日本歴史』六七二号、二〇〇四年）
新行紀一「最初の徳川家康文書」（『日本歴史』三一七号、一九七四年）
粟野俊之『織豊政権と東国大名』（吉川弘文館、二〇〇一年）
池享・矢田俊文編『上杉氏年表　為景・謙信・景勝　増補改訂版』（高志書院、二〇〇七年）
稲葉継陽「永青文庫所蔵の「織豊期文書」」（熊本大学文学部附属永青文庫研究センター編『細川家文書中世編』（吉川弘文館、二〇一〇年）
今村義孝『蒲生氏郷』（吉川弘文館、二〇一五年）
大島正隆『東北中世史の旅立ち』（そしえて、一九八七年）
岡山大学附属図書館・林原美術館編『天下人の書状をよむ　岡山藩池田家文書』（吉川弘文館、二〇一三年）
笠谷和比古『関ヶ原合戦――家康の戦略と幕藩体制』（講談社選書メチエ、一九九四年）
笠谷和比古『関ヶ原合戦と近世の国制』（思文閣出版、二〇〇〇年）
笠谷和比古『戦争の日本史17　関ヶ原合戦と大坂の陣』（吉川弘文館、二〇〇七年）
片山正彦「『長丸』上洛に関しての再検討」（山本博文・堀新・曽根勇二編『偽りの秀吉像を打ち壊す』柏書房、二〇一三年）
北島万次『豊臣秀吉の朝鮮侵略』（日本歴史叢書新装版、吉川弘文館、一九九五年）
木村直樹「近世の対外関係」（『岩波講座日本歴史第11巻　近世2』岩波書店、二〇一四年）
国重顕子「秀吉の国内統一過程における小西行長」（箭内健次編『鎖国日本と国際交流』上巻、吉川弘文館、一九八八年）
小林清治『伊達政宗』（吉川弘文館、一九五九年）
小林清治『奥羽仕置と豊臣政権』（吉川弘文館、二〇〇三年）
小林清治『伊達政宗の研究』（吉川弘文館、二〇〇八年）
小林清治『戦国大名伊達氏の研究』（高志書院、二〇〇八年）
笹本正治『真田氏三代――真田は日本一の兵』（ミネルヴァ書房、二〇〇九年）
柴裕之『戦国史研究叢書12　戦国・織豊期大名徳川氏の領国支配』（岩田書院、二〇一四年）
柴辻俊六『真田昌幸』（吉川弘文館、一九九六年）
清水有子「島津義弘の東南アジア貿易」（『日本歴史』七七五号、二〇一二年）
下村信博「松平忠吉と関ヶ原の戦い」（『名古屋市博物館研究紀要』三四巻、二〇一一年）
下村信博「関ヶ原の戦いにおける東海道方面東軍諸将の動向」（『名古屋市博物館研究紀要』三六巻、二〇一三年）
白峰旬『新解釈関ヶ原合戦の真実――脚色された天下分け目の戦い』（宮帯出版社、二〇一四年）
白峰旬「黒田官兵衛と関ヶ原合戦」（小和田哲男監修『黒田官兵衛――豊臣秀吉の天下取りを支えた軍師』宮帯出版社、二〇一四年）
諏訪勝則『黒田官兵衛――「天下を狙った軍師」の実像』（中央公論新社、二〇一三年）
曽根勇二『片桐且元』（吉川弘文館、二〇〇一年）
曽根勇二『秀吉・家康政権の政治経済構造』（校倉書房、二〇〇八年）
曽根勇二『敗者の日本史13　大坂の陣と豊臣秀頼』（吉川弘文館、二〇一三年）
曽根勇二「秀吉による伏見・大坂体制の構築」（山本博文・堀新・曽根勇二編『偽りの秀吉像を打ち壊す』（柏書房、二〇一三年）
曽根勇二「秀吉と大名・直臣の主従関係について」（山本博文・堀新・曽根勇二編『豊臣政権の正体』（柏書房、二〇一四年）
曽根勇二「秀吉の首都圏形成について――港湾都市・大坂の成立を中心に」（大阪市立大学豊臣期大坂研究会編『秀吉と大坂』和泉書院、二〇一五年）
高橋明「小山『評定』の真実」（『福島史学研究』九一号、二〇一三年）
竹井英文『織豊政権と東国社会――「惣無事令」論を越えて』（吉川弘文館、二〇一二年）
谷徹也「秀吉死後の豊臣政権」（『日本史研究』六一七号、二〇一四年）
千々和到「徳川家康の起請文」（『史料館研究紀要』三一号、二〇〇〇年）
千葉一大「豊臣・徳川政権移行期の北奥羽大名――慶長年間、南部家の動きを中心に」（長谷川成一監修、浪川健治・佐々木馨編『北方社会史の視座――歴史・文化・生活』第二巻、清文堂出版、二〇〇八年）
中野等『立花宗茂』（吉川弘文館、二〇〇一年）
中野等『秀吉の軍令と大陸侵攻』（吉川弘文館、二〇〇六年）
中野等『柳川の歴史3　筑後国主田中吉政・忠政』（柳川市、二〇〇七年）
長谷川成一『北奥羽の大名と民衆』（清文堂出版、二〇〇八年）
畠山和久「伊達政宗と蒲生氏郷の対立について――奥羽仕置前後における領主の動向」（『専修史学』三四号、二〇〇三年）
林千寿「関ヶ原合戦における細川家――その動向と動機」（『熊本史学』七六・七七号、二〇〇〇年）
林千寿「慶長五年の戦争と戦後領国体制の創出」（『日本歴史』七四二号、二〇一〇年）
平野明夫『徳川権力の形成と発展』（岩田書院、二〇〇六年）
平山優『天正壬午の乱――本能寺の変と東国戦国史』（学習研究社、二〇一一年）
藤井讓治「『惣無事』はあれど『惣無事令』はなし」（『史林』四八一号、二〇一〇年）
藤井讓治『シリーズ日本近世史1　戦国乱世から太平の世へ』（岩波書店、二〇一五年）
藤井讓治編『織豊期主要人物居所集成』（思文閣出版、二〇一一年）
藤木久志『豊臣平和令と戦国社会』（東京大学出版会、一九八五年）
藤田恒春『豊臣秀次』（吉川弘文館、二〇一五年）

堀越祐一「豊臣五大老の実像」（山本博文・堀新・曽根勇二編『豊臣政権の正体』柏書房、二〇一四年）
堀越祐一「知行充行状にみる豊臣「五大老」の性格」（『國學院大學紀要』四八号、二〇一〇年）
本多隆成「小山評定の再検討」（『織豊期研究』一四号、二〇一二年）
本多隆成『徳川家康と関ヶ原の戦い』（吉川弘文館、二〇一三年）
本多隆成『定本徳川家康』（吉川弘文館、二〇一〇年）
光成準治『関ヶ原前夜――西軍大名たちの戦い』（日本放送出版協会、二〇〇九年）
矢部健太郎『敗者の日本史12　関ヶ原合戦と石田三成』（吉川弘文館、二〇一四年）
山本博文『幕藩制の成立と近世の国制』（校倉書房、一九九〇年）
山本博文『島津義弘の賭け――秀吉と薩摩武士の格闘』（中公文庫、二〇〇一年）

【図録など】

『上杉景勝――転換の時代を生き抜いた人生』（米沢市上杉博物館、二〇〇六年）
『英雄の時代――伊達政宗と秀吉・家康』（仙台市博物館、一九八六年）
『大坂の陣４００年記念特別展　豊臣と徳川』（大阪城天守閣、二〇一五年）
『蒲生氏郷――戦国を駆け抜けた武将』（滋賀県立安土城考古博物館、二〇〇五年）
『国宝上杉家文書図説――古文書が語りはじめた』（米沢市上杉博物館、二〇〇三年）
『小西行長――Don Agostinho』（八代市立博物館未来の森ミュージアム、二〇〇七年）
『信濃武士の決断――信長・秀吉・家康の時代』（長野県立歴史館、二〇一四年）
『東北の戦国時代――伊達氏、仙台への道』（仙台市博物館、一九九九年）
『テーマ展　乱世からの手紙――大阪城天守閣収蔵古文書選』（大阪城天守閣、二〇一四年）
『特別展　上杉謙信』（米沢市上杉博物館、二〇〇五年）
『特別展　五大老――豊臣政権の運命を託された男たち』（大阪城天守閣、二〇〇三年）
『特別展　大徳川展』（東京都江戸東京博物館、二〇一五年）
『特別展　秀吉お伽衆――天下人をとりまく達人たち』（大阪城天守閣、二〇〇七年）
『特別展　秀吉への挑戦』（大阪城天守閣、二〇一〇年）
『秀吉を支えた武将田中吉政――近畿・東海と九州をつなぐ戦国史』（市立長浜城歴史博物館・岡崎市美術博物館・柳川古文書館、二〇〇五年）
『平成二十六年度展示会　学びへの誘い――戦国・織豊期の古文書』（國學院大學、二〇一四年）
『毛利輝元と萩開府』（萩博物館、二〇〇四年）

【事辞典・史料集】

古文書を読む会編『宮城県図書館資料3　高祖父輝宗・曾祖父政宗・祖父忠宗記録抜書』（一九七九年）
高橋義彦編『越佐史料』巻四・巻五（一九二八年・一九三〇年）
徳川義宣『新修　徳川家康文書の研究』（徳川黎明会、一九八三年）
徳川義宣『新修　徳川家康文書の研究』第二輯（徳川黎明会、二〇〇六年）
『内閣文庫影印叢刊　譜牒余録』上・中・下（国立公文書館内閣文庫、一九七三・一九七四・一九七五年）
中村孝也『新訂　徳川家康文書の研究』上巻（日本学術振興会、一九八〇年）
中村孝也『新訂　徳川家康文書の研究』中巻（日本学術振興会、一九八〇年）
中村孝也『新訂　徳川家康文書の研究』下巻之一（日本学術振興会、一九八〇年）
中村孝也『新訂　徳川家康文書の研究』下巻之二（日本学術振興会、一九八二年）
中村孝也『徳川家康文書の研究』拾遺集（日本学術振興会、一九七一年）
藩祖伊達政宗公顕彰会編『伊達政宗卿伝記史料』（一九三八年）
平重道責任編集『仙台藩史料大成　伊達治家記録』一・二（宝文堂出版販売、一九七二・一九七三年）
福岡市博物館編『黒田家文書』第一巻（福岡市博物館、一九九九年）
『福島県立博物館調査報告書38　氏郷とその時代――蒲生氏郷基礎資料集成』（福島県立博物館、二〇〇二年）
村上直次郎訳註『異国叢書　第一巻　異国往復書翰集・増訂異国日記抄』（駿南社、一九二九年）
米沢温故会編纂『上杉家御年譜』第一巻～第三巻（一九八八年）

【執筆者紹介】五十音順。＊は編者。

＊曽根勇二（そね ゆうじ）
1954年生まれ。横浜都市発展記念館

千葉一大（ちば いちだい）
1971年生まれ。青山学院大学講師

畑山周平（はたやま しゅうへい）
1988年生まれ。東京大学史料編纂所助教

＊堀　新（ほり しん）
1961年生まれ。共立女子大学教授

水野　嶺（みずの れい）
1988年生まれ。國學院大學大学院文学研究科博士課程後期

光成準治（みつなり じゅんじ）
1963年生まれ。比治山大学短期大学部講師

＊山本博文（やまもと ひろふみ）
1957年生まれ。東京大学史料編纂所教授

徳川家康《とくがわいえやす》の古文書《こもんじょ》

2015年12月10日　第1刷発行

編　者　山本博文・堀新・曽根勇二

発行者　富澤凡子
発行所　柏書房株式会社
東京都文京区本郷2-15-13（〒113-0033）
電話（03）3830-1891［営業］
（03）3830-1894［編集］

装　丁　鈴木一誌＋山川昌悟
組　版　有限会社一企画
印刷・製本　壮光舎印刷株式会社

ISBN978-4-7601-4640-6